Biblioteca de Derecho Penal y Procesal Penal

Carlos Pérez del Valle
(Director)

Justo Edward Nieves Chero
Daniel Armando Pisfil Flores
Carlos Antonio Agurto Gonzáles
Sonia Lidia Quequejana Mamani
Benigno Choque Cuenca
(Coordinadores Generales)

Prof. Dr. h.c.mult. Luis Gracia Martín
Catedrático de Derecho Penal
Universidad de Zaragoza
(España)

El moderno derecho penal económico empresarial y de la globalización económica

Edición al cuidado de
Carlos Antonio Agurto Gonzáles
Sonia Lidia Quequejana Mamani
Benigno Choque Cuenca

Ediciones Olejnik

Título: El moderno derecho penal económico empresarial y de la globalización económica.

Primera Edición en Ediciones Olejnik: 2019.

Ediciones Olejnik
Huérfanos 611, Santiago-Chile
E-mail: contacto@edicionesolejnik.com
Web site: http://www.edicionesolejnik.com

ISBN: 978-956-392-728-3

Diseño de carátula: Ena Zuñiga

Diagramación: Hayden Méndez, yiset_mendez@hotmail.com

Impreso en Argentina 2019 Printed in Argentina

Índice

Nota del autor 9
Abreviaturas 11

Capítulo I
La polémica en torno a la legitimidad del moderno Derecho penal de la Economía y de la empresa

I. El nuevo "Derecho penal moderno" del presente 15
II. Las manifestaciones concretas del nuevo Derecho penal moderno 20
a) El llamado "Derecho penal del riesgo" 21
b) El nuevo Derecho penal económico y del ambiente 23
c) El Derecho penal de la empresa 31
d) El Derecho penal de las integraciones supranacionales, en particular el Derecho penal de la Unión Europea 34
e) La criminalidad y el Derecho penal de la globalización 44
f) El llamado "Derecho penal del enemigo" 48
III. Las posiciones de la Ciencia penal ante la modernización del Derecho penal 50
IV. La crítica resistente a la modernización del Derecho penal 52
V. El discurso de modernización del Derecho penal 62
VI. Marco y método para la solución del debate sobre la modernización del Derecho penal 65
VII. El carácter regresivo y perverso del discurso de resistencia 68
VIII. La modernización del Derecho penal como lucha por el postulado del Estado de Derecho (*social y democrático*) 79

Capítulo II
Concepto categorial teleológico y sistema dogmático del moderno Derecho penal económico y empresarial de los poderosos

I. El Derecho penal económico "premoderno" 109

II. La polémica sobre el Derecho penal "moderno" en la doctrina alemana 113
III. La recepción y la reproducción de la polémicaen la doctrina española 128
IV. Críticas notoriamente extraviadas del concepto de Derecho penal moderno, a las que la Ciencia jurídica no debe dejar sin réplica 143
V. La reducción técnico jurídica del concepto de Derecho penal moderno exclusivamente al Derecho penal económico y de la empresa relativo —también exclusivamente— a la criminalidad económica de los poderosos 175
VI. Respuestas a una crítica dogmáticamente ciega e inconsistente del concepto de Derecho penal moderno como criminalización primaria de conductas socialmente lesivas de los poderosos 183
VII. Excurso: presupuestos metodológicos y dogmáticos para la construcción del sistema del Derecho penal económico y empresarial de los poderosos 189
VIII. Lo injusto penal económico y empresarial —desvalor de la acción y del resultado— como primera concreción dogmática categorial del Derecho penal moderno y como criterio rector de la clasificación de su materia 205
IX. Concepto categorial teleológico y sistema dogmático del Derecho penal económico y empresarial de los poderosos 213
X. Conclusiones 225

Capítulo III

Derecho penal de la globalización y de la Unión Europea

I. Introducción 229
II. Globalización y derecho penal 229
a) Aproximación a la noción de globalización económica 230
b) La globalización neoliberal 234
c) Algunas manifestaciones de criminalidad de la globalización 239
d) Hacia un Derecho penal internacional de la economía global 242
III. aspectos generales del derecho penal europeo 245
a) Bienes jurídicos europeos 246
b) La protección penal de los bienes jurídicos europeos 247
Bibliografía citada 257

Nota del autor

En esta publicación se reúnen tres artículos del autor publicados antes en diversas revistas. Además, el que aquí figura como Capítulo I, fue publicado en la Editorial Ubijus de México en 2011 con el título "La polémica en torno a la legitimidad del Derecho penal moderno", y este, junto con el que aquí se numera como Capítulo III, se publicó también en 2011 en la Editorial Cevallos, de Quito, con el título El moderno Derecho penal económico empresarial y de la globalización económica", y posteriormente en 2013, con ese mismo título, en el Fondo Editorial de la Asociación Universidad privada San Juan Bautista, de Lima. En esta edición se ha añadido como Capítulo II un extenso artículo sobre el concepto de Derecho penal económico publicado en InDret en 2016.

En el primer capítulo se lleva a cabo una crítica política del discurso de resistencia a la modernización del Derecho penal, que quiere permanecer anclado en el Estado liberal de Derecho, calificándolo como perverso y regresivo. Frente a este, se desarrolla un discurso de modernización del Derecho penal que aspira a realizar en este el postulado del Estado social y democrático de Derecho. Se revisa la teoría liberal del bien jurídico para adaptarla a las exigencias del Estado social y democrático de Derecho, y a partir de dicha adaptación se formula un concepto de bien jurídico colectivo y se legitima una intervención penal frente a lesiones de bienes jurídico colectivos respetuosa con los principios de subsidiariedad y *ultima ratio*.

En el Capítulo segundo, se estudia el proceso histórico de configuración del moderno Derecho penal económico y se formula un concepto teleológico, categorial y dogmático de este. Con anterioridad a la configuración del Derecho penal económico como un sistema más o menos completo de tipos penales orientados a la lesión o al peligro de bienes jurídicos en el curso de la actividad económica, la doctrina jurídico penal no había cuestionado seriamente la legitimidad de los escasos y dispersos tipos de esta naturaleza existentes en las legislaciones penales. Sin embargo, cuando se consolida aquel sistema, ciertos sectores de la doctrina, como sobre todo la llamada Escuela de Frankfurt, lo descalifican como contrario a los principios y garantías del Estado de Derecho y le cuelgan la etiqueta de "moderno". No obstante, la etiqueta de Derecho penal moderno se extiende asimismo a otros sectores de la intervención penal que nada tienen que ver con la economía, como las drogas, el terrorismo o la ingeniería genética, porque también en éstos la intervención penal se apartaría de las garantías del Estado de Derecho. En este capítulo segundo, en primer lugar se critica y se rechaza la extensión del concepto de Derecho penal moderno a fenómenos tan variados y heterogéneos que nada tienen que ver entre sí no sólo desde el punto de vista jurídico dogmático, sino tampoco desde los puntos de vista empírico criminológico y político criminal. A continuación se formula la tesis de que el concepto de Derecho penal moderno debe quedar limitado exclusivamente al Derecho penal económico y de la empresa de los poderosos o de la clase alta. A partir de esta restricción, se rechazan contundentemente las opiniones que han pretendido establecer ciertas conexiones político-criminales entre el Derecho penal económico y empresarial y el llamado Derecho penal de la seguridad, que a menudo se solapa con el del enemigo. Según el punto de vista aquí adoptado, el "moderno" Derecho penal económico y de la empresa sería un producto absolutamente legítimo del Estado social de Derecho, por ser en todo conforme con las garantías materiales de éste, mientras que las formas antigarantistas de intervención penal que se pretenden justificar con la ideología de la seguridad ciudadana, serían productos ilegítimos del Estado liberal de policía que pugna para desbancar al Estado social de Derecho. Mediante una réplica a ciertas críticas absolutamente infundadas que se han formulado contra el discurso de modernización del Derecho penal, se esboza una Dogmática del Derecho penal económico y empresarial de los poderosos que, en primer lugar, lo sistematiza y clasifica a partir de los criterios rectores del desvalor de la acción y del resultado constitutivos de los tipos penales económicos "básicos", para derivar luego consecuencias específicas en los sucesivos niveles dogmáticos de la teoría del delito, es decir, en la configuración de tipos agravados o privilegiados, de circunstancias agravantes y atenuantes, y en los ámbitos de las causas de justificación y de la culpabilidad. De este modo el autor, a partir de la "idea" del Derecho y de la concreción de éste por medio de la analogía conforme a la naturaleza de la cosa, deriva el "concepto" del moderno Derecho penal económico y de la empresa de los poderosos, del cual, en tanto que concepto "clasificatorio" y "categorial", pero también "teleológico", queda totalmente excluida por razones materiales la criminalidad económica insignificante de los no poderosos.

En el Capítulo tercero se describe el proceso de globalización económica y tras comprobar la ausencia de un Derecho de la globalización, se analizan determinadas manifestaciones de la criminalidad de la globalización y se propone la creación de un Derecho penal internacional de la economía global para hacer frente a dicha criminalidad.

Quiero agradecer a Ediciones Olejnik su interés y disposición a la publicación de esta obra que espero sea útil para la comprensión de los problemas con que se enfrenta el Derecho penal de nuestros días.

María de Huerva (Zaragoza),
5 de octubre de 2019.

Luis Gracia Martín

Abreviaturas

ACFS	Anales de la Cátedra Francisco Suárez.
AdC-Neue Folge	Archiv des Criminalrechts.
ADPCP	Anuario de Derecho penal y Ciencias penales.
AGON	Bulletin trimestriel der Juristenvereinigung zum Schutz der finanziellen Interessen der Europäischen Gemeinschaften.
	Alternativ-Entwurf BT Alternativ-Entwurf eines Strafgesetzbuches, Besonderer Teil, 2. Auflage, J.C.B. Mohr, Tübingen, 1969.
AK-StGB	Alternativ Komentar zum Strafgesetzbuch.
AP	Actualidad Penal.
AT	Allgemeiner Teil.
Bacigalupo PG	Bacigalupo, Principios de Derecho penal. Parte General, 4ª ed., Ed. Akal, Madrid, 1997.
Bajo DPE	Derecho penal económico aplicado a la actividad empresarial, Ed. Civitas, Madrid, 1978.
Bajo/S. Bacigalupo DPE	Bajo/S. Bacigalupo, Derecho penal económico, Ed. Centro de Estduios Ramón Areces, Madrid, 2001.
Bajo/Suárez PE	Bajo/Pérez Manzano/Suárez, Manual de Derecho penal. Parte Especial, 2ª ed., Centro de Estudios Ramón Areces, Madrid, 1993.
Bustos/Hormazábal PG II	Bustos/Hormazábal, Lecciones de Derecho penal II, Ed. Trotta, Madrid, 1999.
C.c.	Código civil.
CDJ	Cuadernos de Derecho Judicial.
CE	Constitución española.
Cerezo Mir PG I	Curso de Derecho penal español. Parte General, I, Introducción, 5.º ed., Ed. Tecnos, Madrid, 1996.
Cerezo Mir PG II	Curso de Derecho penal español. Parte General, II, Teoría jurídica del delito/1, 6.º ed., Ed. Tecnos, Madrid, 1998.
CP	Código penal.

CP 73	Decreto 3096/1973, de 14 de septiembre, por el que se publica el Código Penal, texto refundido conforme a la Ley 44/1971, de 15 de noviembre.
CP 95	Ley Orgánica 10/1995, de 23 de noviembre, del Código penal.
CPC	Cuadernos de Política Criminal.
CuCGPJ	Cuadernos del Consejo General del Poder Judicial.
dir.	director.
DJ	Documentación Jurídica.
ed.	edición o editor.
EDJ	Estudios de Derecho judicial.
eds	editores.
EPyC	Estudios penales y criminológicos, Universidad de Santiago de Compostela.
FS	Festschrift für.
GA	Goltdammers Archiv für Strafrecht.
GS	Gedächtnisschrift.
HFR	Humboldt Forum Recht: http://www.humboldt-forum-recht.de.
HRRS	Onlinezeitschrift für Höchstrichterliche Rechtsprechung zum Strafrecht: http://www.hrr-strafrecht.de.
IP	L'Indice penale.
JA	Juristische Arbeitsblätter.
Jakobs AT	Strafrecht, Allgemeiner Teil, Die Grundlagen und die Zurechnungslehre, 2. Auflage, Walter de Gruyter, Berlín, New York, 1991.
Jescheck/Weigend AT	Lehrbuch des Strafrechts, Allgemeiner Teil, 5. Auflage, Duncker & Humblot, Berlin, 1996.
JD	Jueces para la Democracia.
JuS	Juristische Schulung.
JZ	Juristenzeitung.
KritJ	Kritische Justiz.
KritV	Kritische Vierteljahresschrift für Gesetzgebung und Rechtswissenschaft.
Lb.	Lehrbuch.
LH	Libro Homenaje.
LK	Leipziger Kommentar.
LECri	Ley de Enjuiciamiento criminal.
LLP	La Ley penal. Revista de Derecho penal, procesal y penitenciario.
lug. cit.	lugar citado.

Luzón Peña PG I	Luzón Peña, Curso de Derecho penal. Parte General I, Ed. Universitas, Madrid, 1996.
Martínez-Buján DPE-PG	Martínez-Buján, Derecho penal económico. Parte General, Ed. Tirant lo Blanch, Valencia, 1998.
Martínez-Buján DPE-PE	Martínez-Buján, Derecho penal económico. Parte Especial, Ed. Tirant lo Blanch, Valencia, 1999.
Mir Puig PG, 8.ª ed.	Derecho penal, Parte General, 8.ª ed., Ed. Repertor, Barcelona, 1998.
MK	Münchener Kommentar.
Muñoz Conde PE	Muñoz Conde, Derecho penal. Parte Especial, 13ª ed., Tirant lo Blanch, Valencia, 2001.
(n.)	nota a pie de página.
NJW	Neue Juristische Wochenschrift.
NK	Nomos Kommentar.
nm.	número marginal.
NStZ	Neue Zeitschrift für Strafrecht.
p., pp.	página, páginas.
PE	Parte Especial.
PG	Parte General.
PJ	Revista Poder Judicial.
Polit. Crim.	Política Criminal, publicación de la Universidad de Talca, versión online (http://www.scielo.cl/scielo.php?script=sci_serial&pid=0718-3399&lng=es&nrm=iso).
RAP	Revista de Administración Pública.
RBCCrim	Revista brasileira de Ciencias criminais.
RCR	Revista de Concorrência e Postulaçâo.
RDP	Revista de Derecho penal (Lex Nova).
RDPC	Revista de Derecho penal y Criminología.
RDPP	Revista de Derecho penal y procesal.
RECPC	Revista Electrónica de Ciencias penales y Criminología: http://criminet.ugr.es/recpc.
RFDUCM	Revista de la Facultad de Derecho de la Universidad Complutense de Madrid.
RivIDir.Ppen	Rivista italiana di Diritto e procedura penale.
RJCyL	Revista Jurídica de Castilla y León.
Roxin AT I	Roxin, Strafrecht. Allgemeiner Teil I, 4ª ed., C.H. Beck, München, 2005.
RP	Revista Penal.
RPJ	Revista del Poder Judicial.
RPCP	Revista Peruana de Ciencias penales.

RtDPE	Rivista trimestrale di Diritto penale dell'Economia.
RXG	Revista Xurídica Gallega.
SAP	Sentencia Audiencia Provincial.
SchZStr.	Schweizerische Zeitschrift für Strafrecht.
SK I	Systematischer Kommentar zum Strafgesetzbuch, Bd. I, Allgemeiner Teil, 5ª ed., Alfred Metzner Verlag, Frankfurt am Main.
StGB	Strafgesetzbuch
Stratenwerth AT I	Stratenwerth, Strafrecht. Allgemeiner Teil I, 4ª ed., 2000.
StV	Strafverteidiger.
TCE	Tratado constitutivo de la Comunidad Europea.
TCECA	Tratado constitutivo de la Comunidad Europea del Carbón y del Acero, de 18.4.1951.
TCEE	Tratado constitutivo de la Comunidad Económica Europea, de 25.3.1957.
wistra	Zeitschrift für Wirtschaft, Steuer, Strafrecht.
Zaffaroni PG	Zaffaroni/Aliaga/Slokar, Derecho penal. Parte General, 2ª ed., Ediar, Buenos Aires, 2002.
ZIS	Zeitschrift für Internationale Strafrechtsdogmatik – www.zis-online.com.
ZRP	Zeitschrift für Rechtspolitik.
ZschR	Zeitschrift für schweizerische Recht.
ZStW	Zeitschrift für die gesamte Strafrechtswissenschaft.

Capítulo I

La polémica en torno a la legitimidad del moderno Derecho penal de la Economía y de la empresa

I. El nuevo "Derecho penal moderno" del presente

1. Desde hace aproximadamente tres décadas, y aún en el presente, la Ciencia penal dirige su mirada y presta su atención de un modo recurrente a una pluralidad de problemas de carácter marcadamente político criminal que plantea la realidad de la sociedad actual. Para hacer frente a estos problemas, los legisladores de nuestro tiempo responden con una legislación penal expansiva que estaría dando lugar a la formación de un "nuevo" Derecho penal, que se ensambla con el tradicional, y al cual la doctrina ha calificado desde el principio como "Derecho penal moderno"[1]. Al ser éste un Derecho penal cuya formación, todavía hoy, parece no estar aún concluida, se puede hablar del desarrollo actual y no terminado de un proceso de "modernización" en el Derecho penal[2]. Pero, ¿por qué se denomina precisamente "moderno" a este nuevo Derecho penal?

2. La calificación de algo como "moderno" no puede entenderse en el sentido de que lo así calificado sea simplemente "actual" o tenga "actualidad", pues entonces, cada día se realizaría una nueva y distinta modernidad, sino más bien en el sentido de que el fenómeno moderno representa una "ruptura" con lo anterior, con el pasado. Una noción de lo moderno suficientemente clara y operativa en relación con el tema que nos va a ocupar en este trabajo, nos la proporciona *Ignacio Sotelo*, al explicar que "el adjetivo 'moderno' surge,

---

1 En la doctrina alemana véase, por ejemplo, *Hassemer*, ZRP, 1992, pp. 379 ss. (= ADPCP, 992, pp. 235 ss.); *Hassemer/Muñoz Conde*, La responsabilidad, pp. 22 ss.; *Lüderssen/Nestler-Tremel/E. Weigend* (eds.), Modernes Strafrecht, *passim*; *Schünemann* GA 1995, pp. 212 s. (= ADPCP 1996, p. 200); *el mismo*, en Kühne/Miyazawa, pp. 19, 24 s., 29 (= Temas actuales, pp. 53 ss., 58 ss., 62 s.); *Park*, Vermögensstrafe und "modernes" Strafrecht, pp. 21, 150 ss. En la doctrina española, véase, entre otros, *Silva Sánchez*, La expansión, pp. 157 ss., y nota 372 de p. 157; *Sánchez García*, El moderno Derecho penal, p. 11 y nota 1; *Mendoza Buergo*, El Derecho penal en la sociedad del riesgo, especialmente p. 67; *Gracia Martín*, en LH-Cerezo Mir (2002), pp. 349 ss.; *el mismo*, Prolegómenos, *passim*; *el mismo*, Modernización, *passim*.

2 Véase por ejemplo *Schünemann* y *Silva*, como en nota anterior.

justamente, cuando se considera indispensable marcar diferencias sustantivas entre el ayer y el hoy", de modo que "el que sea necesario subrayar el presente con un vocablo nuevo supone que se lo percibe como algo radicalmente distinto de lo anterior, que toma con ello el cariz de lo ya superado", por lo que "la aparición de este neologismo implica la conciencia de una *ruptura* en la continuidad histórica: lo que fue ya no es; se viven 'tiempos nuevos'"[3]. En una contemplación general, podríamos denominar como modernidad a la ruptura histórica con el mundo feudal. La constitución de la modernidad, empero, no fue, obviamente, ningún hecho instantáneo, sino un largo proceso histórico en que los diferentes aspectos y dimensiones de la civilización occidental (eurocéntrica) —y siguiendo cada uno su propio ritmo y con sus propias vicisitudes— se fueron despojando y liberando poco a poco de sus ropajes feudales[4]. En el plano de las ideas, por ejemplo, la modernización sólo puede considerarse constituida tras el acoplamiento de los movimientos del Renacimiento y de la Ilustración[5].

3. Hasta hace unas tres décadas la denominación "Derecho penal *moderno*" remitía al modelo penal derivado a fines del siglo XVIII y principios del XIX de las invenciones políticas y jurídicas de la Ilustración[6]. El Derecho penal ilustrado fue "moderno" porque supuso una *ruptura* con el del *Anciène Régime* en todos los aspectos fundamentales[7], es decir, en la legitimación y limitación tanto del contenido del *ius poenale* como del ejercicio del *ius puniendi*, así como también de los dispositivos institucionales e instrumentales para la

3 Véase *Ignacio Sotelo*, en Elías Díaz/Ruiz Miguel (eds.), pp. 26 s. (cursiva mía), reflexiones que hace en relación con la denominación del Estado *moderno*, que constituye el objeto de su ensayo, y en torno a lo cual advierte (lug. cit., p. 25) que "conviene recordar algo tan lejano que ya está casi por completo olvidado: el adjetivo *modernus*, que se deriva de *modus*, como *hodiernus* de *hodie*, y que no conoce el latín clásico —empieza a emplearse a partir del siglo IV d.C.—, hace referencia, como es bien sabido, a lo actual, a lo propio de los días que vivimos, *como diferente de lo que fue ayer*" (cursivas mías).

4 Sobre todo ello, véase de nuevo la excelente exposición de *Juan Ramón Capella*, Fruta prohibida, pp. 95-157.

5 Véase, en este sentido, *Juan Ramón Capella*, Fruta prohibida, p. 99.

6 Véase *Cerezo Mir* PG I, 6ª ed., 2004, p. 124, donde escribe que "el Derecho penal *moderno* nace en España, como en los demás países europeos, como consecuencia del movimiento de reforma de fines del siglo XVIII y principios del XIX, bajo la influencia de las ideas de la Ilustración" (cursiva mía); en el mismo sentido, y para el Derecho en general, *Ferrajoli*, Derecho y razón, 5ª ed., pp. 218 y 868 s., donde llama *premoderno* al anterior, es decir al romano y al común europeo.

7 Véase *Ferrajoli*, Derecho y razón, p. 868, donde afirma con respecto al Derecho en general, que "probablemente no se ha dado en la historia ninguna revolución 'político-institucional' tan radical"; *Cerezo Mir* PG I, 6ª ed., 2004, p. 94, y *Amelung*, Rechtsgüterschutz, pp. 16 ss..

realización de aquéllos[8]. Los nuevos principios político-criminales[9] fueron la concreción del ideario *político* derivado por los ilustrados de las doctrinas sobre la secularización del Estado desarrolladas durante el siglo XVII por el discurso del Derecho natural racionalista[10] (especialmente por *Grocio* y *Hobbes*, pero sobre todo por *Pufendorf*[11]), que derivaron la legitimidad de la autoridad terrenal de un contrato social, y ya no más de la voluntad divina, liberaron de este modo a la idea y al fin del Estado de la fundamentación teológica y teocrática en que se sustentaban en el *Ancièn Régime*[12] y, como corolario de esto, superaron también la comprensión del delito como pecado y como lesión de la voluntad divina[13]: ahora únicamente podrá ser delito el

---

8 Como indica, por ejemplo, *Cerezo Mir* PG I, 5ª ed., p. 82, "los filósofos de la Ilustración al criticar las instituciones políticas del Antiguo Régimen, de la Monarquía Absoluta, habían sentado las bases del Derecho penal *moderno*" (cursiva mía); véase también *Amelung*, Rechtsgüterschutz, pp. 16 ss.

9 También a fines del siglo XVIII tienen lugar los primeros esbozos de sistemas jurídico-penales a partir del ideario ilustrado; véase *Schaffstein*, Die allgemeine Lehren vom Verbrechen, pp. 21 ss.

10 Véase *Würtenberger*, Das System der Rechtsgüterordnung, pp. 210 ss.; *Oehler*, Wurzel, Wandel und Wert der strafrechtlichen Legalordnung, pp. 83 ss., 86 ss.; *Eb. Schmidt*, Einführung, pp. 163 ss. §§ 152 ss., p. 212 § 203; *Amelung*, Rechtsgüterschutz, pp. 18 ss.; *Schünemann*, GA 1995, pp. 204 s. = ADPCP 1996, pp. 190 s.; *Ferrajoli*, Derecho y razón, p. 93. Según interpretan algunos, la explicación racional del Estado y de la sociedad que proporcionaron los iusnaturalistas de la razón eran sólo un camino para explicar mejor lo existente, pero no para cambiarlo o reformarlo; la dimensión *crítica* del Derecho de la razón, con base en la cual se exigirá una reforma de aquéllas instituciones existentes que no satisfacían la medida de enjuiciamiento fijada por la razón, habría sido obra de los ilustrados; véase, en este sentido, *Eb. Schmidt*, Einführung, p. 212; *Oehler*, Wurzel, Wandel und Wert der strafrechtlichen Legalordnung, p. 85; *Amelung*, Rechtsgüterschutz, p. 18.

11 Sobre la decisiva influencia de las concepciones de *Pufendorf* en la *moderna* teoría del Estado y del Derecho, a menudo ignorada, véase sobre todo *Welzel*, Die Naturrechtslehre Samuel Pufendorfs, *passim*, e Introducción, pp. 133 ss., y particularmente pp. 146 ss., donde afirma que "Pufendorf ayudó históricamente a preparar las declaraciones de derechos norteamericana", y pp. 148 s., donde indica, a propósito del movimiento de independencia americano, que en éste "la justificación más profunda de los derechos de libertad, basándose en las ideas de la libertad ética y de la dignidad humana, hay que buscarla, empero, en Wise y, a través de él, en Pufendorf. En América esto no se ha olvidado totalmente nunca", y por ello, "tanto más lamentable es que, en la patria de Pufendorf, también este mérito suyo haya caido en el olvido"; véase también, *Touchard*, Historia de las ideas políticas, p. 256, donde escribe que "no es sorprendente que los enciclopedistas saludaran a Pufendorf como uno de sus precursores", pues éste construyó sus doctrinas con base en los clásicos griegos y latinos, presumió de no deber nada a la "secta romana" y dedicó todo su esfuerzo a liberar de la teología a la teoría del derecho".

12 En general, destaca *Sabine*, Historia de la teoría política, p. 324, que "con las décadas iniciales del siglo XVII comenzó en la filosofía política un proceso gradual de liberación de aquella asociación con la teología que había sido característica de su anterior historia durante la era cristiana".

13 Véase *Eb. Schmidt*, Einführung, p. 163 (sobre la descipción de *Carpzovio*); *Schaffstein*, Das Verbrechen als Pflichtverletzung, p. 112; *Amelung*, Rechtsgüterschutz, pp. 17 s.

hecho *socialmente dañoso*[14]. Los principios políticos que, en esta época, dieron lugar al Estado liberal de Derecho, se concretaron en lo penal inicialmente, o bien con el tiempo, en una pluralidad de garantías específicas para el ciudadano frente al poder punitivo del Estado: principio de legalidad de los delitos y de las penas, irretroactividad de las leyes penales, prohibición de la analogía, reglas de interpretación y de imputación estrictas, exigencia de culpabilidad, garantías procesales, etc[15]. Pero sobre todo, desde que *Birnbaum* opusiera entre 1834 y 1836 a la concepción material del delito de *Feuerbach* como lesión de derechos subjetivos —que era totalmente coherente con las concepciones políticas ilustradas—, la idea de que lo que el delito lesiona tiene que consistir en un "bien"[16], y no en un derecho subjetivo, la Ciencia penal ha venido formulando sin cesar una multitud de enunciados discursivos sobre el objeto de la protección jurídico penal[17], que han cristalizado en el principio fundamental de que el recurso al Derecho penal únicamente puede ser legítimo y admisible para la protección de *bienes jurídicos*[18] y además sólo frente a las formas más graves de agresión, de un modo subsidiario y como *ultima ratio*[19].

4. En el debate actual de la Ciencia penal, el calificativo de "moderno" ya no designa más al Derecho penal de la Ilustración. Éste habría dejado de ser moderno[20], y para distinguirlo del que ahora se subroga en este carácter,

---

14 *Amelung*, Rechtsgüterschutz, pp. 16 s., 18 ss., 38 ss.; *Schünemann*, en Hefendehl/von Hirsch/Wholers, pp. 137 ss. = en Hefendehl (ed.) La teoría del bien jurídico, pp. 203 ss.

15 *Cfr.* la enumeración de los axiomas de garantismo penal liberal que hace *Ferrajoli*, Derecho y razón, pp. 93 ss. y notas 5 a 7 de pp. 110-113.

16 Véase *Birnbaum*, AdC-Neue Folge, t. 15, 1834, pp. 149 ss. y AdC-Neue Folge, t. 17, 1836, pp. 560 s. Sobre todo en la literatura española se ha convertido ya en una cláusula de estilo la muy discutible afirmación de que el principio de protección de bienes jurídicos, debido a *Birnbaum*, tuvo el valor de una *limitación* del poder punitivo del Estado conforme a los postulados y exigencias *liberales*. *Amelung*, sin embargo, advierte que aquél, inspirado por su maestro *Mittermaier*, formuló la idea de protección de bienes como ideólogo de la restauración de la Monarquía absoluta, y, por lo tanto, como una tesis *reaccionaria* contra el Estado liberal y el Derecho penal ilustrado; véase *Amelung*, Rechtsgüterschutz, pp. 37 ss., 43 ss. *Schünemann*, en Hefendehl/von Hirsch/Wohlers, p. 140 (= en La teoría del bien jurídico, p. 206), considera exagerada la observación de Amelung.

17 Sobre la evolución, con diferentes interpretaciones, véase *Sinna*, Die Dogmengeschichte des strafrechtlichen Begriffs "Rechtsgut", *passim*; *Amelung*, Rrechtsgüterschutz, pp. 52 ss.; *Stratenwerth*, FS-Lenckner, 1998, pp. 377 ss.; *Hormazábal*, Bien jurídico, pp. 13 ss.

18 Como dijera *Armin Kaufmann*, Die Aufgabe des Strafrechts, p. 5, "en la Ciencia del Derecho penal no se discute seriamente el principio de que la protección de bienes jurídicos es la tarea del Derecho penal"; véase *Roxin* AT I, 4ª ed., 2006, § 2 nm. 1 ss., pp. 13 ss. Sobre los enunciados en perspectiva histórica *Schünemann*, en Hefendehl/von Hirsch/Wohlers, pp. 137 ss. (= La teoría del bien jurídico, pp. 203 ss.), *el mismo*, en von Hirsch/Seelmann/Wohlers, pp. 19 ss., y ya antes en *Schünemann* (ed.), Strafrechtsystem und Betrug, pp. 51 ss.

19 Véase por ejemplo, *Roxin* AT I, 4ª ed., 2006, § 2 nm. 97-102, pp. 45-47; *Schünemann*, en von Hirsch/Seelmann/Wohlers, pp. 21 ss.

20 Considera *Hassemer* que en el Derecho penal se habría producido actualmente un fenómeno de "dialéctica de lo moderno", similar al que Horkheimer y Adorno llamaron

Hassemer ha propuesto denominarlo "clásico"[21], y atribuir el adjetivo "moderno" al del *presente* en cuanto "institución distinta del Derecho penal clásico", debiendo entenderse por clásico "un ideal, una aspiración por la que medir a dónde debemos dirigirnos, cuáles son los pasos que hay que dar para seguir el buen camino y evitar el malo, y cuáles son los que hay que desandar antes de llegar a las proximidades de la meta"[22]. Como se verá, es cierto que el nuevo Derecho penal da lugar a una ruptura con el de la Ilustración en determinados aspectos importantes, y por ello no es desacertado atribuirle el carácter de "moderno". Pero esto no justifica de ningún modo la coronación del Derecho penal de la Ilustración como "clásico" en el sentido definido precisamente por *Hassemer*[23]. Por un lado, porque las profundas transformaciones de la sociedad moderna hacen que, al menos, algunos objetos y enunciados político-criminales y policiales de la Ilustración, ya no puedan ser tomados hoy como modelo de referencia ni como medida de lo accesible legítimamente a la intervención penal[24]. Y por otro lado, porque exigencias de carácter ético-político y de justicia apuntan también a que dicho modelo sea uno que respecto de algunos de sus objetos y enunciados

---

como "Dialéctica de la Ilustración", el cual consistiría en que, en su opinión, el Derecho penal moderno se habría convertido actualmente en contraproductivo y anacrónico; véase *Hassemer*, ZRP 1992, pp. 378 s. (= ADPCP 1996, pp. 235 ss); *Hassemer/Muñoz Conde*, La responsabilidad, pp. 16 ss.; o sea que para *Hassemer* el Derecho penal moderno sería, en principio, el de la Ilustración; en su *actual* estado de desarrollo, empero, éste se habría desviado ya en tal medida de los principios que le son propios que, en realidad, se habría transformado en un Derecho penal distinto: el Derecho penal *moderno*, que ya *no es* el de la Ilustración. En verdad, y aun en el supuesto de que cupiera parangonar el fenómeno jurídico penal al que hace referencia *Hassemer* con el cultural que constituye el objeto de los fragmentos filosóficos de los citados filósofos alemanes, lo cual me parece sumamente discutible, no veo qué otro sentido podría tener dicho parangón que no sea el de oscurecer la exposición y el de confundir al lector, a no ser que lo que en realidad esté poniendo en práctica *Hassemer* sea una estrategia dialéctica para poder reivindicar al final para el Derecho penal de la Ilustración el calificativo de "clásico" con el sentido tendencioso que luego atribuye a lo clásico. Por estas razones, me parece conveniente dejar aquí meramente indicado que en 1985 se publica en Alemania una nueva edición de la Dialéctica de la Ilustración con un epílogo de *Habermas*, y que éste llama la atención en dicho epílogo sobre cómo tiene lugar en el presente una apropiación estrictamente *conservadora* de la obra de los mencionados filósofos de la Escuela de Frankfurt; véase *Habermas*, Nachwort, pp. 277 ss. Por lo demás, sobre las arbitrariedades e inexactitudes en que incurre *Hassemer* en lo tocante a la formación histórica del modelo penal de la Ilustración, véanse las acertadas precisiones de *Schünemann*, GA 1995, pp. 204 s. (= ADPCP 1996, pp. 190 s.), y, de nuevo, *el mismo*, en Kühne/Miyazawa, p. 19 (= Temas actuales, p. 53).

21 Igual que *Hassemer* (nota anterior), en Alemania *Naucke*, KritV 1993, pp. 135 ss.; *Hohmann*, Das Rechtsgut der Umweltdelikte, pp. 5 ss.; *Herzog*, KritV 1993, pp. 247 ss. Para España véase *Sánchez García*, El moderno Derecho penal, p. 11 y nota 1, y *Mendoza Buergo*, El Derecho penal en la sociedad del riesgo, especialmente p. 67.

22 Véase *Hassemer/Muñoz Conde*, La responsabilidad, pp. 18 s.; igual *Hassemer*, ZRP 1992, p. 379 (= ADPCP 1996, p. 237).

23 Véase con más detalle, *Gracia Martín*, LH-Cerezo, 2002, p. 355; *el mismo*, Prolegómenos, pp. 50 s., y *el mismo*, Modernización, pp. 38 s.

24 En el mismo sentido *Schünemann*, GA, 1995, pp. 206 s., 211 s. = ADPCP, 1996, pp. 193 s., 199 s.

precisamente *no debe ser*[25]. Por todo esto, y, además, porque el Derecho penal de la Ilustración y el actual que se ensambla con éste derivan cada uno de dos modelos diferenciados —aunque no excluyentes— de Estado de *Derecho*, he propuesto denominar al primero como "Derecho penal (del Estado) *liberal*"[26], y al actual como "Derecho penal (del Estado) *social y democrático*"[27]. Pero, ¿qué es el nuevo Derecho penal moderno?

II. Las manifestaciones concretas del nuevo Derecho penal moderno

1. En una primera aproximación, el Derecho penal moderno se nos muestra como un fenómeno *cuantitativo* que tiene lugar y se desarrolla inicial y principalmente en la Parte Especial[28]. En efecto, una contemplación meramente superficial de las legislaciones penales actuales muestra de inmediato que en los últimos treinta años se ha producido en las mismas, en primer lugar, un notable *incremento* de los catálogos de figuras delictivas con la introducción de *nuevos* tipos penales en el Código penal o en leyes especiales, y, en segundo lugar, adicionalmente, una *ampliación* del ámbito de aplicación y/o una *agravación* punitiva de algunos tipos tradicionales[29]. A partir de estos datos formales cabría, pues, entender por Derecho penal moderno al conjunto integrado por las nuevas figuras delictivas añadidas a las legislaciones penales y por las modificaciones —o agravaciones— de las tradicionales, con el efecto, en todos los casos, de una extensión de la intervención penal a conductas y a ámbitos de la realidad social que estaban excluidos de la punibilidad en el sistema tradicional de la Parte Especial, o bien, en su caso, para dispensar a determinados hechos tradicionalmente punibles un tratamiento penal más severo cuando concurren determinadas circunstancias a las que en el presente se atribuye un significado especialmente relevante desde el punto de vista penal. Se observa además, por algunos, que esta ampliación tiene el aspecto de una *tendencia* que parece no encontrar límites[30]. Por ello, son muchos los

25 También *Schünemann*, en Kühne/Miyazawa, p. 21 = Temas actuales, p. 55 (razones de igualdad y de justicia).

26 Denominación que, con mejor criterio que *Hassemer*, utilizan ya otros autores críticos del Derecho penal moderno Así, por ejemplo, *Lüderssen*, Zurück zum guten alten, liberalen, anständigen Kernstrafrecht?, pp. 268 ss.; y *Silva Sánchez*, La expansión del Derecho penal, 2ª ed., pp. 149 ss.

27 Véase *Gracia Martín*, LH-Cerezo, pp. 356 s., Prolegómenos, pp. 51 ss., y Modernización, pp. 39 ss.

28 Véase *Hassemer*, ZRP 1992, pp. 379, 381 (= ADPCP 1992, pp. 236, 241): "El Derecho penal moderno se realiza ... sobre todo en la Parte Especial de los Códigos penales ... o en las leyes penales complementarias"; *Edmundo Bodero*, Teoría económica de la delincuencia, p. 344.

29 Véase, en este sentido, por ejemplo, *Hettinger*, Entwicklungen im Strafrecht, *passim*; *Silva Sánchez*, La expansión, p. 20; *Edmundo Bodero*, Teoría económica de la delincuencia, p. 338.

30 Véase, en este sentido, por ejemplo, *Seelmann*, KritV 1992, pp. 452 ss.; *Kindhäuser*, Universitas 1992, p. 227: "el Derecho penal se expande sin freno"; *Prittwitz*, en La insostenible situación, p. 428, quien habla de "el día a día de una creciente criminalización".

autores que, al evaluar la trascendencia del Derecho penal moderno para el conjunto del sistema consideran que, en el momento histórico actual, cabría hablar de la existencia de un proceso de *expansión* del Derecho penal[31].

2. El Derecho penal moderno, sin embargo, no es completamente homogéneo en sus contenidos. Como ámbitos particulares de manifestación del mismo, describe *Hirsch* las legislaciones penales relativas, respectivamente, a los riesgos del progreso científico y técnico, a la protección de nuevos bienes jurídicos universales o colectivos, y, finalmente, a los nuevos contextos y formas de realización de la criminalidad tradicional[32]. *Mendoza Buergo* se hace eco de esta división, pero observa con razón que entre todos estos posibles ámbitos y manifestaciones del Derecho penal moderno se producen frecuentes solapamientos[33]. En el plano del Derecho positivo, el Código penal español de 1995 es un modelo ejemplar de Derecho penal moderno[34]. En mi opinión, las manifestaciones particulares del Derecho penal moderno pueden clasificarse en los siguientes seis sectores o aspectos: el Derecho penal del riesgo, el Derecho penal económico y del ambiente, el Derecho penal de la empresa, el Derecho penal de la integración supranacional de los Estados miembros de la Unión Europea orientado a la protección de bienes jurídicos *europeos*, y de *lege ferenda*, al futuro Derecho penal europeo (y, en su caso, del Mercosur en Sudamérica), también de lege ferenda el Derecho penal de la globalización, y, finalmente, el denominado "Derecho penal del enemigo".

a) El llamado "Derecho penal del riesgo"

1. Un primer ámbito del Derecho penal moderno estaría constituido por un grupo de tipos delictivos con un contenido de lo injusto relativamente homogéneo en virtud del dato común de que en todos ellos se trataría de la realización de conductas que representarían sólo, como máximo, un simple y mero peligro *abstracto* para bienes jurídicos principalmente *individuales*. Para un sector de la doctrina, este ámbito particular del Derecho penal moderno sería consecuencia del modo *político* en que el Estado del presente resuelve afrontar los conflictos sociales característicos de la dinámica de la

31 Así, además de los autores citados en nota anterior, véase *Hassemer*, ZRP 1992, p. 381 (= ADPCP 1992, p. 241): "capacidad expansiva del Derecho penal". En nuestra doctrina, particularmente, *Silva Sánchez*, La expansión, p. 20: "tendencia general, a la que cabe referirse con el término *'expansión'*" [*nota bene*: se aclara que, según creo cabe deducir del discurso de Silva, lo esencial de su concepto de expansión no es el mero incremento cuantitativo, sino más bien el fenómeno cualitativo de reducción y flexibilización de las garantías del modelo liberal que, según él, acompaña a la nueva legislación penal]. Respecto del proceso de modernización o expansión del Derecho penal ecuatoriano, véase *Zambrano Pasquel*, Política criminal, pp. 341 ss.

32 Cfr. *Hirsch*, en Kühne/Miyazawa, p. 11; *el mismo*, en Modernas tendencias, pp. 371 s., 381 ss.; también *Hassemer*, en Phiplipps/Scholler, pp. 89, 90; *Albrecht*, en La insostenible situación, pp. 476 s.

33 Véase *Mendoza Buergo*, El Derecho penal, pp. 41 s.

34 Véase, en este sentido, *Silva Sánchez*, La expansión, pp. 20 s.

sociedad moderna[35], a la cual se comprende y explica como una "sociedad de riesgos"[36]/[37]. El Derecho penal moderno sería uno propio y característico *de* la "sociedad de riesgos". El control, la prevención y la gestión de riesgos generales se ven como tareas que debe asumir el Estado y que éste asume efectivamente de modo relevante[38], y para la realización de tales objetivos el legislador recurre al tipo *penal* de peligro abstracto como instrumento técnico adecuado por excelencia. Por ello, el Derecho penal moderno, o bien una parte relevante del mismo, se denomina como "Derecho penal del riesgo"[39].

2. A consecuencia del desarrollo y del progreso científico y tecnológico, industrial y económico, en la sociedad moderna se realiza una pluralidad de actividades portadoras de elevados potenciales de riesgos que, en principio, no son naturales, sino que tienen que ser reconocidos como artificiales en la medida en que son reconducibles a decisiones y actividades humanas[40]. Así sucede, por ejemplo, con actividades relativas a la tecnología atómica, la informática, la genética, la fabricación y comercialización de productos potencialmente peligrosos para la vida y la salud, etc[41]. Características de estos

---

35 Véase, por ejemplo, *Hassemer*, NStZ 1989, p. 558 (= Pena y Estado, nº 1 1991, pp. 34, 35); *el mismo*, en Phiplipps/Scholler, pp. 85, 88 s.

36 Véase la detallada exposición de *Mendoza Buergo*, El Derecho penal en la sociedad del riesgo, pp. 24 ss., 44 ss., 78 ss.

37 En el Derecho en general, y sobre todo en el Derecho penal en particular, ha tenido una amplia acogida la variante del paradigma de la sociedad de riesgos formulada y desarrollada por el sociólogo alemán *Ulrich Beck*, Risikogesellschaft; *U. Beck* (ed.), Politik in der Risikogesellschaft; véase también, en castellano, *U. Beck*, en J. Beriain (compilador), Las consecuencias perversas de la modernidad, pp. 201 ss. y *U. Beck*, De la sociedad industrial a la sociedad del riesgo, pp. 19 ss. No obstante, del paradigma de la sociedad de riesgos existen numerosas variantes sociológicas; véase al respecto la exposición de *Prittwitz*, Strafrecht und Risiko, pp. 49 ss., pp. 75 ss. (para su propio concepto de sociedad del riesgo), y pp.115 ss. para la trascendencia de dicho paradigma en el Derecho.

38 Véase *Hassemer*, NStZ 1989, pp. 557, 558 (= Pena y Estado, nº 1 1991, pp. 33, 34 s.; *Silva Sánchez*, La expansión, pp. 136 ss.

39 Véase, por ejemplo, *Albrecht*, KritV 1988, pp. 184 ss.; *Calliess*, NJW 1989, p. 1340; *Herzog*, Gesellschaftliche Unsicherheit, pp. 48 ss.; *Seelmann*, KritV 1992, p. 452; *Prittwitz*, Strafrecht und Risiko, pp. 261 ss.; *el mismo*, en Frehsee/Löschper/Smaus, pp. 47 ss.; *Hilgendorf*, Strafrechtliche Produzentenhaftung, pp. 43 ss.; *Frehsee*, StV 1996, pp. 227 s.; y la exposición panorámica de *Roxin* AT I, 4ª ed., 2006, § 2 nm. 71 ss., pp. 36 s.; en la doctrina española, véase, por todos, *Mendoza Buergo*, El Derecho penal, *passim*, y especialmente, pp. 155 ss.; para esta autora (*lug. cit.*, p. 66 nota 127 *in fine*), la designación del conjunto de problemas que se tratan aquí con "la expresión unitaria de Derecho penal del riesgo no parece, en sí mismo, merecedor de crítica"; en la doctrina ecuatoriana, véase *Edmundo Bodero*, Teoría económica de la delincuencia, p. 337.

40 Véase *Hilgendorf*, Strafrechtliche Produzentenhaftung, pp., 25, 28, con cita de Lau para el "discurso del riesgo"; *Prittwitz*, Strafrecht und Risiko, pp. 54 s., con cita de Luhmann para los efectos secundarios de la actividad; véase *Mendoza Buergo*, El Derecho penal, pp. 25 ss.; *Silva Sánchez*, La expansión, pp. 27 s.

41 Véase *Hirsch*, en Kühne/Miyazawa, p. 11; *Mendoza Buergo*, El Derecho penal, pp. 26, 41; *Edmundo Bodero*, Teoría económica de la delincuencia, p. 320. No obstante también hay que contar aquí los riesgos derivados de actividades tradicionales, como los inherentes a

nuevos riesgos son tanto sus grandes dimensiones, como la indeterminación del número de personas a las que potencialmente amenazan[42]. Esta realidad, propia de la dinámica de la sociedad moderna, permitiría comprenderla como una "sociedad de 'objetiva' inseguridad"[43], dimensión objetiva que al combinarse con la subjetiva de la "inseguridad sentida"[44] por los ciudadanos, daría lugar, finalmente, a una situación de "sensación general de inseguridad"[45] que determinaría a la sociedad a una fuerte demanda de seguridad al Estado y a que éste responda a tal exigencia con el recurso del Derecho penal mediante la criminalización de comportamientos que tienen lugar en los nuevos ámbitos de riesgo[46]/[47].

3. Por otro lado, dentro de este marco general del riesgo, la orientación tradicional del Derecho penal a la *prevención* de riesgos calculables y, por ello, previsibles, experimenta también una variación que toma una dirección encaminada a la *precaución* ante la incertidumbre e incalculabilidad de riesgos que, conforme a estimaciones meramente estadísticas, pueden producirse con más o menos probabilidad a consecuencia de determinadas actividades, como por ejemplo aquellas de carácter científico respecto a las que el saber es todavía incierto[48].

b) El nuevo Derecho penal económico y del ambiente

El Derecho penal económico y del ambiente es una manifestación particular —a mi juicio, la más destacada e importante— del Derecho penal moderno[49]. La

---

cualquier atividad laboral en general, y a algunas especialmente arriesgadas como es el caso, por ejemplo, de la construcción, ámbito para el que el legislador español ha previsto un tipo específico en el art. 350 CP.

42 Véase *Prittwitz*, Strafrecht und Risiko, pp. 51 s.; *Mendoza Buergo*, El Derecho penal, p. 26.

43 Véase, en este sentido, *Silva Sánchez*, La expansión, pp. 28 s.

44 Véase *Silva Sánchez* , La expansión, p. 32.

45 Véase, *Prittwitz*, Strafrecht und Risiko, pp. 72 ss.; *Silva Sánchez*, La expansión, pp 32 ss.

46 Véase *Silva Sánchez* , La expansión, pp. 22, 32 ss., 36 s.; *Edmundo Bodero*, Teoría económica de la delincuencia, pp. 339 ss.

47 Véanse, en el Libro II del Código penal español de 1995, dentro del Título XVII (De los delitos contra la seguridad colectiva), y del Capítulo I de éste (De los delitos de riesgo catastrófico), los tipos comprendidos en la sección 1ª de dicho capítulo bajo la rúbrica "de los delitos relativos a la energía nuclear y a las radiaciones ionizantes" (arts. 341 a 345); los tipos del Capítulo III de aquél Título, "De los delitos contra la salud pública" relacionados con la fabricación y comercialización de productos peligrosos para la vida y la salud de las personas (arts. 359 a 367); o, finalmente, los "delitos relativos a la manipulación genética" del Título V (arts. 159 a 162).

48 Véase, sobre todo ello, *Romeo Casabona*, en Modernas tendencias, p. 80 y *passim*.

49 Véase, por ejemplo, *Hassemer*, en Phiplipps/Scholler, pp. 89, 90, 93 ss.; *el mismo*, ZRP 1992, p. 381 (= ADPCP 1992, p. 241); *Hassemer/Muñoz Conde*, La responsabilidad, p. 27; *Herzog*, ADPCP 1993, pp. 317 ss.; *Schünemann*, GA 1995, pp. 206 ss. (= ADPCP 1996, pp. 192 ss.); *el mismo*, FS-Triffterer, pp. 437 ss., 452 ss., 455 s.; *el mismo*, en Kühne/Miyazawa, pp. 16 ss.,

criminalidad económica no es un fenómeno nuevo[50], pero sí lo son los intereses políticos y científicos actuales por la misma[51] y las tendencias legislativas hacia la construcción y consolidación de un Derecho penal económico y del ambiente[52].

1. La copiosa reflexión científica habida sobre este campo en las últimas tres décadas, empero, no ha logrado aún precisar una definición de *criminalidad económica* ni determinar los supuestos que realmente tienen que ser abarcados por el Derecho penal económico[53]. No obstante, hoy se acepta que el concepto de criminalidad económica es uno de carácter criminológico que tiene sus raíces en las investigaciones empíricas llevadas a cabo por *Sutherland* en los años cuarenta del siglo XX y en el ámbito de las infracciones al Derecho norteamericano del cártel[54]. El autor norteamericano definió al delito económico como el cometido "por una persona respetable y de elevado *status* social, en el marco de su profesión"[55], y acuño el término "delito de cuello blanco" para referirse de modo general al conjunto de estos delitos[56]. El comportamiento

---

23 ss., 29 (= Temas actuales, pp. 50 ss., 56 ss., 62 s.); *Silva Sánchez,* La expansión, pp. 25 s., 91 ss., 160 s.; *Mendoza Buergo,* El Derecho penal, p. 41.

50 Véase *López Rey y Arrojo,* en Barbero Santos, p. 38; citando antecedentes de Derecho romano clásico, véase *Jescheck,* JZ 1959, pp. 457 ss.; *Tiedemann,* GA 1969, pp. 71 ss.; *el mismo,* Wirtschaftsstrafrecht und Wirtschaftskriminalität 1, pp. 42 ss.; *el mismo,* JuS, 1989, pp. 689 s.

51 Véase, por ejemplo, *Tiedemann,* Lecciones, p. 249; *Kaiser,* Introducción, pp. 360 s.; *Kaiser,* Kriminologie, pp. 839 ss. nm. 1 ss.; *Albrecht,* en Modernas tendencias, p. 259; *Martínez-Buján,* DPE-PG, pp. 21 ss.

52 En el Derecho positivo, la construcción sistemática de un Derecho penal económico arranca del PA alemán de 1977; véase *Lampe/Lenckner/Stree/Tiedemann/Weber,* Alternativ-Entwurf eines Strafgesetzbuches. Besonderer Teil. Straftaten gegen die Wirtschaft, J. C.B. Mohr (Paul Siebeck), Tübingen, 1977; véase sobre éste y sobre los procesos legislativos en los principales países de nuestro entorno, así como en el nuestro, la detallada exposición de *Martínez-Buján,* DPE-PG, pp. 37 ss.; sobre la tendencia presente y hacia el futuro, véase *Schünemann,* en Kühne/Miyazawa, pp. 16 ss., 33 ss. (= Temas actuales, pp. 50 ss., 66 ss.); y sobre el Derecho penal económico del Ecuador, véase *Araujo Granda, P.,* Derecho penal económico, pp. 34 ss.; *Franco Loor,* Fundamentos I, pp. 352 ss.

53 Véase *Dannecker,* en Wabnitz/Janovsky, p. 8 nm. 5; y al respecto, por ejemplo, *Eisenberg,* Kriminologie, p. 708 nm. 1; *Kaiser,* Kriminologie, pp. 855 ss. nm 1 ss. Véase una prolija exposición de definiciones de delito económico en *Martos Núñez,* Derecho penal económico, pp. 141 ss. Sobre el estado actual de la cuestión, véase *Albrecht,* en Modernas tendencias, pp. 259 ss.

54 Véase, *Tiedemann* Lecciones, p. 249; *Kaiser,* Introducción, pp. 355 s.; *Richter,* en Müller-Gugenberger/Bieneck, pp. 132 s nm. 4; *Dannecker,* en Wabnitz/Janovsky, pp. 8 s. nm 6-7; *Albrecht,* Modernas tendencias, p. 262; *Pérez del Valle,* en E. Bacigalupo (dir.), pp. 24 ss.; *Bajo/S.Bacigalupo,* DPE, pp. 27 s.; destaca también la importancia del aspecto criminológico de la delincuencia económica, *Martínez-Buján,* DPE-PG, pp. 66 s.

55 Definición tomada de *Tiedemann,* Poder económico y delito, p. 10.

56 Como indicaron *Bajo/Suárez,* la usual definición criminológica de la delincuencia económica como el conjunto de infracciones lesivas del orden económico cometidas por personas de alto nivel socioeconómico en el desarrollo de su actividad profesional "no

delictivo no es privativo de una clase social determinada, sino que se practica por igual en todas las capas sociales, y las clases alta y media desarrollan una forma particular de delincuencia que se relaciona sobre todo con actividades económicas y de los negocios[57]. Aunque la idea de criminalidad económica se identifica inicialmente con la llamada "delincuencia de cuello blanco" y remite de hecho sólo a comportamientos delictivos característicos de las clases sociales poderosas, una concepción de aquélla orientada exclusivamente al autor tiene sólo un valor criminológico, pero no uno político criminal ni dogmático[58].

2. El Derecho penal económico no es más que un sector de la Parte Especial[59] que agrupa un cierto número de tipos delictivos en virtud de determinados criterios rectores formales y materiales. Se trata de un Derecho penal que se rige en todo por el "principio del hecho", pues el mismo se funda en decisiones político criminales que tienen como base la desvaloración de determinados *hechos* en razón sólo de su carácter lesivo para el orden social e independientemente del dato sociológico de que su realización sea accesible y posible sólo a sujetos pertenecientes a las clases sociales poderosas[60]. Por ello, hoy es mayoritaria la opinión de que también los tipos del Derecho penal económico se configuran y legitiman a partir de la protección de *bienes jurídicos*[61]. Lo injusto material del delito económico no puede definirse por

---

es más que la adaptación a la delincuencia económica de la definición que *Sutherland* en 1939 refirió a la delincuencia de cuello blanco"; véase *Bajo/Suárez* PE, p. 569 núm. 28; *Bajo Fernández*, DPE, pp. 47 ss.

57 Véase, por ejemplo, *Tiedemann*, Poder económico, pp. 10 ss.; *el mismo*, Lecciones, pp. 252 ss.; *Kaiser*, Introducción, pp. 355 ss.; *Eisenberg*, Kriminologie, pp. 52 s. nm. 67; *Martos Núñez*, DPE, pp. 139 ss.; *Bajo/Suárez* PE, p. 569 núm. 29; *Bajo Fernández* DPE, pp. 47 s.; *Bajo/S.Bacigalupo* DPE pp. 27 s.

58 Véase *Tiedemann*, Poder económico, pp. 10 s.; *Dannecker*, en Wabnitz/Janovsky, pp. 8 s. nm 5-7; *Richter*, en Müller-Gugenberger/Bieneck, pp. 132 s. nm. 3-6; *Pérez del Valle*, en E. Bacigalupo (dir.), pp. 24 ss.

59 Véase en el mismo sentido, *Pérez del Valle*, en E. Bacigalupo (dir.), p. 24.

60 Véase *Tiedemann*, Poder económico y delito, pp. 10 s.; *Muñoz Conde*, en Schünemann/ Suarez, pp. 61 s. (=Hacia un Derecho Penal económico europeo, p. 266); *Edmundo Bodero*, Teoría económica de la delincuencia, p. 368. Por otro lado, una concepción de la criminalidad económica orientada exclusivamente al autor tiene un valor sólo parcial incluso desde el punto de vista criminológico, pues la evolución de la investigación criminológica en este campo ha llevado finalmente a una concepción de aquélla en que lo esencial son los aspectos relativos al carácter lesivo de los hechos para el orden económico en concreto y, en definitiva, para el orden social en general (*Sozialschädlichkeit*); véase *H. Müller*, Soziologische Entstehungsbedingungen, pp. 115 ss.; *R. Müller* et. alt., Wirtschaftskriminalität, pp. 1 s.; *Richter*, en Müller-Gugenberger/Bieneck, pp. 138 ss. nm. 19 ss.; *Dannecker*, en Wabnitz/Janovsky, pp. 8 nm. 5, 11 ss. nm. 11-17; *Albrecht*, en Modernas tendencias, pp. 262 s.; *Bajo/S.Bacigalupo*, DPE, pp. 30 ss.

61 Véase *Tiedemann*, Tatbestandsfunktionen, pp. 66 ss.; *el mismo*, Wirtschaftsstrafrecht 1, pp. 50 s.; *el mismo*, JuS 1989, pp. 689, 691; *el mismo*, Poder económico, pp. 11 s.; *el mismo*, Lecciones, pp. 34 s.; *Eisenberg*, Kriminologie, pp. 708 nm. 2; *Heinz*, en Gropp (ed.), pp. 20 s.; *Richter*, en Müller-Gugenberger/Bieneck, p. 133 nm. 7; *Martínez-Buján*, DPE-PG, pp. 32 ss., 59 ss.

la lesión o el peligro del orden económico, de la Economía nacional o de conceptos similares, pues la amplitud y la vaguedad de los mismos impide derivar de ellos con precisión los concretos contenidos materiales de los diferentes tipos penales económicos[62]. Para una opinión muy extendida, éstos protegerían el *orden económico*, pero entendido en un sentido estricto como "la regulación jurídica de la participación estatal en la economía"[63] o como "actividad interventora y reguladora del Estado en la economía"[64]. Con tales conceptos, empero, no se puede identificar más que un marco general de referencia para los concretos bienes jurídicos que protejan los tipos penales económicos de acuerdo con el modelo de un Derecho penal del hecho que, como el vigente, no se configura de un modo genérico, sino necesariamente mediante la formulación de un completo sistema de tipos singulares, y de subsistemas de tipos, estructurados y ordenados valorativamente conforme a *especies diferenciadas de bienes jurídicos*[65].

3. En mi opinión, hay que renunciar a la pretensión de definir el delito económico, y el contenido del Derecho penal económico, mediante un único criterio de validez general. Si lo limitásemos a las transgresiones del orden jurídico económico en sentido estricto, entendido como aquella parte del orden económico dirigida e intervenida directamente por el Estado mediante la imposición coactiva de normas de planificación del comportamiento de los sujetos económicos, entonces, y como ha advertido con razón *Muñoz Conde*, el Derecho penal económico se reduciría prácticamente a los delitos contra la Hacienda pública, los monetarios, los de contrabando y los relativos a la determinación y formación de los precios de determinados productos[66]. Pero entonces deberían quedar fuera de él hechos que, como por ejemplo las grandes quiebras, las estafas masivas, las diferentes formas de manifestación de los escándalos financieros, o, en general, la gran criminalidad empresarial contra los consumidores, son precisamente los que despiertan el mayor interés para

---

62 Véase por ejemplo *Bajo/Suárez* PE, pp. 565 s. núm. 14, 651 núm. 17; *Bustos Ramírez*, RFDUCM, monográfico 11, p. 158; *Bottke*, wistra 1991, pp. 7 ss.; *Schünemann*, CuCGPJ 1991, pp. 35, 37.

63 Véase *Bajo/Suárez* PE, p. 565 núm. 9; *Bajo Fernández* DPE , pp. 37 ss.

64 Véase *Tiedemann*, Wirtschaftsstrafrecht 1, p. 50; *el mismo*, Poder económico y delito, p. 12; *el mismo*, Lecciones, p. 32.

65 Pues, el Derecho penal del hecho es "substancial" en el sentido de que a través de sus tipos describe objetivamente todas las *especies* de lo injusto material, y luego conecta cada una de dichas especies a una amenaza penal asimismo *específica*; véase *Welzel*, El nuevo sistema del Derecho penal, p. 44. Cuál sea lo injusto material *específico* de un tipo determinado, cuál sea su naturaleza jurídica *específica* y, por consiguiente, cuál sea su diferencia *específica*, todas éstas son cuestiones estrechamente relacionadas cuya respuesta depende en su mayor medida de la que se dé a la relativa a *qué especie de bien jurídico* es el protegido por el tipo de que se trate, pues como ya destacara *Jescheck*, ZStW 1955, p. 537: "nuestro Derecho penal se estructura en un sistema de tipos *ordenados* conforme a *bienes jurídicos* a los que conecta *determinadas* amenazas penales"; véase, en el mismo sentido, *Gracia Martín*, La infracción de deberes contables, p. 243.

66 Véase *Muñoz Conde*, en Schünemann/Suarez, p. 62 (= Hacia un Derecho Penal económico europeo, pp. 267 s).

la Criminología y para la Política criminal en el ámbito económico[67]. Estos hechos son abarcados generalmente por figuras delictivas que, como la estafa, la apropiación indebida, las defraudaciones o las falsedades documentales, no pertenecen inicialmente al Derecho penal económico porque el que la realización de aquéllos tenga lugar en conexión con una actividad económica es una circunstancia ajena y, por ello, indiferente respecto de los contenidos de lo injusto material de semejantes tipos[68]. Por otro lado, muchos de los nuevos tipos delictivos, como por ejemplo los de estafa mediante procedimientos informáticos o similares, o el de administración desleal de un patrimonio ajeno, no son nada más que variantes de los tradicionales tipos de la estafa o de la apropiación indebida, que se han creado como subsidiarios de éstos para supuestos en que faltan o son difíciles de probar algunos de sus elementos característicos[69]. No obstante, todos estos hechos deben ser integrados también en el Derecho penal económico si, como lo creo correcto, se formula un concepto amplio de éste que atraiga a su ámbito a todo hecho delictivo realizado en el contexto y práctica de una actividad económica (factor criminológico)[70].

---

67 Véase *Muñoz Conde*, como en nota anterior.

68 Véase, en este sentido, *Bottke*, en Schünemann/Suarez, pp. 109 s. (= en Hacia un Derecho Penal económico europeo, pp. 637 s.).

69 Véase, por ejemplo, en relación con la ampliación del tipo de la estafa en el art. 248.2 CP a la obtención de transferencias no consentidas de activos patrimoniales mediante manipulaciones informáticas o artificios semejantes, *Muñoz Conde*, PE, 13ª ed., 2001, pp. 405 s.; y sobre el tipo de administración desleal del patrimonio social en el marco de los delitos societarios, véase *E. Bacigalupo*, Curso, pp. 137 ss.

70 Véase, en el mismo sentido *Bottke*, en Schünemann/Suarez, pp. 109 ss. (= en Hacia un Derecho Penal económico europeo, pp. 637 ss.). En la doctrina española, *Martínez-Buján*, DPE-PG, pp. 33 s., 60 s., se ha pronunciado en contra —expresamente de la opinión de *Bottke*— de incluir a los tipos tradicionales contra el patrimonio en el Derecho penal económico también cuando se realizan en un contexto o a escala económicos. A su juicio, el criterio rector ha de ser el del bien jurídico protegido, dichos tipos no plantean especiales problemas de legitimidad (p. 34), y la realización de los mismos en un contexto económico no altera su naturaleza jurídica de delitos patrimoniales (p. 60). Los argumentos de *Martínez-Buján* tienen una base descriptiva correcta, pero con ellos, a mi juicio, no se puede justificar una exclusión de los tipos tradicionales, cuando se realizan en un contexto económico, del ámbito del Derecho penal económico. El bien jurídico, ciertamente, continúa siendo una referencia imprescindible del Derecho penal, pero el mismo ha dejado de ser ya un criterio decisivo, pues como han puesto de manifiesto las investigaciones más recientes, del concepto de bien jurídico apenas puede deducirse alguna conclusión con valor determinante para resolver la cuestión relativa a la intervención penal (*cfr.* ahora sólo *Hirsch*, en Modernas tendencias, pp. 375 ss., 377 ss., 386 s.). El Derecho penal moderno introduce con frecuencia *nuevos* tipos delictivos que tienen una naturaleza patrimonial únicamente en virtud del bien jurídico protegido, pero cuyos fundamentos últimos sólo pueden verse en la realización del comportamiento correspondiente en un contexto generalmente económico y en el *modus operandi* típicamente económico del autor (desvalor de la acción), lo cual debe ser ya suficiente para conceptuarlos como delitos del Derecho penal económico; véase, en este sentido, con respecto a los tipos alemanes de defraudaciones informáticas, de inversión de capitales, de seguro y de crédito —§§ 263a-265b StGB—, *Schünemann*, CuCGPJ, nº 8 1991, pp. 33-36, y, más recientemente, *el mismo*, en Kühne/Miyazawa, pp. 25 ss. (= Temas actuales, pp. 59 ss.). Por otro lado, es

4. Tanto la extensión del Derecho penal económico, como sobre todo la precisión de sus contenidos —especialmente la comprensión material de sus específicos bienes jurídicos—, son cuestiones que aún se encuentran pendientes de aclaración. Por ello mismo, es necesario y urgente intensificar la investigación al respecto para alcanzar conocimientos más seguros que los actualmente disponibles sobre semejantes extremos. Entre tanto, se constata un generalizado consenso sobre la idea de que el núcleo del Derecho penal económico está constituido por tipos delictivos orientados de un modo específico a la protección de nuevos bienes jurídicos distintos de los tradicionales, los cuales se explican y denominan de diversas maneras. Generalizando, se puede afirmar que en la doctrina alemana es dominante la tesis, no exenta de críticas, conforme a la cual los tipos penales económicos se orientan a la protección específica de nuevos bienes jurídicos de la vida económica que suelen denominarse como *colectivos, universales* o, también,

cierto que los tipos tradicionales contra el patrimonio no plantean particulares problemas de legitimidad, pero esto no puede afirmarse precisamente respecto a los nuevos tipos patrimoniales característicos del Derecho penal moderno (económico), pues el que se configuren frecuentemente como modalidades mutiladas de algunos de los elementos básicos de los tipos tradicionales —por ejemplo que se mutile del elemento del error a algunas nuevas modalidades de estafa— y, sobre todo, que se configuren como tipos de peligro abstracto para el patrimonio, son datos que, por un lado, inducen con frecuencia a la errónea creencia de que lo que realmente se protegería por los mismos podría ser —como en el caso de los genuinos tipos económicos— algún bien jurídico de naturaleza colectiva o universal, y, por otro lado, se pone en cuestión precisamente su legitimidad desde el punto de vista del principio de protección subsidiaria de bienes jurídicos o de otros principios relevantes para la decisión sobre la intervención penal; cfr. al respecto *Schünemann*, lugs. ult. cits., y a mayor abundamiento, con más referencias, *Hirsch*, en Modernas tendencias, pp. 371 s., especialmente pp. 381 ss. No obstante, los argumentos decisivos para la inclusión de los tipos tradicionales —y de sus nuevas modalidades mutiladas— en el Derecho penal económico cuando se realizan en un contexto económico son los dos siguientes. En primer lugar, el contexto y el *modus operandi* de la realización del hecho, típicamente económicos, determinan la aparición, en idéntica forma, de la misma problemática relativa a las reglas e instrumentos dogmáticos tradicionales de la imputación jurídico-penal que plantean los delitos de naturaleza económica por razón del bien jurídico específico protegido, como lo prueba de un modo particularmente claro la constelación de hechos relativos a la fabricación y comercialización de productos peligrosos, respecto a cuya inclusión en el ámbito del Derecho penal económico no puede haber la mínima duda, así como tampoco sobre que dicha constelación atrae a este sector del ordenamiento penal incluso a los tipos del homicidio y de las lesiones (cfr. ahora sólo en este sentido, *Pérez del Valle*, en E. Bacigalupo, p. 21). Pero, en segundo lugar, creo, sobre todo, que para la delimitación del ámbito del Derecho penal económico es decisiva la perspectiva *procesal*. Aunque los hechos delictivos que se realizan en un contexto económico tengan la naturaleza *dogmática* correspondiente a tipos tradicionales, la complejidad que imprimen a los mismos tanto el contexto como el *modus operandi* de su realización se traduce finalmente en una complejidad de enjuiciamiento que requiere no sólo la introducción de normas procesales especiales sino, sobre todo —como ocurre ya en la mayor parte de los ordenamientos de nuestro ámbito—, la especialización de los órganos judiciales para el enjuiciamiento de los hechos punibles relativos a la vida económica; sobre la importancia decisiva de la perspectiva procesal para la delimitación del Derecho penal económico, véase, *Tiedemann*, Poder económico y delito, pp. 30 ss.; *el mismo*, Lecciones, pp. 28 ss.; *Richter*, en Müller-Gugenberger/Bieneck, pp. 57 ss. nm. 26 ss.; *Dannecker*, en Wabnitz/Janovsky, p. 8 nm. 5, pp. 9 ss. nm. 8.

supraindividuales[71]. Algunos bienes jurídicos de esta naturaleza tienen como portador al Estado mismo[72], como es el caso, por ejemplo, de los tributarios, que pertenecen al ámbito de la economía financiera pública[73]. En la mayor parte de los casos, empero, se trata de bienes jurídicos colectivos cuya funcionalidad rebasa las esferas tanto de los intereses jurídicos individuales como de los genuinamente estatales, y que, por ello, hay que diferenciar de los tradicionales bienes jurídicos individuales y estatales; aquí se trata, por ello, de los objetos de protección que *Tiedemann* explica y denomina desde hace años como *bienes jurídicos intermedios*, como por ejemplo los relativos a la competencia, a los intereses de los consumidores, de los trabajadores, etc[74]/[75].

---

71 Véase, en este sentido, por ejemplo, *Hassemer*, en Phiplipps/Scholler, pp. 86 ss.; *Müller-Dietz*, FS-Schmitt, pp. 101 s.; *Müssig*, Schutz abstrakter Rechtsgüter, pp. 20 ss.; *Krüger*, Die Entmaterialisierungstendenz, pp. 15, 56 ss., 74 ss.; *Hirsch*, en Modernas tendencias, pp. 371 s.; *Schünemann*, CuCGPJ, nº 8 1991, pp. 36 ss.; *el mismo*, en Kühne/Miyazawa, pp. 24 ss.; *Hefendehl*, Kollektive Rechtsgüter, pp. 252 ss.; *el mismo*, GA 2002, pp. 25 ss.; y, en la doctrina española, véase, por ejemplo, *Bustos Ramírez*, en su Control social, pp. 195 ss.; *Gracia Martín*, La infracción de deberes contables, pp. 270 s. y nota 105; *Martínez-Buján*, DPE-PG, 164 ss.; *Mata y Martín*, Bienes jurídicos intermedios, pp. 1 ss.; *Mendoza Buergo*, El Derecho penal, pp. 68 ss.; *Corcoy Bidasolo*, Delitos de peligro, pp. 183 s.; *Soto Navarro*, La protección penal de los bienes colectivos, pp. 256 ss.; en la doctrina ecuatoriana, véase *Araujo Granda, P.*, Derecho penal económico, p. 17.

72 Véase en este sentido, recientemente, *Hefendehl*, GA 2002, pp. 25 s., 27.

73 Véase *Tiedemann*, JuS, 1989, p. 693; *el mismo*, Lecciones, pp. 40 ss.

74 Véase *Tiedemann*, Tatbestandsfunktionen, pp. 66 ss. y especialmente pp. 117 ss.; *el mismo*, Wirtschaftsstrafrecht 1, pp. 50 s.; *el mismo*, JuS, 1989, pp. 689, 691; *el mismo*, Poder económico y delito, pp. 12 s.; *el mismo*, Lecciones, pp. 34 s.; también *Eisenberg*, Kriminologie, p. 708 nm. 1; *AE-Straftaten gegen die Wirtschaft*, p. 19; críticamente *Kaiser*, Kriminologie, p. 858 nm. 6; *el mismo*, Introducción, p. 364; *Schünemann*, CuCGPJ 1991, p. 35; *Bottke*, en Schünemann/Suarez, pp. 112 s. (= en Hacia un Derecho Penal económico europeo, pp. 641 s.). También en la doctrina española se habla de bienes jurídicos *intermedios* como objetos de protección de los tipos del Derecho penal económico; véase, por ejemplo, *Teresa Rodríguez Montañés*, Delitos de peligro, pp. 300 ss.; *Martínez-Buján*, DPE-PG, pp. 98 s.; *Mata y Martín*, Bienes jurídicos intermedios, pp. 21 ss., 47 ss., 71 ss. No obstante, y a pesar de que aquí no me es posible desarrollar un tratamiento adecuado de la cuestión, sí quiero dejar siquiera meramente indicado que las descripciones que se hacen en la doctrina española sobre los bienes jurídicos colectivos como bienes intermedios no sólo son confusas, como ha puesto de relieve con toda la razón *Navarro Cardoso* (Los delitos contra los derechos de los trabajadores, pp. 24 ss., 26); más bien hay que calificar de completamente caóticos, y propios de lo que *Schünemann* denomina como una "Dogmática sin consecuencias", a los constructos que circulan a este respecto por la doctrina española con denominaciones tales como, por ejemplo, las de "abstracciones conceptuales de intereses colectivos", "relaciones de bienes jurídicos inmediatos con otros mediatos", "bienes intermedios con funciones representativas", "bienes intermedios con referente individual", etc. Algunos de estos constructos en particular no son otra cosa que derivaciones de la nada clara diferenciación de unos delitos de peligro abstracto en que se protegerían "bienes jurídicos supraindividuales inmateriales", propuesta por *Teresa Rodríguez Montañés* en su, por lo demás, extraordinaria y magnífica investigación (*lug. cit.*, pp. 300 ss.), a partir de una particular y personal interpretación del concepto de "bien jurídico intermedio espiritualizado", formulado por *Schünemann* en 1978 de modo muy provisional y rudimentario (JA 1978, pp. 793 y 798), y nunca más desarrollado por él ni por ningún

En mi opinión, y como hace la mejor y más cualificada doctrina, hay que incluir también en el Derecho penal económico los modernos tipos delictivos relativos a conductas que *Tiedemann* califica de abuso de instrumentos del tráfico económico moderno, como la falsificación de balances, el abuso de cheques, de tarjetas de crédito o de equipos informáticos[76]. Finalmente, hay que incluir en el Derecho penal económico también a los tipos contra el patrimonio tradicionales, o los de nueva creación para hacer frente a problemas de la sociedad moderna, y a otros de diferente naturaleza cuando se llevan a cabo en conexión con una actividad económica, como por ejemplo las falsedades documentales, e incluso el homicidio y las lesiones en los casos de la llamada "responsabilidad penal por el producto"[77].

5. El *Derecho penal del ambiente* no sólo es el sector por excelencia del Derecho penal moderno, sino también el campo en que se desarrolla de modo preferente y especialmente intenso la polémica actual sobre la modernización del Derecho penal[78]. El moderno Derecho penal del ambiente también forma

---

otro autor, y del concepto de "*bien intermedio* con función representativa" que la autora —a mi juicio sin fundamento— atribuye a *Jakobs* (AT, 2ª ed., 1991, p. 175 nm. 88). Con respecto al concepto que maneja *Jakobs*, baste decir aquí que éste, frente a lo interpretado e incluso entrecomillado por *Teresa Rodríguez Montañés*, en ningún momento habla de "*bien intermedio* con función representativa", sino sólo, y más precisamente, de la lesión de un "*objeto* que representa al bien en un plano menos abstracto" (respecto del plano del propio bien), y de la "función de representación de un *objeto*" (AT, 2ª ed., p. 175 nm. 88 y 89), concepto que evidentemente no puede ser entendido como un *bien jurídico* (intermedio con función representativa), dado que con el mismo no puede hacerse referencia a nada más que al "*objeto* de la acción", al "*objeto* del hecho", o incluso al "*objeto* del bien jurídico" en el sentido formulado por *Schmidhäuser* (AT, 2ª ed., pp. 84 s. nm. 27-30); por otro lado, y en contra de lo que interpreta el propio *Jakobs* (AT, 2ª ed., p. 175 nota 178), su concepto de "objeto con función representativa" en nada puede ser parangonado con el de "bien jurídico intermedio espiritualizado" de *Schünemann*, como lo prueba el que éste haya rechazado expresamente a aquel concepto en relación con la protección penal del bien jurídico del medio ambiente (*cfr. Schünemann*, en FS-Trieffterer, pp. 452 s.). Por otro lado, el concepto de "bien jurídico intermedio espiritualizado" de *Schünemann* no pertenece *en absoluto* al género de los constructos que se han indicado; sobre el alcance del concepto de *Schünemann*, véase la crítica a que lo somete *Zieschang*, Die Gefährdungsdelikte, pp. 369 ss., crítica con la que, por lo demás, no estoy de acuerdo en absoluto.

75 Véanse, en el Libro II del Código penal español de 1995, sobre todo los tipos comprendidos en los arts. 270 ss. de los Capítulos XI a XIV del Título XIII relativo a los "delitos contra el patrimonio y contra el orden socioeconómico", sin perjuicio de que otros tipos incluidos en los capítulos anteriores de dicho título, podrían ser incluidos en el Derecho penal económico; y además, véanse los tipos comprendidos en los Títulos XIV a XVI.

76 Véase *Tiedemann*, Wirtschaftsstrafrecht 1, pp. 50 s.; *el mismo*, JuS, 1989, p. 691; *el mismo*, Poder económico y delito, pp. 17 s.; *el mismo*, Lecciones, pp. 50 ss.

77 *Cfr. supra* nota 70.

78 La bibliografía alemana sobre el Derecho penal del medio ambiente es ya prácticamente inabarcable. Sobre el mismo, en cuanto modelo de Derecho penal moderno, y como centro de atención por excelencia en la polémica sobre la modernización del Derecho penal, véase, por ejemplo en contra de la intervención penal en dicho ámbito, sobre todo, *Hassemer* en Phiplipps/Scholler, pp. 93 ss.; *el mismo*, ZRP 1992, p. 383; *Herzog*,

parte del Derecho penal económico[79], pero la trascendencia e importancia del ambiente, al cual *Schünemann* atribuye con razón el carácter de segundo bien jurídico más importante después de la existencia y de la preservación de la especie del *homo sapiens*[80], y las peculiaridades de su regulación jurídica general, hacen conveniente un estudio particular e individualizado de la protección penal del mismo como "Derecho penal del medio ambiente"[81].

c) El Derecho penal de la empresa

1. Como queda dicho, los conceptos de delito económico y ambiental, y los correspondientes de Derecho penal económico y del ambiente, se definen en referencia fundamentalmente a los bienes jurídicos protegidos y a la circunstancia de la realización del hecho punible en relación con una actividad económica. No obstante, ahora hay que poner aquí especial énfasis en el relevante y trascendente dato de que, como revela ya el Derecho positivo, los delitos económicos y ambientales, salvo excepciones completamente marginales, suelen tener la condición de *especiales* en razón de que los hechos únicamente pueden ser cometidos de modo típico, es decir, en concepto de autor, por un círculo de sujetos cualificados por determinadas condiciones personales especiales como, por ejemplo, y según los casos, las de comerciante, exportador, empleador, obligado tributario, etc[82]/[83]. Contra

---

Gesellschaftliche Unsicherheit, pp. 141 ss., 147 ss.; *Hohmann*, Das Rechtsgut der Umweltdelikte, especialmente pp. 188 ss., 196 ss.; *el mismo*, GA 1992, pp. 76 ss., y en la doctrina española *Silva Sánchez*, en Gómez Colomer/González Cussac, pp. 157 ss., 180 s.; *el mismo*, La expansión, pp. 122 s., 129, 131 ss.; *Alastuey Dobón*, El delito de contaminación ambiental, pp. 15 ss. ; y, a favor de la intervención penal para la protección del medio ambiente, con argumentos contundentes y concluyentes contra la doctrina discrepante, que aquí se aceptan sin reserva, véase, sobre todo *Kuhlen*, ZStW 105 (1993), pp. 697 ss.; *el mismo*, GA 1994, pp. 347 ss.; *Schünemann*, GA 1995, pp. 205 ss.; *el mismo*, en FS-Trieffterer, pp. 452 ss.; *el mismo*, en Kühne/Miyazawa, pp. 23 ss. (= Temas actuales, pp. 56 ss.); *Stratenwerth*, ZStW 105 (1993), pp. 679 ss., 692 ss.; *el mismo*, AT I, 4ª ed., 2000, p. 36 nm. 10.

79 Véase *Tiedemann*, Lecciones, p. 48; *Dannecker*, en Wabnitz/Janovsky, pp. 11 nm. 10, 35 s. nm. 77.

80 Véase *Schünemann*, GA 1995, p. 206 (= ADPCP 1996, p. 193).

81 Véase, por ejemplo, *Kloepfer/Vierhaus*, Umweltstrafrecht, pp. 1 ss. Por eso, es muy frecuente en la doctrina que se haga mención al conjunto del "Derecho penal económico *y* del ambiente"; cfr. por ejemplo *Schünemann*, en Kühne/Miyazawa, pp. 23, 24, 29 (= Temas actuales, pp. 56, 57, 62), donde habla de la "moderna categoría del delito económico y ambiental".

82 Véase *Tiedemann*, Wirtschaftsstrafrecht 1, pp. 52 ss.; *el mismo*, Poder económico y delito, pp. 14 s.; *el mismo*, Lecciones, pp. 253 s.; *Terradillos*, Derecho penal de la empresa, pp. 42 s.

83 No comparto, pues, la opinión contraria que, en la doctrina ecuatoriana, sostiene *Araujo Granda, P.*, Derecho penal económico, p. 18, para quien los delitos económicos no tendrían el carácter de "propios" (especiales), sino que pueden ser cometidos por cualquier persona que ponga en peligro y riesgo real al orden económico. Sin embargo, también en el Derecho ecuatoriano, son muchos los delitos económicos —naturalmente no todos— que tienen la condición de especiales, como por ejemplo, el delito de quiebra, del que únicamente pueden ser autores "los comerciantes" (art. 576 CPEc.) y el delito de omisión

lo que estima la opinión dominante[84], el fundamento material de los delitos especiales no puede verse de ningún modo en la infracción del deber jurídico específico (extrapenal) que obliga a los autores cualificados[85], sino más bien en la especial posición y capacidad de dominio (social) de éstos sobre el ámbito social en que se hallan determinados bienes jurídicos que sólo se encuentran necesitados de protección penal frente a determinadas acciones típicas de esos sujetos con dominio social, y no frente a las de quienes carecen de dicho dominio[86].

2. Si se prescinde de supuestos completamente marginales, se constata fácilmente que hoy la realización de la mayor parte de la actividad económica —y, correspondientemente, la actividad delictiva económica— de hecho sólo es imaginable y posible a partir de la organización de un conjunto de medios y de personas en la forma de una *empresa*, y, por ello, en el ejercicio de una actividad típicamente *empresarial* o en relación con ella[87]. Hoy, el ejercicio de una actividad empresarial constituye la fuente principal del dominio material sobre todo tipo de bienes jurídicos involucrados en la actividad económica, esto es, no sólo sobre los específicamente económicos —vgr., la libre competencia— y ambientales, sino también sobre otros de distinta naturaleza que aparecen con frecuencia igualmente involucrados de un modo típico en la práctica de una actividad económico-empresarial, como sucede por ejemplo con la vida y la salud de los consumidores en el caso de la comercialización de productos, o con las de los trabajadores que realizan su actividad laboral para una empresa[88]. Esta circunstancia, empero, pone ahora de relieve que, en realidad, autor típico de los delitos económicos y

---

o falsedad contables del art. 586 CPEc., del que sólo pueden serlo quienes se dedicas a la industria del préstamo.

84 Véase, por ejemplo, y no obstante con diferentes matices y distinto alcance, *Roxin*, AT I, 3ª ed., 1997, § 10, VIII, 8, nm. 128-130, p. 283; *Jakobs*, AT, 2ª ed., 1991, pp. 220 nm. 70-71, 655 ss. nm. 115 ss., 783 nm. 15, 820 ss. nm. 57 ss., 849 nm. 106 s.; *Jescheck/Weigend*, AT 5ª ed., 1996, p. 652 nota 30; *Stratenwerth*, AT I, 4ª ed., 2000, pp. 99 nm. 4; *Cerezo Mir*, PG II, 6ª ed., 1998, pp. 119; *Luzón Peña*, PG I, 1996, p. 306; *Bacigalupo*, PG, 4ª ed., 1997, pp. 160, 361 ss., 372 ss.; *Bustos/Hormazábal*, PG II, 1999, p. 41.

85 Contra la concepción de los delitos especiales —que veo como una que podría entrar en conflicto con la garantía material del principio de legalidad—, véase *Gracia Martín*, El actuar I, pp. 332 ss.; críticos también con dicha concepción, *Schünemann*, Unternehmenskriminalität, pp. 92 s. y *Bottke*, Haftung aus Nichtverhütung, pp. 40 ss.

86 Sobre mi teoría del dominio social como único fundamento material de los delitos especiales, véase *Gracia Martín*, El actuar I, pp. 350 ss. También *Schünemann*, Unternehmenskriminalität, pp. 93 ss., ve el fundamento material de los delitos especiales en el domino del autor cualificado sobre el bien jurídico; y asimismo *Bottke*, Haftung aus Nichtverhütung, pp. 14 s., y *passim*.

87 Véase, en este sentido, *Schünemann*, Unternehmenskriminalität, pp. 15 ss.; *Eidam*, Unternehmen und Strafe, pp. 1 ss., 15 ss., 31 ss., 229 ss.

88 Así, *Ehrhardt*, Unternehmensdelinquenz, 1994, pp. 142 s.; *Ransiek*, Unternehmensstrafrecht, pp. 8 ss.; *Schünemann*, Unternehmenskriminalität, pp. 5 ss.; *el mismo*, wistra 1982, p. 41; *Terradillos*, Derecho penal de la empresa, pp. 13 ss.; *Pérez del Valle*, en E. Bacigalupo (dir.), p. 21; *Martínez-Buján*, DPE-PG, pp. 69 s.; *Bajo/S. Bacigalupo*, DPE, pp. 16 s.

medioambientales es, en la mayor parte de los casos, un *empresario*[89]. Por ello, desde esta importante y trascendente perspectiva, se ha de reconocer que el Derecho penal económico y del medio ambiente, en realidad, tiene que ser configurado y comprendido en su mayor parte también como *Derecho penal de la empresa*[90]. De aquí, empero, tiene que deducirse además que el criterio de la comisión de un hecho delictivo en el curso de la realización de una actividad económica de una *empresa* tiene por sí mismo la suficiente *vis atractiva* como para que aquél, independientemente de cual sea su naturaleza por razón del bien jurídico o del modo de ataque, tenga que ser adscrito al Derecho penal económico y del ambiente ya por la sola razón de que éste, por lo dicho, tiene que ser comprendido esencialmente como Derecho penal de la empresa[91]. De acuerdo con lo expuesto, el Derecho penal de la empresa, es decir, el conjunto de regulaciones jurídico penales relativas a los hechos delictivos cometidos en el ejercicio de una actividad *empresarial* tiene que ser reconocido también como una manifestación típica —y, además, de gran importancia y trascendencia— del Derecho penal moderno.

3. Mientras que los enfoques del bien jurídico y de la realización del hecho en conexión con una actividad económica muestran al Derecho penal económico y medioambiental sobre todo como un sector individualizado de la Parte Especial, desde la perspectiva de la empresa o del ejercicio de la actividad empresarial se destacan de un modo especialmente acentuado los aspectos que conciernen fundamentalmente a la problemática de la responsabilidad jurídico-penal, y, por consiguiente, a la Parte General[92]. El moderno Derecho penal de la empresa plantea, sin duda, a la Ciencia penal del presente uno de sus retos más importantes. Más allá de las cuestiones político criminales que suscita el mismo en el ámbito de la Parte Especial, los problemas que plantea en el plano de la responsabilidad penal constituyen un duro banco de pruebas para la validez sobre todo de una teoría del delito que, como la hasta ahora vigente, se ha construido sobre la base de un modelo de criminalidad violenta e individual[93]. Esta, apenas tiene algo en común con el modelo de

---

89 Véase *Tiedemann*, Wirtschaftsstrafrecht 1, pp. 48 s. y Lecciones, pp. 254 s.; *Dannecker*, Wabnitz/Janovsky, p. 9 nm. 8; *Müller-Gugenberger*, Wirtschaftsstrafrecht, p. 5 nm. 11.

90 Véase en este sentido, si bien advirtiendo que no se confunden, ya que el de la empresa sería una parte del Derecho penal económico y medioambiental, *Tiedemann*, Poder económico y delito, pp. 15 ss.; *el mismo*, Lecciones, pp. 263 ss.; *Schünemann*, Unternehmenskriminalität, pp. 1 ss., 5 ss., 15 ss.; *el mismo*, wistra 1982, p. 41; *Ransiek*, Unternehmensstrafrecht, pp. 1 ss.; *Terradillos*, Derecho penal de la empresa, pp. 11 ss.; *Martínez-Buján*, DPE-PG, pp. 68 ss.; *Bajo/S. Bacigalupo*, DPE, pp. 16 s. En la doctrina italiana, véase *Di Amato*, Tratatto I, pp. 7 ss.

91 De aquí han de quedar excluidos los hechos delictivos cometidos *contra* la empresa misma por sus colaboradores y los que cometen éstos unos contra otros; estos delitos pertenecen a la denominada "criminalidad en el establecimiento" (*Betriebskriminalität*); cfr. al respecto, *Schünemann*, wistra 1982, p. 41.

92 Véase, en este sentido, *Schünemann*, wistra 1982, p. 42.

93 Sobre ello, véase, sobre todo, *Tiedemann*, FS-Baumann, pp. 7 ss.; véase también, *el mismo*, Lecciones, p. 157; y sobre algunas de estas cuestiones, concretamente sobre los contenidos tradicionales del concepto de acción y de autor, véase *Schünemann*, Die strafrechtliche Verantwortlichkeit der Unternehmensleitung, pp. 139 ss.; *el mismo*, CuCGPJ 1.991, pp. 38 s.

la nueva criminalidad económica-empresarial, pues ésta se desarrolla en contextos de actividad colectiva realizada por una pluralidad de sujetos que actúan de acuerdo con el principio de la división del trabajo y de funciones y en posiciones de supra y de subordinación jerárquicas[94]. Por ello, la necesidad de hacer frente a este tipo de criminalidad con el Derecho penal ha puesto en jaque a casi todos los instrumentos dogmáticos tradicionales[95] y, desde luego, convertido ya en obsoleta a la Parte General tradicional de nuestra disciplina en la medida en que los conceptos y estructuras desarrollados por la misma se proyectan sólo a campos de realidad social muy reducidos y en que, por ello mismo, en principio, aquéllos no pueden ofrecer ninguna respuesta segura a los problemas de imputación que plantea el Derecho penal moderno en general, y el de la empresa en particular, como una de las manifestaciones más destacadas de éste[96].

d) El Derecho penal de las integraciones supranacionales, en particular el Derecho penal de la Unión Europea

1. En el momento actual, se desarrollan en diversas zonas geográficas del mundo distintos procesos de integración de una pluralidad de pueblos, y de sus Estados nacionales, en formaciones o entidades supranacionales. Entre ellos, el de la Unión Europea es el que se encuentra en situación más avanzada, y también el más relevante para nosotros[97], pero también el del Mercosur para Latinoamérica. La Unión Europea, según la opinión dominante, dispone de un ordenamiento jurídico propio y autónomo[98] que, además, goza de primacía

---

94 Véanse en detalle, *Schünemann*, Unternehmenskriminalität, pp. 30 ss.; *el mismo*, wistra 1982, pp. 41 ss.; además, *Ehrhardt*, Unternehmensdelinquenz, pp. 144 ss.; *Ransiek*, Unternehmensstrafrecht, pp. 8 ss., *Heine*, Die strafrechtliche Verantwortlichkeit von Unternehmen, pp. 31 ss.; *Eidam*, Unternehmen und Strafe, pp. 229 ss.; *Eisenberg*, Kriminologie, p. 709 nm. 4. Para la doctrina italiana, *Morandi*, RtDPE, núm. 3 1989, pp. 114 ss.; *Chiaraviglio*, La responsabilità penali nelle aziende, pp. 323 ss.; *Pagliaro*, Indice Penale 1985, pp. 18 ss.; *Traversi*, Responsabilità penali d'impresa, pp. 13 ss., 101 ss.; *Trucco*, RivIDir.PPen., 1985, pp. 765 ss.; *Iori*, Organizzazione dell'impresa, pp. 45 ss.; *Fiorella*, Il transferimento di funzioni, pp. 67 ss., 364 ss.; *Palombi*, en *Di Amato* (dir.), p. 267; *Pedrazzi*, RtDPE, núm. 1, 1988, p. 134; para la doctrina española, *Paredes Castañón*, en Paredes/ Rodriguez Montañés, pp. 138 ss.; *Gracia Martín*, en Mir/Luzón (coordinadores), pp. 52 ss.

95 Véase *Schünemann*, wistra 1.982, p. 42: problemas asimilables al de la "cuadratura del círculo".

96 Véase, por ejemplo, *Tiedemann*, Lecciones, p. 173; *Schünemann*, wistra 1.982, p. 42 (= ADPCP 1.988, p. 532); *Bricola*, en *Di Amato* (dir.), pp. 149 s. (refiriéndose a posibles vulneraciones del principio de personalidad de la pena); *Morandi*, RtDPE, p. 116.

97 Sobre el proceso de integración europea en general, véase por ejemplo, *Guy Isaac*, Manual de Derecho comunitario general, pp. 15 ss.; *Alonso García*, Derecho comunitario, pp. 2 ss.; *Molina del Pozo*, Manual de Derecho de la Comunidad Europea, pp. 17 ss.; *Linde Paniagua* et. alt., Principios de Derecho de la Unión Europea, pp. 34 ss.

98 Véase en este sentido, *Molina del Pozo*, Manual de Derecho de la Comunidad Europea, pp. 451 s.; *Linde Paniagua*, en Principios de Derecho de la Unión Europea, pp. 306 ss. Para la normativa europea fundamental, véase la recopilación de *Díez-Hochleitner/Martínez*

sobre los ordenamientos singulares de los Estados miembros[99]. Al margen de los importantes aspectos culturales y geopolíticos de la integración, por ahora la Unión Europea se identifica fundamentalmente, y ante todo, con un espacio geográfico de aproximadamente 3,2 millones de Km2 en el que viven 370 millones de habitantes, y en que opera de modo institucionalizado un "mercado común europeo"[100]. Por ello, puede estimarse que la dimensión y los aspectos más destacados de la Unión Europea son actualmente los económicos en la medida en que son también los más visibles y experimentados así como los más consolidados. Como no podía ser menos, los procesos de integración supranacional conllevan también importantes implicaciones de criminalidad, y éstas motivan diversas respuestas político criminales y jurídico-penales que van formando —y finalmente configuran— un Derecho penal específico de la integración que, sin duda, debe ser encuadrado en el Derecho penal moderno[101].

2. En lo que se refiere a la Unión Europea, hay que indicar, en primer lugar, que la misma delimita ya por su mera existencia un singular "espacio geográfico criminal"[102] en que se realizan también, y en su totalidad, los fenómenos de criminalidad que hemos descrito en los apartados anteriores[103], con la única particularidad de que tienen lugar en el espacio geográfico e institucional del mercado común europeo, lo cual no deja de tener su importancia, pues ello supone que dicha criminalidad, por un lado se lleva a cabo por medio de la utilización de instrumentos e instituciones europeos específicos y, por otro lado, los daños que produce afectan asimismo a intereses europeos específicos[104]. En un plano más concreto, ha de tenerse en cuenta que la integración europea da lugar a la aparición de todo un conjunto de "bienes jurídicos europeos"[105] claramente diferenciados de los reconocidos particularmente en los ámbitos nacionales de cada uno de los Estados miembros[106]. En términos generales se

---

Capdevilla, Derecho de la Unión Europea. Textos y comentarios, MacGrawHill, Madrid, 2001.

99 Véase *Guy Isaac*, Manual de Derecho comunitario general, pp. 174 ss.; *Molina del Pozo*, Manual de Derecho de la Comunidad Europea, pp. 506 s.; *Linde Paniagua*, en Principios de Derecho de la Unión Europea, pp. 395 ss.

100 Referencias en *Dannecker*, en Wabnitz/Janovsky, pp. 428 s. nm. 12.

101 Véase, por ejemplo, *Silva Sánchez*, La expansión, pp. 81 s.

102 Así *Dannecker*, en Wabnitz/Janovsky, p. 428 nm. 12, haciendo suya la calificación de Europa, por el Ministerio del Interior de Baden-Württenberg, como "nuevo espacio geográfico criminal".

103 Véase, *Müller-Gugenberger*, Wirtschaftsstrafrecht, pp. 68 ss. nm. 1 ss.

104 Véase, por ejemplo, *Albrecht*, en Modernas tendencias, pp. 259 s., 269 ss.; *Dannecker*, Wabnitz/Janovsky, pp. 428 s. nm. 12-13.

105 Véase, en este sentido, *Tiedemann*, NJW 1993, pp. 23 s.; también *Oehler*, FS-Baumann, pp. 562, 565 ss.; *Sieber*, Das strafrechtliche Sanktionensystem, p. 74; *Satzger*, Die Europäisierung, p. 348: „bienes jurídicos supranacionales europeos".

106 Sobre los bienes jurídicos europeos, véase, sobre todo, *Grasso*, Comunidades europeas, pp. 45 ss. y passim; como describe *Grasso* (lug. cit., pp. 45 s.): "las exigencias que informan sobre la eventual necesidad de tutela penal de determinados intereses, y del

puede convenir con *Grasso*[107] en que los posibles bienes jurídicos europeos se podrían clasificar en dos grupos[108]. En el primero se trataría de aquéllos que podemos denominar como bienes jurídicos europeos *institucionales* por estar vinculados a la existencia y al ejercicio de los poderes y competencias propios de la Unión Europea, como por ejemplo los relativos a las condiciones de existencia de la propia Unión Europea, a la *actividad funcional* de la misma por medio de sus funcionarios, y a los recursos financieros propios de la Unión[109]. El segundo grupo estaría integrado por los bienes jurídicos europeos que surgen a consecuencia del ejercicio de la actividad normativa concreta de la Unión respecto a sectores de actividad, generalmente económicos, que se encuentran sometidos a su competencia normativa, como por ejemplo la libre competencia, las condiciones de consumo garantizadas al consumidor, las condiciones del mercado laboral garantizadas a los trabajadores, los objetos de propiedad industrial, las condiciones de funcionamiento del mercado agrario, el medio ambiente, la moneda única, etc[110].

3. Los bienes jurídicos europeos, evidentemente, tienen que ser protegidos mediante los correspondientes sistemas de sanciones penales y administrativas. La protección penal de los bienes jurídicos europeos, empero, tiene que ser también, como en los ordenamientos nacionales, una de carácter fragmentario y subsidiario, es decir, que ha de tener lugar sólo frente a las formas de agresión más graves y cuando no basten al efecto las sanciones de carácter administrativo[111]. La Unión Europea tiene un poder sancionador propio de naturaleza *administrativa* fundado en las atribuciones de Derecho primario que le otorgan los arts. 83 TCE (antes 87), 64 TCECA y 83 TCEEA[112], y con esta base dispone de un ordenamiento sancionador propio integrado por tipos europeos de infracción administrativa y por las correspondientes

---

correspondiente 'merecimiento de pena' de las conductas lesivas de los mismos, ya no son tan sólo las relativas a las condiciones de existencia de una comunidad organizada en Estado, sino que se orientan a una comunidad supranacional, en la que se planifican ciertos sectores económicos esenciales de una pluralidad de Estados"; véase además, y por ejemplo, *Dieblich*, Der strafrechtliche Schutz der Rechtsgüter der Europäische Gemeinschaften, Diss. Köln, 1985, *passim*.; *Satzger*, Die Europäisierung, pp. 348 ss.

107 Véase *Grasso*, Comunidades europeas, pp. 49 s.

108 Véase también *Satzger*, Die Europäisierung, pp. 349 ss., quien, de otro modo, los clasifica en individuales y relativos a la soberanía.

109 Véase *Grasso*, Comunidades europeas, pp. 50 ss.; *Satzger*, Die Europäisierung, p. 350, denomina a estos bienes jurídicos de los que es portadora-titular la Unión Europea —del mismo modo que puede serlo cualquier otra entidad supranacional— "bienes jurídicos relativos a la soberanía" *(Hoheitlichen Rechtsgüter)*.

110 Véase *Grasso*, Comunidades europeas, pp. 50, 53 ss.

111 Véase en este sentido, expresamente en relación con la protección europea de los bienes jurídicos relativos a la inmigración ilegal y al tráfico de personas, *Arroyo*, Illegale Einwanderung und Menschenhandel, pp. 201 ss.

112 Véase, al respecto, *Dannecker*, Evolución, pp. 87 ss.; *el mismo*, en Wabnitz/Janovsky, pp. 441 nm 43; *Müller-Gugenberger*, Wirtschaftsstrafrecht, pp. 103 nm. 64-65; *Satzger*, Die Europäisierung, pp. 92 ss., 99 ss.; *Cuerda Riezu*, en Schünemann/Suárez, pp. 368 s. (= en Hacia un Derecho penal económico europeo, pp. 623 s.).

sanciones de la misma naturaleza en relación con diversos ámbitos y sectores, entre los cuales cabe destacar el relativo a la competencia como uno de los más relevantes e importantes[113]. Por el contrario, la Unión Europea carece de poder penal, pues los Estados miembros todavía no se han decidido a ceder a aquélla ninguna parte de este componente de su soberanía[114]. La inexistencia de un *ius puniendi* europeo propio, empero, no significa que los nuevos bienes jurídicos europeos estén desprovistos de protección jurídico-penal. Esta protección existe como una a la que, además, y en cuanto a lo que aquí interesa, hay que ver como Derecho penal moderno[115]. La falta de competencia penal de la Unión Europea no es absoluta, pues lo único que sucede es que ésta, por ahora, no puede establecer por sí misma un Derecho penal europeo uniforme, esto es, con validez para todos los Estados miembros[116]. Sin embargo, como ha indicado *Tiedemann*, hay que reconocer que, al menos en un sentido *mediato*, la Unión Europea sí es fuente del Derecho penal[117], y, en este sentido, puede afirmarse que es titular de un *ius puniendi* que si bien, evidentemente, no comprende aún la facultad de aplicación del Derecho penal europeo por órganos jurisdiccionales europeos, sí se extiende claramente al ámbito del *establecimiento* de un *ius poenale* europeo[118].

4. *a)* En el sector del moderno Derecho penal que ahora nos ocupa, cuya característica es que el mismo tiene su fuente en el *ius puniendi* de la Unión Europea, habría que distinguir por ahora *de lege lata et ferenda*, y tal como ha explicado *Satzger*, entre la "europeización del Derecho penal" y el "Derecho penal europeo"[119]. En el campo de la *europeización* se trata de los múltiples y diferentes modos y formas de influencia del Derecho europeo en la

---

113 Véase al respecto, sobre todo, *Dannecker/Fischer-Fritsch*, Das EG-Kartellrecht, *passim*; *Dannecker*, Evolución, pp. 102 ss.; *el mismo*, en Wabnitz/Janovsky, pp. 442 s. nm. 44-46.

114 Véase, *Weigend*, ZStW 105 (1993), p. 775. Sobre la problemática, véase el reciente y detallado estudio de *Satzger*, Die Europäisierung, pp. 57 ss., 99 ss. Observan, por ejemplo, *Dannecker*, Evolución, p. 87 y *Müller-Gugenberger*, Wirtschaftsstrafrecht, p. 104 nm. 65, que en consideración a la soberanía de los Estados miembros, en los reglamentos se expresa siempre que las sanciones "no tienen naturaleza penal".

115 Véase *Bacigalupo*, FS-Roxin, p. 1373, donde utiliza la denominación de "moderno Derecho penal europeo".

116 Véase *Tiedemann*, NJW 1990, p. 2232; *el mismo*, NJW 1993, p. 23; *Cuerda Riezu*, en Schünemann/Suárez, pp. 370 (= en Hacia un Derecho penal económico europeo, pp. 625); *Böse*, Strafen und Sanktionen, pp. 55 ss.; *Dannecker*, Evolución, p. 49 s.; *el mismo*, en Wabnitz/Janovsky, p. 439 nm. 40.

117 Véase *Tiedemann*, FS-Roxin, p. 1403; véase, en cambio, *Satzger*, Die Europäisierung, pp. 155 s.

118 Véase, recientemente, *Tiedemann*, FS-Roxin, pp. 1403 ss., 1406 ss., 1412 s.; así como también *Satzger* Die Europäisierung, pp. 90 s.; y, ya antes, *Tiedemann*, en AGON, nº 17 1998, pp. 12 s. y AGON, nº 23 1999, pp. 7 s.; asimismo, véase *Cuerda Riezu*, en Schünemann/Suárez, pp. 370 s. (= en Hacia un Derecho penal económico europeo, pp. 625 s.); *Dannecker*, FS-Hirsch, p. 144; *Kühne*, JZ 1998, pp. 1070 s.; *Bacigalupo*, AP 1998, nº 42 p. 832; *Palazzo*, RP, nº 3 1999, p. 40.

119 Véase *Satzger*, Die Europäisierung, pp. 8 s.; *Müller-Gugenberger*, Wirtschaftsstrafrecht, pp. 119 s. nm. 91-94; *Tiedemann*, en Kreuzer/Scheuing/Sieber, pp. 134s., 136 s.

producción, contenido, interpretación y aplicación del Derecho penal nacional de los Estados miembros; objeto de la europeización son siempre las normas del Derecho estatal interno. En el Derecho penal europeo (supranacional), en cambio, se trata de tipos penales que pertenecen al Derecho de la Unión Europea y deben tener aplicación inmediata en los Estados miembros.

b) Son diversos los motivos, técnicas y procedimientos de *europeización* del Derecho penal de los Estados miembros, cada uno con su propia problemática específica, pero con un fundamento común que radica en tres principios básicos que informan las relaciones entre el Derecho supranacional y el nacional de cada Estado: primacía del Derecho europeo sobre el interno, directa aplicabilidad del primero en los Estados miembros, y un mandato de interpretación (y aplicación) del Derecho nacional conforme al europeo[120]. Se trata del denominado "deber de lealtad" de los Estados miembros hacia el Derecho europeo, que obliga negativamente a no producir legislación nacional incompatible con él[121], y, positivamente, a extender los tipos penales nacionales a la protección de bienes jurídicos europeos, sea en el momento de su creación por el legislador, sea en el de su interpretación y aplicación judicial[122].

c) El Derecho europeo opera ya sobre los nacionales en un sentido *negativo*, al fundamentar aquél para los Estados miembros *deberes de no penar*, en sus respectivas legislaciones internas, comportamientos que sean conformes con aquél. Tales deberes pueden concretarse en prohibiciones de incriminación, en mandatos de despenalización, o en mandatos de no aplicación de tipos penales vigentes a consecuencia de una interpretación de los mismos conforme al Derecho europeo[123]. En un sentido *positivo*, la europeización del Derecho penal (nacional) tiene lugar a partir de la formulación, por la Unión Europea, de *deberes de penar* determinados comportamientos en los Derechos nacionales, y se lleva a cabo por medio de dos técnicas generales y en varios modos en cada una. En virtud de la técnica general denominada como *asimilación*, el ámbito de protección —y, por tanto, el de aplicación— de los tipos penales nacionales resulta ampliado a los bienes jurídicos europeos paralelos a los nacionales en virtud de una expresa remisión o reenvío de la norma europea al Derecho interno de los Estados miembros, en el sentido de que las agresiones a los bienes jurídicos europeos se castiguen en él de la

---

120 Véase, en este sentido, por ejemplo, *Cuerda Riezu*, en Schünemann/Suárez, p. 371 (= en Hacia un Derecho penal económico europeo, p. 626); *Grasso*, Comunidades europeas, pp. 275 ss.; *Dannecker*, Evolución, pp 64 ss.; *Satzger*, Die Europäisierung, pp. 38 ss., 43 ss., 518 ss.

121 Véase sobre este deber de lealtad, *Satzger*, Die Europäisierung, pp. 295 ss.

122 Véase *Tiedemann*, FS-Roxin, p. 1405: cuando no se haya producido una asimilación del Derecho europeo, el juez nacional deberá interpretar el precepto penal en sentido "favorable a la comunidad" (*gemeinschaftsfreundlich*).

123 Véase, *Cuerda Riezu*, en Schünemann/Suárez, pp. 371 ss. (= en Hacia un Derecho penal económico europeo, pp. 626 ss.); *Grasso*, Comunidades europeas, pp. 62 ss., 290 ss.; *Müller-Gugenberger*, Wirtschaftsstrafrecht, pp. 111 ss. nm. 78-80, 113 ss. nm. 81-83; *Tiedemann*, FS-Roxin, pp. 1402 s.

misma manera que las relativas a los nacionales[124]. Generalmente cuando no es posible la protección de los bienes jurídicos europeos mediante remisión a los Derechos nacionales vigentes, la europeización se lleva a cabo mediante la técnica general denominada como *armonización*. Esta consiste básicamente en que una norma europea —directiva o reglamento— establece para los Estados miembros un *deber de penar* determinados comportamientos mediante el mandato de crear e introducir en sus ordenamientos internos, tipos penales orientados específicamente a la protección de bienes jurídicos europeos[125].

d) Como modos concretos de europeización del Derecho penal mediante asimilación o armonización, según los casos, se han de mencionar, la creación de tipos nacionales para la protección específica de bienes jurídicos europeos[126], como es el caso, por ejemplo, de los tipos de los arts. 306, 309 y 628 CP, relativos a la defraudación de los presupuestos de la Unión Europea[127]; la equiparación de la protección penal de los bienes jurídicos europeos a la de los nacionales en los tipos nacionales[128], como es el caso por ejemplo de la de la Hacienda pública europea con la española en los tipos de defraudación tributaria de los arts. 305.3 y 627 CP[129]; las remisiones que hagan los tipos penales *en blanco* (nacionales) a la normativa europea[130]/[131]; y, finalmente, la interpretación (y aplicación) conforme al Derecho europeo, de los tipos nacionales vigentes, en el sentido de dar entrada en los mismos a la dimensión europea de los hechos

---

124 Véase *Cuerda Riezu*, en Schünemann/Suárez, pp. 373 ss. (= en Hacia un Derecho penal económico europeo, pp. 628 ss.); *Grasso*, Comunidades europeas, pp. 160 ss.; *Tiedemann*, NJW 1993, pp. 25 s.; *el mismo*, en Kreuzer/Scheuing/Sieber, pp. 143 s.; *el mismo*, FS-Roxin, p. 1405; *Dannecker*, Evolución, pp. 50 ss.; *el mismo*, en Wabnitz/Janovsky, pp. 455 ss. nm. 70-73; *Müller-Gugenberger*, Wirtschaftsstrafrecht, pp. 102 s. nm. 60-63; *Satzger*, Die Europäisierung, pp. 188 ss.

125 Así, *Cuerda Riezu*, en Schünemann/Suárez, pp. 374 ss. (= en Hacia un Derecho penal económico europeo, pp. 630 ss.); *Grasso*, Comunidades europeas, pp. 215 ss.; *Tiedemann*, NJW 1993, pp. 26; *el mismo*, en Kreuzer/Scheuing/Sieber, pp. 144 s.; *el mismo*, FS-Roxin, p. 1405; *Dannecker*, Evolución, pp. 58 ss.; *el mismo*, en Wabnitz/Janovsky, pp. 446 ss. nm. 54 ss.; *Satzger*, Die Europäisierung, pp. 393 ss., 418 ss.

126 Véase *Dannecker*, en Wabnitz/Janovsky, pp. 446 ss. nm. 54 ss.; *el mismo*, Jura 1998, pp. 82 ss.; *Müller-Gugenberger*, Wirtschaftsstrafrecht, pp. 70 ss. nm. 70 ss.; *Satzger*, Die Europäisierung, pp. 295 ss., 328 ss., 385 ss., 393 ss.

127 Véase, por todos, *Martínez-Buján*, DPE-PE, pp. 433 ss.

128 Véase, *Dannecker*, en Wabnitz/Janovsky, pp. 455 ss. nm. 70-73.

129 Véase, por todos, *Martínez-Buján*, DPE-PE, pp. 358 s.

130 Véase *Moll*, Europäisches Strafrecht durch nationale Blankettstrafgesetzgebung?, pp. 49 ss.; *Tiedemann*, FS-Roxin, p. 1404; *Dannecker*, en Wabnitz/Janovsky, pp. 468 ss. nm. 96 ss.; *Müller-Gugenberger*, Wirtschaftsstrafrecht, pp. 109 ss. nm. 76 ss.; *Satzger*, Die Europäisierung, pp. 210 ss.

131 Hasta donde alcanzo, en la legislación penal española no encuentro ningún ejemplo concreto de tipo penal en blanco con remisión expresa a normas de Derecho europeo; para ejemplos de legislación alemana, véanse nota anterior. No obstante, es evidente que la normativa a la que reenvían los tipos en blanco españoles —por ejemplo los tipos contra el medio ambiente, arts. 325 ss. CP— también estará integrada por disposiciones de Derecho europeo.

y de los conceptos de que se trate[132], como debe suceder, por ejemplo, con la interpretación del concepto de documento público en los tipos de falsedad de los arts. 390 ss. CP para que también queden comprendidos los documentos públicos europeos en sus ámbitos de protección y no sólo los españoles[133].

e) En la situación presente, todavía no existe un *Derecho penal europeo* como realidad vigente *de lege lata*. La Unión Europea no dispone aún de un ordenamiento punitivo propio y unitario directamente aplicable en todos los Estados miembros sin necesidad de que éstos lleven a cabo una transposición del Derecho (penal) europeo al nacional por medio de los correspondientes actos legislativos estatales y de acuerdo con el sistema de fuentes de cada uno[134]. Ahora bien, el que esto haya sido así hasta ahora no significa, de ningún modo, que así tenga que continuar siéndolo en el presente, pero sobre todo hay que abogar por que ello deje de ser así en el futuro más inmediato posible. Si se quiere garantizar la construcción, primero, y asegurar la subsistencia, después, de una Unión Europea en condiciones de poder *realizar* los valores de la democracia y de la libertad, de la misma manera en que los mismos constituyen ya formalmente sus pilares básicos[135] y tendrán que operar a la vez como motor del progreso social en Europa, entonces creo que la vigencia real de un auténtico Derecho penal europeo es una necesidad institucional inaplazable[136].

---

132 Véase *Dannecker*, en Wabnitz/Janovsky, pp. 456 s. nm. 73, 460 ss. nm. 81 ss.; *Satzger*, Die Europäisierung, pp. 518 ss., 565 ss.

133 Véase, para el Derecho alemán, similar en esto al Derecho español, *Tiedemann*, FS-Roxin, p. 1405; *Dannecker*, en Wabnitz/Janovsky, p. 456 nm. 73; para más ejemplos, véase *Satzger*, Die Europäisierung, pp. 571 ss.

134 Véase *Satzger*, Die Europäisierung, p. 73: "el Derecho penal de la comunidad, al menos por el momento, no podría incluir ninguna norma de Derecho penal criminal". Este autor (*lug. cit.*, pp. 73 ss.), siguiendo a *Heitzer* (Punitive Sanktionen, pp. 8, 164 s., 171), distingue, no obstante, entre un Derecho penal *en sentido estricto* —criminal— y otro *en sentido amplio*, y, con base en la atribución de carácter *punitivo* a ciertas sanciones no criminales, sugiere que pueda haber una zona de intersección en que se disolverían las diferencias entre algunos tipos de sanciones de uno y otro ordenamientos, como por ejemplo las multas, y así llega a la conclusión de que sí existe un Derecho penal (*en sentido amplio*) europeo; más detalladamente, *Satzger*, lug. cit., pp. 92 ss., 98 ss. *Debería ser* evidente, sin embargo, que con especulaciones de este tipo —en cuyo trasfondo está siempre la desafortunada impresión superficial de un casi nunca existente "fraude de etiquetas"— no sólo no se gana nada sino que se introduce confusión en lo que debería estar claramente diferenciado. Frente a ello hay que decir que el Derecho penal es, simplemente, Derecho penal, y que si a algo que no lo es se lo quiere denominar "Derecho penal *en sentido amplio*", no por ello se lo va a convertir en "Derecho penal" porque seguirá siendo sólo y nada más que Derecho sancionador administrativo.

135 Sobre la democracia —y, con ella, obviamente, la totalidad de los valores democráticos— como principio *constitutivo* de la Unión Europea, véase, por ejemplo, *Linde Paniagua*, Principios de Derecho de la Unión Europea, pp. 106 ss.

136 La idea de la necesidad de un Derecho penal europeo, y por razones semejantes a las indicadas anima, sin duda, el discurso de *Bottke* favorable a legitimar un Derecho penal económico, véase *Bottke*, en Schünemann/Suarez, pp. 113 ss. (= en Hacia un Derecho Penal económico europeo, pp. 643 ss.).

f) Ciertamente, hay que reconocer con realismo que hasta ahora no se han visto otras condiciones de posibilidad de protección de los bienes jurídicos europeos que no sean las de una europeización del Derecho penal de los Estados miembros en los modos descritos. Al fin y al cabo, la construcción de Europa es todavía un proceso inacabado, sin perfiles completamente definidos y cuyo desarrollo no está exento de importantes dificultades de muy diversa índole. La construcción de Europa parece querer seguir una dirección encaminada a la superación histórica de la forma política del Estado-nación, pero también se constata, a la vez, la existencia y actividad de la fuerza de una paradójica inercia de la soberanía de los Estados-nación que opera como rémora para el proceso de construcción de Europa[137]. Por todo esto, y dado que el Derecho penal constituye una de las expresiones más fuertes de la soberanía del Estado-nación, no debe sorprender que hasta ahora no se hayan dado las condiciones de posibilidad de un Derecho penal (supranacional) europeo, a diferencia de lo que, por el contrario, ha ocurrido con otros ámbitos jurídicos en que las manifestaciones de soberanía son, sin duda, más débiles que en el Derecho penal[138].

g) La protección de bienes jurídicos europeos por medio de una mera europeización de los Derechos penales nacionales, y a través de la asimilación y de la armonización, es, sin duda, insuficiente e insatisfactoria[139]. Esto, a mi juicio, no se debe precisamente a los posibles problemas de legitimidad que, al parecer, plantean en parte dichas técnicas desde el punto de vista de los sistemas de fuentes del Derecho penal de los Estados miembros[140], sino que es atribuible más bien a los comprobados resultados deficitarios a que parece estar abocada la mera europeización del Derecho penal. Como es sabido, la técnica de la asimilación arrastra consigo un déficit de desigualdad en la protección penal de los bienes jurídicos europeos que es congénito en virtud de que los tipos penales que deben asimilar el Derecho europeo tienen diferente alcance o extensión en cada Estado miembro, así como en virtud, además, de

---

137 Véase *Linde Paniagua*, en Principios de Derecho de la Unión Europea, pp. 112 ss.

138 Véase, en este sentido, *Tiedemann*, en Kreuzer/Scheuing/Sieber, p. 134. Véase también, en detalle, *Satzger*, Die Europäisierung, pp. 135 s., y pp. 157 ss., donde explica cómo los argumentos de soberanía constituyen un motivo de resistencia a la integración jurídico penal.

139 En el mismo sentido, *Grasso*, Comunidades europeas, p. 212.

140 Estos problemas, si realmente se dan, los veo fácilmente superables en el marco de construcciones teóricas orientadas a los aspectos materiales, las cuales deberían imponerse y expulsar para siempre de la Ciencia jurídica a un pensamiento formalista que todavía la domina como uno que razona —y, por cierto, en el ámbito penal en un grado exponencial— de modo completamente circular en torno a objetos y enunciados carentes de toda base real o material porque la existencia de los mismos sólo se debe a las formas jurídicas previas a partir de las que han sido asimismo previamente creados y para darles a continuación cualquier contenido, pero entonces sólo ya, y de un modo inflexible, *el* que se haya querido introducir en las formas de las que proceden y ningún otro distinto en su lugar. Que la carga de una Ciencia jurídica formalista en general, y la de una penal en particular, es de signo completamente reaccionario y que, por ello mismo, constituye un serio obstáculo para todo progreso es algo que no está necesitado ya de ninguna demostración especial.

que también existen diferencias en la clase y/o cuantía de pena previstas para dichos tipos en cada Estado[141]. La técnica de la armonización, desde luego, no supera estos inconvenientes, sino que los agrava. Por una parte, porque las directivas que obligan a los Estados miembros a sancionar determinados comportamientos tienen que confiar siempre a la decisión última de cada uno determinados aspectos de la regulación estatal que transponga el Derecho europeo al nacional, lo cual motiva inevitables desigualdades, como las que pueden tener lugar cuando la directiva confía a los Estados la decisión alternativa de sancionar penal o administrativamente[142], y todo ello, además, sin perjuicio del riesgo de incumplimiento por los Estados miembros de su deber de sancionar[143].

h) Sin duda, la Ciencia penal ha aportado ya en las tres últimas décadas conocimientos y propuestas muy importantes para la construcción del necesario Derecho penal europeo. Esto lo prueba ya la abundante bibliografía publicada sobre la materia[144]. Precisamente a *Tiedemann* se debe la iniciativa y culminación —con destacada aportación de *Schünemann*— de una ambiciosa propuesta, avalada por estudios y fundamentaciones científicos de varios penalistas europeos, de un extenso Derecho penal europeo articulado ya en forma de texto normativo modélico y con la denominación general de "Eurodelitos" (*Europa-Delikte*)[145]. En el plano institucional, la creación de

---

141 Véase al respecto, con ejemplos, *Grasso*, Comunidades europeas, pp. 195 s.; también *Cuerda Riezu*, en Schünemann/Suárez, pp. 373 s. (= en Hacia un Derecho penal económico europeo, pp. 629 s.).

142 Véase *Grasso*, Comunidades europeas, pp. 212 ss.; *Cuerda Riezu*, en Schünemann/Suárez, pp. 375 (= en Hacia un Derecho penal económico europeo, pp. 631 s.).

143 *Klaus Tiedemann* ha realizado recientemente un esfuerzo tendente a remediar situaciones de protección deficitaria, en los ordenamientos nacionales, de los intereses financieros de la Unión Europea frente a defraudaciones; esfuerzo que en principio me parece digno no sólo de atención, sino también de profundización a la vista de la razón de que está cargado. Según *Tiedemann*, cuando se den tales situaciones deficitarias, y para elevar la protección penal en el Estado de que se trate al nivel exigido por el Derecho europeo, la Unión Europea podría dictar —con base en el art. 280.4 TCE (redacción de Amsterdam)— no sólo directivas necesitadas de posterior transposición al Derecho nacional, sino también *Reglamentos* con vigencia inmediata en los Estados miembros, los cuales tendrían un carácter complementario y subsidiario respecto al Derecho nacional; véase, con una sólida argumentación, *Tiedemann*, FS-Roxin, pp. 1406 ss.; sobre las competencias en materia penal de la Unión Europea, con base en el art. 280.4 TCE, véase también *Dannecker*, en Wabnitz/Janovsky, p. 441 nm. 42; *Satzger*, Die Europäisierung, pp. 138 ss., 434 ss.; *E. Bacigalupo*, en Curso, pp. 433 ss. Esta solución, como he dicho, me parece digna de recibo, pero evidentemente no puede generalizarse a todo el ámbito del Derecho penal europeo y no resuelve, pues, totalmente las insuficiencias de la europeización que se describen en el texto.

144 Véase las relaciones bibliográficas de *Satzger*, Die Europäisierung, pp. 719 ss. y de *Dannecker*, en Wabnitz/Janovsky, pp. 415 ss.

145 Véase Klaus Tiedemann, (ed.), Wirtschaftsstrafrecht in der Europäischen Union. Rechtsdogmatik. Rechtsvergleich.Rechtspolitik. *Freiburg-Symposium*, Carl Heymanns Verlag, Köln/Berlin/Bonn/München, 2002, donde se reunen las ponencias científicas de los diversos penalistas europeos participantes, y en pp. 449 ss. la propuesta normativa de "Eurodelitos".

un Derecho penal (supranacional) europeo es todavía un hecho de futuro sobre el que se cierne, sin duda, una gran incertidumbre. Con realismo, se puede pensar en la creación de un Derecho penal europeo en que aparezcan unificados únicamente determinados ámbitos o sectores del Derecho penal[146]. Un tímido paso adelante lo constituye el denominado *Corpus Iuris de regulaciones jurídico penales para la protección de los intereses financieros de la Unión Europea*, un proyecto de uniformización del Derecho penal europeo en esa materia que ha sido elaborado por una Comisión de expertos por encargo del Parlamento y de la Comisión europeos. El texto inicial del *Corpus Iuris*, terminado en noviembre de 1995[147], ha sido objeto posteriormente de una nueva redacción publicada en el año 2000[148]. Se ha calificado al *Corpus Iuris* como un Código penal modelo para el ámbito específico de la protección de los intereses financieros de la Unión Europea[149] que podría ser la base de un futuro Derecho penal europeo[150]. A la espera está, sin embargo, su definitiva aprobación y publicación oficial mediante el correspondiente Reglamento del Consejo, en cuyo caso sería de aplicación inmediata, o bien mediante la correspondiente directiva, en cuyo caso precisaría de transposición a los Derechos estatales por los legisladores nacionales[151].

i) Como puede comprobarse fácilmente, la mayor parte del Derecho penal de la Unión Europea, ya sea que el mismo se introduzca por la vía actualmente vigente de la europeización de los Derechos nacionales, ya sea el Derecho penal (supranacional) europeo del futuro, tiene como contenido tipos penales del Derecho penal económico[152] y, eventualmente —por ejemplo en el *Corpus Iuris*— normas de la Parte General que suponen la adaptación de las reglas de la imputación tradicionales a la criminalidad económica y, sobre todo, económico-empresarial. El Derecho penal de la Unión Europea está orientado a la protección de bienes jurídicos europeos, los cuales tienen un contenido esencialmente económico, y por ello se puede decir que el Derecho penal europeo es fundamentalmente Derecho penal económico y de la empresa[153].

---

146 Véase, *Tiedemann*, en Kreuzer/Scheuing/Sieber, p. 137; véanse referencias a las posibilidades de un Código penal europeo al modo del Código penal modelo para los E.E.U.U. o del Código penal tipo para Latinoamérica, que considera poco realistas, en *lug. cit.*, pp. 136 s.

147 Véase *Sieber*, en Delmas-Marty (ed.), p. 6.

148 Véase *Delmas-Marty/Vervaele*, The implementation of the Corpus Iuris in the Member States, 1, 2000.

149 Véase *Tiedemann*, FS-Roxin, p. 1406.

150 Véase *Delmas-Marty*, Besoins et moyens de création d'un Droit pénal européen, p. 33.

151 Véase *Tiedemann*, FS-Roxin, p. 1406; también *Satzger*, Die Europäisierung, p. 89.

152 Véase una relación de tipos penales formulados a partir del Derecho europeo, fundamentalmente económicos, en *Dannecker*, en Wabnitz/Janovsky, *passim*.

153 Véase, *Dannecker*, en Wabnitz/Janovsky, pp. 438 s. nm. 39; *Müller-Gugenberger*, Wirtschaftsstrafrecht, pp. 68 s. nm. 1; y sobre todo, los trabajos y el texto de "Eurodelitos" publicados en el volumen relativo al *Freiburg-Symposium* publicado por Tiedemann y citado más arriba en nota 198.

e) La criminalidad y el Derecho penal de la globalización

1. La notable reducción de los límites impuestos tradicionalmente por los Estados a las operaciones económicas con el exterior ha posibilitado y fomentado el incremento y la fluidez de la actividad y de las transacciones económicas internacionales[154]. De este modo han surgido en todo el mundo nuevos mercados y se han ampliado notablemente los existentes[155]. En las dos últimas décadas, la actividad económica y las relaciones entre los agentes económicos se han podido desarrollar en los amplios y complejos contextos internacionales que se han ido formando de modo artificial[156] y gracias a que los Estados han claudicado ante los poderes económicos internacionales con la adopción de políticas neoliberales y con la dotación de cobertura jurídica a los intereses de dichos poderes[157]. Estos fenómenos, empero, no se han quedado estancados, sino que han progresado en dirección a una *globalización* de la economía, y ésta ha dado lugar a la formación a escala mundial de mercados relativamente homogéneos en que la práctica de la actividad y de las transacciones económicas obedece a pautas y a reglas uniformes que, de hecho, se imponen a los Estados porque escapan en gran medida a su capacidad de control político y de ordenación jurídica[158].

2. No precisa de explicación el hecho manifiesto de que el fenómeno de la globalización, a la vez, conlleva la aparición de condiciones específicas para la práctica de una nueva criminalidad o delincuencia asociada a la globalización[159]. Pese a la importancia de sus aspectos culturales y políticos, la globalización es un fenómeno de significado fundamentalmente económico. Por ello, no puede sorprender que la criminalidad de la globalización sea una de carácter, por un lado, fundamentalmente económico en razón de su contenido[160], y marcadamente empresarial, por otro, en razón no sólo de que un importante volumen de los hechos delictivos que tienen lugar en este contexto están relacionados con actividades típicamente económico-empresariales, sino también porque las posibilidades de realización incluso

154 Véase *Silva Sánchez*, La expansión, p. 85.

155 Véase *Albrecht*, en Modernas tendencias, pp. 273 s., 274 ss.

156 Así *Albrecht*, en Modernas tendencias, pp. 274 s.: "la formación de organizaciones y de figuras empresariales semejantes no es natural y depende de toda una serie de elementos del entorno inmediato, de la clase de mercados, y del contexto étnico, económico y político".

157 Véase *Edmundo Bodero*, Teoría económica de la delincuencia, pp. 239 ss.

158 Véase, en este sentido, *Albrecht*, en Modernas tendencias, p. 263: "en relación con el Estado nacional, la empresa económica adquiere una posición cada vez más fuerte en el proceso de globalización, y por esto, el control por el Derecho nacional es evidentemente más difícil, por lo que la persecución y el castigo de hechos punibles cometidos en y por las empresas da lugar a un déficit crónico"; véase, en el mismo sentido, *Schünemann*, Vom Unterschichts- zum Oberschichtsstrafrecht, p. 32 (= Temas penales, pp. 65 s.).

159 Véase, en este sentido, *Silva Sánchez*, La expansión, pp. 83 ss., 85 ss., donde habla de delincuencia y de criminalidad de la globalización.

160 Véase *Silva Sánchez*, La expansión, pp. 83 ss.

de hechos delictivos relativos a actividades *ab initio* ilícitas están fuertemente condicionadas por la necesidad de utilizar sólidas redes logísticas y eficientes estructuras organizativas, y esto motiva la adopción y puesta en práctica de formas típicamente empresariales de actuación como las más adecuadas para la realización de los hechos delictivos en cuestión[161]. De acuerdo con la opinión dominante, la lucha contra la criminalidad de la globalización exige adoptar una política criminal práctica[162], y de ésta resulta una legislación penal característica que también se incluye en el Derecho penal moderno[163].

3. Una primera manifestación de la criminalidad de la globalización es la realización de comportamientos que, como es el caso, sobre todo, de las diversas modalidades de fraude[164], se encuadran ya en las formas de criminalidad tradicional[165] y, por ello, o bien son subsumibles sin más en los tipos penales tradicionales, o bien requieren simplemente de la extensión o de la formulación de meras variantes de éstos para que puedan ser alcanzados por la punibilidad[166]. Aquélla criminalidad, empero, también se manifiesta, por supuesto, en la aparición de hechos delictivos que, por diversas causas, son de nuevo cuño[167]. En un primer apartado cabría incluir a los hechos delictivos relativos a la práctica de actividades económicas inicialmente lícitas, como por ejemplo abusos de poder en el comercio internacional[168], infracciones a las normas de tráfico económico nacional con el exterior[169], defraudaciones de intereses financieros —ingresos y egresos— de la Unión Europea[170], ilícitos en materia de transferencia de tecnología[171], criminalidad informática o mediante

161 Véase *Albrecht*, en Modernas tendencias, pp. 269, 275.

162 Véase, en este sentido, *Vogel*, JZ 1995, p. 336; *Dannecker*, JZ 1996, p. 873; *Perron*, FS-Lenckner, p. 246; *Silva Sánchez*, La expansión, pp. 82, 88.

163 Véase, por ejemplo, *Pieth*, ZStW 109 (1997), pp. 756 ss.; *Hess*, KritJ, 1998, pp. 145 ss., 153 ss.; *Arzt*, ZStW 111 (1999), pp. 758 ss.; *Albrecht*, en Modernas tendencias, pp. 278 ss.; *Silva Sánchez*, La expansión, pp. 81 ss.

164 Véase al respecto *Albrecht*, en Modernas tendencias, p. 269: "en el centro de la criminalidad económica se encuentran desde luego acciones fraudulentas en un sentido amplio".

165 Así, por ejemplo, *Silva Sánchez*, La expansión, p. 86.

166 Por ejemplo, el tipo moderno de estafa informática (art. 248.2 CP). Sobre los tipos modernos de estafa de crédito, de inversión de capitales y de abuso de seguro como modalidades de delitos patrimoniales, véase *Schünemann*, Vom Unterschichts- zum Oberschichtsstrafrecht, pp. 26, 28 (= Temas penales, pp. 59 ss.).

167 Nuevos objetos de comercio ilícito, nuevas formas de agresión, etc. Como observa *Albrecht*, en Modernas tendencias, p. 269, "la creciente multiplicidad de las formas de aparición delictiva de la criminalidad económica", tiene lugar "también a consecuencia de las actividades legislativas"; véase también *Silva Sánchez*, La expansión, p. 86.

168 Véase *Tiedemann*, Poder económico y delito, pp. 52 ss.

169 Véase *Tiedemann*, Lecciones, pp. 39 s.

170 Véase *Tiedemann*, , NJW, 1990, pp. 2226 ss.; *el mismo*, Lecciones, pp. 101 ss., 106 ss., 112 ss.; *Müller* et. alter, Wirtschaftskriminalität, pp. 18 ss.; *Albrecht*, en Modernas tendencias, pp. 269 ss.; *Bacigalupo*, CPC, nº 4º 1990, pp. 245 ss.; *el mismo*, en Curso, pp. 425 ss.; *Silva Sánchez*, La expansión, p. 86.

171 Véase *Tiedemann*, Poder económico, pp. 111 ss.

computadoras[172], etc. En un segundo apartado, cabe incluir a los hechos delictivos relativos a todo un conjunto de transacciones a nivel internacional que son ya ilícitas *ab initio* por razón de sus objetos inequívocamente ilícitos[173], como es el caso, por ejemplo, del tráfico internacional de drogas, moneda falsa, armas, órganos humanos, personas para la prostitución, niños para la adopción internacional, así como de inmigrantes y de trabajadores, o el blanqueo de capitales, etc[174]. Aunque materialmente puedan ser reconducidas a los apartados anteriores, también debe mencionarse como una modalidad específica de criminalidad de la globalización, como ha destacado *Albrecht*, la que se lleva a cabo en el marco de las llamadas economías sumergidas y de los denominados mercados negros, por ejemplo de inmigración, blanqueo de capitales, inversiones, piratería de productos, etc[175]. Y, por otro lado ha de mencionarse, finalmente, a la corrupción política y de funcionarios como un tipo de delincuencia específica de la globalización que cobra especial relevancia en la medida en que la realización con éxito de toda esta macrocriminalidad internacional es difícilmente imaginable al margen de las burocracias administrativas estatales y, por ello, sin la cooperación de funcionarios y de agentes estatales[176].

4. Más allá e independientemente del volumen y de la —como hemos podido comprobar heterogénea— multiplicidad de los singulares modos de conducta delictiva que, por una o por otra razón, pueden ser vistos como característicos de la internacionalización y de la globalización de la economía, o al menos

---

172 Véase *Tiedemann*, Poder económico, pp. 121 ss.

173 El importante concepto dogmático de "objeto inequívocamente ilícito" lo debe la doctrina jurídico penal a la genialidad de *Gimbernat* de formular —por primera vez en 1991, y con motivo de su investigación sobre los delitos contra la propiedad intelectual— la asimismo importante y dogmáticamente fructífera categoría de los —por él denominados— "delitos con objeto plural inequívocamente ilícito"; véase *Gimbernat*, en JpD, nº 13, 2/1991, pp. 35 ss., publicado también en EPyC, XV, 1992, pp. 99 ss. y recogido en sus Ensayos penales, Ed. Tecnos, Madrid, 1999, pp. 429 ss. Hasta donde alcanzo, en la doctrina española sólo el autor de este artículo se ha hecho eco de la categoría de delitos formulada por *Gimbernat*, asumiéndola sin reservas en la interpretación del moderno tipo delictivo del art. 160 CP —uno con objeto plural inequívocamente ilícito— de utilización de la ingeniería genética para la producción de armas biológicas o exterminadoras de la especie humana; véase *Gracia Martín*, en Diez/Gracia, pp. 675 s. nm. 9-11.

174 Así *Albrecht*, Modernas tendencias, pp. 259 s., 273 s.; *Silva Sánchez*, La expansión, p. 99.

175 Véase *Albrecht*, en Modernas tendencias, pp. 275 s.

176 Véase al respecto, por ejemplo, *Dölling*, Empfehlen sich Änderungen des Straf- und Strafprozessrecht, um der Gefahr von Korruption in Staat, Wirtschaft und Gesellschaft wirksam zu begegnen?, Gutachten C zum 61. Deutschen Juristentag, München, 1996; *Pieth*, ZStW 109 (1997), pp. 758 ss.; *Pieth/Eigen* (eds.), Korruption im internationalen Geschäftsverkehr, *passim*; *Albrecht*, en Modernas tendencias, pp. 272 ss. Como consecuencia de la ratificación por España del Convenio de la OCDE, de lucha contra la corrupción de agentes públicos extranjeros en las transacciones comerciales internacionales, firmado el 17 de diciembre de 1997, mediante LO 3/2000, de 11 de enero, *BOE* nº 10, de 12 de enero, el legislador español introdujo en el Código penal un nuevo Título XIX bis, relativo a los delitos de corrupción en las transacciones comerciales internacionales, que contiene un único art. 445 bis.

como conexos a las mismas, conviene destacar aquí un último aspecto de la criminalidad de la globalización relativo a los modos o formas generales en que ésta se canaliza y desarrolla[177]. En la criminalidad tradicional, se trata de autores individuales o incluso de grupos o de bandas de delincuentes que actúan espontáneamente y de modo marginal, esto es, que no realizan sus hechos delictivos en el marco de ninguna actividad institucionalizada, sino en el devenir de su mera situación existencial vinculada a las estructuras sociales[178]. La delincuencia económica en general, y, dentro de ella, su macroscópica y más compleja dimensión ligada a la internacionalización y a la globalización de la economía, no se muestra ya como un fenómeno social de tipo marginal sino, por el contrario, como uno que se lleva a cabo, como destaca *Silva Sánchez*, a partir de "elementos de organización, transnacionalidad y poder económico"[179], o, como indica *Albrecht*, a partir de "una organización permanente y estable"[180]. Hasta ahora, la criminalidad económica y empresarial no internacionalizada se podía distinguir nítidamente de la llamada *criminalidad organizada*[181]. La primera ha sido —y, en parte aún continúa siéndolo— una criminalidad que se desarrolla en el contexto *institucionalizado* de la actividad empresarial *ab initio* lícita, es decir, en relación con mercados en principio legales, mientras que la segunda se ha caracterizado como criminalidad de organizaciones dedicadas a actividades *ab initio* ilícitas y que operan totalmente en mercados criminales ilegales[182] y al margen del Derecho[183]. La criminalidad económica de la globalización, sin embargo, es una *criminalidad empresarial organizada* que apenas se distingue ya de la criminalidad organizada tradicional. Hoy, expone *Albrecht*, "los mercados de la clase mencionada, es decir, de drogas, inmigración, prostitución, fraude de inversiones o blanqueo de capitales, precisan de una gran logística y de un *management*, y para ello se ofrecen

177 En general, véase *Müller* et. alter, Wirtschaftskriminalität, pp. 1 ss.

178 Así *Albrecht*, en Modernas tendencias, p. 274: "en los casos de criminalidad individual se reconoce el grado de sujeción del individuo o su posicionamiento en las estructuras sociales"; véase también *Silva Sánchez*, La expansión, p. 86, donde habla de la "idea [tradicional] de delincuencia como fenómeno marginal".

179 Véase *Silva Sánchez*, La expansión, pp. 86 s.; *Albrecht*, en Modernas tendencias, pp. 274 ss.

180 Véase *Albrecht*, en Modernas tendencias, p. 274.

181 Véase *Panhuber/Harder*, en Wabnitz/Janovsky, pp. 343 nm. 4, 344 nm. 7, para quienes la diferencia esencial entre la criminalidad organizada y la criminalidad económica organizada radica en que mientras la primera opera por medio de *violencia e intimidación*, la segunda lo hace mediante modos y formas de *influencia*.

182 Véase sobre la distinción entre mercados criminales de bienes en principio legales y mecados de bienes ilegales, *Albrecht*, en Modernas tendencias, p. 274.

183 Véase al respecto, por ejemplo, *Di Amato*, Tratatto I, p. 9 n. 19, así como *Pedrazzi*, RtDPE, 1988, pp. 125 s., quienes advierten que la criminalidad de la empresa puede caracterizarse como incidental con respecto a una legitimidad de fondo de la actividad ejercitada, diferenciándose así de otros modos de hechos de criminalidad organizada. Por su parte, *Paterniti*, RtDPE, núm. 12, 1991, p. 955, destaca que en el ámbito de la criminalidad de empresa se produce una compleja confusión entre lo lícito y lo ilícito, y *Eisenberg*, Kriminologie, p. 709 nm. 6, observa que la criminalidad económica se caracteriza porque las formas de la acción se muestran aparentemente legales, lo que dificulta muchas veces la aprehensión de su relevancia jurídico penal.

las formas de la economía legal", y "en esta medida tiene sentido hablar de una disolución de las fronteras entre criminalidad económica o empresarial organizada y la criminalidad organizada clásica"[184].

f) El llamado "Derecho penal del enemigo"

1. En los últimos años, la doctrina penal ve una clara manifestación de la tendencia expansiva del Derecho penal moderno, en ciertas regulaciones positivas que agrupa en un denominado *Derecho penal del enemigo*[185]. La idea actual de este Derecho penal del enemigo, habría sido introducida en 1985 por *GüntherJakobs*[186] en la forma de un concepto doctrinal y como un postulado político-criminal, y su desarrollo y concreción han sido proseguidos hasta hoy por él mismo[187] y por otros[188]. A diferencia de quienes de un modo puramente incidental u ocasional cometen delitos que no son más que expresión de un abuso de las relaciones sociales en que participan desde su *status* de *ciudadanos*[189], es decir, en su condición de sujetos vinculados a y por el Derecho, los *enemigos* serían individuos cuyas actividades delictivas se desenvuelven fuera de las relaciones sociales reconocidas como legítimas. Tales actividades serían expresión de la ocupación profesional, del hábito o inclinación, o bien exponente de la vinculación del agente a una organización estructurada dedicada a actividades inequívocamente "delictivas" y que opera completamente al margen del Derecho. Este es el caso, por ejemplo, de los individuos que pertenecen a organizaciones terroristas, de narcotráfico,

184 Véase *Albrecht*, en Modernas tendencias, p. 275; sobre la fluidez entre ambos campos y la dificultad de trazar fronteras entre ellos, *Panhuber/Harder*, en Wabnitz/Janovsky, p. 344 nm. 6-7; *Nack*, en Müller-Gugenberger/Bieneck, pp. 142 s. nm. 6, distingue la criminalidad organizada de los "bajos fondos" de la del "mundo superior"; en sentido similar, *Silva Sánchez*, La expansión, p. 99: "el paradigma del Derecho penal de la globalización es el delito económico organizado tanto en su modalidad empresarial convencional, como en las modalidades de la llamada macrocriminalidad: terrorismo, narcotráfico o criminalidad organizada (tráfico de armas, mujeres o niños)".

185 La literatura es ya inabarcable; véanse los dos volúmes coordinados por Cancio Meliá y Gómez Jara, Derecho penal del enemigo. El discurso penal de la exclusión, I y II, Edisofer/IBdF, 2006, con contribuciones de 72 autores europeos y latinoamericanos. Para la doctrina ecuatoriana, véase *Edmundo Bodero*, Teoría económica de la delincuencia, pp. 373 ss.; *Zambrano Pasquel*, Política criminal, pp. 253 ss.; *el mismo*, Delincuencia organizada transnacional, pp. 86 ss. y *Franco Loor*, Fundamentos I, pp. 344 ss.

186 Véase *Jakobs* ZStW 97 (1985), pp. 756 ss., 783 s., (= en Estudios de Derecho penal, Ed. Civitas, Madrid, 1997, pp. 294 ss., 322 s.).

187 Véase *Jakobs*, AT, 2ª ed., 2/25c; *el mismo*, en Estudios de Derecho judicial, nº 20 (1999), pp. 137 ss.; *el mismo*, en Eser/Hassemer/Burkhardt (eds.), pp. 51 ss.; *el mismo*, Derecho penal del ciudadano, pp. 21 ss.

188 Véase *Pawlik*, GA 1998, pp. 378 ss.; *Müssig*, GA 1999, pp. 121 ss.; *Lesch*, GA 2000, pp. 355 ss.; parcialmente, *Brugger*, JZ 2000, p. 165. En la doctrina española, *Pérez del Valle*, CPC nº 75 (2001), pp. 610 ss., especialmente p. 612; *Silva Sánchez*, La expansión, pp. 166 s., pero éste, con razón, lo lleva al Derecho de la peligrosidad criminal, es decir, de las medidas de seguridad, que a mi juicio es el único lugar en que puede plantearse la posibilidad de un Derecho penal del enemigo.

189 Véase *Jakobs*, en Estudios, p. 299; véase, asimismo, *Cancio Meliá*, JD, nº 44, julio/2002, p. 20.

de tráfico de personas, etc. y, en general, de quienes llevan a cabo actividades típicas de la llamada criminalidad organizada. Los enemigos serían individuos que han abandonado el Derecho de un modo permanente y, con ello, el *status* de ciudadano. Los datos concretos que servirían de base a las regulaciones específicas del Derecho penal del enemigo serían la habitualidad y la profesionalidad, pero sobre todo la pertenencia del individuo a organizaciones enfrentadas al Derecho y el ejercicio de su actividad al servicio de tales organizaciones[190]. En general, estas circunstancias fundamentarían respecto a los comportamientos de estos individuos un significado adicional de "negación frontal de los principios políticos o socio-económicos básicos de nuestro modelo de convivencia"[191], y, por ello, representarían "peligros que ponen en cuestión la existencia de la sociedad"[192], o quebrantos de normas "respecto de configuraciones sociales estimadas esenciales, pero que son *especialmente vulnerables*, más allá de las lesiones de bienes jurídicos de titularidad individual"[193]. Estas circunstancias específicas determinarían una falta de la "mínima seguridad cognitiva (respecto al) comportamiento personal" de tales individuos[194] y que cada hecho que cometan represente un síntoma de su peligrosidad[195].

2. Para hacer frente a los individuos etiquetados como enemigos se recurre en las sociedades modernas a regulaciones típicas de un Derecho penal del enemigo en el sentido descrito[196]. Así, la circunstancia de pertenencia a una organización se toma en cuenta para establecer agravaciones, a veces considerables, de las penas correspondientes a los hechos delictivos concretos que realicen los individuos en el ejercicio de su actividad habitual o profesional al servicio de la organización[197]. Las regulaciones que toman como base los datos específicos de abandono permanente del Derecho y de amenaza permanente a los principios básicos de la sociedad (falta de seguridad cognitiva), representan del modo más genuino al Derecho penal del enemigo. El objeto específico de ellas no es ya la comisión de hechos delictivos concretos y determinados, sino cualquier conducta informada y motivada por la pertenencia a la organización que opera fuera del Derecho. Mediante tales regulaciones se procede a una criminalización de conductas en el ámbito

---

190 Véase, en este sentido, *Silva Sánchez*, La expansión, pp. 164 s.

191 Véase, en este sentido, *Silva Sánchez*, La expansión, p. 165.

192 Véase *Cancio Meliá*, JD, nº 44, julio/2002, p. 22, quien no obstante pone en cuestión que se puedan poner en peligro los parámetros fundamentales de las sociedades.

193 Véase *Cancio Meliá*, JD, nº 44, julio/2002, p. 22.

194 Así *Silva Sánchez*, La expansión, p. 164.

195 Véase, de modo similar, *Silva Sánchez*, La expansión, p. 165.

196 Cfr., para los delitos de terrorismo en nuestro Derecho, *Cancio Meliá*, JD, nº 44, julio/2002, pp. 23 ss.

197 Así, en el Código penal español, las agravaciones de la pena previstas con base en tal circunstancia para los delitos de blanqueo de capitales (art. 302), de defraudación a la Hacienda púbica (art. 305, parr. 2º, *b*) o a la Seguridad Social (art. 307, parr. 2º, *b*), contra los derechos de los ciudadanos extranjeros (art. 318 bis.5), o los relativos al narcotráfico (arts. 369.6ª y 7ª y 370).

previo a la comisión de cualquier hecho delictivo, las cuales tendrían a lo sumo el valor de actos preparatorios[198], o conductas que simplemente favorecen la existencia de la organización y alimentan su subsistencia y permanencia, y además se establecen para ellas penas equivalentes a los hechos consumados o intentados, esto es, desproporcionadas[199]. En realidad, este Derecho penal del enemigo se apartaría de los fines ordinarios del Derecho penal, es decir, de la reafirmación del ordenamiento jurídico, de la prevención general y de la prevención especial rehabilitadora o de reinserción social. Se trataría más bien de una legislación de lucha o de guerra contra el enemigo cuyo único fin sería su exclusión e inocuización[200], y para ello se renunciaría a las garantías materiales y procesales del Derecho penal de la normalidad[201].

3. Con respecto a este llamado Derecho penal del enemigo hay que advertir que aunque se lo quisiera encasillar en el Derecho penal moderno como una manifestación de este, en todo caso se trata de un fenómeno ilegítimo de fuerza y coacción al que es preciso negarle el carácter de Derecho.

III. Las posiciones de la Ciencia penal ante la modernización del Derecho penal

El proceso de modernización del Derecho penal ha generado en la Ciencia penal dos discursos ideológicos y político-criminales, claramente opuestos y enfrentados, que he denominado, respectivamente, "de modernización" y "de resistencia a la modernización" del Derecho penal[202]. En Alemania domina el discurso de la Escuela de Frankfurt, resistente a la modernización del Derecho penal[203]. En España, en los numerosos Congresos y Jornadas sobre el moderno Derecho penal económico que tuvieron lugar en la década de los 90 del siglo pasado, apenas se debatió en profundidad sobre las importantes cuestiones en torno a las cuales se iba definiendo en Alemania aquél discurso[204], pero hoy se les presta la mayor atención. Hasta la entrada en vigor del Código penal de 1995, el moderno Derecho penal económico no era en España más que un planteamiento *de lege ferenda*, pero con aquél se ha

198 Véase *Jakobs*, en Estudios, pp. 294 ss., y especialmente pp. 298 ss.

199 Y así se criminalizan, por ejemplo en el Derecho español, comportamientos de mera colaboración con bandas u organizaciones terroristas (art. 576 CP), Cfr. *Cancio Meliá*, JD, nº 44, julio/2002, pp. 24 s., e incluso la apología de las infracciones de terrorismo o de sus autores (art. 578 CP) Cfr. *Cancio Meliá*, JD, nº 44, julio/2002, p. 26.

200 Así *Silva Sáchez*, La expansión, pp. 164 s.

201 Sobre esto véase una enumeración en *Gracia Martín*, El horizonte del Derecho penal, pp. 106 ss.; y Modernización, pp. 205 ss.

202 *Gracia Martín*, LH-Cerezo, pp. 387 s.; *el mismo*, Prolegómenos, p. 163; *el mismo*, Modernización, p. 106.

203 Véase *Schünemann*, GA 1995, p. 211 = ADPCP 1996, p. 198, con más referencias.

204 Cfr a continuación IV.

convertido en Derecho vigente "codificado"[205] y, por ello, tiene que tratarse ya al mismo nivel que, por ejemplo, los delitos contra el patrimonio. Así lo prueba el volumen de monografías publicadas en España sobre singulares tipos penales económicos[206] y también de obras generales[207]. En ellas han penetrando con fuerza y tendencia expansiva las esencias del discurso de Frankfurt[208]. En Alemania, el discurso de resistencia ha sido objeto de críticas concluyentes sobre todo por *Schünemann* y por *Kuhlen*[209], y hasta hoy las objeciones de éstos no han sido en absoluto seriamente rebatidos ni allí ni en España. En 2002, 2003 y 2007, publiqué en España y en Perú unos ensayos favorables a la modernización del Derecho penal[210], que han sido vistos por *Schünemann* como el desarrollo de un "criticismo dogmático-filosófico"[211], y cuyas directrices programáticas no han calado en la doctrina española[212]. Los

---

205 Cfr. el Título XIII CP: "De los delitos contra el patrimonio y *contra el orden socioeconómico*".

206 Véanse los listados bibliográficos del Manual de Parte Especial de *Martínez-Buján* (referencia en nota siguiente).

207 Con anterioridad al nuevo Código, además del clásico Manual de *Miguel Bajo*, Derecho penal económico aplicado a la actividad empresarial, Ed. Civitas, Madrid, 1978, *Juan Terradillos* publicó su Derecho penal de la empresa, y para el nuevo Código, *Martínez-Buján*, Derecho penal económico. Parte General, Ed. Tirant lo Blanch, Valencia, 1998; Derecho penal económico y de la empresa. Parte General, 2ª ed., Ed. Tirant lo Blanch, Valencia, 2007; Derecho penal económico. Parte Especial, Ed. Tirant lo Blanch, Valencia, 1999; Derecho penal económico y de la empresa. Parte Especial, 2ª ed., Ed. Tirant lo Blanch, Valencia, 2005; *E. Bacigalupo* (dir.), Curso de Derecho penal económico, Marcial Pons, Madrid, 1998; 2ª ed., 2005; y *Bajo/S. Bacigalupo*, Derecho penal económico, Centro de Estudios Ramón Areces, Madrid, 2001.

208 Así, en 1997, *Mata y Martín* publica una monografía crítica sobre los bienes jurídicos colectivos; en 1999 aparecen la monografía de *Mª Isabel Sánchez*, crítica con la supuesta anticipación de la protección penal en el Derecho penal moderno, y como publicación especialmente relevante, el ensayo absolutamente crítico de *Silva Sánchez*, La expansión del Derecho penal, Cuadernos Civitas, Madrid, 1999), quien ya había publicado antes otros trabajos parciales con la misma carga crítica (ADPCP, 1996, pp. 93 ss.; AP nº 15, 1996, pp. 309 ss.; y La Ley, 1997, tomo 3, pp. 1714 ss.); y en 2001, publica *Silva* una segunda edición ampliada del mencionado ensayo, y aparece la monografía crítica del Derecho penal moderno de *Mendoza Buergo*.

209 Véase *Schünemann*, GA, 1995, pp. 203 ss. (= ADPCP, 1996, pp. 190 ss.); *el mismo*, en Kühne/Miyazawa, pp. 19 ss. (=Temas actuales, pp. 53 ss.); *el mismo*, FS-Triffterer 1996, especialmente pp. 452 ss.; *el mismo*, en von Hirsch/Seelmann/Wohlers, pp. 24 ss.; *el mismo*, en Cuestiones actuales del sistema penal, pp. 13 ss.; *Kuhlen*, GA, 1994, pp. 347 ss.; *el mismo*, ZStW 105 (1993), pp. 711 ss., 720 ss.; véase también *Hefendehl*, Kollektive Rechtsgüter, pp. 148 ss., 156 ss., 182 ss., 208 ss.

210 Véase *Gracia Martín*, obras citadas en n. 16. En el discurso de modernización cabría incluir también, a mi juicio, a *Corcoy Bidasolo*, Delitos de peligro, pp. 183 ss., especialmente pp. 188 ss.; *Pozuelo Pérez*, RDPP, nº 9, 2003, pp. 17 ss., *Soto Navarro*, La protección penal, pp. 170 ss., 233 ss. y 277 ss.; *Mayo Calderón*, La tutela de un bien jurídico colectivo, pp. 65 ss. Una postura moderada y matizadamente favorable al discurso de modernización, mantiene *Martínez-Buján*, LH-Cerezo, 2002, pp. 402 ss., pp. 408 ss.

211 Véase *Schünemann*, Pesentación de *Gracia Martín*, Prolegómenos, pp. 19 s.

212 Véase sobre todo la recensión de *Paredes Castañón* a mis Prolegómenos, publicada en RDPC nº 17, 2006, pp. 437 ss., e incluida como apéndice II en la edición peruana de mi Modernización (n. 16), pp. 149 ss.

autores españoles posicionados en el discurso de resistencia se han limitado, prácticamente, a hacer suyo el discurso de la Escuela de Frankfurt, de un modo lineal y sin entrar en debate con los sólidos argumentos de los dos autores alemanes citados. El discurso de resistencia, pues, deberá de continuar con su tacha de insostenible mientras sus partidarios no opongan una réplica seria y convincente a los argumentos que se le han opuesto[213].

IV. La crítica resistente a la modernización del Derecho penal

1. Como ya se dijo[214], lo moderno supone una "ruptura" de la continuidad histórica, y según el discurso de resistencia lo que haría realmente moderno al nuevo Derecho penal sería su *ruptura* con las garantías penales liberales del Estado de Derecho[215]. En lo penal, los principios políticos del Estado de Derecho se concretaron, inicialmente o bien con el tiempo, en una pluralidad de garantías: legalidad, irretroactividad, prohibición de la analogía, exigencia de culpabilidad, reglas de interpretación y de imputación estrictas, garantías procesales, etc[216]. Pero sobre todo, desde que *Birnbaum*, entre 1.834 y 1.836, opuso a *Feuerbach* la idea de que el Derecho penal tenía que proteger "bienes"[217] y no derechos subjetivos, la Ciencia penal ha venido formulando sin cesar una multitud de enunciados discursivos sobre el objeto de la protección jurídico penal[218], que han cristalizado en el principio fundamental de que el Derecho penal únicamente es legítimo para la protección subsidiaria

213 Así sólo puede verse como tentativa inidónea la pretensión de rebatir el discurso de *Schünemann* con el único —y además absolutamente infundado— argumento de que dicho discurso entraría en conflicto con los principios de subsidiariedad y de *ultima ratio*, como quiere hacer valer *Mendoza Buergo* (El Derecho penal, pp. 149 n. 368 y 150 s.), pues precisamente la reivindicación de tales principios es en *Bernd Schünemann* realmente insistente constante y permanente y, precisamente, en relación con la modernización del Derecho penal, al decir que, en adelante, y en su opinión, la solución del Derecho penal moderno "puede ser desarrollada a partir de la idea jurídico penal fundamental, y no alterada desde la Ilustración, de que el Derecho penal sólo puede y tiene que ser empleado como *ultima ratio* para la prevención de daños sociales" (en Kühne/Miyazawa, p. 34 = Temas actuales, p. 68); además, recientemente en la misma línea, *Schünemann*, en von Hirsch/Seelman/Wohlers, pp. 18 ss.

214 Cfr. supra I.

215 Así *Silva Sánchez* (La expansión, p. 20, y p. 101): "restricción, o la 'reinterpretación' de las garantías *clásicas* del Derecho penal sustantivo y del Derecho procesal penal"; ya antes, para el Derecho penal del ambiente, *el mismo*, en Gómez Colomer/González Cussac, p. 153 = La Ley, 1997-3, p. 1714; en lo fundamental participa de la misma estimación, *Mendoza Buergo*, El Derecho penal, pp. 181 s.: "se corre el riesgo de caer en la destrucción del sistema de garantías".

216 *Cfr.* los axiomas del garantismo penal en *Ferrajoli*, Derecho y razón, pp. 93 ss. y notas 5 a 7 de pp. 110-113.

217 Véase *Birnbaum*, AdC-Neue Folge, t. 15, 1834, pp. 149 ss. y AdC-Neue Folge, t. 17, 1836, pp. 560 s.

218 Sobre la evolución, con diferentes interpretaciones, véase *Sinna*, Die Dogmengeschichte des strafrechtlichen Begriffs „Rechtsgut"; *Amelung*, Rrechtsgüterschutz, pp. 52 ss.; *Stratenwerth*, FS-Lenckner, 1998, pp. 377 ss.; *Hormazábal*, Bien jurídico, pp. 13 ss.

de *bienes jurídicos*[219] y como *ultima ratio*[220]. La crítica principal al Derecho penal moderno se centra precisamente en que el mismo se apartaría de este principio fundamental, y en que a ello seguiría inevitablemente el abandono masivo del resto de las garantías penales.

2. Característicos del Derecho penal moderno son los tipos penales que se orientan a la protección de "nuevos" objetos, sobre todo del orden económico[221], que remiten a sustratos de carácter *colectivo*[222]. A diferencia de lo que sucede con los bienes jurídicos individuales, empero, aquéllos objetos —se dice— sólo se podrían definir o formular de un modo vago e impreciso[223] —serían, incluso, "inabarcables conceptualmente"[224]—, y su reconocimiento, a consecuencia de la tendencia actual a "licuar, espiritualizar o desmaterializar el concepto de bien jurídico"[225], daría lugar a la *disolución* del concepto mismo[226]. Esta *desmaterialización* permite admitir ya la existencia de un bien jurídico a partir de *cualquier* substrato *inmaterial* al que se le atribuya un valor, y esto es lo que sucedería en el caso de los objetos de protección de los tipos penales modernos[227], cuyos substratos, contra lo que requiere el concepto material de bien jurídico, no estarían constituidos ya por ninguna realidad

219 Véase sólo *Roxin* AT I, 4ª ed., 2006, § 2 nm. 1 ss., pp. 13 ss. Sobre la perspectiva histórica *Schünemann*, en Hefendehl/von Hirsch/Wohlers, pp. 137 ss. = La teoría del bien jurídico, pp. 203 ss. y *el mismo*, en von Hirsch/Seelmann/Wohlers, pp. 19 ss., y ya antes en *Schünemann* (ed.), Strafrechtsystem und Betrug, pp. 51 ss.

220 *Roxin* AT I, 4ª ed., 2006, § 2 nm. 97-102, pp. 45-47; *Schünemann*, en von Hirsch/Seelmann/Wohlers, pp. 21 ss.

221 Véase ya *Tiedemann*, Tatbestandsfunktionen, pp. 66 ss., 119 ss.; *el mismo*, Wirtschaftsstrafrecht 1, AT, pp. 50 s.; *el mismo*, JuS, 1989, pp. 689, 691; *el mismo*, Wirtschaftsstrafrecht *EuAT*, pp. 30 s. nm. 60; *Heinz*, en Gropp (ed.), Wirtschaftskriminalität, pp. 20 s.; *Martínez-Buján*, PG 2ª ed. (n. 84) pp. 119 ss.

222 Véase *Hassemer*, en Philipps/Scholler, pp. 86 ss.; *Müller-Dietz*, FS-R. Schmidt, 1992, pp. 101 s.; *Müssig*, Schutz abstrakter Rechtsgüter, pp. 20 ss.; *Krüger*, Die Entmaterialisierungstendenz, pp. 15, 56 ss., 74 ss.; *Schünemann*, en Kühne/Miyazawa, pp. 24 ss.; *Hefendehl*, Kollektive Rechtsgüter, pp. 252 ss.; *el mismo*, GA 2002, pp. 25 ss.; *Bustos Ramírez*, Control social, pp. 195 ss.; *Corcoy Bidasolo*, Delitos de peligro, pp. 183 s.; *Soto Navarro*, La protección penal, pp. 256 ss.; *Martínez-Buján*, PG, 2ª. ed. (n. 84), pp. 164 ss.; *Mendoza Buergo*, El Derecho penal, pp. 68 ss.

223 Así *Hassemer*, en Philipps/Scholler, p. 88 s.; *el mismo*, NStZ, 1989, p. 557 = Pena y Estado, nº 1, 1991, p. 32; *el mismo*, JuS, 1990, p. 850; *el mismo*, ZRP, 1992, p. 381 = ADPCP, 1992, p. 241; *Hassemer/Muñoz Conde*, La responsabilidad, pp. 28 s.; *Seelmann*, NJW, 1990, pp. 1258 s.; *Müssig*, Schutz abstrakter Rechtsgüter, p. 1; *Weigend*, FS-Triffterer, p. 699; *Krüger*, Die Entmaterialisierungstendez, pp. 56 ss.; *Mendoza Buergo*, El Derecho penal, pp. 68 s., con más referencias.

224 *Moccia*, en Silva Sánchez (ed.), p. 121.

225 Así *Hassemer*, NK, comentario previo al § 1 nm 265; *Hirsch*, en Modernas tendencias, p. 381.

226 *Cfr.*, en este sentido, *Mendoza Buergo*, El Derecho penal, p. 68.

227 Así, *Müssig*, Schutz abstrakter Rechtsgüter, p. 2., y la crítica de *Mendoza Buergo* (El Derecho penal, p. 75) a las concepciones de *Schünemann* y *Kuhlen*, quienes, según ella, los definirían de modo tan amplio que, en realidad, convertirían al bien jurídico "en un concepto 'comodín', que por su elasticidad permite adaptarse a cualquier situación".

empírica más o menos perceptible y susceptible de ser referida a intereses concretos de las personas[228]. Por el contrario, el soporte de tales "bienes" estaría constituido por las condiciones ideales, normativa y abstractamente definidas, de la capacidad de funcionamiento de determinados subsistemas o instituciones conforme a su fin, como por ejemplo "la institución de la subvención como instrumento de conducción de la economía estatal y de los objetivos económico-políticos perseguidos con ella" en el tipo del fraude de subvenciones (§ 264 StGB), o la "capacidad social de rendimiento de la institución del seguro como bien jurídico supraindividual" en el tipo penal del abuso de seguro (§ 265 StGB)[229]. Un examen más detenido del conjunto de los enunciados, pone de relieve, empero, que la crítica, en realidad, consiste en una negación de la condición misma de bienes jurídicos a estos nuevos objetos de protección penal. Lo protegido aquí —se dice— no serían en realidad bienes jurídicos, sino "funciones", esto es, instituciones, modelos u objetivos de organización política, social o económica[230], o bien contextos, entornos o condiciones previas del disfrute de los bienes jurídicos individuales[231]; en fin, sólo objetos ficticios de tutela[232] que sirven de pretexto para una ampliación de la incriminación de comportamientos[233]. El concepto de bien jurídico, por ello, tendría en el Derecho penal moderno un sentido mas bien sólo "nominal"[234].

3. *a)* El Derecho penal moderno habría sustituido el modelo del tipo de lesión o peligro concreto de bienes jurídicos individuales por otro en que predominaría el *peligro abstracto*, e incluso el presunto como contenido material de los tipos[235]. Este modelo, empero, se desviaría de los principios de lesividad y protección subsidiaria de bienes jurídicos, y su inobservancia daría lugar a la lesión de otras garantías dependientes de ellos, como las derivadas de los principios de culpabilidad y de proporcionalidad[236].

---

228 Así *Hassemer*, en Philipps/Scholler, p. 89; *Ferrajoli*, Derecho y razón, pp. 467 s.; *Mendoza Buergo*, El Derecho penal, p. 73.

229 Véase *Hirsch*, en Modernas tendencias, pp. 372, 381 ss.; *Mendoza Buergo*, El Derecho penal, pp. 72 s.

230 Véase *Hassemer*, en Philipps/Scholler, p. 89: "el lema ya no es la protección de intereses de las personas, sino la protección de instituciones sociales o de 'unidades funcionales valiosas'; *Moccia*, LH-Roxin, p. 118: "no son bienes jurídicos en sentido tradicional, sino objetivos de organización política, social, económica"; *Mendoza Buergo*, El Derecho penal, pp. 72, 73: "cambio de paradigma de la tutela de bienes —referidos en última instancia a individuos, como por ejemplo en este ámbito (del Derecho penal económico), el patrimonio— hacia la tutela o mantenimiento de funciones" (p. 72).

231 Véase *Silva Sánchez*, La expansión, pp. 121 ss.

232 Véase, en este sentido, *Moccia*, LH-Roxin, p. 116: "creación artificiosa de bienes jurídicos".

233 Véase *Hassemer*, en Dei delitti e delle pene, 1984, pp. 112 s.; *el mismo*, NStZ, 1989, pp. 353 ss.

234 Así, *Mendoza Buergo*, El Derecho penal, p. 75; *Hassemer*, en Philipps/Scholler, p. 89.

235 Véase, *Hassemer*, en Philipps/Scholler, p. 89; *el mismo*, NStZ, 1989, p. 558 = Pena y Estado, nº 1, 1991, pp. 34 s.; *el mismo*, ZRP, 1992, p. 381 = ADPCP, 1992, p. 242; *Silva Sánchez*, La expansión, p. 121.

236 *Cfr.* implícitamente, *Kindhäuser*, en Schünemann/Suárez (eds.), p. 134, y antes en Lüderssen/Nestler-Tremel/E. Weigend, pp. 29 ss.; para los delitos de acumulación, *Silva Sánchez*, La expansión, pp. 132 s.; también, *Mendoza Buergo*, El Derecho penal, p. 80.

b) El alejamiento del modelo de lesión o peligro concreto de bienes jurídicos y el giro hacia el modelo del tipo de peligro abstracto o presunto se ve como la respuesta política estatal a los problemas de la sociedad de riesgo[237]. Ahora bien, los "nuevos" peligros de grandes dimensiones —se dice— son inherentes al funcionamiento del sistema social, son de carácter *sistémico*[238] y estamos expuestos a ellos de modo semejante a como lo estamos ante catástrofes naturales[239]. Por ello, las consecuencias lesivas de tales peligros habría que explicarlas como consecuencias del "fallo técnico" y remitirlas al ámbito del caso fortuito o, en cuanto fenómenos sistémicos con que se cuenta de antemano, al ámbito del riesgo permitido[240]. En la sociedad de riesgos, empero, hay una gran resistencia a remitir las consecuencias lesivas al azar o a la desgracia, se inquiere siempre sobre referencias causales, y como los nuevos riesgos remiten siempre a decisiones humanas, entonces se perciben como hechos respecto de los que necesariamente tiene que haber algún sujeto responsable[241]. De este modo, se transforma al caso fortuito en injusto[242]. Ciertamente, los tipos de peligro abstracto se orientan a la protección de la *seguridad* de los bienes jurídicos individuales[243]. Sin embargo, la capacidad *abstracta-general* de afectar a la seguridad puede ser afirmada de *cualquier*

---

237 Sobre esta correspondencia (sociedad de riesgos-tipos de peligro abstracto), véase *Herzog*, Gesellschaftliche Unsicherheit, pp. 54, 74 ss.; *Hassemer*, NStZ, 1989, p. 558 (= Pena y Estado, nº 1, 1991, p. 35); *el mismo*, ZRP, 1992, p. (= ADPCP, 1996, p. 242); *Hassemer/Muñoz Conde*, La responsabilidad, pp. 29 s.; *Silva Sánchez*, La expansión, pp. 30, 50 ss.

238 Véase *Silva Sánchez*, La expansión, p. 28: el "fallo técnico" sería inherente al modelo de la sociedad de riesgos, y habría que partir de que "un cierto porcentaje de accidentes graves resulta inevitable, a la vista de la complejidad de los diseños técnicos", lo cual plantea si los "fallos técnicos" han de ubicarse "en el ámbito del riesgo penalmente relevante o bien en el propio del riesgo permitido". Véase, además, *Silva Sánchez*, lug. cit., pp. 126 y 132, donde considera que determinados riesgos constituyen un problema "estructural" o "sistémico".

239 Véase *Mendoza Buergo*, El Derecho penal, p. 27, con más referencias.

240 Véase, *Silva Sánchez*, La expansión, p. 28, y especialmente pp. 42 ss., pues de acuerdo con la concepción tradicional del riesgo permitido "la colectividad ha de pagar el precio del desarrollo, admitiendo que las empresas no adopten las máximas medidas de seguridad ni empleen materiales de la máxima calidad", ya que "de lo contrario, no se podría obtener el beneficio que permita la acumulación de capital necesaria para la reinversión y el crecimiento; o bien no se progresará al ritmo adecuado", por lo que "esto debe admitirse aunque se sepa de antemano no ya que de modo genérico se producirán lesiones o muertes, sino que específicamente en una determinada industria éstas habrán de tener lugar" (pp. 42 s.); véase también *Prittwitz*, Strafrecht und Risiko, pp. 378 ss.

241 Véase, con remisión a Beck, *Hassemer*, NStZ, 1989, p. 557 (= Pena y Estado, nº 1, 1991, p. 33); con detalle *Silva Sánchez*, La expansión, pp. 45 ss.; *Mendoza Buergo*, El Derecho penal, pp. 27 s.

242 Véase al respecto *Prittwitz*, Strafrecht und Risiko, pp. 112 ss., 378 ss.; *Silva Sánchez*, La expansión, p. 46: "sea como fuere, el efecto es una creciente tendencia hacia la transformación del *Unglück* (accidente fortuito, desgracia) en *Unrecht* (injusto), lo que inevitablemente conduce a una ampliación del Derecho penal".

243 El art. 2 de La Declaración de los derechos del hombre y del ciudadano de 1789 reconoce a la seguridad entre los derechos naturales e imprescriptibles del hombre; sobre ello, véase *Isensee*, Das Grundrecht auf Sicherheit, de Gruyter, Berlin, 1983, *passim*.

conducta, por muy inocua que sea en el caso concreto. El tipo de peligro abstracto entonces carece de límites, pues podrá estimarse comprendida en él cualquier conducta con tal que muestre elementos de contrariedad al vago y abierto concepto de la "seguridad" o al del "interés general" de protección de bienes jurídicos[244]. Por esto, los tipos de peligro abstracto entran en conflicto también con el principio de legalidad[245], pues en ellos se reducen considerablemente los presupuestos de la punibilidad[246]. Al carecer de referencia lesiva determinada, lo que en realidad se pena es la desviación de las reglas o del estándar de funcionamiento de los subsistemas sociales[247], la simple infracción del deber[248], y, en definitiva, la mera desobediencia a la norma[249]. La inflación de conductas punibles a que dan lugar los delitos de peligro abstracto, pone claramente de manifiesto que el moderno Derecho penal del riesgo se ha convertido en *primera* —y tal vez en *única*— *ratio* en la defensa del orden social[250], y por esto sería contrario a las garantías de protección subsidiaria de bienes jurídicos y de *ultima ratio*[251]. El "lugar natural" para la protección de la seguridad, es el Derecho de policía, el Derecho administrativo sancionador, al cual pertenecen en propiedad los tipos de peligro abstracto, que no deberían tener espacio alguno en el Derecho penal[252].

c) El rechazo de los tipos de peligro abstracto alcanza valores exponenciales cuando están referidos a bienes jurídicos colectivos[253]. Muchos de éstos se caracterizarían por las grandes dimensiones —macroeconómicas,

---

244 Véase, con distintos matices y en diferentes contextos, *Lagodny,* Strafrecht, pp. 138 ss., y especialmente 186 s. y 482 ss.; *Zieschang,* Die Gefährdungsdelikte, pp. 354 ss.; *Moccia,* LH-Roxin, p. 115.

245 Véase, en este sentido, *Moccia,* LH-Roxin, pp. 139 s.

246 Véase *Hassemer,* en Philipps/Scholler, p. 89: porque en lugar de una víctima perceptible, de un daño y de la causalidad de la acción para el daño, tan sólo es precisa la comprobación de una conducta peligrosa; *el mismo,* ZRP, 1992, p. 381 = ADPCP, 1992, p. 242; *Mendoza Buergo,* El Derecho penal, pp. 80 s.

247 *Frisch,* en Wolter/Freund (ed.), p. 150; *Mendoza Buergo,* El Derecho penal, p. 81; *Silva Sánchez,* La expansión, p. 123.

248 Véase, en este sentido, *Moccia,* LH-Roxin, pp. 115, 135 ss.

249 Véase *Hirsch,* en Kühne/Miyazawa, pp. 20 s.; *Zieschang,* Die Gefährdungsdelikte, pp. 383, 388 ss.

250 Véase, en este sentido, *Hassemer,* en Philipps/Scholler, p. 93; *el mismo,* ZRP, 1992, p. (= ADPCP, 1992, p. 243); *Hassemer/Muñoz Conde,* La responsabilidad, p. 31.

251 *Cfr.* nota anterior.

252 *Silva Sánchez,* La expansión, p. 41: "la solución a la inseguridad, además, no se busca en su, por así decirlo, clásico 'lugar natural' —el Derecho de policía—, sino en el Derecho penal"; *Zieschang,* Die Gefährdungsdelikte, pp. 391 ss.

253 Véase, *Silva Sánchez,* La expansión, p. 121: "la combinación de la introducción de nuevos objetos de protección con la anticipación de las fronteras de la protección penal ha propiciado una transición rápida del modelo 'delito de lesión de bienes individuales' al modelo 'delito de peligro (presunto) para bienes supraindividuales', pasando por todas las modalidades intermedias".

macrosociales— de sus imprecisos substratos[254], lo que hace prácticamente inimaginable que la conducta individual y aislada de un sujeto determinado pueda lesionarlos o ponerlos en peligro concreto[255]. Así, respecto de objetos macroscópicos y gigantescos como el patrimonio de la Hacienda pública o el ambiente, los posibles efectos para ellos de *una* conducta individual de defraudación de *una* cuota tributaria o de *un* vertido con grados de concentración de metales pesados superiores a los permitidos, respectivamente, son hasta tal punto insignificantes que su comprensión como lesión o como peligro concreto de aquéllos substratos sólo podría sustentarse en una ficción[256]. Una lesión o un peligro de estos sólo podrían resultar de la realización *reiterada* de una multitud de acciones individuales y en virtud de la *acumulación* de los efectos de todas ellas[257]. A la vista, pues, de la ausencia total de elementos de lesividad, e incluso de peligrosidad general, en los hechos individuales aislados, no es admisible, ni legítimo, extender a los mismos la amenaza de una sanción penal. Estos hechos debieran ser monopolio del Derecho administrativo sancionador[258] y su criminalización da lugar a una *administrativización* del Derecho penal[259], que usurpa funciones del Derecho administrativo (e incluso del Derecho civil)[260]. Es más, según *Silva Sánchez*, el Derecho penal cumpliría por medio de dichos tipos funciones de "*gestión* (punitiva) de riesgos generales"[261], y si todo esto se contempla desde el plano de los contenidos de lo injusto, entonces resulta que lo que el Derecho penal castigaría por medio de estos tipos ya no serían comportamientos lesivos o peligrosos *para bienes jurídicos* ni hechos socialmente perjudiciales, sino sólo comportamientos de "peligro para modelo(s) sectorial(es) de gestión o, si se quiere, en términos menos tecnocráticos, para el buen orden del sector de actividad determinado"[262], o bien "la inobservancia de normas

---

254 Véase al respecto, por ejemplo, *Silva Sánchez*, La expansión, pp. 125 ss.

255 *Silva Sánchez*, La expansión, pp. 123, 127, 131 ss. En estos casos, según *Silva*, es difícil comprobar incluso la presencia de elementos de peligro abstracto en la conducta si se entiende aquél como "peligro realmente existente, constatable en la conducta en virtud de un juicio *ex ante*" (p. 127); véase también *Kuhlen*, GA, 1986, p. 400 nota 57; *Ransiek*, Unternehmensstrafrecht, p. 188; *Bottke*, wistra, 1991, nº 1, pp. 7 ss.; *Schünemann*, en CuCGPJ, nº 8, 1991, p. 35; por esto *Zieschang*, Die Gefährdungsdelikte, p. 245, considera contradictorio ver a los delitos de acumulación como de *peligro abstracto*.

256 Véase, con más ejemplos, *Silva Sánchez*, La expansión, pp. 127 ss.; *cfr*. además nota anterior.

257 Véase, por ejemplo, *Silva Sánchez*, La expansión, p. 126 s.

258 Véase *Silva Sánchez*, La expansión, pp. 122 ss.; *Mendoza Buergo*, El Derecho penal, p. 188.

259 Véase *Silva Sánchez*, La expansión, pp.121 ss.: "el Derecho penal, que reaccionaba *a posteriori* contra un hecho lesivo individualmente delimitado (en cuanto al sujeto activo y al pasivo), se ha convertido en un Derecho de gestión (punitiva) de riesgos generales y, en esa medida, se ha 'administrativizado'"; en el mismo sentido *Zaffaroni*, PG, 2ª ed., p. 12.

260 *Hassemer*, ZRP, 1992, p. 381 = ADPCP, 1992, p. 243; *Hassemer/Muñoz Conde*, La responsabilidad, p. 31.

261 Véase *Silva Sánchez*, La expansión, p. 123: "el Derecho penal, que reaccionaba *a posteriori* contra un hecho lesivo individualmente delimitado (en cuanto al sujeto activo y al pasivo), se ha convertido en un Derecho de gestión (punitiva) de riesgos generales y, en esa medida, se ha 'administrativizado'".

262 Véase *Silva Sánchez*, La expansión, p. 126.

organizativas"[263]. De este modo el contenido de los tipos se agota en "meras violaciones de deberes"[264], y, por ello, son tipos meramente formales[265] o de pura desobediencia[266]. En particular, resultarían vulnerados los principios de lesividad y de *proporcionalidad*, pero también el de *culpabilidad*, pues una pena que se funda en los comportamientos que es previsible que realizarán otros intervinientes en el sector, es una pena *ex iniuria tertii* y no una cuyo fundamento sea la producción de un daño personalmente imputable[267].

4. En una contemplación global, el Derecho penal moderno, según el discurso de resistencia, se caracterizaría por que de hecho, la función *real* que estaría cumpliendo no sería la instrumental de protección de bienes jurídicos que corresponde al Derecho penal y por la que éste se legitima; pero es que ni siquiera cumpliría realmente las funciones que motivan la expansión, que serían las de proporcionar seguridad a la sociedad y de promocionar o gestionar los nuevos intereses de la sociedad; por el contrario, la función que *realmente* estaría cumpliendo sería una predominantemente *simbólica*. Para la crítica, Derecho penal moderno *en general* es sinónimo de *Derecho penal simbólico*[268]. Los efectos simbólicos son consubstanciales a toda ley penal, y en principio son legítimos[269], pero tendrían ya una valoración negativa cuando su producción es la única finalidad real de la ley penal, o bien cuando *predominan* de modo relevante sobre los instrumentales[270]. Este será el caso respecto a las leyes penales cuando se de una "oposición entre

---

263 Véase *Moccia*, LH-Roxin, p. 115.

264 Véase, en este sentido, *Moccia*, LH-Roxin, pp. 116, 135 s.

265 Véase, en este sentido, *Silva Sánchez*, La expansión, pp. 127 s.

266 Véase, en este sentido, por ejemplo, *Moccia*, LH-Roxin, pp. 118 ("ilícito de mera transgresión"), y especialmente p. 137: "bienes cuya tutela se anticip(a) al momento de creación del peligro abstracto, exaltando el desvalor de acto en detrimento del desvalor de resultado y dando vida, a fin de cuentas, a ilícitos de mera desobediencia".

267 Véase, en este sentido, *Silva Sánchez*, La expansión, pp. 127 y especialmente pp. 132 s.: "se vulnera el principio de *culpabilidad*, al fundamentarse la sanción *ex iniuria tertii*" y como, por otro lado, aquí "no hay lesión (o peligro) para el bien jurídico atribuible personalmente a la conducta del sujeto concreto, ... la sanción penal vulneraría el principio de proporcionalidad".; véase también en el mismo sentido *Roxin* AT I, 4ª ed., 2006, § 2 nm. 82, p. 39.

268 Véase *Hassemer*, NStZ 1989, pp. 553, 556 ss. (= Pena y Estado, nº 1 1991, pp. 23 ss., 30 ss.); *el mismo*, ZRP 1992, p. = ADPCP 1992, p. 244; *el mismo*, StV 1995, p. 486; *Hassemer/Muñoz Conde*, La responsabilidad, p. 33; *Herzog*, Gesellschaftliche Unsicherheit, pp. 59 ss., 68 ss.; *Prittwitz*, Strafrecht und Risiko, pp. 255 ss., 365; *Appel*, Verfassung und Strafe, pp. 35 s., 356; *Stächelin*, Strafgesetzgebung, pp. 128, 240; *Cancio Meliá*, en Jakobs/Cancio, pp. 125 ss.; *Sánchez García*, El moderno derecho penal, pp. 96 ss.; *Mendoza Buergo*, El Derecho penal, pp. 53 ss., 157 s., 160 s.; *Silva Sánchez*, La expansión, pp. 50, 51 s.; *García Pablos*, en Modernas tendencias, p. 42.

269 Véase, por ejemplo, *Hassemer*, NStZ, 1989, p. 554 s. = Pena y Estado, nº 1, 1991, pp. 27 s.; *Cancio Meliá*, en Jakobs/Cancio, p. 125. Sobre la inherencia de lo simbólico al Derecho penal, véase *Díez Ripollés*, en Modernas tendencias, p. 109.

270 Véase una síntesis de la opinión generalizada al respecto en *Díez Ripollés*, en Modernas tendencias, p. 122.

'realidad' y 'apariencia', entre (lo) 'manifiesto' y (lo) 'latente'" y, en definitiva, un "engaño", en el sentido de que aquéllas ni cumplen ni pueden cumplir sus funciones instrumentales manifiestas de protección[271] o, con palabras de *Silva Sánchez*, cuando el fin calculado sea "la producción en la opinión pública de la impresión tranquilizadora de un legislador atento y decidido"[272]. El Derecho penal moderno carecería en general de la capacidad instrumental de prestar *eficazmente* la seguridad demandada al Estado[273], pero el legislador recurre al Derecho penal y crea nuevos tipos penales[274] con el único fin de producir en la sociedad y en los individuos el efecto meramente aparente —*simbólico*— de que con la criminalización de comportamientos conectados a los nuevos riesgos da la solución eficaz demandada, o con el fin pedagógico o educativo —exclusivamente simbólico— de que la población adquiera conciencia de la necesidad de respetar determinados valores, el estándar o el buen orden de determinados sectores de actividad, etc[275].

5. *a)* Ante la realidad legislativa de expansión del Derecho penal que amenazaría con destruir definitivamente las tradicionales garantías liberales del Estado de Derecho[276], la crítica ha desarrollado ya determinadas estrategias *de lege lata* —como por ejemplo una interpretación de los tipos penales orientados a bienes colectivos en un sentido funcional para los bienes jurídicos individuales, que condiciona la punibilidad por la exigencia de que la acción produzca algún efecto relevante en algún bien individual[277]—, y también ideológicas —como el desarrollo del discurso del carácter simbólico del Derecho penal moderno—, las cuales, de hecho, operan materialmente como frenos del proceso de modernización del Derecho penal[278]. El discurso crítico formula también, lógicamente, determinados enunciados *de lege ferenda*

---

271 Véase, *Hassemer*, NStZ, 1989, p. 555 (= Pena y Estado, nº 1, 1991, pp. 28.), con más referencias

272 Véase *Silva Sánchez*, Aproximación, p. 305; haciendo suya la frase de *Silva*, en el mismo sentido *Cancio Meliá*, en Jakobs/Cancio, pp. 125 s., y p. 127.

273 Véase, por ejemplo, *Prittwitz*, Strafrecht und Risiko, pp. 242 ss.

274 Que según *Cancio Meliá* (en Jakobs/Cancio, pp. 127 ss.) devienen incluso de imposible aplicación.

275 Véase, por ejemplo, sólo *Hassemer*, NStZ, 1989, pp. 556, 558 s. (= Pena y Estado, nº 1, 1991, pp. 30, 34 ss.; *Hassemer*, ZRP, 1992, p. (= ADPCP, 1992, p. 240) y *Hassemer/Muñoz Conde*, La responsabilidad, p. 25.

276 Véase como significativo *Prittwitz*, Strafrecht und Risiko, pp. 248 ss., donde describe su personal diagnóstico en los términos apocalípticos de "El potencial destructivo del Derecho penal (del control global) para el Derecho penal (relativo al Estado de Derecho liberal)".

277 Cfr. infra

278 Así, contundentemente, exacto en el diagnóstico y con toda la razón, *Schünemann*, GA 1995, p. 213 (= ADPCP 1996, p. 200), donde a propósito de la crítica de la Escuela de Frankfurt a los delitos de peligro abstracto, observa que "ello resulta *reaccionario*, entre otras cosas, porque con ello *se bloquea* la necesaria aportación de la Ciencia del Derecho penal a una legitimación tanto constructiva como crítica de los delitos de peligro abstracto, y con ello, la aportación a una actividad legisladora racional en este ámbito" (cursivas mías).

que reivindican una redistribución de los ilícitos penales modernos que reduzca el ámbito de lo punible. En concreto, se propone un desplazamiento de todos o de la mayor parte de aquéllos a otros sectores del ordenamiento jurídico, fundamentalmente al Derecho administrativo, pero también al civil y al mercantil[279].

b) En la Ciencia penal alemana, *Hassemer* postula una redistribución formal de lo ilícito mediante la institución de un nuevo ordenamiento sancionador al que denomina como *Derecho de intervención*[280]. Este, según el autor alemán, "no es un Derecho penal leve ni tampoco un mero Derecho penal administrativo", y no constituye tampoco "una agravación cuantitativa de lo tradicional, sino una nueva respuesta cualitativa a nuevas situaciones problemáticas"[281]. El Derecho de intervención, al que habría que llevar los contenidos del actual Derecho penal moderno, sería un ordenamiento sancionador ubicado entre el Derecho penal y el Derecho administrativo sancionador, entre el Derecho civil y el Derecho público[282], y tendría, ciertamente, elementos absolutamente penales, pero, a diferencia de un Derecho penal que reacciona con la pena *a posteriori* frente a hechos de lesión o de peligro concreto de bienes jurídicos, estaría orientado a las situaciones de amenaza de riesgos globales en términos estrictamente *preventivos*[283]. Este Derecho de intervención se caracterizaría por proporcionar "un nivel de garantías y formalidades procesales inferior al del Derecho penal, pero también con menos intensidad en las sanciones que pudieran imponerse a los individuos"[284].

---

279 Véanse, como opiniones representativas en este sentido, por ejemplo, en la doctrina alemana, *Zieschang*, Die Gefährdungsdelikte, pp. 388 ss., 392 ss.; en la italiana, *Moccia*, en Silva Sánchez, pp. 138, 139; y en la española, *Mendoza Buergo*, El Derecho penal, pp. 182 ss., todos ellos con más referencias doctrinales.

280 Véase, aún no claramente, *Hassemer*, ZRP 1992, p. 383 (= ADPCP 1992, pp. 248 s.); y ya de modo expreso, *Hassemer/Muñoz Conde*, La responsabilidad, pp. 41 ss., 43 ss.; y más recientemente *Hassemer*, StV 1995, pp. 489 s. (= *Hassemer*, en su colectánea Strafen im Rechtstaat, Nomos Verlagsgesellschaft, Baden-Baden, 2000, pp. 291 s.); y *Hassemer*, FS-Bemman, p. 188 (= en *Hassemer*, Strafen im Rechtstaat, cit., p. 155). De modo similar, véase *Naucke*, KritV 1993, pp. 158, 161, y ya antes en *Naucke*, Die Wechselwirkung, p. 35.; *Stächelin*, Strafgesetzgebung, p. 156, reconoce que en la propuesta de *Hassemer* quedan aún muchas cuestiones abiertas, pero muestra su disposición favorable a desarrollar un Derecho de intervención como "una apropiada alternativa jurídica al Derecho penal".

281 Véase *Hassemer*, StV 1995, p. 490 (= *Hassemer*, en su colectánea Strafen im Rechtstaat, cit., p. 292).

282 Véase *Hassemer/Muñoz Conde*, La responsabilidad, p. 46.

283 Véase *Hassemer*, FS-Bemman, p. 188 (= en *Hassemer*, Strafen im Rechtstaat, p. 155); *Hassemer*, StV 1995, p. 489 (= *Hassemer*, Strafen im Rechtstaat, cit., pp. 291 s.).

284 Véase *Hassemer/Muñoz Conde*, La responsabilidad, p. 46; además, *Hassemer*, StV 1995, p. 490 (= *Hassemer*, Strafen im Rechtstaat, cit., pp. 292); *Hassemer*, FS-Bemman, p. 188 (= en *Hassemer*, Strafen im Rechtstaat, p. 155); y ya en sentido similar, *Naucke*, Die Wechselwirkung, pp. 35 ss. No obstante, en contradicción con esa menor intensidad de las sanciones del Derecho de intervención, *Hassemer* ha reivindicado también que en el mismo se pueda disponer de "medios más agudos" que por ejemplo una pena privativa de libertad susceptible de remisión condicional, y mencionado como ejemplo de aquéllos la

c) En España hay que destacar la particular fórmula redistributiva de lo ilícito propuesta por *Silva Sánchez*, que en mi opinión coincide *substancialmente* con la del penalista alemán. En síntesis, se trataría meramente de formar un Derecho penal, al que denomina de segunda velocidad[285], que absorbería a todo o la mayor parte del bloque de los ilícitos modernos. Este carecería de penas privativas de libertad, pero a cambio operaría con garantías más flexibles que el Derecho penal de la primera velocidad para los ilícitos tradicionales y con penas de esa clase[286]. *Silva* considera que su propuesta goza de algunas importantes ventajas con respecto a la del maestro de Frankfurt. Así, frente al Derecho *civil* compensatorio, este Derecho *penal* en segunda velocidad aportaría la dimensión *sancionatoria* que le falta a aquél, y frente al Derecho *administrativo* sancionador, su mayor neutralidad política, con lo que haría más difícil para el infractor el recurso a las técnicas de neutralización[287]. Pero sobre todo, sería un instrumento que proporcionaría satisfacción a la demanda social de respuesta precisamente *penal* a los nuevos problemas[288], y que al mantener el significado "penal" de sus injustos y tener la característica de la "judicialización", sería también adecuado para satisfacer "el significado simbólico-comunicativo que tiene la intervención de los tribunales penales y que en principio se mantendría incluso aunque la consecuencia jurídica impuesta fuera una muy distinta de aquélla, como por ejemplo la reparación"[289]. *Silva* advierte que su propuesta pueda quedar expuesta a la objeción de que la misma supondría propugnar, de hecho, un "Derecho penal de clases", tal y como ya ha sido formulada frente a las demás propuestas contrarias a la modernización del Derecho penal[290]. No obstante, considera que esto no es así, porque, en su opinión, "no se trata de distinguir —ni me parece que nadie lo haya pretendido— según sujetos, sino según hechos y según consecuencias jurídicas"[291].

6. En definitiva, para la crítica, el conjunto de fenómenos característicos del expansivo proceso de modernización del Derecho penal, que hemos analizado

---

posibilidad de cierre de un establecimiento; véase *Hassemer*, StV 1995, p. 490 (= *Hassemer*, Strafen im Rechtstaat, cit., pp. 292).

285 Véase *Silva Sánchez*, La expansión, pp. 159 ss.; en esta segunda edición de su libro, incorpora Silva el Derecho penal del enemigo, relativo a los delincuentes habituales y profesionales y, en general, a quienes, como es el caso de terroristas o elementos pertenecientes a organizaciones criminales, se colocan abiertamente en contra de la sociedad y amenazan con socavar los fundamentos últimos de la sociedad constituida en Estado; se trataría de un Derecho de medidas de seguridad para delincuentes imputables peligrosos, y para referirse al mismo *Silva* utiliza la metáfora de la "tercera velocidad del Derecho penal"; véase *Silva Sánchez*, lug. cit., pp. 163 ss.

286 Véase *Silva Sánchez*, La expansión, pp. 159 ss.

287 Véase *Silva Sánchez*, La expansión, p. 155.

288 Véase *Silva Sánchez*, La expansión, p. 150.

289 Véase *Silva Sánchez*, La expansión, pp. 159 s. y nota 376 de p. 159.

290 Así *Lüderssen*, Abschaffen des Strafens?, p. 11; de acuerdo *Roxin*, AT I, 3ª ed., 1997, § 2, VII, nm. 30, p. 21.; *Schünemann*, GA 1995, pp. 206 ss. (= ADPCP 1996, pp. 194 ss.).

291 Véase *Silva Sánchez*, La expansión, p. 158.

en sus aspectos esenciales, pondría de manifiesto que el Derecho penal del presente habría superado el principio de exclusiva protección subsidiaria de bienes jurídicos[292], que hasta ahora había esetado vigente hasta tal punto que, como se recuerda, la protección penal no ha tenido nunca un alcance absoluto ni siquiera en el caso de la protección de la vida humana[293]. El principio del bien jurídico habría invertido completamente de su valor. En la tradición liberal éste habría cumplido la doble función crítica de vetar la criminalización de comportamientos sin relación con bienes jurídicos y de despenalización de otros por la misma razón[294], mientras que en el Derecho penal moderno desempeñaría una función opuesta de sentido *criminalizador*[295]. Para la crítica, esta inversión dialéctica de la función del bien jurídico es ilegítima y, por tanto, rechazable, pues con ella se liquidarían no sólo las garantías penales tradicionales[296], sino también el Estado de Derecho y hasta la democracia misma[297].

V. El discurso de modernización del Derecho penal

1. Contra lo afirmado por el discurso de resistencia, el discurso de modernización, en paralelo a la dotación al Estado de Derecho de los contenidos *materiales* que le proporciona el Estado *social*, sólo plantea una adecuación del Derecho penal a las nuevas realidades sociales y a ésta concepción del Estado, pero para esto no se desvía para nada de —y ni siquiera flexibiliza[298]— los

---

292 Así *Hassemer*, ZRP 1992, p. 381 (= ADPCP 1992, p. 243); *Hassemer/Muñoz Conde*, La responsabilidad, p. 31; *Mendoza Buergo*, El Derecho penal, p. 96.

293 Véase *Stächelin*, Strafgesetzgebung im Verfassungsstaat, p. 57.

294 Véase, por ejemplo, *Hassemer*, en Philipps/Scholler, pp. 86 s.; *Hirsch*, en Modernas tendencias, p. 373.

295 Véase *Hassemer*, en Philipps/Scholler, pp. 86 s.; *el mismo*, ZRP, 1992, p. (= ADPCP, 1992, p. 239); *Hassemer/Muñoz Conde*, La responsabilidad, pp. 22 ss.; *Prittwitz*, Strafrecht und Risiko, pp. 174 s.; *Mendoza Buergo*, El Derecho penal, pp. 76 s., 169; *Silva Sánchez*, La expansión, p. 122; *Moccia*, LH-Roxin, pp. 114 s.

296 Véase como significativo *Prittwitz*, Strafrecht und Risiko, pp. 248 ss., donde diagnóstica "el potencial destructivo del Derecho penal (del control global) para el Derecho penal (relativo al Estado de Derecho liberal)".

297 Véase las insinuaciones de *Moccia*, en LH-Roxin, p. 117, de que los procesos de desnaturalización del bien jurídico habrían coincidido con la consolidación de regímenes autoritarios.

298 Contra lo que estiman algunos defensores en mayor o menor medida de la modernización, véase por ejemplo, *Hilgendorf*, Strafrechtliche Produzentenhaftung, pp. 48 ss.; *el mismo*, NStZ, 1993, p. 14; *el mismo*, GA, 1997, p. 495; *Kuhlen*, GA, 1994, pp. 348 ss.; *Kühne*, NJW, 1997, p. 1954; *el mismo*, en Kühne/Miyazawa, pp. 9 ss.; y en relación con las estructuras y principos jurídico penales que pudieran ser objeto de consenso en Europa como condición de posibilidad de una Parte General del Derecho penal europeo, *Tiedemann*, en Tiedemann (ed.), Freiburg-Symposium, pp. 3 ss. En la doctrina euatoriana, *Araujo Granda, P.*, Derecho penal económico, p. 52, considera que algunos principios rectores del Derecho penal tienen que flexibilizarse en relación con los delitos económicos.

principios y garantías del Estado de Derecho[299], sino que los profundiza, y como precisa *Bustos*, para realizarlos en toda su plenitud[300].

2. La modernización se considera entre sus defensores una exigencia ética y política del presente precisamente como condición de posibilidad de la realización *efectiva* de las garantías del Estado de Derecho (social y democrático)[301]. Según *Bustos Ramírez*, con el reconocimento de bienes jurídicos colectivos no sólo no se abandona el concepto de bien jurídico sino que, por el contrario, se sobrepasan sus límites formales y se llega a una concepción material de él[302], y puesto que aquéllos son condiciones de posibilidad de la realización de la libertad y de la igualdad substanciales, su protección penal es una exigencia indeclinable para un Estado que tiene que garantizarla[303]. *Gimbernat* enfatiza que "los conceptos fundamentales de la Parte General siguen siendo adecuados —aún más: irrenunciables— para tratar —y

299 Por esto carece de todo fundamento, y me produce perplejidad, la duda expresada por *Paredes Castañon* (RDPC, nº 17, 2006, pp. 468 s.) acerca de si mi propuesta de modernización aceptaría una renuncia a las garantías del Estado de Derecho o su flexibilización; sobre mi clara e inequívoca posición favorable a las garantías, véase *Gracia Martín*, LH-Cerezo, 2002, p. 393; *el mismo*, Prolegómenos, pp. 190 y 208 ; *el mismo*, Modernización, pp. 124 s.; *el mismo*, LH-Vives Antón, 2009, p. 896 ss.; en el mismo sentido que en el texto, véase *García-Pablos*, Introducción al Derecho penal, 4ª ed., Ed. Ramón Areces, Madrid, 2006, p. 225.

300 Véase *Bustos Ramírez*, Control social, pp. 18 s., donde advierte que de lo que se trata es "de elaborar el máximo de garantías posibles" y de "la construcción de un Derecho penal *materialmente* garantista". El Derecho penal moderno es, además, el más claro exponente de plena realización de los principios de exclusiva protección de bienes jurídicos, de subsidiariedad y de *ultima ratio*; véase *Schünemann*, en Kühne/Miyazawa, pp. 34 s. = Temas actuales, p. 68, donde insiste en que la solución del Derecho penal moderno sea "desarrollada a partir de la idea jurídico penal fundamental, y no alterada desde la Ilustración, de que el Derecho penal sólo puede y tiene que ser empleado como *ultima ratio* para la prevención de daños sociales"; *el mismo*, en Hefendehl/von Hirsch/Wohlers, pp. 141 s. y 142 s = La teoría del bien jurídico, pp. 207 s. y 209 s.; *el mismo*, en von Hirsch/Seelmann/Wohlers, pp. 21 ss.; y en el mismo sentido *Gracia Martín*, LH-Vives Antón, 2009, pp. 896 ss.

301 Así ya *Bustos Ramírez*, Control social, pp. 186 ss. y 196 ss. (en relación con la fundamentación de los bienes jurídicos colectivos); *Gracia Martín*, LH-Cerezo, 2002, p. 393; *el mismo*, Prolegómenos, pp. 189 ss., 199 s., 208 ss.; *el mismo*, LH-Vives Anton, 2009, pp. 896 ss.; *Martínez-Buján*, LH-Cerezo, 2002, pp. 430 s.; *García-Pablos*, Introducción, p. 225; y en la doctrina alemana claramente *Schünemann*, en Kühne/Miyazawa, p. 21 = Temas actuales, p. 55, donde aclara que con la modernización no se trata de retroceder a Proudhon y Karl Marx", sino más bien de satisfacer las exigencias de "la *igualdad* y, con ello, de la *justicia*".

302 Véase *Bustos Ramírez*, Control social, p. 190.

303 Véase *Bustos Ramírez*, Control social, pp. 184 ss. y 195 ss.; y en el mismo sentido, *Gracia Martín*, LH-Vives Antón, 2009, pp. 905 ss.; *Portilla Contreras*, CPC nº 39, 1989, pp. 740 y 745 ss; *Terradillos Basoco*, RFDUCM nº 63, 1981, pp. 125 ss.; *Corcoy Bidasolo*, Delitos de peligro, pp. 193 s.; *Soto Navarro*, La protección penal, pp. 233 y 244; *García-Pablos*, Introducción, pp. 224 s.; en la doctrina alemana, *Schünemann*, en Hefendehl/von Hirsch/Wohlers, pp. 137 s. y 141 = La teoría del bien jurídico, pp. 203 y 208 y *Hefendehl*, Kollektive Rechtsgüter, pp. 76 ss. y 116 ss.

penetrar en— estas nuevas manifestaciones jurídicopenales"[304], pues "están plenamente en situación de asimilar esos nuevos fenómenos y de dar a los problemas que generan soluciones conformes con la justicia y con la seguridad jurídica"[305]. *Romeo Casabona* sostiene que el "principio de precaución" en el Derecho penal en cuanto alternativa posible al de "previsibilidad" para algunos fenómenos actuales, no afectaría a ninguna de las garantías penales del Estado de Derecho[306]. Según *Schünemann*, la alta definición de la acción típica y de las circunstancias del hecho en los delitos de peligro abstracto, los hace más conformes con el mandato de determinación que los tradicionales tipos imprudentes de resultado[307], respecto de los cuales es paradigmática la dificultad de realización del principio de legalidad[308], y según *Tiedemann* su legitimidad no puede ser cuestionada desde el punto de vista de los límites de la punibilidad, especialmente desde los de proporcionalidad y *ultima ratio*[309]. Y por si no fueran ya suficientemente concluyentes los argumentos de *Kuhlen* en favor de la legitimidad de los "delitos acumulativos"[310], *Hefendehl* ha rebatido también la objeción de que en ellos se fundamenta lo injusto *ex iniuria tertii*, con el argumento de que su estructura típica no remite a ningún injusto de terceros con efectos de fundamentación de la responsabilidad[311]. En fin, como apunta en la doctrina ecuatoriana *Edmundo Bodero*, "el garantismo encuéntrase dotado de los elementos necesarios para incluir a las formas delictivas aparecidas con la sociedad de riesgo", y "por lo tanto consideramos innecesario forjar nuevas estructuras penales"[312].

3. Ahora bien, si el Derecho penal moderno es conforme en todo con las garantías del Estado de Derecho, ¿en qué aspectos de él se produce la *ruptura* histórica que lo hace realmente "moderno"? Como he sostenido ya en otro lugar y quiero seguir sosteniendo aquí, la ruptura del Derecho penal moderno el liberal radica esencialmente en la dirección de aquél hacia la criminalización formal de la criminalidad *material* de las clases sociales poderosas, la cual ha sido ignorada o tolerada casi en su totalidad, e incluso favorecida por el Derecho penal liberal, gracias al dominio absoluto que aquéllas han ejercicio siempre sobre el principio de legalidad penal desde su *invención* en cuando instrumento formal que permite definir e incluir, pero

304 Véase *Gimbernat*, en Modernas tendencias, pp. 356.

305 Véase *Gimbernat*, en Modernas tendencias, p. 370.

306 Véase *Romeo Casabona*, en Modernas tendencias, pp. 104 s.

307 Véase *Schünemann*, GA, 1995, p. 214 = ADPCP, 1996, p. 201.

308 Véase, por ejemplo, *Cerezo Mir* PG I, 6ª ed., 2004, p. 207.

309 Véase *Tiedemann*, Wirtschaftsstrafrecht *EuAT*, p. 31 núm 60 y *el mismo*, Poder económico y delito, pp. 33 s.; y también, *Lagodny*, Strafrecht, pp. 482 ss.; *Appel*, Verfassung und Strafe, pp. 573 s.; *Schünemann*, GA 1995, p. 214 = ADPCP 1996, p. 201 y en Cuestiones actuales, p. 21.

310 Cfr. *Kuhlen*, ZStW 105 (1993), pp. 711 ss., 720 ss.; ya antes en GA, 1986, pp. 399 ss., 402 ss. En contra *Silva Sánchez*, La expansión, pp. 131 ss., pero su crítica, a mi juicio, no es convincente.

311 Véase *Hefendehl*, Kollektive Rechtsgüter, pp. 189 s. y 306 ss. y *el mismo*, GA, 2002, p. 27.

312 Véase *Edmundo Bodero*, Teoría económica de la delincuencia, p. 336

que al mismo tiempo y sobre todo —lo que es mucho mas importante— también permite *excluir* comportamientos criminales en sentido material del discurso de criminalidad. Pues el hecho de que la propiedad privada se haya perpetuado como un derecho subjetivo, y que continúe siéndolo aún hoy de un modo casi indiscutido por mor de la ideología gnoseológica dominante, es uno cierto, pero no más —yo diría que menos— que la verdad de *Rousseau* de que la propiedad privada es el factor criminógeno por excelencia, que la impresionantemente documentada verdad de *Proudhon* de que la propiedad sólo se identifica con el robo, y que la más reciente verdad de *Schünemann* del reconocimiento de materia criminal en la *adquisición* y en la *utilización* de la propiedad[313]. Por ello, la tarea fundamental del discurso de modernización consiste en formular los enunciados y en determinar los objetos que permitan *incluir* a *toda* la criminalidad *material* —esencialmente económica y empresarial, y hoy de alcance global y planetario— de las clases sociales poderosas en el discurso político-criminal, pero todo esto de un modo estrictamente conforme con las garantías del Estado de Derecho[314].

VI. Marco y método para la solución del debate sobre la modernización del Derecho penal

1. Que el poder penal en cualquiera de sus manifestaciones está sujeto a límites estrictos cuyo traspaso arbitrario o discrecional lo hace ilegitimo, es una afirmación que actualmente tiene la fuerza de lo asertórico, es decir, una validez que no precisa de demostración alguna y que, por eso, condiciona asimismo la de todo objeto y enunciado de criminalidad. Aquellos límites derivan específicamente al ámbito político-criminal, de la limitación del poder estatal por la "idea del *Estado de Derecho*" que, prescindiendo de los antecedentes, se debe al pensamiento ilustrado de la segunda mitad del siglo XVIII y de principios del XIX, y se desarrolló posteriormente por los iusadministrativistas alemanes[315]. A diferencia del poder absoluto del soberano en el Estado absolutista, que le faculta para determinar —e intervenir en— la vida de sus "súbditos" de modo arbitrario y discrecional (*non ratio, sed voluntas facit legem*), el ejercicio de todo poder y actividad del Estado de Derecho se encuentran sujetos al Derecho y limitados por éste (*non voluntas, sed ratio facit legem*)[316]. Estos límites fijados por el Derecho tornan ilegítimo a todo ejercicio del poder estatal que los sobrepasen y, por ello, operan como *garantías* para las esferas de libertad de los ciudadanos frente a él. Uno de los límites más importantes, lo representa el *concepto material*

313 Véase *Schünemann*, en Kühne/Miyazawa, p. 21 (= Temas actuales, p. 55), donde advierte que la justicia actual deja fuera del control penal "la dañosidad social de la *adquisición* y de la *utilización* de la propiedad".

314 Véase *Gracia Martín*, Prolegómenos, pp. 189 ss.; *Schünemann*, en Kühne/Miyazawa, pp. 16 ss., 19 ss. = Temas actuales, pp. 50 ss., 19 ss., implícitamente *Terradillos*, RFDUCM, nº 63, 1981, pp. 140 s.; *Bustos*, Control social, pp. 202 s. y *García-Pablos*, Introducción, p. 225.

315 Así *Garcia Pelayo*, Las transformaciones del Estado contemporáneo, 2ª ed., pp. 52 s.

316 Véase *Garcia Pelayo*, Las transformaciones del Estado, p. 52.

de delito desarrollado a partir de la idea política ilustrada del "objeto" del delito[317], y hoy reconocido como garantía fundamental del Estado de Derecho[318]. Este concepto determina las condiciones (materiales) que han de darse necesariamente para que un hecho pueda ser sometido legítimamente a una pena estatal y, de este modo, traza el límite a partir del cual ya no debe ser posible ningún ejercicio legítimo del poder penal[319]. El concepto material de delito vincula principalmente y sobre todo —aunque no sólo— al legislador, pues si la definición *legislativa* de un hecho como punible es la primera —y por exigencias del principio de legalidad, necesaria— secuencia del sometimiento legítimo de un hecho a la pena estatal, entonces tiene que operar por fuerza como baremo de enjuiciamiento de la legitimidad de la *definición* formal de hechos punibles por el legislador[320]. Pese a la inseguridad crónica que se cierne sobre la determinación del concepto material de delito, no parece haber ningún motivo relevante que fuerce a desviarse de los principios liberales ilustrados que limitan el ejercicio del poder penal a la protección subsidiaria y fragmentaria de bienes jurídicos frente a lesiones y peligros especialmente graves y como *ultima ratio*[321]. En sentido material, delitos pueden ser sólo conductas que lesionan o ponen en peligro bienes jurídicos de un modo grave y frente a las que no existe ninguna otra reacción legítima que la pena estatal.

2. El debate sobre la modernización del Derecho penal se desarrolla precisa y principalmente en torno a un concepto material de delito como el descrito, el cual es compartido en lo esencial por ambos discursos. Por esto, parece obvio preguntar por qué es lo que hace que uno y otro desarrollen luego enunciados y lleguen a resultados tan contrarios y excluyentes sobre unos mismos objetos. Pero la respuesta parece también obvia: porque para uno y para otro discurso lo único que tiene "mismidad" son los objetos sobre los que debaten (los tipos penales modernos), pero ya no los referentes axiológicos del concepto material de delito, y por esto tampoco las cualidades materiales esenciales ni la intensión y extensión del "objeto" del delito. Puesto que de lo que se trata es de decidir nada menos que sobre la legitimidad o ilegitimidad —*tertium non datur*— de la intervención penal en ámbitos de relación social que hasta ahora se encontraban liberados de ella, entonces no parece posible una coexistencia válida de dos discursos que llegan a conclusiones antagónicas sobre semejante extremo[322]. Por consiguiente, parece que no haya otra alternativa que someter a ambos a baremos de "validez" político-jurídica, y que el resultado de esto sólo podrá ser el reconocimiento de uno en razón de su probada "validez" y el rechazo del otro por la sola razón de que esa comprobación tiene que

---

317 Sobre ello *Amelung*, Rechtsgüterschutz, pp. 20 s.

318 Sobre el concepto material de delito como baremo de legitimidad de las leyes penales controlable por el Tribunal Constitucional, *Schünemann*, en Hefendehl/von Hirsch/Wohlers, pp. 141 y 142 ss. = La teoría del bien jurídico, pp. 207 s. y 209 ss.

319 Véase sólo *Roxin* AT I, 4ª ed., 2006, pp. 13 nm. 1.

320 Véase por ejemplo sólo *Roxin* AT I, 4ª ed., 2006, pp. 13 nm. 1.

321 Así *Schünemann*, como en *supra* nota 163.

322 Así ya *Gracia Martín*, Prolegómenos, pp. 164 ss.

invalidarlo *eo ipso*[323]. Ahora bien, puesto que toda crítica de un discurso *desde* el argumentario enunciativo del contrario sólo puede llegar a una reafirmación completamente circular y tautológica de sus propios enunciados (¡"este objeto no puede ser un bien jurídico *porque* no porta las cualidades que *yo* ya he definido de antemano como necesarias"!), y así absolutamente nada se puede demostrar sobre la validez de los enunciados del uno y la invalidez de los del contrario, la elucidación sólo podrá ser alcanzada tras una indagación sobre la existencia y vigencia de las *condiciones de validez* de los enunciados mismos.

3. Una indagación como la indicada puede llevarse a cabo satisfactoriamente y con resultados plausibles, por medio de los procedimientos básicos de la filosofía del discurso *foucaultiana*[324], que puede describirse globalmente como una filosofía de la sospecha que opera con estrategias de deconstrucción del discurso para desenmascararlo y para descubrir así las relaciones y los dispositivos reales del poder que oculta. Todo y cualquier discurso se constituye como un "orden" de "enunciados" que circunscribe un campo de la experiencia y en el cual selecciona y define a la vez a los "objetos" de sus enunciados[325]. Ahora bien, de acuerdo con la explicación *nietzscheniana,* ningún discurso es producto de ninguna evolución natural ni continuidad de algún supuesto "origen" (*Ursprung*), sino que lo es, más bien, de alguna "invención" (*Erfindung*) motivada a menudo por oscuras relaciones de poder, que dio lugar a una *ruptura* histórica[326]. Según esto, todo discurso se forma sólo *históricamente* de una determinada manera y de ninguna otra, y —como advierte *Foucault*— sólo a partir de un *a priori* determinado e histórico de una época dada que acota un campo posible de la experiencia y define tanto el modo de ser de los objetos en ese campo como las condiciones de validez del discurso[327]. Por esto, la comprensión del discurso requiere de una indagación en el proceso de su formación histórica para descubrir e identificar "qué modalidades del orden" de entre todas las posibles fueron "reconocidas, puestas, (y) anudadas con el espacio y el tiempo", y para sacar a la luz aquellas *condiciones de posibilidad* de su formación con unos determinados enunciados —y no con *otros* distintos— y también de la continuidad *histórica* (espacial y temporal) de su validez[328]. Ahora bien, como advierte *Foucault,* la historia no cesa de enseñarnos que el discurso es "aquello que traduce las luchas o los sistemas de dominación ..., aquéllo por lo que, y por medio de lo cual se

323 De conformidad *mutatis mutandis* con la tesis sobre la justicia de los juicios y emociones opuestos de *Franz Brentano,* El origen del conocimiento moral, p. 23 s. nº 21 y p. 24 nº 22.

324 Como ya he hecho en *Gracia Martin,* Prolegómenos, pp. 167 ss.

325 Véase *Foucault,* L'archeologie du savoir, pp. 44 ss. (para las formaciones discursivas), pp. 55 ss. (para la formación de los objetos de discurso) y pp. 68 ss. (para la formación de modalidades enunciativas).

326 Véase *Nieztsche,* Die fröhliche Wissenschaft, nº 99 (pp. 112 ss.), nº 151 (p. 151), nº 353 (pp. 234 s.), y cfr. *Foucault,* La verdad y las formas jurídicas, pp. 20 ss.

327 Véase *Foucault,* Les mots et les choses, p. 171; L'archéologie du savoir, p. 40, y El orden del discurso 2ª ed., pp. 43 ss.

328 Véase *Foucault,* Les mots et les choses, p. 13; L'archeologie du savoir, p. 39; y, sobre todo, El orden del discurso, pp. 44 s.

lucha, aquel poder del que uno quiere adueñarse"[329]. Por esto, el discurso que se constituye e impone es siempre el resultado de la victoria de unos enunciados sobre otros diferentes —incluso contrarios y excluyentes— que se hallaban también en la pugna por la constitución del discurso. *Foucault* expone un ejemplo concluyente. En los siglos XVI y XVII se formulan series de discursos sobre la riqueza y la pobreza, la moneda, la producción y el comercio, integrados por conjuntos de enunciados completamente heterogéneos y contradictorios según quienes sean los que hablan: los ricos o los pobres, los sabios o los ignorantes, los protestantes o los católicos, los oficiales reales, los comerciantes o los moralistas, etc., y aunque ninguno de ellos por sí solo "prefigura exactamente esa otra forma de regularidad discursiva que tomará el aspecto de una disciplina y que se llamará 'análisis de la riqueza', y después 'economía política'", lo cierto es que a partir de ellos, sí "se forma una nueva regularidad" —la disciplina de la Economía política— que integra en su "verdad" a *algunos* y, a la vez, excluye a *otros* enunciados[330]. De este modo, el discurso que se impone permite realizar efectivamente la utopía a la que apuntaban los enunciados victoriosos, y como no podría ser de otro modo, a la vez que *integra* sólo a éstos y a sus objetos, *excluye* de él a los vencidos[331] y opera de este modo como sistema de dominación de éstos que impide la realización de la utopía fijada en su horizonte. Ahora bien, no debe olvidarse que, como observa *Foucault*, "en realidad, hay dos especies de utopías: las utopías proletarias socialistas que gozan de la propiedad de no realizarse nunca, y las utopías capitalistas que, desgraciadamente, tienden a realizarse con mucha frecuencia"[332].

VII. El carácter regresivo y perverso del discurso de resistencia

1. El discurso de resistencia deduce de su concepción personal de los bienes jurídicos como "intereses humanos necesitados de protección jurídico penal"[333] que incluso para el presente sólo debe ser conforme con el Estado de Derecho un Derecho penal "nuclear" de tipos orientados a la protección de un sistema de bienes jurídicos individuales; la protección de substratos colectivos sería admisible, pero sólo si es una condición necesaria para la protección de la persona[334], y por lo tanto, sólo frente a ataques que afecten a la vez a los bienes individuales a los que prestan su función[335]. El discurso de resistencia

329 Véase *Foucault*, El orden del discurso, p. 12.

330 Véase *Foucault*, El orden del discurso, p. 55.

331 Véase *Gracia Martín*, Prolegómenos, pp. 167 ss.

332 Véase *Foucault*, La verdad y las formas jurídicas, p. 124.

333 Véase *Hassemer*, en Philipps/Scholler, p. 91.

334 Véase *Hassemer*, en Philipps/Scholler, p. 91.

335 Así, por ejemplo, *Hassemer*, en Philipps/Scholler, pp. 90 ss.; *el mismo*, AKStGB I, 1990, previo al 1, nm. 274 ss.; *el mismo*, ZRP 1992, p. 383 = ADPCP 1992, p. 248; *el mismo*, en Hefendehl/von Hirsch/Wohlers, p. 57 = La teoría del bien jurídico, p. 96; y extensamente *Stenberg-Lieben*, en Hefendehl/von Hirsch/Wohlers, pp. 67 ss. = La teoría del bien jurídico, pp. 109 ss.

propugna así una "retirada" al modelo político-criminal de los siglos XVIII y XIX[336]. Si la sociedad y el Estado de Derecho fueran los *liberales* de esa época, entonces aquel modelo penal reivindicado por el discurso de resistencia sería plenamente válido. Pero esto hoy ya no es así[337]. Los nuevos fenómenos y conflictos provocados por la evolución social no pueden ser afrontados ni resueltos por el Estado liberal, y además han propiciado el brote de condiciones con potencial para una realización efectiva de la libertad, la igualdad y la justicia *substanciales* que sólo puede llevar a cabo un nuevo Estado de carácter *social* y *democrático*, y no un Estado liberal que sólo reconoce aquellos valores de un modo formal o nominal, esto es, sin contenido substancial al menos para una budna parte de la ciudadanía[338]. Como se mostrará, estas nuevas condiciones no sólo tienen que invalidar ya, al menos, a ciertos enunciados liberales perversos enquistados en el discurso de criminalidad, sino también permitir integrar en éste a los que por su elevada lesividad social impiden la realización efectiva de aquéllos valores, pues éste es el fin que tiene que garantizar y realizar el Estado cuyo carácter *social y democrático* lo hace sin la menor duda *más* Estado de Derecho que el liberal porque, a diferencia de éste, lo es en sentido *material* y no sólo formal[339]. Y puesto que el Derecho penal tiene que seguir el camino trazado por la evolución de la sociedad y del Estado[340], el discurso de resistencia ya no puede pretender hoy validez alguna porque, como ha dicho *García-Pablos,* su cobertura ideológica "no se aviene a los postulados del Estado *social* de Derecho" y lo hace "perverso y

---

336 Véase *Schünemann,* GA, 1995, p. 217 (= ADPCP, 1996, p. 205); crítico *Silva Sánchez,* La expansión, p. 149, para quien "la verdadera imagen del Derecho penal del siglo XIX no es, pues, la que por algunos pretende dibujarse en nuestros días".

337 En este sentido *Bustos Ramírez,* Control social, pp. 186 s.: "un Estado liberal democrático sería incapaz de ofrecer una base ... para ir más allá de los condicionamientos a la democracia que impone el sistema actual". No obstante, en la actual sociedad moderna permanecen de facto las condiciones de posibilidad de funcionamiento del discurso y del Derecho penal liberales en sentido estricto, como prueba el actual despliegue de todas sus fuerzas devastadoras en el proceso de la actual globalización económica neoliberal a escala planetaria; al respecto véase sólo *Gracia Martín,* en Romeo Casabona, pp. 28 ss.; y sobre el dato real de la vigencia y funcionamiento del discurso (neo)liberal en general y en el campo de la criminalidad en particular, véase la clara exposición de *Edmundo Bodero,* Teoría económica de la delincuencia, pp. 239 ss.

338 Véase sólo *Garcia Pelayo,* Las transformaciones del Estado, pp. 19 s. y sobre todo pp. 26 s., quien destaca como condiciones históricas que han hecho posible la atribución de un fin *social* al Estado "de un lado, un reto histórico, una necesidad de resolver problemas agobiantes irresolubles dentro de la estructura del Estado liberal y de la sociedad del *Hochkapitalismus* y, de otro, las posibilidades ofrecidas por el desarrollo cultural y tecnológico de la época industrial" (p. 19).

339 Véase *Bustos Ramírez,* Control social, p. 184 y en general *infra* nota 248.

340 Véase *Cerezo Mir,* PG I, 6ª ed., 2004, pp. 17 ss., donde explica con gran detalle y numerosos ejemplos cómo la determinación y selección de bienes jurídicos y del alcance de su protección penal, dependen históricamente de las concepciones ético-sociales, jurídicas y políticas dominantes en la sociedad en cada época. Véase también la amplia exposición de *Würtenberger,* Die geistige Situation der deutschen Strafrechtswissenschaft, 2ª ed., pp. 67 ss., y ya antes *el mismo,* Das System der Rechtsgüterordnung, pp. 1 ss., y asimismo *Oehler,* Wurzel, Wandel und Wert der strafrechtlichen Legalordnung, *passim.*

regresivo"[341], y porque como advierte con razón *Paulina Araujo*, "es indudable que la construcción de una teoría penal, no puede ni debe desvincularse de la teoría del Estado ... porque el análisis axiológico del Estado recae necesariamente sobre el alcance y las manifestaciones de su poder"[342].

2. En la constitución del discurso político liberal y del Derecho penal que deriva de él pugnaron, por lo menos, dos series enunciativas opuestas: las protagonizadas, respectivamente, por *Rousseau* y por *Locke*. El objeto central del discurso de *Locke* es la propiedad privada. Según dicho discurso, las posesiones que cada uno ha adquirido —en cantidad desigual— en el estado de naturaleza constituyen objeto de un derecho natural, esto es, anterior a la fundación de la sociedad y del Estado mediante el contrato social, y en éste se acuerda que semejante derecho a la propiedad habrá de respetarse y que su defensa tiene que ser un fin esencial del Estado[343]. De signo completamente opuesto es el discurso de *Rousseau*. Para éste, no sólo no existe ningún derecho natural a la propiedad privada en absoluto, sino que ésta constituye la causa de todos los horrores y desgracias del género humano y, por consiguiente, lo que incumbe a la sociedad que se funda con el contrato social es precisamente impedir la formación de propiedad privada[344]. En realidad, pues, había dos discursos completamente opuestos y excluyentes[345] en una lucha cuyo desenlace fue la fiel articulación del orden liberal burgués en torno al discurso de *Locke* que garantizaba absolutamente el despliegue de la libre existencia de la burguesía[346] y, a la vez, la completa *exclusión* del discurso de *Rousseau*,

---

341 Véase *García-Pablos*, Introducción, pp. 224 y 225, y similar *Bustos Ramírez*, Control social, p. 186.

342 Véase *Araujo Granda, P.*, Derecho penal económico, p. 7.

343 Véase, *Locke*, Segundo Tratado sobre el Gobierno civil, pp. 74 nº 50, 133 s. nº 123, 134 nº 124, 136 s. nº 131 y además pp. 146 ss. nº 138-139.

344 Véase *Rousseau*, Discurso sobre el origen y los fundamentos de la desigualdad entre los hombres, pp. 161 s.: "El primero que, habiendo cercado un terreno, se le ocurrió decir: *Esto es mío*, y encontró gentes lo bastante simples para creerlo, ése fue el verdadero fundador de la sociedad civil. ¡Cuántos crímenes, guerras, asesinatos, cuántas miserias y horrores no habría evitado al género humano aquel que, arrancando las estacas o allanando el cerco, hubiese gritado a sus semejantes: 'Guardaos de escuchar a este impostor; estáis perdidos si olvidáis que los frutos son de todos y la tierra no es de nadie'". Como observa *Mª José Villaverde*, Estudio preliminar, p. XX: "Jean-Jacques encabeza ciertamente en el siglo XVIII la lista de los enemigos de la propiedad privada capitalista , legitimada por Locke".

345 Véase *Mª José Villaverde*, Estudio preliminar, p. XVII: "la gran línea de demarcación que separa, en el Siglo de las Luces, a Rousseau de los Enciclopedistas viene marcada por su defensa de dos mundos antagónicos".

346 *Mª José Villaverde*, Estudio preliminar, pp. XVII-XVIII: "Es Locke, y no Rousseau, quien logra la cuadratura del círculo", pues "legitima ... la propiedad privada ilimitada, propia de la sociedad capitalista, y la división de ésta en dos clases antagónicas, todo ello en el marco del derecho natural; fundamentación que es básica para la existencia del nuevo orden capitalista". *Pérez del Valle* (CPC nº 84, 2004, pp. 153 s.) opone que para *Locke*, la propiedad no es más que una denominación general que comprende "la vida, la libertad y la hacienda del hombre", pero esto no puede invalidar la interpretación que aquí se

el cual fue aplastado por el ideario político liberal que se impuso y que persiguió institucionalmente a aquél en toda tierra que pisara para capturarle y para excluirle del orden social[347]. Además, el discurso liberal ha abortado todo intento posterior de recuperar el de *Rousseau*[348], y, desgraciadamente, es el que domina todavía de modo alarmante y con una fuerza muy superior a la que se le atribuye generalmente[349].

3. Es éste el caldo de cultivo del discurso ilustrado liberal de la criminalidad que se impuso a fines del siglo XVIII y principios del XIX. En efecto, con arreglo a las concepciones liberales, la sociedad se entiende como un orden espontáneo dotado de racionalidad por leyes inmanentes a su propia ordenación y cuyos presupuestos fundamentales son la libertad y los derechos individuales (naturales), y el Estado se ve como otra organización racional separada de la sociedad, que debe de abstenerse de intervenir en el juego de la ordenación natural de ésta, y limitarse a establecer y mantener una *legalidad* que no puede tener cualquier contenido, sino sólo aquéllos que garanticen y aseguren la libertad y los derechos naturales individuales como presupuesto y fundamento de la ordenación natural de la sociedad[350], es decir: "el libre despliegue de la existencia burguesa"[351]. El Estado deriva ahora sólo de un

---

sostiene, pues como el mismo *Pérez del Valle* reconoce (p. 154) —y esto es lo decisivo— la propiedad en aquel sentido amplio es para *Locke* un derecho "anterior" al contrato y al Estado, y protegido por éste, que comprende *también* a la "hacienda" del hombre.

347 Véase *Mª José Villaverde*, Estudio preliminar, pp. X-XI.

348 En efecto, el discurso de *Rousseau*, vencido por el orden del discurso ilustrado liberal, y excluido de éste, es uno siempre latente en el proceso histórico hasta nuestros días y que sale a la luz en cuanto se dan condiciones favorables para ello y para pujar por imponerse al establecido. Así, recordemos, sobre todo, cómo años más tarde, en el siglo XIX, el discurso roussoniano sobre la propiedad es retomado no sólo por los bavuvistas, sino sobre todo por la fundamentada tesis de *Proudhon* de que la "propiedad es el robo" (véase *Pierre-Joseph Proudhon*, ¿Qué es la propiedad?, pp. 31 s., 270, 290), y también, en seguida, por el marxismo; véase *Mª José Villaverde*, Estudio preliminar, pp. XX-XXI. Sobre cómo todos estos intentos han sido abortados por el discurso liberal dominante, incluso con prácticas criminales sin parangón, no vale la pena insistir, aunque sí conviene recordar la resignada observación de *Foucault* al decirnos que "en realidad, hay dos especies de utopías: las utopías proletarias socialistas que gozan de la propiedad de no realizarse nunca, y las utopías capitalistas que, desgraciadamente, tienden a realizarse con mucha frecuencia"; véase *Focucault*, La verdad y las formas jurídicas, p. 124.

349 Por si hubiera alguna duda, leamos como uno de los muchos exponentes actuales de ese dominio, un fragmento de un discurso de nuestro tiempo del que es protagonista *John D. Rockefeller Jr.*, quien en concreto dice: "El crecimiento de un gran negocio no es más que una forma de la supervivencia de los más aptos ... Sólo *sacrificando* a los capullos tempranos que crecen a su alrededor, se consigue la rosa llamada American Beauty (Belleza americana), con un esplendor y una fragancia que regocija a quien la contempla. Esto no es ninguna mala tendencia dentro del mundo de los negocios. Se trata simplemente de la acción de las *leyes de la naturaleza y de Dios*" [cita tomada de *Peter Singer*, Una izquierda darwiniana, p. 22.].

350 Véase *García Pelayo*, Las transformaciones del Estado, pp. 21 s., 52 s.

351 Véase *García Pelayo*, Las transformaciones del Estado, pp. 52 s.

contrato[352] que ya *limita* su *fin* a asegurar y a proteger su vigencia, por lo que la actividad estatal legítima queda reducida a *vigilar* el respeto de las condiciones del contrato[353] y, en su caso, a *castigar* sus violaciones por medio del poder penal que le ha otorgado el contrato *para* el cumplimiento de aquel fin, y para nada más, y por esto únicamente podrá castigar hechos que sean lesivos de las condiciones del contrato (*socialmente dañosos*)[354]. Ahora bien, de acuerdo con la ideología liberal victoriosa, condiciones del contrato son *exclusivamente* aquéllas por las que los hombres se unieron en sociedad[355], y éstas no son otras que los derechos (o bienes) individuales "anteriores" (naturales) a ella y al Estado[356], o sea las condiciones de posibilidad del "libre despliegue de la existencia burguesa"[357]. Por el contrario, la *distribución de bienes* necesarios para asegurar la existencia y la satisfacción de necesidades materiales de los individuos se entiende como un problema social ulterior a resolver por medio de regulaciones de la administración del bienestar que, al no ser derivables de las condiciones del contrato, no podrán protegerse nunca con la pena sino, a lo sumo, con sanciones del Derecho de *policía*[358], las cuales no pueden consistir en privación de libertad[359]. Las acciones que no *lesionan* derechos, sino sólo

---

352 Y no de alguna autoridad divina, como había anticipado el Derecho Natural de la Razón, *cfr.* supra I.3, y nota 10.

353 Es decir: el respeto de "las condiciones (leyes) con que los hombres aislados e independientes se unieron en sociedad" (*Beccaria,* De los delitos y de las penas, Cap. 1). Sobre ello, *Amelung,* Rechtsgüterschutz, pp. 20 y 26, y en general *García Pelayo,* Las transformaciones del Estado, p. 22.

354 *Beccaria,* De los delitos y de las penas, Capitulos 1 y 2: "todas las penas que sobrepasan la necesidad de conservar este vínculo son injustas por su naturaleza"; véase además Caps. 6 y 8, y *Hommel,* Des Herrn Marquis von Beccaria unsterbliches Werk von Verbrechen und Strafen, pp. 2 y 15. Por su parte, el art. 5 de la Declaración de los derechos del hombre de 1789 estableció que: "la ley no tiene derecho a prohibir más que las acciones perjudiciales a la sociedad".

355 *Beccaria,* De los delitos y de las penas, Caps. 1 y 2.

356 Para cuya garantía y aseguramiento se formó el depósito de las porciones de libertad cedidas por cada uno, y para cuya defensa ante las usurpaciones privadas de cada hombre en particular se establecieron las penas (*Beccaria,* De los delitos y de las penas, Cap. 1). No obstante, también se incluyen los derechos subjetivos del Estado como "persona jurídica"; véase *Amelung,* Rechtsgüterschutz, p. 34.

357 Véase, en general, *García Pelayo,* Las transformaciones del Estado, p. 55: "tal criterio coincidía con el sistema de las concepciones políticas y de los intereses de los grupos y estratos dominantes, de manera que la dimensión axiológica de la legitimidad coincidía con su dimensión sociológica, es decir, había una adecuación entre la idea válida del Derecho y los intereses de los estratos que, dadas las condiciones históricas, estaban en condiciones de establecer el Derecho"; *Amelung,* Rechtsgüterschutz, pp. 19 ss. y 26.

358 Véase *Amelung,* Rechtsgüterschutz, p. 26; *Edmundo Bodero,* Teoría económica de la delincuencia, p. 76.

359 Véase *Globig/Huster,* Abhandlungen von der Criminalgesetzgebung, p. 240 ("la policía no puede nunca llegar a privar de libertad al culpable") y *Hommel,* Philosophische Gedanke, p. 148 § 72 ("los delitos de policía no son verdaderos delitos, ni las penas policiales verdaderas penas").

mediatamente el fin del Estado con la puesta en *peligro* de la seguridad y del orden jurídico tampoco podrán ser delito, sino sólo infracciones de policía[360].

4. Formalmente, la afirmación de que el Derecho penal liberal que arranca de la Ilustración es uno cargado de *garantías* del ciudadano frente al poder punitivo del Estado es cierta ya en la medida en que la determinación del objeto del delito supone una limitación de lo que puede ser castigado como tal. Desde la perspectiva histórico-material, sin embargo, interesa preguntar ante todo por los "objetos" que realmente resultan cubiertos por los enunciados del discurso de garantías, pero también por los que quedan excluidos de tales enunciados y, por eso, del discurso liberal de criminalidad, pues de acuerdo con lo antes expuesto acerca del poder y de los efectos del discurso, no puede ignorarse que todo discurso despliega una *doble positividad operativa*, es decir, que *define* sus *objetos* y las condiciones de validez de los *enunciados* sobre ellos, y que así, a la vez, *excluye* de él —y esto es tan importante o *más*— a otros objetos, invalida los enunciados sobre estos y, en consecuencia, crea un campo de ignorancia sobre lo excluido de la definición[361]. Como en el momento en que se forma el discurso liberal el poder había pasado a manos de la burguesía, el discurso de criminalidad que se impuso *incluyó* preferentemente objetos y enunciados de criminalidad relativos al sistema de acción de las capas sociales bajas, que estaban *excluídas* de la participación *material* en un buen número de los bienes jurídicos penalmente protegidos (los individuales), y *excluyó* a la vez a los relacionados con el sistema de acción social de las clases poderosas (las agresiones a bienes jurídicos colectivos o a bienes individuales pero en contextos colectivos o de masas)[362]. Por esto,

360 Así *Feuerbach*, Lehrbuch, 13. ed., Giessen, 1.840, § 22.

361 Como indica *Zaffaroni*, PG, 2ª ed., p. 4: "toda definición (es) odiosa porque acota y, por ende, separa y, al procurar explicar el universo abarcado, condiciona al mismo tiempo un infinito campo de *ignorancia*".

362 Pues como observa *García Pelayo* (Las transformaciones del Estado, pp. 40 ss.): "se hablaba, en verdad, de la *comunidad nacional*, pero lo cierto era que si bien las clases bajas participaban en los aspectos más extensos y penosos de las cargas de la defensa militar y de la producción económica, en cambio, no participaban en los beneficios más que en una parte despreciable y —hablando en términos típico-ideales— tan sólo en la medida necesaria para mantenerse y reproducirse, ... el *cuarto estado* parece estar de hecho fuera de la nación" (p. 41); véase la descripción de *Hermann Heller*, Sozialismus und Nation (1925), pp. 468 ss., y 473; la elocuente y enfática denuncia de *Rousseau*, Discurso sobre la Economía política, pp. 46 s., ("la confederación social protege fuertemente las inmensas propiedades del rico y apenas le permite al miserable disfrutar de la cabaña que él mismo construyó con sus propias manos"), *Dorado Montero*, Bases, § 19, pp. 22 s. ("sólo vienen a ser delitos las acciones que caprichosamente prohiben y castigan los que mandan"); los asimismo elocuentes testimonios y corroboraciones de *Foucault*, La verdad y las formas jurídicas, p. 106 ("a partir de este momento el control ... se convierte así en un instrumento de poder de las clases ricas sobre las clases pobres, de quienes explotan sobre quienes son explotados"); *Foucault*, Surveiller et punir, pp. 280 s., 287, 294 ("sería hipócrita o ingenuo creer que la ley se ha hecho para todo el mundo ...; es más prudente reconocer que ... se dirige principalmente a las clases más numerosas y menos ilustradas" (p. 280 s.); *Bustos Ramírez*, Control social, pp. 17 y 20 ("las leyes penales son expresión del poder de una clase y, por tanto, no pueden recaer sobre ella, sino sobre la clase sometida"; *Terradillos Basoco*,

aunque el Derecho penal liberal se muestre como uno cargado formalmente de *garantías,* lo cierto es que la función declarada de éstas oculta a otras funciones reales que siguen una dirección opuesta a partir de las relaciones de clase y de poder que están en su base[363]. En efecto, como escribe *García Pelayo,* los "derechos individuales, (el) *principio de legalidad,* (la) división de poderes, etc." se instituyeron *precisamente* para *limitar* "la expansión de la acción estatal", que era el "adversario de los valores burgueses clásicos"[364]. El principio de legalidad ha funcionado así de hecho para las clases altas como una verdadera garantía en sentido *material* que ha desplegado tres efectos enlazados consecuencialmente entre sí: *de protección* de "sus" esferas de libertad real superabundante, pues gracias a su poder discursivo y, por tanto, de definición de lo delictivo y punible, las leyes penales han previsto como delitos y habilitado para penar, de hecho, sólo los ataques —típicos de las clases con bienes y libertad reales escasos— a los bienes que posibilitan la realización material de aquella libertad y que aquéllas clases altas detentan de modo superabundante[365]; *de exclusión* del discurso de criminalidad, de sus propias acciones socialmente lesivas y materialmente criminales[366]; y *de*

RFDUCM, nº 63, 1981, p. 140 ("la sociedad no desviada define y reprime a la desviada"); y también *Schünemann,* en Kühne/Miyazawa, pp. 16, 19 ss., y 21 = Temas actuales, pp. 50, 53 ss. y 55.

363 Los engaños persuasivos del poder constituyen una constante histórica, y —según describe *García Pelayo* (Las transformaciones del Estado, p. 47)— una de sus manifestaciones más típicas consiste en la adopción de nombres funcionales, "sea para adquirir respetabilidad, sea para atraer adherentes enarbolando banderines de colores atractivos", y que es constante en la historia política, como se vé por ejemplo en *Naudé* cuando escribe en 1639 "que es necesario ganar al vulgo mediante las apariencias por medio de manifiestos o apologías hábilmente compuestas, de tal manera que 'apruebe o rechace bajo la etiqueta del saco todo lo que éste contiene", o en *Clapmarius,* quien en 1605 "contaba entre los *arcana imperio* para mantener a la plebe contenta y *quasi fascinata,* la sustitución de las realidades por las simulaciones, la concesión de derechos vacíos o naderías jurídicas (*iura inania*), de apariencias de libertades (*libertates umbra*), de imágenes irreales (*imago sine re*), de halagos y de otros trucos por el estilo, variables en función de la forma de gobierno"; sobre esto, además, *García Pelayo,* Del mito y de la razón en la historia del pensamiento político, pp. 289 ss. Sobre la doble cara de las garantías penales liberales, *Gracia Martín,* Prolegómenos, pp. 181 ss.; me sigue *Mayo Calderón,* La tutela, p. 65.

364 Véase *García Pelayo,* Las transformaciones del Estado, p. 27.

365 El exponente es la sobreprotección penal de la propiedad, así *Schünemann,* GA 1995, p. 207 = ADPCP 1996, p. 194; *el mismo,* en Kühne/Miyazawa, pp. 20 s. = Temas actuales, pp. 53 s.; *el mismo,* Presentación de mis "Prolegómenos", p. 15; *Bustos Ramirez,* Control social, pp. 153 s.; y como derivado de ello, la sobreprotección también de la economía de mercado, así *Terradillos Basoco,* RFDUCM, nº 63, 1981, pp. 142 s. Sobre todo esto, en perspectiva histórica, véase la lustrativa exposición de *Edmundo Bodero,* Teoría económica de la delincuencia, pp. 81 ss.

366 Véase *Bustos Ramírez,* Control social, pp. 17 y 20 ("las leyes penales son expresión del poder de una clase y, por tanto, no pueden recaer sobre ella" (p. 17), y ya *Dorado Montero,* Bases, §§ 12, 18, 19: "si de nosotros dependiera la eficacia de esa calificación, de seguro que daríamos el nombre de delitos a los actos de que se trata, cuando los ejecutasen los demás en perjuicio nuestro, estimándolos lícitos, y aun a veces obligatorios, cuando los realizáramos nosotros en perjuicio de los demás" (§ 12 p. 15). Así, la ley penal contribuye a fomentar un campo de ignorancia sobre la criminalidad material excluida de sus

expansión de su libertad real de por sí ya superabundante, pues la exclusión de su criminalidad del discurso, les ha garantizado una "libertad de acción" prácticamente ilimitada aun a pesar de las consecuencias gravemente lesivas del ejercicio de tal libertad[367]. Para las clases bajas, el principio de legalidad ha sido una garantía *formalmente*, pero *de hecho* ha funcionado como *instrumento de contracción* de su libertad de acción —de por sí ya escasa— pues la mayoría de los objetos de criminalidad se han extraído de su sistema de acción social condicionado por las estructuras sociales y económicas[368]. Y puesto que el volumen de condiciones de libertad teóricamente distribuibles entre todos los hombres es *constante* e *invariable* en cada espacio y tiempo históricos, aquella acumulación de libertad (y de bienestar) por las clases dominantes se ha traducido, a la vez y necesariamente, en la correspondiente "contracción" de la —de por sí ya escasa o superescasa— libertad material (y de bienestar) de las clases dominadas, pues toda expansión de la libertad de una clase sólo tiene lugar a costa de la correspondiente contracción de la libertad de las otras clases[369].

5. *a)* El sucinto análisis expuesto en perspectiva histórico-material del orden del discurso penal liberal, tiene que conducir, ante todo, a una negación de la tesis absolutamente mayoritaria de que lo *substancial* del Derecho penal liberal esté constituido por un dispositivo de garantías universales, es decir, con el mismo contenido *material* para todos los ciudadanos. Por el contrario, aquí se tiene que afirmar ya con el valor de una *tesis* que lo *substancial* del Derecho penal liberal está constituido por un orden *formal* de criminalidad cuya característica principal es la *definición e inclusión* en él, como objetos

---

definiciones, e incluso a que la sociedad la acepte como práctica normal e incluso lícita, como ocurre por ejemplo con ciertas prácticas bancarias actuales o con el despilfarro de recursos naturales; *Foucault*, La verdad y las formas jurídicas, p. 106;

367 *Bernd Schünemann* (GA 1995, p. 208 = ADPCP, 1996, p. 195) parece referirse a esto cuando objeta a la teoría personal del bien jurídico que, al negar a los bienes jurídicos colectivos una protección que tendría que limitar la libertad de acción, haya elevado de hecho a la categoría de objeto de protección del mayor rango al despilfarro de los recursos de las generaciones futuras, que cumple con el concepto primigenio de delito; y también cuando denuncia (en Kühne/Miyazawa, p. 21 = Temas actuales, p. 55) que el Derecho penal haya dejado escapar a formas socialmente dañosas de adquisición y de uso de la propiedad.

368 Recuérdese la famosa narración sobre el "hurto forestal" del joven Marx en la Gaceta renana; en el mismo sentido que el texto, recordando dicha narración, *Schünemann*, en Kühne/Miyazawa, pp. 20 s. = Temas actuales, pp. 53 s.

369 Véase la idea similar de *Terradillos Basoco*, RFDUCM, nº 63, 1981, p. 138, quien en el contexto de su discurso sobre el contenido material de los bienes jurídicos, y al referirse —siguiendo a *A. Heller*— a las necesidades humanas que se satisfacen sólo de un modo cuantitativo, es decir, "por acumulación, sin que quepa, prácticamente, alcanzar el nivel de saturación", razona que "la tendencia a la acumulación infinita lleva no a la multilateralidad igualitaria, sino a que el crecimiento, por su carácter cuantitativo, sea a expensas de la cobertura de las necesidades de otro, que es subordinado al primero y utilizado como medio". Como denuncia *Zaffaroni*, PG, 2ª ed., p. 9, "en el plano jurídico, es obvio que esta selección lesiona el principio de igualdad, que no sólo se desconoce *ante la ley*, sino también *en la ley*, o sea que el principio de igualdad constitucional no sólo se viola en los fundamentos de la ley sino también cuando cualquier autoridad hace una aplicación arbitraria de ella" (cursiva del autor).

de criminalidad, y, por ello, como materia criminal, de la práctica totalidad del sistema de acción social de las clases sociales sometidas y privadas de poder económico, y, a la vez, la *exclusión*, de ese discurso de criminalidad, de la práctica totalidad del sistema de acción materialmente criminal de las clases sociales con poder económico[370]. El Derecho penal liberal, al cual quiere retornar el discurso de resistencia a la modernización del Derecho penal, es, pues, un Derecho penal de *clases sociales*, es decir, es el Derecho que habilita al Estado para ejercer el poder punitivo contra las clases sociales excluidas de hecho (e incluso de derecho) de la posesión y del disfrute materiales de los bienes del individuo y para la protección, de ese modo, de las clases sociales que han usurpado la posesión y el disfrute materiales de aquellos bienes.

b) Que el Derecho penal liberal es uno al servicio de la clase social dominante contra la subalterna, y, a la vez, al servicio de su libertad de accion, es una verdad manifestada ya en los enunciados discursivos vencidos en la lucha por el discurso de la criminalidad. Al preguntar por las utilidades que todos obtienen de la confederación social, *Rousseau* advierte cómo ésta "protege fuertemente las inmensas propiedades del rico y apenas le permite al miserable disfrutar de la cabaña que él mismo construyó con sus propias manos". De ahí que *Rousseau* formule preguntas que ya son portadoras de sus respuestas: "¿No son para los poderosos y los ricos todas las ventajas de la sociedad? ¿No acaparan éstos todos los empleos lucrativos? Y cuando un hombre bien considerado le roba a sus acreedores o comete otras bribonerías, ¿no tiene asegurada su impunidad? Los bastonazos que propina, las violencias que comete y hasta las muertes y asesinatos por su culpa, ¿no son otros tantos asuntos que se minimizan y que se olvidan en seis meses? Pero si le roban a ese mismo hombre, toda la policía se pone de inmediato en movimiento y pobres de los inocentes de quienes se sospeche"[371]. Sólo algunos años más tarde, se puede leer en la publicación francesa "La Ruche populaire", fechada en noviembre de 1842, el siguiente comentario: "mientras la miseria cubre vuestros pavimentos de cadáveres, y vuestras prisiones de ladrones y de asesinos, ¿qué estamos viendo en cuanto a los estafadores del gran mundo?... Los ejemplos más corruptores, el cinismo más indignante, el bandidaje más desvergonzado... ¿No teméis que el pobre a quien se lleva al banquillo de los criminales por haber arrancado un trozo de pan a través de los barrotes de una panadería, llegue a indignarse lo bastante, algún día, para demoler piedra a piedra la Bolsa, antro salvaje donde se roban impunemente tesoros del Estado y la fortuna de las familias"[372]. Y para ofrecer un testimonio más entre otros muchos, merece la pena reproducir el texto histórico que cita *Foucault* al respecto, atribuido a un obispo llamado Watson, que en su prédica ante la "Sociedad para la Supresión de los Vicios", en Londres y en el año 1804,

---

370 Cfr. en la misma línea *Schünemann*, en Kühne/Miyazawa, pp. 16, 19 s.: "sobrerepresentación de las clases bajas y más bajas" en el Derecho penal, en especial en el caso de condenas a penas privativas de libertad (= Temas actuales, pp. 50, 53 s.).

371 Véase *Rousseau*, Discurso sobre la Economía política, pp. 46 s. En la misma línea que *Rousseau, Jean Paul Marat*; véanse referencias en *Zaffaroni*, PG, 2ª ed., p. 283.

372 Cita tomada de *Foucault*, Surveiller et punir, p. 294.

aleccionaba a sus oyentes del siguiente modo: "las leyes son buenas pero, desgraciadamente, están siendo burladas por las clases más bajas. Por cierto, las clases más altas tampoco las tienen mucho en consideración, pero esto *no tendría mucha importancia* si no fuese que las clases más altas sirven de ejemplo para las más bajas", y por esto, "os pido que sigáis las leyes aun cuando *no hayan sido hechas para vosotros*, porque así al menos se podrá controlar y vigilar a las clases más pobres"[373].

c) Según *Silva Sánchez*, el rechazo de la modernización no supone abogar por un Derecho penal *de clases sociales*, pues con la criminalización o no criminalización de conductas no se distingue entre *sujetos*, sino sólo entre *hechos*[374]. Esto último es correcto, pues los tipos del moderno Derecho penal económico describen únicamente *hechos* desvalorados como socialmente lesivos[375]. Pero esto no afecta al dato sociológico y criminológico de que estas conductas delictivas se inscriben, hoy como ayer, de hecho sólo en el sistema de acción social de las clases poderosas[376]. Por esto, en la Criminología y en la Dogmática jurídico-penal se acepta el concepto (criminológico) de criminalidad económica que remite a la definición del delito económico ("de cuello blanco") como el cometido "por una persona respetable y de elevado *status* social, en el marco de su profesión"[377], dada por el criminólogo norteamericano

---

373 Véase *Foucault*, La verdad y las formas jurídicas, p. 106, donde comenta al respecto: "imposible ser más claro: las leyes son buenas, buenas para los pobres; desgraciadamente los pobres escapan a las leyes, lo cual es realmente detestable. Los ricos también escapan a las leyes, aunque esto no tiene la menor importancia puesto que las leyes no fueron hechas para ellos. No obstante lo malo de esto es que los pobres siguen el ejemplo de los ricos y no respetan las leyes". Por eso, en otro lugar, observa *Foucault* (Surveiller et punir, p. 294) que "esta criminalidad de necesidad o de represión [sc.: la de la clase baja] enmascara, por la resonancia que se le da y la desconsideración de que se la rodea, otra criminalidad que a veces es *su causa*, y *siempre su amplificación*. Es la *delincuencia de arriba*, ejemplo escandaloso, fuente de miseria y principio de rebelión para los pobres" (cursivas mías), y sin embargo, "esta delincuencia propia de la riqueza se halla tolerada por las leyes y cuando cae bajo sus golpes está segura de la indulgencia de los tribunales y de la discreción de la prensa". Con esto último alude *Foucault* al fenómeno de la criminalización "secundaria", en el sentido explicado por *Zaffaroni*, es decir, a la criminalización de personas concretas como resultado de la actividad policial y judicial; véase *Zaffaroni*, PG, 2ª ed., § 2, pp. 7 ss.

374 Véase *Silva Sánchez*, La expansión, p. 160.

375 Véase *Tiedemann*, Tatbestandsfunktionen, pp. 66 ss.; *el mismo*, Wirtschaftsstrafrecht *EuAT*, p. 21 núm. 44; *Eisenberg*, Kriminologie, 5ª ed., pp. 708 nm. 2; *Heinz*, en Gropp (ed.), Wirtschaftskriminalität, pp. 20 s.; *Richter*, en Müller-Gugenberger/Bieneck, pp. 133 y 138 ss.; *H. Müller*, Soziologische Entstehungsbedingungen, pp. 115 ss.; *R. Müller* et. alt., Wirtschaftskriminalität, 4ª ed., pp. 1 s.; *Dannecker*, en Wabnitz/Janovsky, pp. 8 nm. 5, 11 ss. nm. 11-17; *Albrecht*, en Modernas tendencias, pp. 262 s.; *Bajo/S.Bacigalupo*, Derecho penal, pp. 30 ss.

376 Véase *Tiedemann*, Poder económico, pp. 10 s.; *Eisenberg*, Kriminologie, 6ª ed., pp. 964 s. nm. 58 ss.; *Martínez-Buján*, PG, 2ª ed., pp. 125 ss.

377 Como indicaron *Bajo/Suárez* (en Bajo/Pérez Manzano/Suárez, Manual de Derecho penal. Parte Especial, 2ª ed., p. 569 núm. 28) la usual definición criminológica "no es más que la adaptación a la delincuencia económica de la definición que *Sutherland* en 1939 refirió a la delincuencia de cuello blanco".

Sutherland como consecuencia de su verificación de que el comportamiento delictivo no es privativo de una clase social, sino que se practica por igual en todas, y, siendo esto así, como consecuencia de la verificación de que la clase social poderosa está "especializada" en una criminalidad específica que practica en el marco de las actividades económicas y de los negocios[378]. En un modo típico-ideal, se puede afirmar que el sistema de acción socialmente inadecuada de las clases bajas ha tenido, tiene, y tendrá siempre por objetos preferentes de agresión a substratos de naturaleza *individual* reconocidos *eo ipso* por el sistema liberal como bienes dignos y necesitados de protección penal, mientras que los objetos preferentes de agresión por el sistema de acción socialmente dañosa de las clases poderosas están constituidos por substratos de titularidad *colectiva*. Como escribe *Foucault*, con el paso "de una sociedad de la exacción jurídico-política a una sociedad de la apropiación de los medios y de los productos del trabajo ... la economía de los ilegalismos se ha reestructurado ...; se ha separado el ilegalismo de los bienes del de los derechos; separación que cubre una oposición de clases, ya que, de una parte, el ilegalismo más accesible a las clases populares habrá de ser el de los bienes: transferencia violenta de las propiedades; y, de otra, la burguesía se reservará el ilegalismo de los derechos: la posibilidad de eludir sus propios reglamentos y sus propias leyes; de asegurar todo un inmenso sector de la circulación económica por un juego que se despliega en los márgenes de la legislación, márgenes previstos por sus silencios, o liberados por una tolerancia de hecho"[379]. Por esto, las propuestas del discurso de resistencia a la modernización del Derecho penal, de despenalización de los ilícitos modernos, típicos de las clases sociales poderosas, y de adscribirlos, en su caso, a un orden jurídico no penal como el Derecho de intervención sugerido por *Hassemer* o bien a un orden penal sin penas privativas de libertad como el que propone *Silva Sánchez* (Derecho penal de "segunda velocidad"), no pueden ser vistas nada más que como la vuelta a un Derecho penal de clases sociales en la forma más pura del orden liberal histórico[380]. Y es que el orden liberal, igual que reconoce primero derechos subjetivos y bienes jurídicos según clases sociales, consecuentemente distribuye luego la ilicitud también según clases sociales en campos diferenciados. En efecto, como ha escrito *Foucault*: "esta gran redistribución de los ilegalismos se traducirá incluso en una especialización de los circuitos judiciales: para los ilegalismos de bienes —para el robo—, los tribunales ordinarios y los castigos; para los ilegalismos de derechos —fraudes, evasiones fiscales, operaciones comerciales irregulares— unas jurisdicciones especiales, con transacciones, componendas, multas atenuadas, etc; la burguesía se ha reservado la esfera fecunda del ilegalismo de los derechos"[381]. Por lo demás, una distribución de los ilicitos como ésta fue

378 Véase *Tiedemann*, Poder económico, pp. 10 ss.; *Eisenberg*, Kriminologie, 5ª ed., pp. 52 s.; *Bajo/S.Bacigalupo*, Derecho penal, pp. 27 s. , y ya en el mismo sentido *Dorado Montero*, Bases, p. 14.

379 Véase *Foucault*, Surveiller et punir, p. 89.

380 En este sentido *Lüdersen*, Abschaffen des Strafens?, p. 11; y, aceptando y reforzando la opinión de éste con otra de *Schünemann*, también *Roxin* AT I, 4ª ed., 2006, p. 37 núm. 73.

381 Véase *Foucault*, Surveiller et punir, p. 89 y p. 287, donde añade que "en esas condiciones sería hipócrita o ingenuo creer que la ley se ha hecho para todo el mundo en nombre de

precisamente la auspiciada por la doctrina iusnaturalista y liberal del *Derecho penal administrativo*, que alcanzó su cumbre a fines del siglo XIX y a principios del XX[382], y a la cual quiere regresar ahora el discurso de resistencia de la mano de una concepción ultraliberal —y, en el mejor de los casos, obsoleta— tanto del contrato social como del fin del Estado[383]. Sin embargo, una distribución de la ilicitud como en el orden liberal ya no puede pretender hoy ninguna validez en un Estado *social* cuya actividad, por imperativo constitucional, tiene que orientarse a los fines de producción de las condiciones de posibilidad de una igualdad real y efectiva entre los ciudadanos en todas las esferas y, en definitiva, a la realización efectiva de la justicia material[384].

VIII. La modernización del Derecho penal como lucha por el postulado del Estado de Derecho (*social y democrático*)

1. La modernización del Derecho penal es una exigencia ético-política de la realidad social de un presente como el de hoy que hunde sus raíces en una larga historia de lucha a menudo penosa contra los efectos perversos

---

todo el mundo; es más prudente reconocer que se ha hecho para algunos y que recae sobre otros; que en principio obliga a todos los ciudadanos, pero que se dirige principalmente a las clases más numerosas y menos ilustradas", pues "no hay una justicia penal destinada a perseguir todas las prácticas ilegales y que, para hacerlo, utilice la policía como auxiliar, y como instrumento punitivo la prisión, a costa de dejar como rastro de su acción el residuo inadmisible de la 'delincuencia', [sino que, más bien], hay que ver en esta justicia [no más que] un instrumento para el control diferencial de los ilegalismos". Como recuerda *Edmundo Bodero* (Teoría económica de la delincuencia, p. 76), mientras que "la bancarrota, el acaparamiento, la usura, el monopolio, etc. fueron considerados meras contravenciones de policía ... al Derecho penal se le encargó únicamente la protección de bienes particulares, prohibiéndosele intervenir en los casos de afectación a bienes jurídicos supraindividuales", y así, "el hurto, el robo, la estafa (delitos contra la propiedad individual) fueron equiparados a las infracciones contra la vida o la integridad corporal". Por lo demás, sobre la selectividad práctica del poder punitivo, véase la impresionante descripción de *Zaffaroni*, PG, 2ª ed., § 2 *in toto*.

382 Sus raíces se encuentran en *Feuerbach* (supra nota 187); véase *Mattes*, Untersuchungen zur Lehre von den Ordnugswidrigkeiten I, pp. 105 ss., 109 ss., y su desarrollo más depurado se debe especialmente a *Goldschmidt*, Das Verwaltungsstrafrecht, pp. 529 ss., quien basa la diferencia entre Derecho penal y administrativo en una distinción a su vez de sus objetos de protección, que serían, respectivamente, "objetos del Derecho" y "objetos del bienestar" (p. 529); sobre la teoría, véase *Mattes*, loc. cit., pp. 135 ss., 141 ss.; *v. Hippel*, Deutsches Strafrecht II, pp. 106 ss.; y *Cerezo Mir* PG I, 6ª ed., 2004, pp. 51 ss., con numerosas referncias dotrinales. Sobre la crítica a la teoría, véase *H. Mattes*, Untersuchungen zur Lehre von den Ordnugswidrigkeiten, II, pp. 93 ss. *passim*, y especialmente sobre la fundamentación iusnaturalista del Derecho penal administrativo pp. 247 ss.; asimismo véase *Cerezo Mir* PG I, 6ª ed., 2004, pp. 54 ss.

383 Sobre la concepción de *Hassemer* sobre el contrato social, véase *Hassemer/Muñoz Conde*, pp. 19 ss. y *Hassemer*, ZRP, 1992, p. 379 = ADPCP, 1992, p. 237. Sobre las arbitrariedades e inexactitudes en que incurre *Hassemer*, *Schünemann*, como en nota 13.

384 Así *Schünemann*, GA 1995, p. = ADPCP 1996, p. y en Kühne/Miyazawa, p. 21 = Temas actuales, p. 55.

del discurso político liberal[385] que hoy, lamentablemente, potencia a escala planetaria el proceso de la globalización económica neoliberal[386]. Tendría que parecer obvio que la síntesis entre garantías *liberales* y Estado de Derecho es una que hoy ya no puede pretender ninguna validez, pues su fabricación sólo pudo tener lugar *a posteriori* e históricamente a partir de unas condiciones que hicieron posible la tajante separación de la sociedad y del Estado[387] pero que hoy ya no se dan más[388]. Por esto, debería parecer también obvio que hoy la única síntesis entre Estado de Derecho y garantías que puede pretender validez es una que resulte del abrazamiento o anudamiento de ambos momentos por medio del postulado del Estado *social y democrático*[389]. Desde luego las garantías conservan en éste sus elementos liberales *formales*[390], pero sus *contenidos* sólo pueden tener validez en la medida de su conformidad con las exigencias ético-políticas y de justicia de los fines sociales y democráticos que tiene atribuidos hoy un Estado que, con la realización de estos fines, tiene que contrarrestar y limitar la fuerza de aquella mera formalidad liberal sin

385 Sobre todo ello, véase ahora sólo *García Pelayo*, Las transformaciones del Estado, pp. 13-82 *passim*.

386 Véase ahora sólo *Gracia Martín*, en Romeo Casabona, pp. 28 ss., con numerosas referencias, y *Edmundo Bodero*, Teoría económica de la delincuencia, pp. 193 ss.

387 Véase *Gracia Martín*, Prolegómenos, pp. 202 ss., con apoyo en la filosofía kantiana sobre los juicios y en una recomendación textual de *Foucault* conforme a la cual, en general, habría que "poner en cuestión estas síntesis completamente hechas ... en virtud de las cuales se tiene la costumbre de ligar entre sí" a determinados enunciados y objetos como formaciones *políticas* con un *origen necesario* en vez de ver juegos de relaciones entre ellos meramente *inventadas* y, por ello, *contingentes* y dependientes en todo de sus propias *condiciones – necesariamente históricas – de posibilidad*, y "antes de hacerlas valer espontáneamente, aceptar por una preocupación de método y en primera instancia, que no tienen que ver más que con una población de acontecimientos *dispersos*"; véase *Foucault*, L'archeologie du savoir, p. 32 (el texto no entrecomillado es completamente mío).

388 Salvo en el mercado global actual, cuya libre autorregulación ante la ausencia de una autoridad política mundial que establezca e imponga un Derecho para ese mercado son los equivalentes a escala global y planetaria de aquella separación típica del liberalismo del siglo XIX entre la sociedad y el Estado nacionales; véase *Gracia Martín*, en Romeo Casabona, pp. 28 ss., donde sostengo.

389 Véase *Gracia Martín*, Prolegómenos, pp. 199 s. y especialmente pp. 208 ss. Como advierte con razón *Araujo Granda, P.*, Derecho penal económico, p. 7: "las teorías del delito y de la pena se justificarán y estarán supeditadas siempre al modelo del Estado imperante, lo que se evidencia con mucha más fuerza en los hechos antijurídicos contrarios al modelo económico vigente".

390 Pues con el concepto de Estado social nunca se había pretendido nada distinto a adaptar el Estado de Derecho tradicional a las exigencias de la sociedad industrial y post-industrial en razón de la incapacidad del Estado liberal para satisfacerlas y con el fin de promover una realización material efectiva de los postulados meramente formales de aquél; véase en este sentido, por ejmplo, *Böckenförde*, en FS-Arndt, Frankfurt a. M., 1969, pp. 66 ss.; *Benda*, en Manual de Derecho constitucional, 2ª ed., p. 490 nm. 6; *García Pelayo*, Las transformaciones sociales, pp. 18 ss. y *Elías Díaz*, Estado de Derecho y sociedad democrática, 8ª ed., pp. 83 ss.

contenido que encubre y mantiene la desigualdad real entre clases sociales[391], y que, sólo por esto, ya es *mucho más* Estado de Derecho que el liberal[392]. Por ello, el discurso de resistencia es contrario al Estado de Derecho, y no el de modernización, que es conforme con él en todo como se tiene que poder demostrar con la elaboración de un concepto material de delito que, conforme a las exigencias ético-políticas y de justicia material del Estado social, alcance a la dañosidad social de agresiones y lesiones de bienes colectivos que tienen que percibirse hoy como elementales, y algunos incluso como de rango superior a otros individuales, tal y como, por ejemplo, tendría que parecer obvio respecto del ambiente y los recursos naturales en comparación con la propiedad privada[393]. Y es que en el presente, como afirma con razón *Pulina Araujo*, es precisamente el marco del Estado social y democrático de Derecho "el que permite esbozar una definición más legítima de Derecho penal y del ejercicio del poder sancionador del Estado, puesto que ha sido la estructura de poder que se ha constituido como un instrumento de protección de los individuos, que nace de un acuerdo, de un 'pacto de convivencia', que se expresa positivamente en forma de Constitución"[394].

2. Contra la exclusión de la protección penal de bienes jurídicos colectivos, pretendida por el discurso de resistencia, se opone por algunos que aquélla no sería ninguna invención *ex novo* del nuevo Derecho penal moderno[395], pues todos los Códigos penales del siglo XIX han incluido en sus catálogos tipos que, como el falso testimonio, la falsificación de moneda o las falsedades de instrumentos del tráfico jurídico y económico, protegen específicamente bienes jurídicos inequívocamente colectivos como la Administración de Justicia,

---

391 Así *Bustos Ramirez*, Control social, pp. 18 s., 186 ss. y 196 ss. Debe recordarse que con la constitucionalización en 1949 por la Ley Fundamental de Bonn (arts. 20 y 28) de la idea del Estado *social*, formulada en 1929 por *Hermann Heller* (Rechtsstaat oder Diktatur?, pp. 443 ss.), y tras su desarrollo posterior por los constitucionalistas alemanes, el Estado de Derecho ha adquirido un carácter *material* (social y democrático) que obliga al poder político a actuar en dirección a la efectiva *realización* de la libertad, de la igualdad social y de la democracia (art. 9.2 CE) precisamente para superar el carácter meramente formal que tuvieron en el liberal, pues según la afortunada expresión de *García Pelayo* (Las transformaciones del Estado, pp. 26 s.), mientras éste sólo "asignaba derechos sin mención del contenido (y) se limitaba a asegurar la justicia legal formal", el social "distribuye bienes jurídicos de contenido material y se extiende a la justicia legal material"

392 En este sentido véase, por ejemplo, *Böckenförde*, en FS-Arndt, Frankfurt a. M., 1969, pp. 66 ss., 72; *Hesse*, en Forsthoff (ed.), Rechtsstaatlichkeit und Sozialstaatlichkeit, pp. 560 ss. 562; *Merkl*, en FS-Kelsen, Deutike, Wien, 1971, p. 126; *Hartwich*, Sozialstaatspostulat und gesellschafttliche *status quo*, pp. 344 ss.; *Stern*, Das Staatsrecht der Bundesrepublik Deutschland, t. 1, 2ª ed., 1984, p. 781; *Benda*, en Manual, 2ª ed., p. 490 nm. 7, y p. 526 nm. 91 s.; *Lucas Verdu*, Estado liberal de Derecho y Estado social de Derecho, p. 70; *Elías Díaz*, Estado de Derecho, pp. 33, 83 ss.; y *García Pelayo*, Las transformaciones del Estado, pp. 16 s., 51 ss.

393 Al respecto *Infra* 9 y nota 489.

394 Véase *Araujo Granda, P.*, Derecho penal económico, pp. 26 s.

395 Así *Hefendehl*, Kollektive Rechtsgüter, p. 217.

la moneda o la fe pública respectivamente[396], y por otro lado, que *Birnbaum* reconoció junto a los denominados por él como "innatos", a otros bienes que serían "producto de la evolución social" y distinguió claramente entre delitos contra bienes individuales y contra colectivos (contra la comunidad)[397]. Esta observación, que sin duda es cierta, tiene que ser, sin embargo, relativizada en el sentido, apuntado por *Mayo Calderón*, de que la legitimidad negada por el discurso de resistencia no se refiere a la protección penal de bienes jurídicos colectivos como los mencionados, sino sólo a la de los substratos que la pretenden ahora al amparo del Estado *social*[398], como por ejemplo el ambiente y los recursos naturales, los recursos tributarios o las condiciones mínimas del contrato de trabajo, que el sistema liberal consecuentemente no podía proteger porque con ello hubiera limitado el libre despliegue de la existencia burguesa.

3. La seguridad con que el discurso de resistencia niega que el Derecho penal moderno satisfaga las exigencias del principio de exclusiva protección de bienes jurídicos, debería presuponer el conocimiento de un concepto de bien jurídico preciso y cierto, esto es, "verdadero", de modo que bastaría con una subsunción de objetos en él para deducir con certeza si el objeto de la subsunción se adecúa o no al concepto. Como ha puesto de relieve, sin embargo, un sector altamente cualificado de la doctrina actual, esto no es posible, pues el bien jurídico no se puede aprehender en la forma de un concepto clasificatorio[399], y especialmente

---

396 Véase *Hirsch*, en Modernas tendencias, p. 375 y *Hefendehl*, Kollektive Rechtsgüter, p. 215.

397 Véase *Birnbaum*, AdC-Neue Folge, 1834, pp. 174, 177 y 178. Sobre ello han llamado la atención *Hirsch*, en Modernas tendencias, p. 375 y nota 23, *Schünemann*, en Hefendehl/von Hirsch/Wohlers, p. 140 = La teoría del bien jurídico, p. 206; y *Amelung*, Rechtsgüterschutz, pp. 44 s.

398 Véase *Mayo Calderón*, La tutela, p 44.

399 Véase *infra* nota 208. Del estado actual de la cuestión del bien jurídico —de total incertidumbre— da cuenta el extenso volumen sobre las Jornadas y debates de Moritzburg (Dresden) en abril de 2002, editado por *Hefendehl/von Hirsch/Wohlers* y ahora traducido al español y publicado en España con presentación de *Enrique Gimbernat* (referencias completas *supra* en n. 44). No obstante, no está de más recordar que *Roxin* advertía aún en la 3ª edición de su Tratado en 1997 (AT I, 3ª ed., 1997, pp. 29 s. nm. 48.) sobre cómo a la vista de que "*el concepto de bien jurídico... se describe del modo más diverso y frecuentemente resulta bastante vaga su operatividad para la elaboración de un concepto material de delito..., el cometido jurídico-penal de la protección de bienes jurídicos reposa sobre fundamentos inseguros*", advertencia que no por haberla suprimido deja de estar implícita en la 4ª edición de 2006 (AT I, 3ª ed., 1997, pp. 29 s. nm. 48, y AT I, 4ª ed., 2006, § 2 nm. 3, p. 14, y además § 2 nm. 120, p. 53), al afirmar ahora que por la misma razón "no es infundado el escepticismo existente ante la capacidad de rendimiento del concepto de bien jurídico" (ya antes en el mismo sentido, *Portilla Contreras*, CPC nº 39, 1989, p. 735). Por otro lado, después de enumerar hasta 11 definiciones de bien jurídico de entre las formuladas hasta la fecha por la doctrina penal, y de analizar un buen número de ellas, *Stratenwerth* (FS-Lenckner, 1998, pp. 378 para la enumeración, y pp. 379 ss. para el análisis) ha llegado a la conclusión de que ninguna es apropiada para captar lo que realmente pueda ser un bien jurídico (pp. 388 ss.) y además, *Stratenwerth/Kuhlen* AT I, 5ª ed., 2004, p. 29 nm. 7). Nada distinto sucede con respecto a los principios limitadores del Derecho penal como los de subsidiariedad, intervención mínima y *ultima ratio*. En importantes investigaciones de los últimos años (así en Alemania, *Lagodny*, Strafrecht, pp. 144, 427 ss., 538; *Appel*, Verfassung und Strafe, pp. 206 s., 354 s., 390; *Stächelin* Strafgesetzgebung im Verfassungsstaat, p. 163.,

la concepción personal del bien jurídico que está en la base del discurso de resistencia "no muestra" —como tan atinadamente ha dicho *Hefendehl*— "ningún principio del que se pueda deducir *more geométrico* cuándo un tipo penal o cuándo un bien jurídico que sirve de base a éste es o no es legítimo"[400]. Las afirmaciones del discurso de resistencia, entonces, no van más allá de adonde puede llevar la "inercia de lo que parece evidente". Evidente parece que ciertos sustratos como la vida, la integridad corporal, la libertad individual o la propiedad, deben de tener *eo ipso* la condición de bienes jurídicos[401], y por esto se los suele presentar como tales, pero no como resultado final de una previa elaboración conceptual, sino simple y llanamente como *ejemplos* de bienes jurídicos "evidentes". A esto sigue, pues, que sólo pueden reconocerse como bienes jurídicos objetos que presenten las propiedades de aquéllos que se han destacado como esenciales (corporeidad o materialidad, susceptibilidad de destrucción, idoneidad para la satisfacción de las necesidades e intereses de la persona, etc.)[402], y también que sea evidente la punibilidad de, por ejemplo, el homicidio, las lesiones, el robo o la estafa[403]. Pero con esta estrechez de miras, lo que ya no resulta posible es formular ni disponer de una teoría global del bien jurídico a partir de la cual y mediante las correspondientes comparaciones analógicas, pueda llegarse luego a ninguna concreción ni determinación de los diferentes objetos que tengan que elevarse al rango de bienes jurídicos. Esto, sin embargo, debería ser posible si, más allá de adonde lleva la fuerza de la inercia, se toma en serio, profundiza y desarrolla precisamente el postulado *liberal* de

---

y en España *Díez Ripollés*, JD, 1997, p. 14, éste especialmente con respecto al principio de intervención mínima), se observa que la Ciencia penal no ha logrado hasta la fecha proveer de contenidos materiales seguros a ninguno de dichos principios ni precisar su alcance. No es aventurado decir, por ello, que la única función real que hasta ahora han cumplido es la de simples tópicos formales y retóricos para legitimar o, por el contrario, para deslegitimar una regulación penal determinada conforme a la concepción particular y subjetiva que cada uno tiene de dichos principios, pero sin ningún fundamento material objetivo. En todo caso, como sostiene *Roxin* (AT I, 4ª ed., 2006, § 2 nm. 101, p. 47), el principio de subsidiariedad es una "directiva políticocriminal" y no un mandato de forzoso cumplimiento, y en el mismo sentido, *Paredes Castañón*, RDPC nº 11, 2003, p. 143 nota 138, y ya antes, *el mismo*, en El riesgo permitido, 1995, p. 115 nota 79 y en ADPCP, 1996, p. 933 nota 70.

400 Véase *Hefendehl*, Kollektive Rechtsgüter, p. 65.

401 Sobre esto, en general, *Bustos Ramírez*, Control social, pp. 27 s., donde se refiere a concepciones del bien jurídico como "predado por la naturaleza de las cosas, es decir, como una revelación metafísica al legislador y por tanto no susceptible de discutir" (p. 27), y a que se da por sentado "la inmutabilidad y eternidad de los objetos de protección del Derecho penal" (p. 28).

402 Así lo ve en parte *Hirsch*, en Modernas tendencias, p. 381: "esto" —dice— "funciona correctamente en el caso de los bienes jurídicos de naturaleza física, como la integridad corporal y la vida. Es por ello que en la enseñanza del derecho la mayor parte de la teoría general del Derecho penal se expone de la mano de los delitos que afectan a esos bienes jurídicos, pues ellos están claramente a la vista y se identifican con el objeto del hecho. La lesión y la causalidad son fáciles de demostrar". Véase también *Corcoy Bidasolo*, Delitos de peligro, pp. 219 ss. y *Soto Navarro*, La protección penal, p. 277.

403 Como muesta, véase *Roxin* AT I, 4ª ed., 2006, § 2 nm. 9, p. 17: "El homicidio y las lesiones corporales, el hurto y la estafa tienen que ser penados, porque una convivencia humana pacífica sería imposible si tales hechos no fueran prohibidos como criminales".

la protección de bienes jurídicos como una cuestión esencialmente político-criminal que, por fuerza, tiene que resolverse desde el horizonte político general de la sociedad y del fin de Estado de conducir a ésta hacia dicho horizonte. Aunque hoy se cuestione la capacidad de rendimiento del bien jurídico[404], la modernización del Derecho penal sólo puede llevarse a cabo, a mi juicio, a partir del reconocimiento de que *todo* el Derecho penal, sin excepciones, únicamente puede ser legítimo para la protección exclusivamente de bienes jurídicos[405], y además sólo de modo fragmentario[406] y subsidiario, y como *ultima ratio*[407]. Frente a la afirmación categórica del discurso de resistencia, en el sentido de que "todo" el Derecho penal moderno es ilegítimo, me parece más prudente adoptar en el punto de partida una posición relativa y partir de la base de que ilegítimas serán *sólo* las regulaciones modernas que se desvíen de los principios indicados, pero no las que sean conformes con ellos, o sea lo mismo que si la cuestión se planteara respecto de cualquier otro ámbito del Derecho penal[408]. Contra lo

---

404 Una exposición de "concepciones discrepantes" en *Roxin*, AT I, 4ª ed., 2006, § 2 nm. 103 ss., pp. 47 ss.

405 Véase *Bustos Ramírez*, Control social, pp. 188 ss., donde dice que no se trata de abandonar el concepto de bien jurídico "porque surgió dentro de una concepción burguesa de la sociedad, sino de sobrepasar sus límites formales para llegar a una concepción material de él" (p. 190). En Prolegómenos, pp. 191 ss., he sostenido con firmeza en la línea de *Welzel*, que la misión del Derecho penal consiste en el fomento del respeto a los valores ético-sociales elementales, pero hay que entender que éstos sólo emanan de los bienes jurídicos; véase la convincente explicación de *Soto Navarro*, La protección penal, pp. 297 ss.

406 Sobre esto, véase sólo *Welzel*, Das deutsche Strafrecht, 11ª ed., pp. 6 y 278 y *Roxin*, AT I, 4ª ed., 2006, § 2 nm. 97 ss., pp. 45 ss.

407 Así *Schünemann*, en Kühne/Miyazawa, pp. 34 s. = Temas actuales, p. 68, donde insiste en que la solución del Derecho penal moderno sea "desarrollada a partir de la idea jurídico penal fundamental, y no alterada desde la Ilustración, de que el Derecho penal sólo puede y tiene que ser empleado como *ultima ratio* para la prevención de daños sociales"; véase además *el mismo*, en Hefendehl/von Hirsch/Wohlers, pp. 141 s. y 142 s = La teoría del bien jurídico, pp. 207 s., 209 s. y *el mismo*, en von Hirsch/Seelmann/Wohlers, pp. 21 ss. En este mismo sentido, he insistido expresa y contundentemente (véase *Gracia Martín*, Prolegómenos, pp. 190 y 208), en que el Derecho penal moderno se ha de formar "*de conformidad con el sistema de garantías políticas del Estado social y democrático de Derecho*" (p. 190) y en que "los objetos, enunciados, proposiciones e instrumentos dogmáticos y político criminales del Derecho penal moderno *gozan en su totalidad de la propiedad de ser conformes, en todo y sin fallos ni siquiera infinitesimales, con la totalidad de las garantías políticas del Estado de Derecho* (social y democrático)". Por esto carece de todo fundamento, y me produce perplejidad, la duda que aún ha expresado *Paredes Castañon* (RDPC, nº 17, 2006, pp. 468 s.) acerca de si mi propuesta de modernización del Derecho penal aceptaría una renuncia a las garantías del Estado de Derecho o su flexibilización.

408 En el mismo sentido *Corcoy Bidasolo*, Delitos de peligro, pp. 194 s. Y así, como se puso de relieve en la reforma del Derecho penal sexual alemán de los años 70 del siglo pasado, lo mismo que en el Derecho penal tradicional, resultaría ilegítima la punibilidad de ciertas prácticas sexuales por no estar involucrado en ellas ningún bien jurídico (cfr. sólo *Roxin* AT I, 4ª ed., 2006, § 2 nm. 17 ss., pp. 19 s.), también deben ser declaradas ilegítimas —por vulnerar garantías irrenunciables— las regulaciones del (moderno) Derecho penal del enemigo (ampliamente *Gracia Martín*, El horizonte del finalismo y el Derecho penal del enemigo, Ed. Tirant lo Blanch, Valencia, 2005, pp. 106 ss, y especialmente pp. 211 ss.), y tipos como el de abuso de seguro del § 265 StGB alemán, que no son más que de peligro abstracto para

que opina *Paredes Castañón*, es precisamente el discurso de resistencia el que parte de criterios de "verdad" absolutos e inmodificables sobre los principios y garantías, mientras que, por el contrario, la "voluntad de verdad" a la que he apelado para la elaboración y el desarrollo de criterios de modernización[409], tiene sólo el sentido negativo de cuestionar "algunas" de aquellas verdades —naturalmente no todas— para, en su caso, poder proveer a los enunciados garantistas de la capacidad de extenderse a objetos marginados hasta ahora del discurso de criminalidad a consecuencia del concreto alcance que éste les ha dado en unas coordenadas determinadas y, sin duda, sustancialmente diferentes a las actuales[410]. El discurso de modernización sólo plantea una adecuación del Derecho penal a las nuevas realidades de la sociedad, pero para esto no se desvía ni lo más mínimo de los principios y garantías penales del Estado de Derecho[411], sino que, al contrario, los profundiza y, como ha enfatizado *Bustos Ramírez*, precisamente *para* realizarlos en toda su plenitud[412]. Decisiva es aquí, pues, la teoría del bien jurídico como objeto de protección del Derecho penal para resolver la cuestión de la legitimidad del nuevo Derecho penal moderno.

4. *a)* En sentido *formal*, bien jurídico es "todo bien, situación o relación deseados y protegidos por el Derecho"[413]. En sentido *material*, sin embargo, no parece posible aprehenderlo en la forma de un "concepto" clasificatorio. En esto le asiste la razón a *Stratenwerth*[414]. Así también lo estima *Schünemann*[415], y en el resultado también *Alcácer Guirao*[416] en la doctrina española, pero para

---

el *patrimonio* y, por ello, contrarios a los principios de subsidiariedad y de *ultima ratio* (así *Schünemann*, en Hefendehl/von Hirsch/Wohlers, p. 151 = en La teoría del bien jurídico, pp. 221 s. y *Roxin* AT I, 4ª ed., 2006, § 2 nm. 10, p. 17 y nm. 77, p. 38).

409 Véase *Gracia Martín*, Prolegómenos, pp. 31 s., y especialmente p. 341 y nota 341, donde asumo el instrumento de la voluntad de verdad en el sentido foucaultiano de "voluntad de saber".

410 Véase la crítica de *Paredes* a mi "voluntad de verdad", RDPC nº 17, 2006, pp. 447 ss. y 451 ss. Por otro lado, ignoro qué es lo que haya podido llevar a *Paredes* a deducir (lug. cit., pp. 447 ss.) que con mi discurso pretenda hacer una política criminal "científica" en el sentido estricto de este término.

411 Así, clara y contundentemente *Gimbernat*, en Modernas tendencias, pp. 356 y 370.

412 Véase *Bustos Ramírez*, Control social, pp. 18 s., donde advierte que de lo que se trata es "de elaborar el máximo de garantías posibles" y de "la construcción de un Derecho penal *materialmente* garantista".

413 Así *Welzel*, Das deutsche Strafrecht, 11ª ed., 1969, pp. 4 s.; *Cerezo Mir* PG I, 6ª ed., 2004, p. 14, quien no obstante atribuye carácter "material" a tal descripción (nota 6 de p. 14) y *Gracia Martín*, Fundamentos de Dogmática penal, p. 215.

414 Véase *Stratenwerth*, FS-Lenckner, 1998, pp. 388 ss. y *Stratenwerth/Kuhlen* AT I, 5ª ed., 2004, p. 29 nm. 7.

415 Véase *Schünemann*, en Hefendehl/von Hirsch/Wohlers, pp. 135 ss. = La teoría del bien jurídico, pp. 200 ss.; también *Roxin* AT I, 3ª ed., 1997, pp. 29 s. nm. 48, y AT I, 4ª ed., 2006, § 2 nm. 3, p. 14, y además § 2 nm. 120, p. 53; *Portilla Contreras*, CPC nº 39, 1989, pp. 726 y 735; *Alcacer Guirao*, ¿Lesión de bien jurídico o lesión de deber?, pp. 77 s.

416 Véase *Alcacer Guirao*, ¿Lesión de bien jurídico o lesión de deber?, pp. 77 s.: "es fundamental no mezclar los planos del discurso, y no operar con un concepto *positivo* de bien jurídico en sede de legitimación".

éstos, a diferencia de para *Stratenwerth*, dicha imposibilidad no debe suponer obstáculo alguno al reconocimiento del principio de protección de bienes jurídicos. Y con razón. Pues, como advierte *Schünemann*, lo que ocurre es que semejante imposiblidad se encuentra ya virtualmente encerrada en el presupuesto metodológico desde el que se pretende definir al bien jurídico como un concepto clasificatorio, esto es, a partir del *genus próximum* y de la *differentia specifica*, lo cual está condenado al fracaso. Sin embargo, el principio del bien jurídico puede —y debe— ser matenido, si en lugar de pretender explicar y comprender al bien jurídico como "concepto" en tal sentido, no se exige de él más que lo que, de acuerdo con la moderna filosofía del lenguaje, corresponde al concepto de "tipo", es decir, a la ejemplificación de una intensión que, en un primer momento se explica de una forma sólo vaga por algunos casos de la extensión, y que posteriormente habrá que concretar mediante un procedimiento analógico. Así, empero, el bien jurídico no se comprende como concepto, sino más bien sólo como *directriz normativa*[417], y de ese modo el principio de exclusiva protección de bienes jurídicos puede —y debe— continuar siendo el sólido muro de contención del poder punitivo que la Ciencia del Derecho penal ha querido levantar frente al Estado desde hace 250 años, y por cierto continuar siendo ese muro de contención para *cualquier* manifestación de ese poder punitivo, por supuesto para el nuevo Derecho penal moderno, pero a mi juicio, y sin la menor duda, también para la potestad sancionadora de la Administración o el Derecho de contravenciones[418].

b) En esta línea de comprensión del bien jurídico como directriz normativa, según entiendo, desarrolla precisamente *Alcácer Guirao* una concepción (liberal) del bien jurídico sumamente esclarecedora, la cual supone a mi juicio una aportación de suma importancia y de largo alcance a la teoría del bien jurídico. *Alcácer Guirao* advierte con razón que "más importante que el mero concepto de bien jurídico es el *programa* ético-político del que deban emanar los fundamentos, y los argumentos, de lo que se considera valioso"[419]. Puesto que el Derecho no protege objetos únicamente en razón de su mera existencia física o natural, ni tampoco valores ideales, el bien jurídico no puede ser comprendido ni como mero objeto de la realidad natural en cuanto tal[420], ni como un simple valor ideal[421], sino más bien sólo como un *sustrato de la realidad*

417 Véase *Schünemann*, en Hefendehl/von Hirsch/Wohlers, p. 137 = La teoría del bien jurídico, pp. 202 s., con referencias al método en nota 20. En sentido similar *Roxin* AT I, 4ª ed., 2006, § 2 nm. 12, p. 18 y *Alcacer Guirao*, ¿Lesión de bien jurídico o lesión de deber?, pp. 77 s. También *Ferrajoli*, Derecho y razón, p. 471.

418 Cfr. *infra* núm. 12.

419 Véase *Alcacer Guirao*, ¿Lesión de bien jurídico o lesión de deber?, p. 71, con cita de *Papageorgiu*; también *Paredes Castañón*, RDPC nº 11, 2003, pp. 95 ss. y especialmente pp. 107 ss., y *Terradillos Basoco*, RFDUCM, nº 63, 1981, p. 136.

420 Así, por ejemplo, *Mir Puig*, PG, 8ª ed., 2008, p. 162 nm. 40.

421 Véase, por ejemplo, *Hefendehl*, Kollektive Rechtsgüter, pp. 28 ss. con numerosas referencias; *Amelung*, en Hefendehl/von Hirsch/Wohlers (n. 12), pp. 173 s.; ahora también *Roxin* AT I, 4ª ed., 2006, § 2 nm. 66 y 67, p. 34 donde modifica la opinión contraria que había mantenido hasta la 3ª edición en el sentido de que el "bien jurídico es el bien ideal que se

valorado de una determinada manera y por alguna o algunas determinadas y buenas razones. El bien jurídico es así una "composición" o síntesis entre un *substrato de la realidad* (objeto de valoración) y una determinada valoración de éste (valoración del objeto)[422]. El *substrato* es siempre una realidad con consistencia física o incorporal[423], la *valoración* tiene que derivarse de las "directrices axiológicas" del programa ético-político fijado en el horizonte[424], y la relación entre el uno y la otra es de interdependencia, pues un substrato real sólo puede obtener el valor de bien jurídico en virtud de su potencial de realización de los fines y objetivos del programa ético-político[425]. Los substratos de los bienes jurídicos son así instrumentos que proporcionan "posibilidades de acción" para el logro de fines y de metas mediante su "potencial de realización de éstos"[426]. Por esto, los bienes jurídicos tienen

---

encarna en el objeto concreto de la agresión"; véase *Roxin* AT I, 3ª ed., 1997, § 2 nm. 34, p. 23; *Terradillos Basoco*, RFDUCM, nº 63, 1981, pp. 126 y 132 s.; *Soto Navarro*, La protección penal, pp. 284 ss.

422 Así *Amelung*, en Hefendehl/von Hirsch/Wohlers, p. 155: "los bienes son objetos que tienen un valor", pp. 155 ss. para el componente del juicio de valor del bien jurídico, y pp. 164 ss. para el componente del "objeto valorado" del bien jurídico (= La teoría del bien jurídico, pp. 227 s., 228 ss., 240 ss. respectivamente).; *Hefendehl*, Kollektive Rechtsgüter, pp. 31 ss.; *Mir Puig*, PG, 8ª ed., 2008, pp. 162 s.; *Díez Ripollés*, en su Política criminal y Derecho penal, Ed. Tirant lo Blanch, Valencia, 2003, p. 35; *Alcacer Guirao*, ¿Lesión de bien jurídico o lesión de deber?, pp. 72 s.; *Soto Navarro*, La protección penal, pp. 290 ss.

423 Véase *Alcacer Guirao*, ¿Lesión de bien jurídico o lesión de deber?, pp. 72 s. y en sentido similar *Díez Ripollés*, JD, nº 30, noviembre de 1997, pp. 17 s. Este componente material es lo que ha de permitir comprobar la existencia de un *daño* (véase *Alcacer Guirao*, ¿Lesión de bien jurídico o lesión de deber?, p. 72) —y con referencia a él, en su caso, también la existencia de un peligro (concreto o abstracto)— empíricamente verificable. Por esto, me parece desacertada la postura de *Corcoy Bidasolo* (Delitos de peligro, pp. 222 s.) de desvincular la *lesión* del bien jurídico de la del substrato. Sobre la relación entre bien jurídico y substrato, véase *Gracia Martín*, La infracción, pp. y *Schulenburg*, en Hefendehl/von Hirsch/Wohlers, pp. 247 ss., 250 ss. Sobre mi preferencia por el término "incorporal" en vez de "inmaterial", véase *Gracia Martín*, Prolegómenos, pp. 168 s. Sobre el *substrato* de los bienes jurídicos, véase *Cerezo* (PG I, 6ª ed., 2004, p. 14), donde remitiendo a *Welzel*, indica que " puede ser … un objeto psicofísico (la vida, la integridad corporal), un objeto espiritual-ideal (el honor), una situación real (la paz del domicilio), una relación social (el matrimonio, el parentesco) o una relación jurídica (la propiedad)".

424 Véase *Alcacer Guirao*, ¿Lesión de bien jurídico o lesión de deber?, pp. 71 s. Como dice *Amelung* (en Hefendehl/von Hirsch/Wohlers, p. 155 = La teoría del bien jurídico, p. 228), en el juicio de valor se analiza la relación del bien jurídico con la política, y en el objeto de la valoración, lo que se denomina "objeto" de la protección jurídico-penal; véase también en esta línea *Bustos Ramirez*, Control social, p. 28 y *Terradillos Basoco*, RFDUCM, nº 63, 1981, pp. 136 ss., 141 ss.

425 Véase en este sentido, por ejemplo, *Bustos Ramirez*, Control social, pp. 28 ss. para el caso de los bienes jurídicos colectivos. Aquí puede y tiene que quedar abierta la cuestión —que, a mi juicio, tiene una respuesta afirmativa— de si existen substratos que predeterminen e impongan ya tanto la necesaria observancia de alguna directriz axiológica como *límites* al contenido material de ésta.

426 Sobre los bienes jurídicos como "potenciales de realización", *Hefendehl*, Kollektive Rechtsgüter, pp. 80 ss., y sobre los bienes jurídicos como instrumentos que proporcionan

que comprenderse y explicarse como instrumentos *dinámicos* y *funcionales*[427], pues si como advirtió *Welzel*, "*toda* vida social consiste en el *uso y consumo* de bienes jurídicos", entonces su existencia sólo puede comprenderse como un "estar *en función*" y *para* "producir y soportar efectos en su contexto social"[428]. Ahora bien, estos efectos se tienen que valorar según su grado de conformidad con la realización del programa ético-político fijado como horizonte. Pero si los bienes jurídicos (su uso y consumo) constituyen nada menos que las condiciones de posibilidad de esta realización, de aquí tiene que resultar que la determinación de sus *substratos materiales* tiene que verse como al menos uno de los puntos arquimédicos de la teoría del bien jurídico, pues son ellos, y no algo distinto, los que precisamente proporcionan las "posibilidades de acción"[429] y, con estas, el "potencial de realización"[430] del programa ético-político fijado en el horizonte (satisfacción de necesidades e intereses legítimos, participación en los sistemas sociales, libre desarrollo de la personalidad, etc., de un modo *igual* para todos), y los que, precisamente *porque* "están en esa función", alcanzan el rango de bienes jurídicos.

c) La necesidad de reconocer bienes jurídicos es consecuencia de la *escasez* de los substratos con potencial de realización, y de que éstos son susceptibles de usos sólo *alternativos* y, en la mayor parte de los casos, *excluyentes*[431]. Si fueran abundantes y susceptibles de uso y consumo ilimitados para cualquiera, entonces no sería necesaria ninguna distribución *normativa* de ellos *conforme a fines* ni, por eso, su reconocimento como objetos dignos y necesitados de protección por el Derecho. Y puesto que la dinámica de los usos y consumos funcionales de bienes jurídicos produce siempre determinados *efectos* en el contexto social, y éstos generalmente tienen que ser soportados por los mismos bienes jurídicos utilizados o por otros distintos[432], de aquí

"posibilidades de acción", *Amelung*, en Hefendehl/von Hirsch/Wohlers, pp. 166 ss. = La teoría del bien jurídico, pp. 242 ss.

427 Véase especialmente *Rudolphi*, FS-Honig, 1970, pp. 162 ss.; *Hefendehl*, Kollektive Rechtsgüter, pp. 80 s., con referencias; *Terradillos Basoco*, RFDUCM, nº 63, 1981, p. 139; *Mayo Calderón*, La tutela, p.77. Véanse definiciones expresamente funcionales de bien jurídico (unidades socialmente funcionales, objetos que posibilitan la autorrealización personal, el desarrollo del individuo en el sistema social o la participación en los sistemas sociales, etc.) en *Stratenwerth*, FS-Lenckner, 1998, p. 378.

428 *Welzel*, Abhandlungen, p. 140 y Das deutsche Strafrecht, 11ª ed., 1969, p. 5; *Cerezo Mir* PG I, 6ª ed., p. 15; *Gracia Martín*. Fundamentos de Dogmática penal, pp. 215 ss.

429 En este sentido, *Amelung*, en Hefendehl/von Hirsch/Wohlers, pp. 166 ss. = en La teoría del bien jurídico, pp. 242 ss.

430 Para decirlo con la afortunada expresión de *Hefendehl*, Kollektive Rechtsgüter, p 80.

431 Esta comprensión de los bienes jurídicos la expuse por primera vez en mi "Proyecto docente y de investigación en Derecho penal", escrito inédito de 1990, ahora publicado como Fundamentos de Dogmática penal, pp. 216 ss. También han relacionado a los bienes jurídicos con la escasez *Terradillos Basoco*, RFDUCM, nº 63, 1981, p. 131, y *Jakobs*, Sociedad. Norma y persona, p. 45.

432 En este sentido *Welzel*, en sus Abhandlungen, p. 140, para quien los bienes jurídicos están en función *para "producir* y *soportar* efectos en su contexto social".

tiene que resultar que, una vez que ya se ha reconocido a determinados substratos reales como bienes jurídicos, tenga que resolverse otra cuestión ulterior cuyo objeto es la decisión *política* acerca de qué usos y consumos de aquéllos tienen que permitirse y cuáles prohibirse. La necesidad de esta decisión resulta de la *escasez* de los substratos de los bienes jurídicos, que fuerza a no poder reconocer una libertad *ilimitada* de uso y consumo de ellos que imposibilitaría toda realización de los fines y objetivos del programa ético-político porque con aquélla —dicho de otro modo— se retornaría a un estado de naturaleza con un "derecho" absoluto de todos a todo y, con ello, de guerra de todos contra todos[433]. Por esto, aquella libertad tiene que encontrar un límite infranqueable allí donde la acción del usuario y consumidor de bienes jurídicos tiene como efecto una privación o restricción relevante de las posibilidades de uso y consumo legítimos de ellos por terceros. Puesto que la idea del bien jurídico remite en última instancia a su instrumentalidad para el legítimo autodesarrollo y autorrealización personales y para la satisfacción de necesidades e intereses legítimos[434], de aquí tiene que resultar como obvio que, ante todo, las propiedades existenciales y vitales del individuo con potencial de realización de aquéllo tienen que ser reconocidas como bienes jurídicos[435], pero *también* que la libertad de uso y consumo de estos bienes individuales tiene que encontrar su límite en la salvaguarda de unas mismas posibilidades de uso y consumo legítimos para terceros. Por esto, ya la protección de *bienes jurídicos individuales* impone una restricción normativa conforme a fines de las posibilidades de acción que proporcionan sus substratos. Ahora bien, de esta dinámica del actuar en la vida social mediante usos y consumos de bienes jurídicos que producen efectos que en la realidad social fáctica recaen en —y tienen que soportar— también bienes jurídicos, tiene que resultar ahora que el conjunto de éstos reconocido y disponible en una sociedad y época determinadas no pueda comprenderse como una masa atomizada, sino como la "suma" *configuradora* del "orden social" de la época[436] que forma con todos ellos un "sistema" en que ninguno de ellos debe ser contemplado aisladamente, sino sólo en sus conexiones e interacciones funcionales con los demás y con la *totalidad* del sistema[437]. Esto se explica en razón —entre

---

433 Véase *Hobbes*, El ciudadano, Capítulo I, pp. 17 ss.: "en el estado de naturaleza a todos les es lícito tener y hacer cualquier cosa" (p. 19), y Leviatán, Capítulo 13, p. 110 y Capítulo 14, p. 120, y sobre la limitación de la libertad, Leviatán, Capípulo 26, p. 233, y también Capítulo 21, p. 189, y *Beccaria*, De los delitos y de las pena, Capítulo 1: los hombres "sacrificaron por eso una parte de ella (sic.: de su libertad) para gozar la restante en segura tranquilidad".

434 Véase sólo *Terradillos*, RFDUCM, nº 63, 1981, pp. 136 ss.

435 A estos bienes individuales *Birnbaum* (AdC-Neue Folge, 1834, p. 174) los denominó "innatos", y son tan elementales que—así *Würtenberger* (Die geistige Situation (n. 205) p. 69)— constituyen un "núcleo casi inalterado" de todo orden legal de bienes jurídicos.

436 Así *Welzel*, Das deutsche Strafrecht, 11ª ed., 1969, pp. 4 s.; *Hellmuth Mayer* AT, 1967, p. 52; *Würtenberger*, Das System der Rechtsgüterordnung, pp. 1 ss., y más ampliamente *el mismo*, Die geistige Situation, pp. 67 ss.; *Cerezo Mir* PG I, 6ª ed., 2004, p. 14; *Gracia Martín*. Fundamentos de Dogmática penal, pp. 215 ss.

437 Véase *Welzel*, Das deutsche Strafrecht, 11ª ed., 1969, pp. 4 s.; *Bustos Ramírez*, Control social, pp. 166 ss. *Würtenberger*, Die geistige Situation, pp. 67-87 *passim*, hace de la autonomía de la persona, entendida desde el prisma de la teoría del Derecho natural existencial y

otras— de que en los diferentes contextos de la vida social se establecen entre los diferentes bienes jurídicos singulares relaciones de intercambio y de prestación de utilidades de unos a otros para hacer posible la realización de los fines y objetivos del programa ético-político[438] y que influyen en la jerarquización, al menos, abstracta de los bienes[439].

5. *a)* La teoría del bien jurídico que acabo de exponer, permite fundamentar y explicar prácticamente como "evidencias" tanto el carácter de bienes jurídicos de las propiedades existenciales y vitales esenciales del individuo, como la prohibición y amenaza bajo pena de algunos usos y consumos de ellas dirigidos voluntaria o, en su caso, imprudentemente a la lesión de esos mismos bienes jurídicos[440], pero también debe poder permitir sin necesidad de la mínima modificación[441] la fundamentación y explicación como bienes jurídicos de los substratos colectivos por los tipos penales modernos, pues si así no fuera, entonces habría que dar la razón en todo al discurso de resistencia a la modernización del Derecho penal.

---

teniendo en cuenta las aportaciones de la Antropología filosófica, el criterio rector del reconocimiento de bienes jurídicos y de su ordenación (p. 71), e inspira la teoría personal del bien jurídico que constituye el eje del discurso de resistencia de la Escuela de Frankfurt; sobre esto *Schünemann* (GA 1995, pp. 205 y 208 = ADPCP 1996, pp. 192 y 194 s.). A partir de la concepción dinámica y funcional de *Welzel*, formulé bases para la economía de un "sistema" de los bienes jurídicos en mi "Proyecto docente y de investigación en Derecho penal", escrito inédito de 1990 y ahora publicado como Fundamentos de Dogmatica penal, pp. 215 ss. 224 ss. y 227 s., que luego han desarrollado y emriquecido mis discípulas *Mª Angeles Rueda*, La teoría de la imputación objetiva, pp. 247 ss. y *Belén Mayo*, La tutela, pp. 76 ss., ésta última precisamente en el ámbito de las relaciones sistemáticas funcionales entre bienes jurídicos colectivos e individuales.

438 Sobre las interrelaciones funcionales entre los diferentes bienes jurídicos del sistema, como referentes para la determinación de ámbitos de "adecuación social", véase *Gracia Martín*, El horizonte del finalismo, pp. 77 ss.; *el mismo*, FS-Tiedemann, 2008, pp. 216 ss., y ya antes en mi "Proyecto docente" de 1990, ahora Fundamentos de Dogmatica penal, pp. 222 ss.

439 En este sentido, con respecto a los substratos de los bienes jurídicos económicos, *Paredes Castañón*, RDPC nº 11, 2003, pp. 113 ss., y también *Hefendehl*, Kollektive Rechtsgüter, pp. 120 s. y 220 s. y *el mismo*, en Hefendehl/von Hirsch/Wohlers (n. 12), p. 125 = en La teoría del bien jurídico, pp. 187 s., quien apela a la "ley de la fuerza de los valores" de Nikolai Hartmann (Ethik, 4ª ed., 1962, p. 602). Sobre la jerarquización de los bienes jurídicos en general véase *Würtenberger*, Die geistige Situation, pp. 68 s.

440 *Cfr.supra* nota 267 y el texto al que corresponde. Sobre ello ha llamado la atención implícitamente *Hirsch*, en Modernas tendencias, p. 381; véase también *Corcoy Bidasolo*, Delitos de peligro, pp. 219 ss. y *Soto Navarro*, La protección penal, p. 277.

441 Por este motivo, me parece inapropiada la contraposición que se hace por una amplia doctrina entre una concepción del bien jurídico "monista" (sólo son protegibles penalmente los bienes jurídicos individuales) y otra "dualista" (son protegibles bienes jurídicos individuales y bienes jurídicos colectivos), pues esta última podría inducir al equívoco de que serían distintos los elementos y los criterios de legitimación de una y de otra clase de bienes jurídicos, lo cual, a mi juicio y como expondré en el texto, tiene que ser rechazado de plano; sobre aquélla contraposición, véase, por ejemplo, ampliamente *Hefendehl*, Kollektive Rechtsgüter, pp. 61-83.

b) Lo que la teoría del bien jurídico no puede hacer es mostrar el carácter de bien jurídico de los substratos colectivos como una "evidencia", pero esto no significa que no pueda fundamentarlo y explicarlo, sino sólo que para esto es necesario un desarrollo argumentativo más amplio y complejo que la teoría personal del bien jurídico no parece dispuesta a hacer porque parece no tener en cuenta que de la evidencia de que todo bien jurídico tenga que estar referido en última instancia a la persona[442], no resulta sin embargo "ningún principio del que se pueda deducir *more geométrico* cuándo un tipo penal o cuándo un bien jurídico que sirve de base a éste es o no es legítimo"[443]. Además, como sostiene *Bustos Ramírez,* el concepto de bien jurídico ni viene dado por la naturaleza de las cosas, ni es una revelación metafísica al legislador no susceptible de discusión[444]. Por el contrario, *todo* bien jurídico surge *en* la dinámica del funcionamiento de un sistema social determinado con respecto a la conflictividad de intereses y necesidades contrapuestos y, por ello, son producto de decisiones *políticas* dentro del sistema cuyo contenido "dependerá del grado de democratización de la instancia política de poder y de sus fallos estructurales"[445]. Conforme a la concepción crítica de *Bustos*[446], el significado y la legitimidad de lo que se protege no surge del bien jurídico mismo, sino más bien de los *presupuestos* de éste, es decir, de los *substratos* de la realidad social en torno a los que se configuran "relaciones sociales determinadas" —históricamente condicionadas y, por ello mismo, cambiantes— "en que los individuos se encuentran en determinadas posiciones, intermedian con objetos y entes, e interaccionan socialmente produciendo consecuencias entre ellos y respecto del conjunto de relaciones sociales, es decir, de la totalidad del orden social", y por ello, los bienes jurídicos son síntesis normativas determinadas de las correspondientes relaciones sociales concretas y dialécticas subyacentes[447]. Por esto, ninguna época puede tomar al sistema de bienes jurídicos válido en la anterior como uno cerrado y válido también para ella, sino como uno abierto a las reconfiguración y reordenación que demande la realidad social

---

442 Véase *Arthur Kaufmann,* en Rechtstheorie, 1986, pp. 268 ss., 275; le sigue *Hassemer,* en Philipps/Scholler, p. 86.

443 Así *Hefendehl,* Kollektive Rechtsgüter, p. 65. Además, como dice con razón *Hefendehl* (loc. cit., p. 80), la construcción de los bienes jurídicos colectivos requiere de una mayor complejidad que no puede ajustarse al canon de los individuales.

444 Véase *Bustos Ramírez,* Control social, p. 27, donde rechaza "dar por sentada la inmutabilidad y eternidad de los objetos de protección del Derecho penal" (p. 28).

445 Así *Bustos Ramírez,* Control social, p. 28.

446 A la doctrina crítica de *Bustos,* y a su descripción del bien jurídico, me adherí expresamente ya en mi inédito "Proyecto docente y de investigación en Derecho penal", escrito inédito de 1990, y publicado como Fundamentos de Dogmática penal, pp. 224 ss., y posteriormente la ha asumido también mi discípula *Belén Mayo Calderón,* La tutela, pp. 72 ss.

447 Sobre todo ello, expuesto aquí en apretada síntesis, *Bustos Ramírez,* Control social, pp. 166 ss.; *el mismo,* PG, 3ª ed., pp. 54 s.; y extensamente, con profundo desarrollo de los detalles, *Hormazábal Malarée,* Bien jurídico, pp. 142 ss. Véase también *Bustos/Hormazábal,* Lecciones de Derecho penal. Parte General, Ed. Trotta, Madrid, 2006, pp. 72 ss., con importantes aclaraciones respecto de la fórmulación original del bien jurídico como "síntesis normativa determinada de una relación social concreta y dialéctica".

y el horizonte del programa ético-político de su tiempo[448]. Ahora bien, si esto es así, entonces el desarrollo cultural y tecnológico, las transformaciones materiales de las relaciones sociales en la sociedad moderna como consecuencia de su dialéctica histórica, y los fines sociales y de democratización materiales atribuidos al Estado social —que en absoluto podría realizar el liberal[449]— tienen que proporcionar argumentos suficientemente válidos para el reconocimiento de la cualidad de bienes jurídicos a determinados substratos *colectivos* de la realidad social del presente[450].

c) Un Derecho penal cuyo núcleo sea de hecho la protección —y la sobreprotección— *sin más* de bienes jurídicos (o derechos) *individuales* —y en particular la propiedad privada—, en realidad proporciona a quienes detentan real y materialmente el poder de disposición de aquéllos, todo un campo de libertad de acción cuyos "efectos", sin embargo, no debieran ser indiferentes, sino verse como objetos de una valoración jurídica ponderable con su posible carácter "socialmente lesivo", lo cual podría hacer necesario prohibir —y, en su caso, mandar— determinados usos y aprovechamientos de bienes (individuales) jurídicamente protegidos aun a pesar de que no se lleven a cabo con una finalidad inmediata de lesión ni de puesta en peligro concreto de esos mismos bienes con respecto a terceros. Así lo ha denunciado con razón *Schünemann*, al afirmar que la teoría personal del bien jurídico, en realidad, "ha elevado a la categoría de objeto de protección de mayor rango del Derecho penal al despilfarro de los recursos de generaciones venideras por parte del hedonismo sin sentido de un pseudoindividualismo fabricado industrialmente", y que ese despilfarro precisamente *"cumple con el concepto primigenio de delito"*[451], es decir, con el grado suficiente de *lesividad social* para una intervención penal.

6. Puesto que lo que se pretende ante todo con el Derecho penal moderno es "añadir" al sistema de tipos penales para bienes jurídicos individuales otro "nuevo" sistema orientado a la protección de objetos de distinta naturaleza, el discurso de modernización[452] tiene que desplazar la teoría del bien jurídico a un "campo de la experiencia" distinto del acotado por los enunciados relativos a aquellos bienes individuales, pues de lo que se trata es de encontrar y definir a "otros" substratos distintos que puedan ser también

---

448 Así lo reconoce expresamente *Würtenberger*, Die geistige Situation, pp. 68 s., remitiendo a su estudio sobre las transformaciones históricas del sistema alemán de bienes jurídicos; véase *Würtenberger*, Das System der Rechtsgüterordnung, pp. 1 ss. *Hirsch* advierte frente a *Hassemer* que precisamente el catálogo de bienes jurídicos colectivos tiene que ser uno abierto; véase *Hirsch*, en Modernas tendencias, p. 375 con más referencias.

449 Véase en este sentido *García Pelayo*, Las transformaciones del Estado, p. 19.

450 Además, como dice *Hefendehl* (en Hefendehl/von Hirsch/Wohlers, p. 121 = La teoría del bien jurídico, p. 182), la tesis de que *todos* los bienes jurídicos colectivos serían ilegítimos no precisa de un análisis detenido, pues ni siquiera se sostiene coherentemente.

451 Véase *Schünemann* GA, 1995, p. 208 = ADPCP, 1996, p. 195.

452 De acuerdo con la definición de discurso asumida aquí, cfr. *supra* VI.3.

objetos de los enunciados de la teoría del bien jurídico[453]. Por consiguiente, hay que salir del campo de las indiscutidas limitaciones de la libertad de acción para salvaguarda inmediata de bienes jurídicos individuales concretos en situaciones concretas (homicidio, lesiones, estafa, etc. dolosos o, en su caso, imprudentes), y situarse en otro distinto que nos muestre la totalidad de los efectos que producen en la vida social los usos y consumos de tales bienes —especialmente de la libertad y de la propiedad privada— que, por *no* estar dirigidos inmediatamente a lesionar ningún otro bien *de la misma clase*, no sólo están permitidas, sino que, en principio, parecen tener que estarlo. Pues el que tales usos y consumos de bienes individuales no estén prohibidos, no elimina el fenómeno real de que con ellos se producen siempre efectos que recaen en mayor o menor medida en algún o en algunos otros bienes individuales de terceros, y que son soportados por estos como pone de relieve la explicación de Welzel, expuesta más atrás, sobre la funcionalidad de los bienes jurídicos para la vida social. La cuestión, pues, que ahora se plantea es una relativa al significado de estos efectos en la realidad social, y más concretamente a si materialmente son "socialmente dañosos" a pesar de la permisión de las acciones que los han producido y, por consiguiente, a si éstas deberían prohibirse. Una respuesta válida a esta pregunta sólo puede darla la aplicación de la teoría del bien jurídico a la realidad social *concreta* que suscita la pregunta y demanda la respuesta, y que como se vio, es una en que de hecho solamente ciertos grupos de individuos gozan de un modo abundante de los potenciales de realización que ofrecen los bienes jurídicos individuales, mientras que la gran mayoría sólo puede disponer de ellos de modo escaso. Por esto, más allá de los límites trazados a la libertad de acción para salvaguarda de bienes jurídicos individuales de terceros frente a ataques directos e inmediatos, en la realidad resulta que aquella libertad es ilimitada para unos y escasa o prácticamente nula para otros[454]. Ahora bien, si el programa ético-político quiere garantizar posibilidades de autorrealización personal a todos por "igual"[455], y si esto sólo se puede lograr bajo la condición de que *todos* dispongan de hecho de unas mismas posibilidades de uso y consumo de los bienes jurídicos individuales, de aquí tiene que resultar *eo ipso* que la realidad social concreta se encuentra en un estado de "daño social permanente"[456], pero también que aquella libertad de acción prácticamente ilimitada de quienes de hecho gozan abundamentemente de aquellos bienes tiene que ser limitada aún *más allá* de lo que exige la mera salvaguarda de bienes individuales frente a lesiones directas y peligros concretos, pues

453 Matizo y aclaro así lo expresado por mí al respecto en *Gracia Martín*, Prolegómenos, pp. 164 ss.

454 Cfr. la cita de *García Pelayo* en *supra* nota 362.

455 *Beccaria*, De los delitos y de las penas, Introducción: "La felicidad mayor dividida entre el mayor número debiera ser el punto a cuyo centro se dirigiesen las acciones de la muchedumbre". Con este término, *Beccaria* no quiere distinguir a una parte de la sociedad, sino que se refiere a la totalidad de los ciudadanos —a quienes a veces denomina "súbditos"— en oposición al Estado ("soberano").

456 Véase al respecto la ilustrativa e impresionante descripción de *Edmundo Bodero*, Teoría económica de la delincuencia, pp. 184 ss., donde alecciona sobre cómo el neoliberalismo ha poblado el mundo de víctimas sin delitos (p. 185).

la causa de aquel daño social no pueden ser nada más que ciertas acciones típicas de aquella libertad de hecho superabundante e ilimitada de que gozan sólo los individuos de una determinada clase, ya que como escribe con razón *Edmundo Bodero*, los dogmas liberales y neoliberales han llevado a "un crecimiento exponencial de las víctimas de conductas no tipificadas cuyos autores (intelectuales y materiales) son los países desarrollados y las transnacionales"[457]. Ahora bien, como el *Estado de Derecho* puede limitar la libertad de acción sólo para la protección de *bienes jurídicos*, y por ningún otro motivo, una prohibición de tales acciones —y, en su caso, bajo amenaza de pena— sólo podrá ser legitima bajo la condición de que aquel daño social que es consecuencia de ellas sea uno concretado en la lesión o, al menos, en el peligro de *bienes jurídicos*. Con un ejemplo: puesto que determinados *usos* y *modos de adquisición* de la propiedad conllevan un despilfarro con tendencia al agotamiento de los recursos naturales y también a la catástrofe ecológica, para que la prohibición y, en su caso, amenaza bajo pena estatal de aquéllos sea legítima, los substratos del ambiente y los recursos naturales tienen que tener la condición de *bienes jurídicos*[458]. Los ejemplos podrían multiplicarse.

7. En mi opinión, el fundamento y la legitimidad de todos los bienes jurídicos remiten al contrato social y al fin del Estado[459]. Ahora bien, el contrato social no puede ser entendido en el sentido *retrospectivo* y *conservador* que le dio el discurso iusnaturalista ilustrado victorioso[460], sino como uno de tipo *cooperativo* entre partes *iguales* y *pro futuro* para la realización de fines más allá de la mera conservación de lo ya existente en la posición original[461]. La finalidad primordial del contrato, de superar el *bellum omnia contra omnes*[462], tiene que imponer un *primer compromiso* contractual de respeto de las

---

457 Véase *Edmundo Bodero*, Teoría económica de la delincuencia, p. 186.

458 Véase *Schünemann*, GA 1995, p. 208 = ADPCP 1996, p. 195, donde ve al despilfarro de recursos naturales como una clara expresión del concepto primigenio de delito, es decir, como hecho socialmente dañoso, y en Kühne/Miyazawa, p. 21. = Temas actuales, p. 55, donde reivindica un control jurídico-penal de la dañosidad social de ciertas formas de uso y adquisición de la propiedad.

459 Así también *Schünemann*, en Hefendehl/von Hirsch/Wohlers, pp. 137 s., 141 = La teoría del bien jurídico, pp. 203, 208; *Kindhäuser*, GA 1989, p. 496; *Alcacer Guirao*, ¿Lesión de bien jurídico o lesión de deber?, pp. 94 ss.; *el mismo*, ADPCP, 1998, pp. 473 ss.; *Gracia Martín*, Fundamentos de Dogmatica penal, pp. 216 ss.; *Mayo Calderón*, La tutela, pp. 70 ss., 79 ss.

460 Es decir, no puede entenderse en el sentido de *Locke*, cfr. *supra* VII.2 que, a mi juicio, lo hace uno *de dominación* y *de sumisión* respectivamente de quienes *habían* y *no habían* adquirido propiedad en el estado de naturaleza.

461 Una concepción así es la *John Rawls*, Teoría de la Justicia, Ed. Fondo de Cultura Económica, México, reimpresión de 1997, pp. 17 ss. (para las generalidades), pp. 103 ss. (para la tendencia a la igualdad), pp. 119 ss. (para la posición original), y pp. 470 ss. (para la idea de unión social), donde dice que los individuos en la posición original "consideran la sociedad como una empresa de cooperación para mutuo beneficio" aunque aquélla esté "típicamente marcada por un conflicto y, a la vez, por una identidad de intereses"(p. 470).

462 Por ejemplo *Welzel*, Abhandlungen, pp. 289 s. con cita de Aristóteles, y en el mismo sentido *Zaffaroni*, Tratado I, pp. 49 s.

condiciones de la existencia de todos en libertad[463], es decir, de los substratos individuales por medio de los cuales cada uno satisface sus necesidades e intereses o aspiraciones legítimos y se autodesarrolla personalmente (vida, integridad física, salud, libertad, etc.), y si el ambiente y los recursos naturales son nada menos que las condiciones de posibilidad de la subsistencia de la especie en cada momento y en el futuro, parece que este primer compromiso tiene que extenderse implícita o explícitamente también a la conservación del uno y a la procura de una explotación y consumo racionales de los otros[464]. Un contrato social cooperativo y *pro futuro,* esto es, para algo más que para la mera conservación de lo ya existente, tiene que incluir un *segundo compromiso* cuyo objeto tiene que ser la *solidaridad* de los asociados y por el cual se obligan a la realización de la actividad solidaria que requiera cada momento del devenir del contrato para la prevención y, en su caso, neutralización, dentro de lo posible, de los peligros actuales y permanentes o eventualmente sobrevenidos que puedan amenazar a los asociados, individualmente o en grupo, o a la totalidad de la sociedad, pero también un *tercer compromiso* cuyo objeto tiene que ser la procura del *desarrollo* y del *progreso* de todos y cada uno y de la especie y que obliga a producir y a fomentar condiciones de posibilidad de uso y desarrollo legítimos de los bienes individuales para todos y cada uno de los asociados por "igual". Para la realización y ejecución del contrato, la sociedad tiene que acordar la fundación de un Estado que vigile y garantice su vigencia y cumplimiento con las adaptaciones, revisiones y transformaciones que demande cada momento histórico. Este acuerdo impone al Estado obligaciones de no hacer nada que sea contrario al contrato, pero también de hacer legítimamente lo necesario para su ejecución y para la realización efectiva de sus fines[465], y para ello le provee de poderes de realización, entre los cuales se encuentra el de penar, que por la gravedad de sus consecuencias, sólo deberá poder utilizar legítimamente en caso de estricta necesidad y como *ultima ratio*[466]. De una concepción así del contrato social se deriva, pues, que tienen que reconocese como bienes jurídicos, sin duda, los atributos y propiedades del hombre que hacen posible su existencia individual y su autodesarrollo personal en libertad[467], pero también otros substratos *colectivos*[468] compartidos solidariamente y *pro indiviso* por todos

---

463 En este sentido véase *Amelung*, Rechtsgüterschutz, p. 19 y *Zaffaroni*, Tratado I, pp. 49 s.

464 En este sentido *Schünemann,* FS-Trieffterer, 1996, pp. 441, donde apela al contrato social para la deducción de la norma ecológica fundamental, y ya antes en GA 1995, p. 206 = ADPCP 1996, pp. 192 s.

465 Véase *García Pelayo,* Las transformaciones del Estado, p. 56.

466 En la doctrina ecuatoriana, remite también la legitimidad del ius puniendi del Estado al contrato social, *Araujo Granda, P.,* Derecho penal económico, pp. 14 s.

467 *Birnbaum* (AdC-Neue Folge, t. 15, 1834, pp. 174 y 177) vio a estos bienes *individuales* como "innatos".

468 *Birnbaum* (AdC-Neue Folge, t. 15, 1834, p. 177) reconoció junto a los innatos, bienes que son "producto de la evolución social", y distinguió nítidamente entre delitos contra bienes individuales y contra bienes colectivos (p. 178). Compárese la distinción de *Birnbaum* entre bienes innatos y producto de la evolución social, con la de *Paredes Castañón,* RDPC nº 11, 2003, p. 104, entre necesidades básicas impuestas por la naturaleza y necesidades

los asociados[469], como la solidaridad, el ambiente y los recursos naturales, y todos los objetos del tercer compromiso contractual. Evidentemente, los instrumentos dados por la sociedad al Estado para el cumplimiento de sus fines —Administración pública, Administración de Justicia, Hacienda pública, etc.— merecen también la condición de bienes jurídicos[470]. Finalmente, también alcanzan este rango determinados substratos pertenecientes *pro indiviso* al género humano, y a cuya conservación y desarrollo se extienden los compromisos estipulados por las distintas sociedades existentes en el mundo por medio de sus Estados[471]. Los bienes jurídicos colectivos derivan, pues, como todos los demás del contrato social[472] Cuestión distinta, aún pendiente de resolver a pesar de las valiosas aportaciones doctrinales[473], es la relativa a una determinación precisa de los bienes jurídicos colectivos y a su concreción[474] que evite sobre todo caer en la falacia de presentar como tales a bienes jurídicos sólo *aparentes*[475].

8. La legitimidad de los bienes jurídicos colectivos[476] deriva de la potencialidad de sus substratos para maximizar las posibilidades de uso y consumo de los

---

(cambiantes) de origen histórico y cultural, para cuya legítima satisfacción se reconoce a los instrumentos adecuados como bienes jurídicos.

469 Así también *Schünemann*, en Hefendehl/von Hirsch/Wohlers, pp. 141 s. = La teoría del bien jurídico, p. 208. También deriva a los bienes jurídicos colectivos del contrato social *Mayo Calderón*, La tutela, pp. 69 ss.; de modo similar, *Alcacer Guirao*, ¿Lesión de bien jurídico o lesión de deber?, pp. 96 s., y *Hefendehl*, Kollektive Rechtsgüter, pp. 113 ss., 116 ss.

470 Véase *Amelung*, Rechtsgüterschutz, p. 20, y sobre el carácter colectivo de tales bienes, por ejemplo, *Hefendehl*, Kollektive Rechtsgüter, pp. 119 ss.; *Soto Navarro*, La protección penal, pp. 244 ss.

471 Sobre estos bienes jurídicos (colectivos), véase *Alicia Gil Gil*, Derecho penal internacional, pp. 28 ss.

472 También desarrolla una argumentación similar para derivar bienes jurídicos colectivos del contrato social *Mayo Calderón*, La tutela, pp. 69 ss.; véase también en este sentido *Alcacer Guirao*, ¿Lesión de bien jurídico o lesión de deber?, pp. 96 s. En sentido parecido, a partir de la situación de conjunción entre sociedad y Estado en relación de reciprocidad, véase *Hefendehl*, Kollektive Rechtsgüter, pp. 113 ss., 116 ss.

473 Además de los autores citados en nota 6, *Santana Vega*, La protección penal de los bienes jurídicos colectivos,; *Paredes*, RDPC nº 11, 2003, pp 128 ss. y *passim*; *Portilla Contreras*, CPC nº 39, 1989, pp. 736 ss.

474 Así con razón *Bustos Ramírez*, Control social, pp. 195 s.; *Corcoy Bidasolo*, Delitos de peligro, pp. 212 s.; *Soto Navarro*, La protección penal, p. 192; *Paredes Castañón*, RDPC nº 11, 2003, p. 131; *Mayo Calderón*, La tutela, pp. 37 s., 44 y *Portilla Contreras*, CPC nº 39, 1989, p. 740 y nota 41, donde advierte con razón sobre el hecho de que una falta de concreción y de determinación se encuentra también respecto de algunos bienes tradicionales (seguridad del Estado, deber del cargo, etc.) sobre los que no se discute su condición de bienes jurídicos.

475 Sobre ello, véase por todos *Schünemann*, en Hefendehl/von Hirsch/Wohlers , pp. 149 ss. = La teoría del bien jurídico, pp. 218 ss.; Hefendehl, Kollektive Rechtsgüter, pp. 37 ss.; *Mayo Calderón*, La tutela, p. 38.

476 Sobre los caracteres descriptivos de los bienes jurídicos colectivos (titularidad compartida, indisponibilidad, indivisibilidad, no-rivalidad en el consumo, no-exclusión en su uso,

bienes individuales en dirección a la satisfacción de necesidades e intereses legítimos y para la autorrealización personal *a todos por igual*[477]. Este potencial de los substratos colectivos los hace "funcionales" para los bienes jurídicos individuales *en la realidad social*, en la medida en que prestan a éstos utilidades[478] con virtualidad de posibilitar el libre desarrollo personal y la satisfacción de necesidades e intereses legítimos[479], y por esto tienen que ser pensados como *antepuestos* a los individuales, en el sentido de que los circundan y *complementan*[480]. Por esto, no adquieren la condición de bienes por sí mismos, es decir, por su valor intrínseco, sino sólo en razón de *esa* funcionalidad específica. *Aristóteles* distinguió entre cosas que tienen el valor de bienes *en sí* y las que *adquieren* dicho valor en razón de las prestaciones y utilidades que proporcionan a aquéllos. Bienes *en sí* son las cosas a las que se aspira por sí mismas, pero también son bienes aquéllas otras "cosas que *producen* bienes (en sí), que contribuyen a *conservarlos* de cualquier manera que sea, o que *previenen* lo que les es contrario y los destruye"[481]. Los bienes jurídicos colectivos, pertenecen precisamente a esta segunda clase de bienes, pues sus substratos adquieren ese valor en virtud de las prestaciones que procuran a los bienes individuales con la doble función que desempeñan para estos[482]. Una *negativa* —ligada al principio *neminem laedere*— de prestación

---

no desgaste, etc.), véase *Hefendehl*, Kollektive Rechtsgüter, pp. 111 ss. y *Soto Navarro*, La protección penal, pp. 194 ss.

477 En este sentido *Bustos Ramírez*, Control social, p. 190 y sobre todo p. 196. En esta línea, en la doctrina ecuatoriana, *Araujo Granda, P.*, Derecho penal económico, pp. 116 s., siguiendo a Donoso Castellón.

478 Así *Hefendehl*, Kollektive Rechtsgüter, p. 60: "no existe ningún bien jurídico de la generalidad sin referencia individual"; asimismo *Roxin* AT, 4 ed., 2006, § 2 nm. 11, pp. 17 s.; *Bustos Ramírez*, Control social, pp. 199 ss., 201 s.; *el mismo*, en Pena y Estado, nº 1, 1991, pp. 102 s.; *Corcoy Bidasolo*, Delitos de peligro, pp. 184 y 208; *Soto Navarro*, La protección penal, p. 174; *Mayo Calderón*, La tutela, pp. 66 s.; *Alcacer Guirao*, ¿Lesión de bien jurídico o lesión de deber?, pp. 96 s. *Portilla Contreras* (CPC nº 39, 1989, p. 740), considera con razón que los bienes jurídicos colectivos son los que "posibilitan el desarrollo de las demás garantías".

479 En este sentido *Paredes Castañón*, RDPC nº 11, 2003, p. 136 para quien, con razón, resulta una obviedad la afirmación de que "*todos* los bienes jurídicos han de referirse, en última instancia, a las condiciones para el desarrollo de la persona", pues "a ello obligan, por ejemplo, los arts. 1.1, 9 y 10 CE así como disposiciones similares en los textos constitucionales democráticos modernos"; en el mismo sentido *Alicia Gil Gil*, Derecho penal internacional, pp. 164 ss.; *Soto Navarro*, La protección penal, p. 233, con más referencias de doctrina española en nota 11.

480 Así *Bustos*, Control social, p. 198. Como describe *Hefendehl* (Kollektive Rechtsgüter, pp. 116 s.), ciertos bienes jurídicos colectivos "*flanquean* de modo presente (o latente) y permanente la vida de los miembros de la sociedad".

481 Véase *Aristóteles*, Moral, a Nicómaco, p. 71; una concepción parecida en *Franz Brentano*, El origen del conocimiento moral, p. 25 nº 24: "lo bueno se distingue en bueno primario y bueno secundario ... lo bueno primario es bueno en sí mismo y lo bueno secundario es bueno para otra cosa". Esta concepción la manejé ya en lo fundamental en *Gracia Martín*, La infracción, pp. 270 ss. y en en AP, nº 18, 1994, pp. 355 s.

482 Estas dos funciones de los bienes jurídicos colectivos las apunté ya en *Gracia Martín*, AP nº 10, 1994, pp. 210 s., y las ha aceptado *Mayo Calderón*, La tutela, pp. 77 s.

de *seguridad* y, con ello, de garantía de *conservación* para los bienes jurídicos individuales, en la medida en que la estabilidad y el equilibrio de los substratos colectivos contienen y neutralizan riesgos para ellos. Y otra *positiva* —ligada a la procura existencial— de *promoción* y, con ello, de garantía de *desarrollo* y expansión de sus potenciales, en la medida en que la estabilidad y el equilibrio de los substratos colectivos proporciona *a todos por igual* la explotación de las posibilidades de uso y consumo legítimos de los bienes jurídicos individuales complementados[483]. En todo caso, la función *esencial* de los bienes jurídicos colectivos es la *positiva*, pues es la fuente de legitimidad de su posible protección penal *autónoma*. Y como los substratos colectivos son los objetos preferentes de agresión del sistema de acción social de las clases poderosas, su reconocimiento como bienes protegidos por el Derecho tiene que traducirse en una limitación de este sistema de acción y, con esto, en una traba al monopolio de las clases sociales poderosas sobre las posibilidades de acción y el potencial de realización de los bienes individuales[484], mediante la prohibición y, en su caso, el castigo de determinados usos y aprovechamientos de tales bienes que, ciertamente, no están dirigidos inmediatamente a la lesión ni a la puesta en peligro concreto de esos mismos bienes de terceros, pero sí a producir lesiones de substratos colectivos que, en virtud de las funciones que desempeñan para los bienes individuales, se traducen finalmente, y de modo necesario, como veremos, en un menoscabo de estos últimos bienes que si ya debería valorarse como contrario a los valores formales de un programa ético-político liberal, para el programa ético-político de un Estado social y democráticos de Derecho tiene que mostrarse como intolerable y, por esto, como un objeto de evitación prioritario.

9. El reconocimiento y la protección de bienes jurídicos colectivos es una exigencia ético-social y ético-política[485] que deriva de —e imponen— los referentes axiológicos del contrato social y más aún con base en la evolución del Estado hacia la forma de un "Estado *social y democrático* de Derecho[486]. El reconocimiento general de bienes colectivos, y el mandato de su protección por el Estado, son garantías *constitucionales* del Estado de Derecho, pues como advirtió pronto *Terradillos*, el artículo 9.2 CE dispone que "corresponde a los poderes públicos promover las *condiciones* para que la libertad y la igualdad del individuo y de los grupos en que se integra sean reales y efectivas; remover

483 Véase *Díez Ripollés*, JD, nº 30, noviembre de 1997, p. 18, quien advierte con razón que el daño del substrato del bien jurídico, da lugar "por lo general a la *privación de la posibilidad* de realizar determinados comportamientos sociales".

484 Como advierte con razón *Hefendehl*, Kollektive Rechtsgüter, p. 78, "garantizan una justicia distributiva, sobre la monopolización de determinados bienes y rendimientos, que no se daría con un libre juego de las fuerzas".

485 Sobre la necesaria justificación moral y política de los bienes jurídicos, *Paredes Castañón*, RDPC nº 11, 2003, pp. 107 ss., y sobre las condiciones de la realidad, sobre todo económica, que pueden justificar el reconocimiento de bienes jurídicos colectivos y, en su caso, la *necesidad* de su protección penal, *ibidem*, pp. 100 ss., y además pp. 130 s.

486 Como ya se viene indicando aquí y advierte atinadamente y con claridad *Soto Navarro*, La protección penal, p. 243.

los obstáculos que impidan o dificulten su plenitud y facilitar la participación de todos los ciudadanos en la vida política, económica, cultural y social"[487]. De este modo, las *condiciones de posibilidad* de la efectividad real de la libertad, igualdad y participación de todos los ciudadanos por igual en la vida política, económica, cultural y social, como exigencia de la lucha legítima por la dignidad humana y por el derecho al libre desarrollo de la personalidad (art. 10 CE) definen, a mi juicio, el común denominador de los substratos materiales que tienen que ser elevados a la categoría de bienes jurídicos colectivos con base y fundamento en las directrices axiológicas del programa ético-político específico que, por exigencia de la sociedad actual y por imperativo constitucional, tiene que cumplir hoy el Estado social y democrático de Derecho[488]. Es cierto que el citado precepto constitucional no especifica la clase de protección que el Estado (los poderes públicos) debe dispensar a los bienes jurídicos colectivos, pero a parte de que ya la misma Constitución impone una protección *penal* de algunos bienes jurídicos colectivos, como por ejemplo el ambiente (art. 45.3 CE), en modo alguno puede estimarse excluida una protección semejante para todos los bienes de esta naturaleza conforme a los principios político-criminales que legitiman la intervención penal, es decir, subsidiariedad, *ultima ratio*, lesividad, proporcionalidad, etcétera[489].

10. *a)* Un reconocimiento de substratos colectivos como bienes jurídicos, sin embargo, no es aun suficiente para legitimar su protección penal[490], pues para

---

487 Véase *Terradillos*, RFDUCM, nº 63, 1981, pp. 125 ss. En el mismo sentido *Soto Navarro*, La protección penal, p. 244.

488 De manera similar *Portilla Contreras*, CPC nº 39, 1989, pp. 745 s.; vease además *Paredes Castañón*, RDPC nº 11, 2003, p. 136 y *Corcoy Bidasolo*, Delitos de peligro, pp. 193 s., observando con razón que la protección de bienes colectivos es, en definitiva, protección de la libertad. Para la doctrina alemana véase *Hefendehl*, Kollektive Rechtsgüter, pp. 116 ss., (bienes jurídicos que crean espacios de libertad para el individuo, que distingue de los que protegen "condiciones marco de la actividad estatal" (pp. 119 ss.).

489 Desde la perspectiva y desde las exigencias del Estado social y democrático de Derecho no puede haber la mínima duda acerca de la importancia de los bienes colectivos (para *Bustos Ramírez* —en Pena y Estado, nº 1, 1991, pp. 102 s.—, se trata de bienes jurídicos *esenciales*), ni sobre que el valor de algunos de ellos es considerablemente mayor que el de ciertos bienes individuales tradicionalmente protegidos por el Derecho penal, como es el caso del ambiente con respecto a la propiedad privada (para *Schünemann* —GA, 1995, p. 206 (= ADPCP, 1996, p. 193—, el medio ambiente es el segundo bien jurídico más importante después de la existencia y de la preservación de la especie del *homo sapiens*), de donde tiene que deducirse que una protección penal del primero no puede ser de ningún modo contraria al principio de proporcionalidad. Los tipos que protegen bienes jurídicos colectivos tampoco son contrarios en general a los principios de subsidiariedad y de *última ratio*, sino que como insiste *Schünemann* (en Kühne/Miyazawa (n. 13), pp. 34 s.) precisamente la solución del Derecho penal moderno "puede ser desarrollada a partir de la idea jurídico penal fundamental, y no alterada desde la Ilustración, de que el Derecho penal sólo puede y tiene que ser empleado como *ultima ratio* para la prevención de daños sociales". Un ejemplo para ilustrarlo: el bien jurídico "funciones del sistema tributario" no se protege penalmente de modo absoluto, sino sólo frente a comportamientos "fraudulentos o defraudatorios", y *además* se requiere que la cuantía de lo defraudado exceda de 120.000 euros (art. 305 CP).

490 Como se ha dicho antes en el texto, la Constitución española, no obstante, impone la protección *penal* de algunos, como por ejemplo del ambiente (art. 45.3 CE). Sobre la problemática de los mandatos constitucionales de criminalización, véase *Hassemer*, en Hefendehl/von

esto se tiene que comprobar aún, sobre todo que sean susceptibles de alguna forma de alteración substancial con significado de "daño social" (lesión o peligro), y a continuación también que se dan los requisitos que hacen *fragmentario* al Derecho penal, es decir, la *necesidad* de una reacción coactiva legítima a consecuencia de este daño y que el ordenamiento jurídico no disponga de ninguna otra menos grave que la pena (proporcionalidad, subsidiariedad, *ultima ratio*)[491]. La "lesividad social" de las afecciones de bienes jurídicos colectivos sólo puede comprenderse si antes se despeja el craso error en que incurre la opinión según la cual aquéllos carecerían de contenido *material* y, por ello, no serían susceptibles de lesión ni de puesta en peligro[492]. Este error parece tener una primera fuente en el hecho de que para la determinación de lo que pueda ser un bien jurídico, como ya se vio más atrás, se parte del modelo de los que lo son "evidentemente", es decir, de los individuales, y en la falsa deducción de que el carácter "corporal" que generalmente tienen los substratos de éstos tiene que ser requisito constitutivo de todo bien jurídico[493], y una segunda fuente, que aún agudiza más el error, en la confusión de lo *material* y lo *corpóreo*. La "corporalidad" no es característica constitutiva del bien jurídico, sino *sólo* la *realidad material* de su substrato. Los bienes jurídicos colectivos deben tener siempre un substrato "material"[494] que generalmente —aunque no siempre: por ej. ambiente— será de carácter "incorporal", y por lo tanto también son susceptibles de lesión y de puesta en peligro[495]. Ciertamente, esta incorporalidad de la mayor parte de los

---

Hirsch/Wohlers, pp. 62 ss. = en La teoría del bien jurídico, pp. 101 s., y para la doctrina española, *Muñoz Llorente*, RdPP nº 6, 2001, pp. 103 ss. *passim*.

491 Sobre todos estos principios limitativos relacionados entre sí y que hacen que la protección penal de bienes jurídicos sea solo fragmentaria, véase ahora sólo *Welzel*, Das deutsche Strafrecht, 11ª ed., pp. 6 y 278; *Roxin*, AT I, 4ª ed., 2006, § 2 nm. 97 ss., pp. 45 ss. y en relación especialmente con el Derecho penal moderno, *Schünemann*, en Kühne/Miyazawa, pp. 34 s. = Temas actuales, p. 68; *el mismo*, en Hefendehl/von Hirsch/Wohlers, pp. 141 s. y 142 s = La teoría del bien jurídico, pp. 207 s., 209 s.; y *el mismo*, en von Hirsch/Seelmann/Wohlers, pp. 21 ss.

492 Cfr. sobre ello las afirmaciones en ese sentido del discurso de resistencia *supra* IV.2.

493 Así lo ve en parte *Hirsch*, en Modernas tendencias, p. 381: "esto" —dice— "funciona correctamente en el caso de los bienes jurídicos de naturaleza física, como la integridad corporal y la vida. Es por ello que en la enseñanza del derecho la mayor parte de la teoría general del Derecho penal se expone de la mano de los delitos que afectan a esos bienes jurídicos, pues ellos están claramente a la vista y se identifican con el objeto del hecho. La lesión y la causalidad son fáciles de demostrar". Véase también *Corcoy Bidasolo*, Delitos de peligro, pp. 219 ss. y *Soto Navarro*, La protección penal, p. 277.

494 Por ello, hay que rechazar de plano al discurso actual que se vuelca sobre una supuesta —pero a mi juicio inexistente— *"desmaterialización"* del bien jurídico que tendría su causa en el reconocimiento de los colectivos como tales (cfr. supra IV.1). De acuerdo con el antiguo estoicismo entiendo que todo lo existente es material aunque no encarne en un ente (corporal). Sobre el "materialismo de los incorporales"" en el estoicismo antiguo, véase *Copleston*, Historia de la Filosofía, 1, pp. 386 ss.; *Reale/Antiseri*, Historia del pensamiento filosífico y científico, I, pp. 228 ss., 232 ss.; *Maria Jesús Imaz*, Sobre el estoicismo, pp. 303 ss.

495 En este sentido también, con razón, *Soto Navarro*, La protección penal, pp. 278, 282 ss., 306 ss. (sobre la materialidad), y pp. 316 ss. (sobre el concepto de lesión); véase además *Graul*, Abstrakte Gefährdungsdelikte und Präsumtionen im Strafrecht, p. 57, y *Hefendehl*, Kollektive Rechtsgüter, p. 80, quien parece identificar la "corporalidad" y el "carácter material", pero en la misma línea

substratos colectivos fuerza a una determinación de ellos más laboriosa. Sin embargo, como *directriz* especialmente provechosa para esto, se podría entender generalmente que tales substratos se identifican con modos de *orden* objetivo de conjuntos determinados de circunstancias dadas o del desarrollo de procesos y procedimientos determinados en los diferentes ámbitos de la interacción social y cuya finalidad última es favorecer o incrementar las posibilides legítimas de acción por igual para todo *posible* participante en el ámbito social de que se trate[496]. Puesto que la mayor parte de estas *ordenaciones* de situaciones y procesos "macrosociales"[497], resultan ya de regulaciones jurídicas primarias *materialmente fundadas*[498] —por ej. del procedimiento de contratación bursátil, del mercado de inversión de capitales o de funcionamiento de las sociedades mercantiles, pero también el límite tolerado de impureza de las aguas o del aire y el periodo de caza vedada, etc.—, los substratos colectivos deben poder identificarse a partir de ellas con un alto grado de determinación[499]. La *lesión* —y en referencia a ella el peligro— de los bienes jurídicos colectivos consistirá, pues, en la desestabilización de las circunstancias o en la desviación de los procedimientos *reales* con respecto al modelo de ordenación establecido en la regulación jurídica primaria, y para comprobarla deberá bastar con la comparación correspondiente (así, por ejemplo, del grado de impureza de hecho de las aguas o del aire, de la inveracidad del folleto de emisión en el mercado de capitales, de la utilización de información privilegiada en la contratación bursátil, etc.).

b) Ahora bien, si los substratos colectivos sólo adquiren el carácter de bienes jurídicos en razón de su "funcionalidad" *en la realidad social* para los bienes jurídicos individuales[500], cabe preguntar por si puede bastar con una simple lesión de ellos para legitimar una reacción punitiva, o si para esto debe de requerirse además la producción de algún efecto adicional para los bienes individuales a los que prestan su función. Los defensores del concepto personal del bien jurídico, consideran que la protección penal de bienes colectivos sólo debe ser legítima bajo la condición de que la acción produzca, a la vez o posteriormente, una lesión o un peligro para bienes jurídicos individuales[501]. Sin embargo, ésta

---

que se expone en el texto, deriva la legitimidad de un bien jurídico de su "realidad", la cual no presupone "corporalidad" como explica en pp. 28 ss.

496 Similar, *Bustos Ramírez*, Control social, pp. 191, 196 y 200: "están en referencia a la satisfacción de necesidades de carácter social y económico, están en relación a la participación de todos en el proceso económico-social" (p. 200).

497 Véase *Bustos Ramírez*, Control social, pp. 199: "se trata aquí de relaciones macrosociales".

498 En este sentido, véase *Cerezo Mir* PG I, 6ª ed. pp. 54 s., quien pone el ejemplo de la ordenación del tráfico.

499 Véase en este sentido *Soto Navarro*, La protección penal, p. 316.

500 Así lo observa atinadamente *Soto Navarro*, La protección penal, pp. 236 s.

501 Véase en ese sentido *Hassemer*, AK-StGB, vor § 1, nm. 289; *el mismo*, en Philipps/Scholler, pp. 90 ss.; *el mismo*, ZRP, 1992, p. (= ADPCP, 1992, p. 248); *Hassemer/Muñoz Conde*, La responsabilidad, pp. 42 ss. siguiendo aquí a *M. Marx*, Zur Definition des Begriffs "Rechtsgut". Prolegomena einer materialen Verbrechenslehre, Karl Heymanns Verlag KG, Köln/Berlin/Bonn/München, 1972, pp. 79 ss. Como dice *Hefendehl* (Kollektive Rechtsgüter (n. 35), p. 62) una concepción personal del bien jurídico se basa en la siguiente derivación: "una norma que tiene por objeto a un bien jurídico colectivo, es legítima sólo

deducción es errónea porque con ella se pasa por alto que aquella funcionalidad se da sólo *en la realidad social* y no tiene por qué ser vinculante para la valoración jurídica ni, por ello, para la decisión sobre el alcance del tipo. La "funcionalidad" *real* de los substratos colectivos no fuerza a ninguna "funcionalización" también de la *protección penal* de ellos, la cual sería desde luego posible, pero a costa de una completa renuncia a la protección penal de los bienes jurídicos colectivos mismos, pues de ese modo los tipos resultantes no podrían tener ninguna otra naturaleza que la de tipos de lesión o de peligro de bienes *individuales*[502]. Toda protección penal de bienes jurídicos colectivos, pues, debe de ser *autónoma*, en el sentido de no condicionada a la producción de ninguna lesión o peligro para ningún bien jurídico individual[503]. Estos posibles resultados no deben formar parte de la estructura de los correspondientes tipos, sino acaso sólo de su *ratio legis*[504]. Esto no ofrece ningún motivo para deducir, como cree una opinión tan extendida como errónea, que así "todos" los tipos que protegen bienes jurídicos colectivos son de "peligro abstracto". Esta calificación sólo sería correcta si el tipo se pusiera en relación con los bienes jurídicos *individuales* que están detrás del colectivo protegido, pero esto carece de sentido porque, como se ha dicho, la protección de ellos no tiene cabida en una estructura típica que resulta sólo del bien colectivo mismo[505]. Pese a todo, la mera lesión del bien jurídico colectivo no debe poder explicar por sí misma la "lesividad social" del hecho, pues ésta,

---

si la conducta penalizada es apropiada para lesionar o poner en peligro concreto a un bien jurídico individual". Una opinión parecida sostiene *Cerezo Mir*, RDPC nº 10, 2002, pp. 56 ss., si bien acepta el mero peligro abstracto para el bien jurídico individual (p. 58).

502 Así *Gracia Martín*, LH-Cerezo, p. 391 nota 270; *Hefendehl*, Kollektive Rechtsgüter, pp. 62 s. (a los delitos ambientales habría que verlos casos especiales de delitos clásicos como por ejemplo las lesiones corporales); *Méndez Rodríguez*, Los delitos de peligro abstracto y sus técnicas de tipificación, Centro de Estudios Judiciales, Madrid, 1993, pp. 32 ss., 160 ss. *Soto Navarro*, La protección penal, pp. 179 y 237; *Mayo Calderón*, La tutela, pp. 53 ss., así como la crítica de *Paredes Castañón* (RDPC nº 11, 2003, p. 136 nota 109) a la tesis de la funcionalización de la protección penal del bien colectivo. Sobre el carácter determinante de la naturaleza del bien jurídico para la "estructura del delito" (típica), véase *Wohlers*, Deliktstypen des Prävention-strafrechts, 2000, pp. 281 ss. y *el mismo*, GA 2002, pp. 17 ss. y la atinada observación de *Corcoy Bidasolo* (Delitos de peligro, p. 183), de que es la reticencia ante la legitimidad de la protección de bienes jurídicos colectivos la que lleva a ver a los tipos correspondientes como de peligro abstracto para bienes individuales.

503 Sobre la protección penal autónoma de los bienes jurídicos colectivos, véase, por ejemplo, *Tiedemann*, Tatbestandsfunktionen, pp. 66 ss. y especialmente pp. 117 ss.; *el mismo*, Wirtschaftsstrafrecht 1, AT, pp. 50 s.; *el mismo*, JuS, 1989, pp. 689, 691; *el mismo*, Poder económico, pp. 12 s.; *el mismo*, Lecciones, pp. 34 s.; *AE-Straftaten gegen die Wirtschaft*, p. 19; *Schünemann*, en Kühne/Miyazawa, pp. 24 ss.; *Hefendehl*, GA, 2002, pp. 25 ss.; *Bottke*, en Schünemann/Suarez, pp. 112 s. = en Hacia un Derecho Penal económico europeo. pp. 641 s.; y en la doctrina española *Bustos Ramírez*, Control social, pp. 195 ss.; *Gracia Martín*, La infracción, pp. 270 s. y nota 105; *Soto Navarro*, La protección penal, pp. 236 s.; *Portilla Contreras*, CPC nº 39, 1989, p. 741; *Paredes Castañón*, RDPC nº 11, 2003, p. 136; *Mayo Calderón*, La tutela, p. 78.

504 En este sentido, véase *Soto Navarro*, La protección penal, pp. 179 s. y *Mayo Calderón*, La tutela, p. 78.

505 Véase en este sentido *Tiedemann*, Poder económico, p. 36; *Bustos*, Control social, p. 198; *Gracia Martín*, La infracción, pp. 266 s.

a mi juicio, no puede fundamentarse al margen de todo menoscabo, aunque sea mínimo, de bienes jurídicos individuales, condición ésta que, sin embargo, se cumple *eo ipso* en toda lesión de bienes jurídicos colectivos, como se deduce de las funciones que desempeñan aquéllos con respecto a estos. Ese menoscabo no consiste, desde luego, en una lesión en el sentido de una "destrucción" —y ni siquiera en el de un peligro concreto— del substrato de los bienes jurídicos individuales, pero sí en una "devaluación" de éstos[506]. Esto resulta ya de la función *positiva* de promoción e incremento de las posibilidades de uso y consumo de bienes individuales que prestan los bienes jurídicos colectivos a los individuales, pues la lesión de aquéllos se traduce siempre en una disminución de las posibilidades de acción, es decir, de las posibilidades de uso y de consumo de los bienes individuales[507] que, por añadidura, alcanza a —y tiene que ser soportado por— una pluralidad de individuos cuyo número puede llegar a ser gigantesco. Así, la contaminación del lago priva de toda posibilidad de practicar actividades deportivas acuáticas a una masa indeterminada de individuos que podrían haber querido hacerlo en el ejercicio legítimo de su libertad y para su autorrealización personal. He aquí, pues, un último fundamento de legitimidad (la lesividad social) para la *posible* protección penal de bienes colectivos que, como quiere el discurso de resistencia, remite inmediatamente a los posibles intereses legítimos de las personas y a nada más.

c) Por lo demás, la protección penal de bienes jurídicos colectivos frente a determinadas formas de agresión no tiene por qué entrar en conflicto con las garantías de proporcionalidad, de subsidiariedad y de *ultima ratio*. Desde la perspectiva del Estado social no puede haber la mínima duda sobre la importancia de los bienes colectivos —según *Bustos* son *esenciales*[508]— ni sobre el valor y jerarquía muy superiores de alguno de ellos con respecto a algunos otros individuales tradicionalmente protegidos por el Derecho penal, como por ejemplo el ambiente en comparación con la propiedad privada[509], con lo que la protección penal de ésta tendría que hacer derivar ya prácticamente de

506 En sentido similar *Kindhäuser*, Madrid Symposium für Klaus Tiedemann, 1994, pp. 130 y 131, aunque a diferencia de lo sostenido por mí, sólo en relación con la que más atrás denominé como función negativa o garantía de seguridad de los bienes colectivos; según *Kindhäuser* "el daño que puede sufrir una persona no sólo reside en el substancial menoscabo de un bien, sino también en la privación de la posibilidad de disponer de forma segura del mismo", y "la genuina lesividad del peligro abstracto reside ñeque un bien sobre el que no puede disponerse de forma despreocupada no es racionalmente aprovechable en su totalidad".

507 En la doctrina ecuatoriana sostiene una tesis que, según entiendo, está en la línea de la aquí formulada por mí, *Araujo Granda, P.*, Derecho penal económico, pp. 16 s., pues según la autora, la lesión de bienes jurídicos colectivos afectaría "a la forma en que los individuos realizan sus elecciones y decisiones para la administración y consumo de los bienes disponibles, y de modo tal, lesionan y menoscaban la forma de satisfacción de sus necesidades".

508 Véase *Bustos Ramírez*, en Pena y Estado, nº 1, 1991, pp. 102 s.

509 Así *Schünemann*, GA, 1995, p. 206 = ADPCP, 1996, p. 193, para quien, con razón, el ambiente es el segundo bien jurídico más importante después de la existencia y de la preservación de la especie del *homo sapiens*.

la naturaleza de las cosas la proporcionalidad y la legitimidad de esa misima protección del ambiente y de los recursos naturales. En todo caso, si se dan los requisitos de subsidiariedad y de *ultima ratio*, la proporcionalidad de la protección penal de los bienes colectivos será ya una cuestión de fijación del marco penal, pero ya no una relativa a la criminalización de la conducta. La protección de bienes jurídicos colectivos tampoco tiene que ser contraria en general a los principios de subsidiariedad y de *última ratio*[510]. Un ejemplo para ilustrarlo: en el Derecho español, el bien jurídico "funciones de tributo" no se protege penalmente frente a cualquier lesión, sino sólo frente a derivadas de comportamientos "defraudatorios", y aún así sólo si la cuota tributaria defraudada excede de 120.000 euros (art. 305 CP). Prescindiendo de la incertidumbre que se cierne sobre la concreción de estos principios y de que, además, en ellos no cabe ver madatos de forzoso cumplimiento sino sólo directivas político-criminales[511], la decisión de criminalización subsidiaria puede orientarse en muy diversos factores indiciarios que aquí no pueden ser desarrollados sino sólo indicados, como por ejemplo el de la pérdida del dominio por el autor, el carácter reparable o no, o, en su caso, el tiempo y los costes de la reparación de la lesión del substrato colectivo, el grado de pérdida de confianza en el funcionamiento de la institución, etc.

11. No es posible tratar en este lugar con detalle la cuestión de la legitimidad de los delitos de peligro abstracto, pero un rechazo global de los mismos carece, a mi juicio, de todo fundamento[512]. La necesidad de los tipos de peligro abstracto para la protección de los bienes jurídicos individuales de mayor valor en los ámbitos específicos de riesgo característicos de la sociedad moderna tendría que estar fuera de toda duda. Cuando las relaciones sociales tenían lugar entre sujetos claramente identificados e individualizados que se comunicaban directa y personalmente, y por ello gozaban así de amplias posibilidades de autoprotección frente a posibles peligros en la relación[513], la intervención penal podía retardarse hasta el momento de la lesión o, como mucho, del peligro concreto. Sin embargo, estos modos de relación social han sido sustituidos en la sociedad actual por otros de carácter masificado y anónimo en cuyos ámbitos (por ejemplo en los procesos de producción y distribución de alimentos), se desarrollan y confluyen multitud de cursos causales de diversa procedencia, y cuyos peligros ya no tienen como destinatario a un individuo o a un grupo reducido de éstos, sino a una masa anónima de individuos que pueden entrar eventualmente en contacto con el peligro en situación de ignorancia sobre su existencia, con escasas posibilidades

510 Precisamente *Schünemann*, en Kühne/Miyazawa, pp. 34 s. insiste en que la solución del Derecho penal moderno "puede ser desarrollada a partir de la idea jurídico penal fundamental, y no alterada desde la Ilustración, de que el Derecho penal sólo puede y tiene que ser empleado como *ultima ratio* para la prevención de daños sociales"

511 Así *Roxin*, AT I, 4ª ed., 2006, § 2 nm. 101, p. 47, y también *Paredes Castañón*, RDPC nº 11, 2003, p. 143 nota 138, y ya antes, en El riesgo permitido, Madrid, 1995, p. 115 nota 79 y en ADPCP, 1996, p. 933 nota 70.

512 Sobre la mayor conformidad de estos tipos con el mandato de determinación, cfr. la opinión de *Schünemann supra* V.II y nota 307.

513 Sobre ello, con ejemplos concretos, *Corcoy Bidasolo*, Delitos de peligro, p. 194.

de detectarlo y, por esto, con unas posibilidades de autoprotección prácticamente nulas[514]. Que en estas circunstancias es necesario anticipar la protección penal al momento en que se exterioriza el peligro inherente a la actividad es algo que "deriva prácticamente de la naturaleza de las cosas"[515]. Por otro lado, que estos peligros tengan como potenciales destinatarios a una multitud de individuos, otorga al desvalor de la acción abstractamente peligrosa una gravedad que no sólo compensa, sino que a mi juicio supera el déficit de un resultado de peligro concreto que es característico de los tipos de peligro abstracto[516], y que hace a la intervención penal conforme con los principios de subsidiariedad y *ultima ratio*[517] y con el de proporcionalidad[518]. En todo caso, la alta definición en los tipos de peligro abstracto tanto de las circunstancias del hecho como de la acción típica, los hace mucho más conformes con el mandato de determinación del tipo que los tipos imprudentes de resultado[519], respecto de los cuales precisamente es paradigmática la dificultad de realización del principio de legalidad[520]. Cuando se trata de bienes colectivos, *Schünemann* y *Hefendehl*, han demostrado que carece de fundamento la distinción entre lesión y peligro, pues cuando aquéllos se ven afectados negativamente, el único estado imaginable de los mismos es el de lesión[521], como son de lesión y nunca de peligro los los tipos

---

514 Véase *Hefendehl*, Kollektive Rechtsgüter, pp. 164 ss., 167 ss.; *el mismo*, en Hefendehl/von Hirsch/Wohlers, p. 130 = en La teoría del bien jurídico, pp. 193 s. Además, como ha advertido *Mayo Calderón* (La tutela, p. 76), en estos contextos la indefensión de quienes entran en contacto con el peligro también del hecho de que la actividad peligrosa es una en general permitida y que normalmente llevan a cabo sujetos que, como por ejemplo el productor que introduce productos en el mercado, ejercen una función permitida. Sobre la relevancia de las posibilidades de autoprotección de la víctima para la ponderación base de la decisión de incriminación penal, véase *Paredes Castañón*, RDPC, nº 11, 2003, pp. 126 ss.; y sobre este principio victimodogmático, véase sobre todo *Schünemann*, ZStW 90 (1978), pp. 54 ss.; *el mismo*, FS-Bockelmann, 1979, pp. 130 s.; *el mismo*, FS-Faller, 1981, pp. 361 ss.; *el mismo*, en Schneider (ed.), Das Verbrechensopfer in der Strafrechtspflege, 1982, pp. 407 ss.; *el mismo*, en *Schünemann* (ed.), Strafrechtsystem und Betrug, pp. 61 ss. y *el mismo*, en von Hirsch/Seelmann/Wohlers, pp. 31 ss. En el mismo sentido en la doctrina ecuatoriana, *Edmundo Bodero*, Teoría económica de la delincuencia, pp. 357 s.

515 Así *Schünemann*, GA, 1995, p. (= ADPCP, 1996, p.).

516 Sobre todo esto, véase *Schünemann*, GA, 1995, pp. ; *el mismo*, en Kühne/Miyazawa, pp. 34 ss.

517 Así *Schünemann*, en Kühne/Miyazawa, pp. 34 ss.; *Kuhlen*, ZStW 105 (1993), pp. 711 ss., 720 ss.; y *el mismo*, en GA, 1986, pp. 399 ss., 402 ss.

518 Véase, en este sentido, *Tiedemann*, Poder económico, pp. 33 s.; *Lagodny*, Strafrecht, pp. 482 ss.; *Appel*, Verfassung und Strafe, pp. 573 s.

519 Así *Schünemann*, GA, 1995, p. 214 (= ADPCP, 1996, p. 201) y *Gracia Martín*, LH-Cerezo, p. 387.

520 Véase, por ejemplo, *Cerezo Mir* PG I, 6ª ed., pp. 207.

521 Véase *Schünemann*, en Kühne/Miyazawa, pp. 25 s.; *Hefendehl*, GA, 2002, pp. 25 ss. Esto no lo capta la doctrina española, pues una interpetación tan extendida en ella como errónea del concepto de bien jurídico intermedio de *Schünemann*, la lleva a entender que los tipos que protegen tales bienes son de peligro *abstracto* (así, por ejemplo, *Paredes Castañón*, RDPC nº 11, 2003, pp. 138 ss., 161 s.), cuando en realidad, y como ha aclarado *Schünemann* (Cuestiones ....), son claramente tipos de *lesión* (del bien intermedio); véase también *Hefendehl*, Kollektive Rechtsgüter, pp. 175 ss., crítico con el concepto y con el rendimiento del bien jurídico intermedio. Sobre la errónea comprensión del concepto de bien intermedio en la doctrina española, véase *Soto Navarro*, La protección penal, p. 179

que los protegen. Además la conducta comprendida en los tipos que protegen de un modo autónomo bienes jurídicos colectivos, solamente puede verse como una abstractamente peligrosa si se pone en relación con los bienes jurídicos individuales a los que complementa el colectivo, pero esto carece de sentido, pues aquéllos no son los protegidos por el tipo en cuestión, sino que a lo sumo se encuentran en su *ratio legis*. En relación con el bien colectivo realmente protegido por el tipo, sin embargo, la conducta típica sólo puede ser una de lesión (del bien jurídico colectivo)[522], con lo cual los tipos correspondientes son conformes con las exigencias del principio de lesividad[523].

12. La producción de efectos simbólicos es consubstancial a la pena[524] y expresión de la función pedagógica ético-social que, a mi juicio, tiene que cumplir el Derecho penal[525]. Si se dan las condiciones aquí esbozadas, carece de fundamento la tacha de los tipos penales modernos como meramente "simbólicos"[526], pues ninguna ley penal orientada a la protección de la

---

nota 26 y pp. 182 s.; y sobre la estructura típica del delito en función del bien jurídico al que se remite la protección, *cfr.* nota siguiente y el texto al que se refiere.

522 *Tiedemann*, Poder económico, p. 36; *Bustos*, Control social, p. 198; *Gracia Martín*, La infracción, pp. 266 s.

523 Carece de todo fundamento la negación a los bienes jurídicos colectivos de sustrato "material" y, con ello, de susceptibilidad de una lesión empíricamente verificable. Lo que falta generalmente a los bienes jurídicos colectivos es un sustrato "corporal", pero de ningún modo uno "material"; cfr. supra nota , y en sentido similar, con razón, *Soto Navarro*, La protección penal, pp. 278, 282 ss., 306 ss. (sobre la materialidad), y pp. 316 ss. (sobre el concepto de lesión); véase además *Graul*, Abstrakte Gefährdungsdelikte, p. 57, y *Hefendehl*, Kollektive Rechtsgüter, p. 80, quien no distingue entre lo maerial y lo corporal, pero deriva la legitimidad de un bien jurídico de su "realidad".

524 Así *Roxin* AT I, 4ª ed., 2006, § 2 nm. 38, p. 25 y § 3 nm. 26 ss., pp. 80 s.; *Díez Ripollés*, en Modernas tendencias, pp. 110 ss., 112 ss., 115 ss.

525 Que refuerza la función instrumental de protección de bienes jurídicos y es inseparable de ésta, véase *Welzel*, Abhandlungen, pp. 263 s. y más amplio en Das deutsche Strafrecht, 11 ed., 1969, pp. 1 ss.; *Armin Kaufmann*, Die Aufgabe des Strafrechts, p. 17; *Cerezo Mir*, PG I, 6ª ed., 2004, pp. 16 y 31 (función de ejemplaridad de la pena); *Soto Navarro*, La protección penal, pp. 187 y 298 s.; *Gracia Martín*, Fundamentos de Dogmática penal, pp. 158 ss. y 172 ss.; *Alicia Gil Gil*, LH-Cerezo, 2002, pp. 17 ss.

526 Antes de que la *Política criminal* inventara los conceptos de legislación o Derecho penal simbólicos, se ocupaban ya de objetos simbólicos otras disciplinas, como la politología, la sociología y la criminología, ésta última en el marco de las teorías del *labelling aproach* y del "interaccionismo simbólico"; véase, en este sentido, *Hassemer*, NStZ, 1989, p. 553 (= Pena y Estado, nº 1, 1991, p. 24); al parecer, la asunción de lo simbólico por el discurso jurídico se inicia en el tratado de sociología jurídica de *Ryffel* (véase *Hassemer*, NStZ, 1989, p. 553 (= Pena y Estado, nº 1, 1991, pp. 24 s). El discurso político criminal sobre lo simbólico lo habría iniciado en serio *Noll*, Gesetzgebungslehre, 1973, pp. 157 ss.; *el mismo*, ZSchR., 1981, pp. 347 ss.; y a su formación habrían contribuido de un modo específico aportaciones como las de *Amelung*, ZStW, 92 (1980), pp. 19 ss., 54 ss.; *Neumann/Schroth*, Neuere Theorien von Kriminalität und Strafe, 1980, pp. 114 ss.; *Hegenbarth*, ZRP, 1981, pp. 201 ss.; y, sobre todo, *Voss*, Symbolische Gesetzgebung, Ebelbach, 1989; *Hassemer*, NStZ, 1989, pp. 553 ss. (= Pena y Estado, nº 1, 1991, pp. 23 ss.); véase también, *Tönnies*, ZRP, 1992,

convivencia pacífica puede verse como puramente simbólica[527]. *Cualquier* ley que careciera de este fin, debería de ser vista como ilegítima de modo absoluto, es decir, en relación con la *totalidad* del ordenamiento jurídico. En otro caso, se aceptaría que fuera del Derecho penal[528] pudiera haber regulaciones cuya finalidad se agotaría en la simple motivación de los ciudadanos a la obediencia. Sin embargo, superada ya la doctrina del Derecho penal administrativo[529], en el presente se postula mayoritariamente con razón que también la protección de bienes jurídicos es un baremo de legitimidad para el Derecho administrativo sancionador o de contravenciones[530], al ser insostenible la pretendida contraposición entre bienes jurídicos y bienes administrativos (intereses de la Administración)[531]. El legislador establece sus mandatos y prohibiciones sólo para crear un estado o situación valiosos o para impedir la producción de un daño[532]. Por ello, toda prohibición o mandato que se desviara de los objetivos de protección de *bienes jurídicos* sería arbitraria[533], pues su fin se agotaría en un mero ejercicio de los ciudadanos en la obediencia[534], y "una regulación jurídica arbitraria, sin fundamento material alguno" —como dice *Cerezo Mir*—, "sería puramente despótica y debería ser extirpada de nuestro Derecho"[535]. Por lo demás, al menos teóricamente, en el Derecho administrativo sancionador deberían regir las mismas garantías que en el Derecho penal y, a mi juicio, con la misma rigidez que en éste[536]. Así pues, ninguna ley penal con contenido de injusto material puede ser tachada de puramente simbólica y de ilegítima

---

p. 411; *Müller*, KrimJ, 1993, p. 82; *Lehne*, KrimJ, 1994, p. 210; y el volumen de Pena y Estado, nº 1, 1992, dedicado a la Función simbólica de la pena.

527 Así, con razón, *Roxin* AT I, 4ª ed., 2006, § 2 nm. 39, p. 25.

528 Y en la propuesta de *Silva Sánchez* (cfr. supra) incluso dentro del mismo *Derecho penal*.

529 Cfr. *supra* nota 239.

530 Véase sólo *Roxin* AT I, 4ª ed., 2006, § 2 nm. 62 , p. 32, y recientemente *Gómez Tomillo*, Derecho administrativo sancionador, pp. 71 ss., con amplias referencias de doctrina española y extranjera en nota 45 de pp. 71 s.

531 Véase *H. Mattes*, Untersuchungen zur Lehre von den Ordnugswidrigkeiten II, pp. 143 ss. y 147 ss, y la prolija doctrina que avala su opinión en nota 92 de p. 148; asimismo, véase *Cerezo Mir*, PG I, 6ª ed., 2006 p. 55.

532 En este sentido *Welzel*, JZ, 1956, pp. 238-240 y JZ, 1957, p. 132. Véase también *Cerezo Mir*, PG I, 6ª ed., 2006 p. 54.

533 Véase *Gómez Tomillo*, Derecho administrativo sancionador, pp. 71 s.: "entender que la potestad sancionatoria del Estado puede construirse sin la referencia a los bienes jurídicos puede conducir a la *arbitrariedad* sancionatoria".

534 Véase *Welzel*, JZ, 1956, pp. 238-240 y JZ, 1957, p. 132. Ya *Binding* advirtió que "es indiscutible que ninguna ley razonable exige la obediencia por sí misma" (Die Normen und ihre Übertretung, I, pp. 397 ss.); en el mismo sentido, y antes que Binding, *Dorado Montero*, Bases, § 21 (p. 25); también *Cerezo Mir* PG I, 6ª ed., p. 54 y *Amelung*, en Hefendehl/von Hirsch/Wohlers, pp. 169, 171 = en La teoría del bien jurídico, pp. 246, 248.

535 Véase *Cerezo Mir*, PG I, 6ª ed., 2006 p. 55, con más referencias en el mismo sentido en nota 27, y en el mismo sentido *Amelung*, en Hefendehl/von Hirsch/Wohlers, pp. 169 s., = en La teoría del bien jurídico, pp. 246 s.

536 En este sentido, de modo contundente y decidido, también *Garcia-Pablos*, Introducción, p. 225. En la doctrina ecuatoriana, *Araujo Granda, P.*, Derecho penal económico, p. 74, parece rechazar también toda flexibilización de garantías.

por *esta* razón, pues si lo es será por *otras* diferentes[537], por ej. vulneración del principio de *ultima ratio* o del de proporcionalidad. Como es indudable que los tipos penales modernos también se orientan a la protección de bienes jurídicos, de ahí que tenga que ser rechazada su descalificación global como simbólicos y como "formales" o de "pura desobediencia"[538]. Con esto no se niega desde luego la posibilidad de que en algún caso pudieran detectarse tipos modernos puramente simbólicos, pero esta posibilidad, como afirma *Hefendehl*, es una relativa a "cualquier Derecho penal", y no sólo "al Derecho penal moderno" (sc., para la protección de bienes jurídicos colectivos)[539].

537 Así *Hirsch*, en Modernas tendencias, pp. 377 ss., donde observa con razón que, en última instancia, "la legitimación de la pena no proviene de objetos preexistentes, sino que de la legitimación de la pena provienen los objetos por ella protegidos".

538 En el mismo sentido *Corcoy Bidasolo*, Delitos de peligro, pp. 200 y 205.

539 Véase *Hefendehl*, Kollektive Rechtsgüter, p. 179. Por otro lado, la ineficacia del Derecho penal moderno no es ninguna consecuencia del carácter meramente simbólico de sus tipos, sino más bien de la escasa persecución de las conductas delictivas (así también *Corcoy Bidasolo*, Delitos de peligro, pp. 200 ss.; *Soto Navarro*, La protección penal, pp. 175 s.; *Pozuelo Pérez*, RDPP, nº 9, 2003, pp. 17 s.) en virtud del fenómeno de la "alta selectividad del poder punitivo" también en el plano de la criminalización secundaria (así *Zaffaroni* PG, 2ª ed., pp. 9 ss.). Por ello, para encontrar la respuesta verdadera al problema de la ineficacia tal vez sea más prudente interrogar al dato incontestable de que el Derecho penal moderno sea fundamentalmente uno de las clases sociales poderosas, y no —parafraseando a *Schünemann* (GA, 1995, p. = ADPCP, 1996, pp. 200 s.)— al "fetiche del Derecho penal simbólico".

Capítulo II

Concepto categorial teleológico y sistema dogmático del moderno Derecho penal económico y empresarial de los poderosos

I. El Derecho penal económico "premoderno"

1. La criminalidad económica no es un fenómeno nuevo ni propio de sociedades con un determinado modelo de sistema económico[1]. Del modelo de sistema económico son dependientes únicamente la mayor parte de los tipos penales que disponga cada ordenamiento jurídico para la punibilidad de hechos lesivos o peligrosos para concretos bienes jurídicos constitutivos de su sistema económico[2]. Con la expresión "criminalidad económica", se hace referencia, en un sentido muy amplio, al conjunto de comportamientos practicados en el desarrollo de la actividad económica que, independientemente de si están o no están formalmente tipificados como delito o infracción administrativa[3], materialmente resultan socialmente lesivos[4]. La actividad económica, entendida asimismo en un sentido muy amplio, se define como el conjunto de actos y procesos orientados a la producción, distribución y consumo de bienes y servicios[5]. Los tipos delictivos y de infracción administrativa establecidos

1 Véase *López Rey*, Criminalidad, p. 38; asimismo *Tiedemann* WStrR-AT, pp. 42 ss.; *Eisenberg*, Kriminologie[6a], p. 735 nº 11; véase también *Bajo*, DPE, p. 39.

2 Véase en este sentido *Tiedemann*, EuAT[4a], pp. 3 s.; *el mismo*, Manual, p. 38.

3 Cfr. nota siguiente.

4 Pues la lesividad de las conductas es un dato empírico verificable, y su relevancia social es deducible del sistema de valores jurídicamente garantizado, con independencia de si están o no están formalmente definidas como delito por la ley penal (criminalización primaria). Como describe *Eisenberg*, Kriminologie[6a], p. 733 nº 2, la criminalidad económica es "lesión de bienes jurídicos sociales de la vida económica (sin dejar por eso de lado lesiones individuales) o abuso de instituciones e instrumentos de la vida económica".

5 Con diversos matices, véase por ejemplo, *Tiedemann* WStrR-AT, p. 54; *el mismo*, Poder económico, p. 19; *Bottke*, wistra 1991, pp. 1 ss.; *el mismo*, Legitimität, pp. 109 s. (= Jornadas, pp. 637 s.).

por cada legislación[6] son el objeto formal del Derecho penal económico[7]-[8]. Ya desde la Antigüedad, todas las legislaciones históricas han incluido en sus catálogos de conductas punibles como delito a determinadas conductas lesivas de objetos de sus sistemas económicos[9].

2. Por lo dicho, ni el fenómeno de la criminalidad económica, ni la existencia de una legislación penal "económica" de mayor o menor amplitud son, pues, nada "nuevo" en cuanto tales. Lo que *sí* puede contemplarse como *nuevo* aproximadamente a partir de la década de los años 70 del siglo pasado, es una eclosión y acentuación de los intereses políticos y científicos por el fenómeno real y empírico de la criminalidad económica[10] y por su tratamiento jurídico[11]. Por la relativa lejanía temporal de su origen histórico, hoy tal vez habría que ver ya despojada de su carácter de "novedad" a la indicada eclosión acentuada de aquellos intereses —porque actualmente, éstos ya no son *tan* nuevos—, y desplazar ahora el punto de mira del valor de lo "nuevo" hacia *los productos* a que han dado lugar los posteriores desarrollos y concreciones prácticos motivados por semejantes intereses, los cuales, como vamos a ver, se han materializado en la configuración de un Derecho penal económico como un sector específico de la Parte Especial del Derecho penal con una problemática propia, que según opiniones muy extendidas, habría dado lugar hasta cierto

---

6 A mi juicio, la llamada potestad sancionadora de la Administración "es" ejercicio de poder *punitivo*, y por esto también debe ser objeto del Derecho penal; véase *Gracia Martín*, Foro FICP 2014-2, p. 59; *El mismo*, Foro FICP 2015-2, pp. 207 s.; en el mismo sentido, *Zaffaroni*, PG[2ª], pp. 18 ss., 25 ss., 38 ss., 44 ss., y 177 ss.; también *Schünemann*, Unternehmenskriminalität, pp. 7 s.; *Bajo/S. Bacigalupo*, DPE[2ª], p. 82: "esta potestad debería corresponder, dentro de las exigencias del principio de división de poderes, en exclusiva a los Tribunales de Justicia" (con citas de *García de Enterría* y de *Parada*).

7 Véase *Tiedemann*, EuAT[4ª], pp. 34 ss.; *el mismo*, Manual, pp. 62 ss.; en la doctrina española, véase *Bajo/S. Bacigalupo*, DPE[2ª], pp. 11 ss.; *Martínez-Buján*, PG[4ª], pp. 99 ss.

8 Sobre la distinción entre legislación penal y Derecho penal, véase *Zaffaroni*, PG[2ª], pp. 4 ss.; *Gracia Martín*, Foro FICP 2014-2, pp. 43 ss.; *El mismo*, Foro FICP 2015-2, pp. 190 ss.

9 Véase por ejemplo, *Tiedemann*, EuAT[4ª], pp. 32 ss.; *el mismo*, Manual, pp. 61 ss.

10 No obstante, ya en la década de los años 40 del siglo pasado se habían desarrollado y publicado las importantísimas investigaciones sociológicas criminológicas —cuyos resultados hoy continúan vigentes—, de *Sutherland* y sus colaboradores, que llevaron a la formulación por aquél del concepto de "delito de cuello blanco"; véase *Sutherland*, El delito de cuello blanco, IBdF, Montevideo/Buenos Aires. Este concepto de delito de cuello blanco tiene un contenido y sentido estrictamente criminológicos, pero tiene una gran trascendencia político criminal y también dogmática para el Derecho penal económico, sobre todo para la tipificación de los delitos económicos, en su mayor parte, como delitos *especiales*; véase en este sentido, por ejemplo, *Tiedemann*, EuAT[4ª], pp. 28 s.; *el mismo*, Manual, pp. 57 s.; *Bajo/S. Bacigalupo*, DPE[2ª], pp. 35 ss.; *Martínez-Buján*, PG[4ª], pp. 131 ss.; *Gracia Martín*, Prolegómenos, pp. 67 s., 82 ss.

11 Véase *Tiedemann*, Lecciones, p. 249; *Kaiser*, Kriminologie[3ª], pp. 759 s.; *el mismo*, Introducción, pp. 360 s.; *el mismo*, Criminalidad económica, pp. 71 ss., donde dice, en 1985, que "la especial sensibilidad y la agudeza perceptiva para los peligros derivados de los hechos delictivos económicos se presentan como algo relativamente nuevo (que) como fuerza de arranque para la investigación y la reforma, apenas se remontan a más de un decenio".

punto a un cuestionamiento de la idoneidad de los principios y de las reglas dogmáticas generales del Derecho penal[12].

3. *a)* Hasta el momento indicado, los tipos penales económicos, que en la legislación española eran ciertamente escasos en número y se encontraban dispersos en los más diversos lugares de la legislación penal[13], fueron analizados y tratados por la doctrina jurídico penal como unos tipos delictivos más dentro del sistema de la Parte Especial, es decir, por medio del mismo y único "universo conceptual dogmático" reconocido como válido y disponible unidireccionalmente para todos los tipos delictivos existentes, independientemente de la índole de cada uno en referencia al bien jurídico cuya lesión o peligro hubiera motivado la incriminación[14]. Por esto mismo,

---

12 Como advirtió *Bajo*, DPE, p. 45, la delincuencia económica "es el banco de prueba de gran parte de instituciones jurídico-penales". Sobre esto, véase con detalle *Martínez-Buján*, PG[4ª], pp. 123 ss.

13 Véase *Bajo*, DPE, pp. 151 *in fine*, donde sistematiza la Parte Especial de toda la legislación penal económica española —exceptuados los delitos de contrabando— en el momento de la publicación de su obra (1978), e incluye como delitos que hoy se tratan como económicos en sentido estricto: la quiebra (pp. 160 ss.), los delitos contra la competencia (pp. 233 ss.), los delitos monetarios (pp. 441 ss.), los delitos laborales (pp. 511 ss.) y el delito fiscal (pp. 551 ss.). Por su parte, en la última edición conforme al CP 73, de *Muñoz Conde*, PE[10ª] 1995, pp. 863 ss., en el apartado sistemático que dedicaba a los delitos contra el orden económico, incluyó como genuinos a los delitos contra la Hacienda pública y contra la Seguridad social, a los monetarios y a los de contrabando, y al resto en los apartados correspondientes a su ubicación en el Código (la mayor parte entre los delitos contra el patrimonio: delitos contra la propiedad industrial [pp. 325 ss.], quiebra [pp. 345 ss., 359 ss.], alteración de precios [pp. 371 ss.]; y los delitos laborales los distribuyó, en el capítulo de las lesiones el tipo de las lesiones por infracciones de las leyes de trabajo [pp. 107 ss., 126 s.], y en el apartado sistemático de los delitos contra la libertad y seguridad los restantes [pp. 145 ss., 213 ss.]). En Alemania, la mayor parte de los tipos penales económicos, se han ubicado tradicionalmente de modo totalmente disperso en las leyes generales reguladoras del sector correspondiente —tributarias, mercantiles, de sociedades, laborales, etc.—, y doctrinalmente se los ha agrupado en un *corpus* denominado como "Derecho penal secundario o accesorio" (*Nebenstrafrecht*), que es el modelo aún hoy predominante pese a que en el transcurso de las últimas cuatro décadas, el legislador alemán ha introducido algunas nuevas figuras penales económicas en el StGB; véase sobre la evolución legislativa alemana, y sobre los bloques del actualmente extenso Derecho penal accesorio económico alemán *Tiedemann*, EuAT[4ª], pp. 34 ss., 39 ss.; *el mismo*, Manual, pp. 62 ss. y 75 ss. Sobre la cuestión de si los tipos penales económicos deben regularse en el Código penal o en leyes especiales, véase *Martínez-Buján*, PG[4ª], pp. 147 ss.

14 Así, para citar sólo un par de ejemplos paradigmáticos: en su amplia e importante monografía sobre la protección penal de los intereses de los consumidores, de 1986 (citada en la bibliografía), *González Rus*, al tratar del objeto de protección en este campo del Derecho penal económico (pp. 79 ss., y especialmente pp. 90 ss.), examina el concepto, ya presente en la doctrina penal, de bienes jurídicos colectivos (pp. 85 ss.), sin que exponga, a los efectos que aquí interesan, ninguna tesis —porque no las había en aquel momento— que negara su reconocimiento ni la legitimidad de su protección penal, y aunque llega a la conclusión de que la protección penal de los intereses de los consumidores no debe llevarse a cabo en referencia a un bien colectivo en sentido estricto, no obstante considera que dicho bien no es uno de naturaleza estrictamente individual, sino uno que es objeto de "intereses difusos" (pp. 90 ss.); en sentido similar, véase *Torio*, Protección penal, pp.

cuando la doctrina analizaba y enjuiciaba críticamente a aquellos escasos tipos penales económicos, en general la crítica no tenía lugar en ningún modo ni sentido cualitativamente distintos a los proyectados sobre cualquier otro tipo de cualquier otro sector del sistema de la Parte Especial[15], y en particular ningún tipo penal económico fue objeto de ninguna tacha de ilegitimidad fundada en ningún motivo de contrariedad a ningún principio ni garantía jurídico penales por ninguna razón *específica* distinta de las que pudieran hacer contrario a ellos a cualquier otro delito de naturaleza no económica[16].

b) A comienzos de —y durante— los años 70 del siglo pasado, en la doctrina se iniciaron y llevaron a cabo procesos de unificación y sistematización de la totalidad de la materia correspondiente a los delitos económicos, y sobre todo, muy especialmente, de los *saberes* acumulados y existentes sobre ella hasta ese momento. El más destacado fue el iniciado por *Klaus Tiedemann* en Alemania, quien sin duda es el primer artífice y la máxima autoridad científica mundial en la materia[17], pero también fue pionera y digna de mención y de elogio sobre todo la sistematización llevada a cabo en España por *Miguel Bajo*

---

102 ss.; en el mismo sentido, en su estudio sobre el delito fiscal, de 1988 (citado en la bibliografía), *Ayala Gómez*, al ocuparse de la cuestión del bien jurídico (pp. 32 ss.), analiza en general el incipiente concepto de "bienes jurídicos colectivos" sin que exponga —porque no las había en el momento— ninguna tesis refractaria a su reconocimiento ni a la legitimidad de su protección penal; del mismo modo, ya con carácter general, *Bajo*, DPE, p. 79, al señalar que uno de los problemas del Derecho penal económico es la determinación de los bienes jurídicos económicos, indica que parece preciso un adelantamiento de la protección, sin plantear ninguna cuestión de legitimidad al respecto; y *Muñoz Conde*, CPC nº 16 1982, p. 128, pese a sus críticas —con razón— en precaución de una ilimitada extensión del Derecho penal económico, afirmó inequívocamente que el Derecho penal no puede quedar al margen de la intervención del Estado en la Economía. Los ejemplos podrían multiplicarse. Por lo demás, esto mismo debe regir para el actual Derecho penal económico, pues como dice *Roxin*, AT I[4ª] § 1 D 7, p. 4, "la Parte General del Derecho penal, que se trata en este libro, rige tal cual para el Derecho penal accesorio, como para las descripciones delictivas de la Parte Especial del StGB".

15 Pues como se ha visto en nota anterior, en la sistemática legal algunos tipos penales económicos aparecían ubicados en los más diversos lugares del Código junto a delitos de naturaleza inequívocamente no económica.

16 Por ejemplo, en la polémica en torno a la legitimidad de los delitos de peligro abstracto, no se distinguía entre clases de delitos, sino que tenía lugar en los mismos términos y en idéntico sentido en relación con cualquier sector de la Parte Especial; al respecto, véase la monografía de *Escrivá Grégori*, Puesta en peligro, de 1976, *passim*; *Torío*, ADPCP 1981, pp. 826 ss.; y la exposición del debate doctrinal al respecto, en *Cerezo Mir*, PG II[6ª], pp. 111 ss.; *el mismo*, PG I[4ª] 1994, pp. 353 ss.

17 En mi opinión, los mimbres para la construcción del Derecho penal económico "moderno" como una rama específica de la Parte Especial del Derecho penal, se encuentra en la simplemente monumental e insuperable obra de *Klaus Tiedemann*, Tatbestandsfunktionen, de 1969, citada en la bibliografía, en la cual formuló una buena parte de los conceptos generales fundamentales del Derecho penal económico; la primera sistematización científica completa de éste, la hizo posteriormente en su WStrR AT y BT, de 1976, citado asimismo en la bibliografía. Sobre la evolución del Derecho penal económico en Alemania, véase *Trendelenburg*, *Ultima ratio?*, pp. 4 ss.

Fernández[18]. Con sus obras generales sistematizadoras, estos dos grandes, y ya emblemáticos penalistas, establecieron las bases para la fundación de un —actualmente ya consolidado— Derecho penal económico como un sector particular y diferenciado de la *Parte Especial* del Derecho penal, es decir, con una problemática propia que habría que estudiar y analizar para tratarla específicamente, y sobre todo para resolverla *de acuerdo* y *de conformidad con* los principios y con los conceptos *generales* del Derecho penal, y no con otros distintos, pese al tropiezo de aquellos en el nuevo ámbito jurídico penal con dificultades que, sin embargo, sólo podían contemplarse como *adicionales* a las comunes que ya estaban planteadas —y aún no resueltas— en relación con los delitos tradicionales de la delincuencia común[19]. En este proceso histórico no puede dejar de mencionarse además como un hito, al Proyecto Alternativo de 1977 (*AE* 1977), elaborado por un grupo de Profesores alemanes de Derecho penal de tendencia progresista, entre los que se encontraba *Tiedemann*. Una de las notas más sobresalientes de este Proyecto fue, sin duda, la de que el mismo propusiera una codificación y una sistematización de la totalidad de la legislación penal económica dentro del Código penal mismo[20], y si bien dicha propuesta —como la totalidad del Proyecto— no prosperó en Alemania, sí tuvo luego una gran influencia fuera de allí —por descontado doctrinalmente—, y de ello es un claro ejemplo el Código penal español de 1995, en el cual —como ya se venía preparando desde el Proyecto de 1980— se codificó prácticamente a todos los delitos económicos existentes hasta el momento junto a otros nuevos en su Título XIII, del Libro II, relativo a los delitos contra el patrimonio y "contra el orden socioeconómico"[21].

II. La polémica sobre el Derecho penal "moderno" en la doctrina alemana

1. Como es sabido, los procesos de los que acabo de describir sucinta y aproximativamente sus hitos más significativos, enseguida provocaron una gran agitación en importantes sectores de la doctrina alemana, que iniciaron una especie de cruzada contra ellos por medio de la formulación de un torrente de argumentos críticos que precavían de sus efectos indeseables para el Estado de Derecho, y que en algún caso se anunciaron incluso de

---

18 Véase la fundamental obra de *Bajo Fernández*, DPE, de 1978, citada en la bibliografía, que contiene una Parte General y otra Especial del Derecho penal económico español existente en el momento en que la publica.

19 Véase una relación de problemas específicos que plantearon desde el principio los delitos económicos —leyes penales en blanco, error, imprudencia, autoría y participación— en *Arroyo*, Derecho, pp. 108 ss.

20 Véase *Lampe* et *alt.*, Alternativ-Entwurf, citado en la bibliografía.

21 Véase la opinión en ese sentido de *Tiedemann*, EuAT$^{4^a}$, p. 57; *el mismo*, Manual, p. 75; sobre la cuestión en los Proyectos y Anteproyectos españoles que precedieron al Código penal de 1995, véase *Martínez-Buján*, PG$^{4^a}$, pp. 110 ss.

un modo apocalíptico[22]. Este giro doctrinal contra la intervención penal en el ámbito económico —a la que como veremos, se la mezcla o relaciona infundadamente con la que tiene lugar en otros ámbitos que no tienen nada que ver con aquél—, fue iniciado y luego desarrollado principalmente, y hasta el punto de colocarse en la vanguardia de la cruzada, por la llamada Escuela de Frankfurt[23], liderada por *Hassemer*.

a) Ya en sus primeras críticas, *Hassemer* propuso denominar como "moderno" al nuevo Derecho penal que se extendía al campo de la Economía, pero también al relativo a otros fenómenos diferentes como los del terrorismo o las drogas, porque a su juicio la legislación penal económica y la relativa a estos otros ámbitos tendrían en común una alteración de las formas tradicionales de intervención punitiva. Por esto, y para diferenciar al nuevo Derecho penal del que hasta ese momento había sido reconocido y calificado como moderno —el liberal de la Ilustración[24]—, porque éste ya habría dejado de ser tal con la irrupción y el desarrollo en crecimiento de aquel otro[25], *Hassemer* sugirió que, en adelante, debería reconocerse —y también denominar— al Derecho penal tradicional como "clásico"[26], en el sentido de modelo de referencia a seguir

---

22 Véase, por ejemplo, *Prittwitz*, Strafrecht und Risiko, pp. 248 ss., cuyos diagnósticos y pronósticos personales advierten en términos verdaderamente apocalípticos sobre "el potencial destructivo del Derecho penal (del control global) para el Derecho penal (del Estado de Derecho liberal)"; la publicación colectiva del Instituto de Ciencias criminales de Frankfurt, Insostenible situación, *passim*, con estudios hipercríticos sobre la situación del Derecho penal alemán en general, es decir, más allá de en el campo económico, a fecha de 1995; la compilación por *Schild*, de trabajos de *Frehsee*, Der Rechtsstaat verschwindet, citado en la bibliografía; y la reciente publicación de *Basar*, Modernes Strafrecht – vergessene Freiheit?, asimismo citada en la bibliografía.

23 Véase en este sentido, *Schünemann*, GA 1995, p. 211 (= ADPCP 1996, p. 198), en relación especialmente con la resonancia cada vez mayor que iba cobrando en Alemania la crítica de la Escuela de Frankfurt a los delitos de peligro abstracto; véase también, *Basar*, Modernes Strafrecht, pp. 1 s.

24 Véase, por ejemplo, *Cerezo Mir*, PG I[6ª], p. 124: "El Derecho penal *moderno* nace en España, como en los demás países europeos, como consecuencia del movimiento de reforma de fines del siglo XVIII y principios del XIX, bajo la influencia de las ideas de la Ilustración" (cursiva mía); en el mismo sentido, y con validez para el Derecho en general, véase, *Ferrajoli*, Derecho y razón[5ª], pp. 218 y 868 s., donde llama *premoderno* al Derecho anterior, es decir al Derecho romano y al Derecho común europeo.

25 Véase *Hassemer*, ZRP 1992, p. 379; y en *Hassemer/Muñoz Conde*, Responsabilidad, p. 16, donde sostiene que con la implementación del nuevo Derecho penal, se habría producido un fenómeno similar al que *Horkheimer* y *Adorno* denominaron como "Dialéctica de la Ilustración", y parangona con éste a su concepto de "Dialéctica de lo moderno", que fija como punto de partida para su crítica.

26 Véase *Hassemer*, ZRP 1992, p. 379 (= ADPCP 1996, 237) y en *Hassemer/Muñoz Conde*, Responsabilidad, pp. 18 ss. Así lo advierte también *Schünemann*, GA 1995, p. 203 (= ADPCP, 1996, p. 190): "en *Hassemer* se llama 'Derecho penal clásico'". En nuestra doctrina asumen esta denominación *Sánchez García*, Moderno Derecho penal, p. 11 y nota 1, con remisión expresa a la contraposición de *Hassemer* entre el Derecho penal "moderno" y el "clásico"; y también *Blanca Mendoza*, Derecho penal, especialmente p. 67, donde habla

y a reponer en lugar del nuevo moderno[27] porque éste último "ya apenas guard(a) relación" con aquél[28]. Independientemente de los juicios que llevaron a *Hassemer* a caracterizarlo así[29], la denominación del nuevo Derecho penal como "moderno" adquirió muy pronto carta de naturaleza en la doctrina, pues fue ampliamente aceptada en general tanto por quienes siguieron la estela de la crítica del maestro de Frankfurt, como por quienes defendían —incluso con vehemencia— el proceso generador y creador del nuevo Derecho penal económico[30], y se consolidó perdurando hasta el presente[31].

b) Un dato de suma importancia, cuya trascendencia para el debate veremos más adelante, es el relativo a la *extensión* dada por *Hassemer* desde el principio a su idea del Derecho penal moderno. En síntesis, éste abarcaría a todas las regulaciones legales penales por medio de las que el Estado resuelve afrontar los conflictos sociales característicos de la dinámica de la sociedad moderna[32] entendida y explicada como una "sociedad de riesgos"[33]. Para satisfacer la

---

del "Derecho penal moderno" y lo contrapone al "clásico, característico del Estado de Derecho".

27 Véase *Hassemer/Muñoz Conde*, Responsabilidad, pp. 18 s.; y *Hassemer*, ZRP 1992, p. 379 (= ADPCP 1996, p. 237), explicando que por clásico, entiende aquí "un ideal, una aspiración por la que medir a dónde debemos dirigirnos, cuáles son los pasos que hay que dar para seguir el buen camino y evitar el malo, y cuáles son los que hay que desandar antes de llegar a las proximidades de la meta".

28 Véase *Hassemer*, ZRP 1992, p. 380 (= ADPCP 1996, 239), y en *Hassemer/Muñoz Conde*, Responsabilidad, p. 22; sobre ello, véase *Hong*, Fleixibilisierungstendenz, p. 53; *Anastasapoulou*, Deliktstypen, p. 237; *Basar*, Modernes Strafrecht, pp. 2 s.

29 *Cfr. supra* notas 25 y 27.

30 Así, por ejemplo, véase *Lüderssen/Nestler-Tremel/E. Weigend*, Modernes Strafrecht und ultima-ratio-Prinzip, citado en la bibliografía; *Schünemann*, GA 1995, pp. 212 s. (= ADPCP 1996, p. 200), donde habla, por ejemplo, del "tipo penal *moderno* de la estafa de inversión de capitales" del § 264 a StGB, o de que las tesis de la Escuela de Frankfurt, abogan por una negativa a "la *modernización* del Derecho penal"; *el mismo*, Oberschichtsstrafrecht, pp. 19, 24 s., 29; *Park*, "Modernes" Strafrecht, pp. 21, 150 ss. y *passim; Silva Sánchez*, Expansión, pp. 157 ss., y nota 372 de p. 157, donde asume el concepto de "modernización" de *Hassemer/Muñoz Conde*, si bien *Silva* ha acuñado para todo esto el término "expansión", que doctrinalmente ha adquirido también carta de naturaleza [*cfr. infra* 3.2.*b)* aa)]; *Sánchez García*, y *Blanca Mendoza*, como en nota 26.

31 Véase por ejemplo, *Wohlers*, Deliktstypen, pp. 29 ss., 51 ss., 110 ss.; *Hesel*, Untersuchungen, pp. 1 ss., 331 ss. y *passim; Hong*, Flexibilisierungstendez, pp. 37 ss., 53 ss.; *Anastasopoulou*, Deliktstyen, pp. 220 ss.; *Rotsch*, ZIS 7/2007, p. 260; *Prittwitz*, ZIS 5/2012, p. 217; *Basar*, Modernes Strafrecht, pp. 1 ss. y *passim*.

32 Así *Hassemer*, NStZ 1989, p. 558 (= Pena y Estado, nº 1 1991, pp. 34, 35); *el mismo*, Grundlinien, pp. 85, 88 s.

33 En el Derecho en general, y sobre todo en el Derecho penal en particular, ha tenido una amplia acogida la variante del paradigma de la sociedad de riesgos formulada y desarrollada por el sociólogo alemán *Ulrich Beck*. No obstante, del paradigma de la sociedad de riesgos existen numerosas variantes sociológicas; véase al respecto la exposición de *Prittwitz*, Strafrecht und Risiko, pp. 49 ss., pp. 75 ss. (para su propio concepto de sociedad del riesgo), y pp. 115 ss. para la trascendencia de dicho paradigma en el Derecho.

demanda social de "seguridad" frente a los diferentes riesgos del presente, el Estado trataría de controlarlos preventivamente por medio del Derecho penal, con una "represión anticipada" de ciertas conductas peligrosas que tienen lugar en los distintos ámbitos sociales de riesgo[34]. De este modo, para la crítica el conglomerado compuesto por las ideas de riesgo, de prevención y de seguridad, constituiría la referencia ideológica del Derecho penal moderno, y por eso a éste se lo suele identificar también mediante denominaciones plurales que remiten a aquellas ideas, como la muy difundida de Derecho penal "del riesgo"[35], la similar de Derecho penal "del peligro"[36], y las de Derecho penal de la "prevención"[37] y de la "seguridad"[38], las cuales no discriminan en principio entre los diferentes riesgos ante los que se reaccionaría preventivamente por medio del Derecho penal[39]. Por esto, para *Hassemer* y la Escuela de Frankfurt, el nuevo Derecho penal económico —y el del ambiente— no es más que un sector o ámbito concreto del Derecho penal moderno, pues también incluyen en éste a regulaciones relativas a fenómenos tan dispares como, entre otros, el terrorismo, el tráfico de drogas, el procesamiento de datos y la criminalidad organizada en general[40].

---

34 Véase *Hassemer*, NStZ 1989, pp. 557, 558 (= Pena y Estado, nº 1 1991, pp. 33, 34 s.; *el mismo*, HRRS 4/2006, pp. 138 ss.; el mismo, ZIS 7/2006, pp. 270 s.

35 Véase, por ejemplo, *Albrecht*, KritV 1988, pp. 184 ss.; *Calliess*, NJW 1989, p. 1340; *Herzog*, Unsicherheit, pp. 48 ss.; *Seelmann*, KritV 1992, p. 452; *Prittwitz*, Strafrecht und Risiko, pp. 261 ss.; *el mismo*, Risikostrafrecht, pp. 47 ss.; *Hilgendorf*, Strafrechtliche Produzentenhaftung, pp. 43 ss.; *Frehsee*, StV 1996, pp. 227 s.; y la exposición panorámica de *Roxin* AT I[4ª], § 2 H nº 71 ss., pp. 36 s.

36 Véase en este sentido, *Puschke*, Gefährdungsstrafrecht, pp. 9 ss.

37 Así *Wohlers*, Deliktstypen der Präventionsstrafrecht, *passim*.

38 Así *Kindhäuser*, Universitas, pp. 227 ss.; *Hassemer*, HRRS 4/2006, p. 134: "Derecho penal preventivo orientado a la seguridad"; *Basar*, Modernes Strafrecht, pp. 259 ss.

39 Por esto, carece de todo fundamento la crítica que dirige a mi discurso *Díez Ripollés*, RECPC 06-03 2004, p. 25 último párrafo de nota 42 que inicia en p. 24, en el sentido de que yo no discrimino entre tendencias encaminadas a modernizar el Derecho penal y las dirigidas a crear un nuevo modelo penal de seguridad ciudadana, porque así yo "termina(ría) legitimando *cualesquiera* movimientos político criminales expansivos". Sin embargo, no es a mí, sino a los penalistas de Frankfurt y a sus seguidores, a quienes debe dirigirse una crítica como esa, pues son ellos quienes desde el principio han mezclado y confundido en el concepto de Derecho penal moderno a fenómenos muy heterogéneos y dispares sin discriminación alguna entre ellos. Por el contrario, quienes criticamos radicalmente a dicho discurso —contra lo que opina *Díez Ripollés*— *sí* discriminamos claramente entre una modernización del Derecho penal *legítima* y otras tendencias punitivas *ilegítimas* como por ejemplo la del llamado Derecho penal del enemigo y la cercana a éste del Derecho de la seguridad ciudadana. Para mi réplica a la crítica de *Díez Ripollés*, *cfr. infra* IV.5.*b*).

40 Véase *Hassemer*, Grundlinien, pp. 89 s.; *el mismo*, NStZ 1989, p. 554, 557 = Pena y Estado, nº 1 1991, pp. 26, 32; *el mismo*, ZRP 1992, p. 381 = ADPCP 1992, pp. 240 s.; *el mismo*, RP nº 1 1998, p. 37; *el mismo*, H-Marc Ancel 2004, p. 114. Posteriormente, véanse los desarrollos de, por ejemplo, *Wohlers*, Deliktstypen, pp. 110 ss., quien analiza como sectores específicos del Derecho penal moderno al ambiental (pp. 111 ss.), al económico (pp. 146 ss.), al de drogas y estupefacientes (pp. 178 ss.), y al relativo a la genética (pp. 203 ss.); *Hong*, Flexibilisierungstendenz, pp. 93 ss., quien estudia como sector concreto del Derecho penal moderno el relativo a la criminalidad informática (*Computerstrafrecht*);

2. En lo fundamental, para el discurso de Frankfurt[41], la característica principal y esencial del nuevo Derecho penal moderno, se definiría globalmente por el dato de que sus regulaciones legales darían lugar a una *masiva violación* de los principios y de las garantías jurídico penales inherentes al Estado de Derecho[42]. Entre dichas violaciones destacarían, sobre todo, las relativas al principio de exclusiva protección de bienes jurídicos, y a sus anexos de subsidiariedad y *ultima ratio*.

a) Según el discurso de Frankfurt, los substratos *colectivos* que se presentan generalmente como objetos protegidos sobre todo por los nuevos tipos penales económicos y del ambiente[43], en principio no tendrían la calidad suficiente para reconocerlos como bienes jurídicos, porque los mismos —se dice— no estarían constituidos por ninguna realidad empírica perceptible y susceptible de ser referida directa e inmediatamente a intereses concretos de las personas[44]; sólo serían meras "funciones", instituciones, modelos u objetivos

---

Hesel, Untersuchungen, pp. 9 ss., 215 ss., analiza como Derecho penal moderno al relativo al lavado de dinero y la ocultación de valores patrimoniales obtenidos ilícitamente (pp. 9 ss.), al ambiental (pp. 215 ss.), al económico (pp. 246 ss.), al de drogas y estupefacientes (pp. 268 ss.) y al relativo a la genética (pp. 294 ss.); y recientemente, véase *Basar*, Modernes Strafrecht, pp. 91 ss., quien estudia como sectores del Derecho penal moderno los relativos al terrorismo (pp. 91 ss.), al ambiente (pp. 146 ss.), a la economía (pp. 171 ss.), y a la criminalidad organizada (pp. 188 ss.).

41 Una panorámica de las percepciones político criminales globales de Frankfurt, la ofrece la obra colectiva del Instituto de Ciencias criminales de Frankfurt, Insostenible situación, *passim*; exposiciones detalladas y ordenadas de las principales tesis de Frankfurt, pueden verse en *Wohlers*, Deliktstypen, pp. 29 ss., 51 ss.; *Hesel*, Untersuchungen, pp. 396 ss.; *Hong*, Flexibilisierungstendez, pp. 56 ss., 76 ss.; *Basar*, Modernes Strafrecht, pp. 1 ss.; *Gracia Martín*, Prolegómenos, pp. 127 ss.; *Martínez-Buján*, PG[4a], pp. 81 ss.; *Jiménez Díaz*, RECPC 16-08 2014, pp. 6 ss.

42 Como resume *Greco*, RCP nº 7/8 2012, p. 350, la discusión sobre la modernización del Derecho penal, "parte de la premisa de que habría, de un lado, un Derecho penal 'clásico', cuyas características serían, aproximadamente, el individualismo, el liberalismo, la legalidad estricta, el predominio de los bienes jurídicos (o de los derechos subjetivos) individuales, y del delito de lesión, y, de otro, un contrapuesto Derecho penal 'moderno' antiindividualista, social, flexibilizador de la legalidad por medio de normas penales en blanco y de tipos estructurados según el modelo de accesoriedad administrativa, rico en bienes jurídicos supraindividuales y delitos de peligro abstracto".

43 Véase por ejemplo, *Tiedemann*, Tatbestandsfunktionen, pp. 66 ss. y especialmente pp. 117 ss.; *el mismo*, JuS 1989, pp. 689, 691; *el mismo*, Poder económico, pp. 12 s.; *Hassemer*, Grundlinien, pp. 86 ss.; *Müller-Dietz*, FS R. Schmidt, pp. 101 s.; *Müssig*, Schutz, pp. 20 ss.; *Krüger*, Entmaterialisierungstendenz, pp. 15, 56 ss., 74 ss.; *Hirsch*, Concepto, pp. 371 s.; *Schünemann*, CuCGPJ nº 8 1991, pp. 36 ss.; *el mismo*, Oberschichtsstrafrecht, pp. 24 ss.; *Hefendehl*, GA 2002, pp. 25 ss.; y en la doctrina española, véase *Bustos*, Control social, pp. 195 ss.; *Mata y Martín*, Bienes jurídicos, pp. 1 ss., 21 ss., 47 ss., 71 ss.; *Blanca Mendoza*, Derecho penal, pp. 68 ss.; *Gracia Martín*, Prolegómenos, pp. 65 ss.; *el mismo*, RDPC nº 3 2010, pp. 56 ss.; *Martínez-Buján*, PG[4a], pp. 89 ss.; *el mismo*, LH Cerezo, pp. 395 ss.; *el mismo*, Bien jurídico, pp. 293 ss.

44 Véase *Hassemer*, Grundlinien, p. 89; véase también *Basar*, Modernes Strafrecht, pp. 177 ss.

de organización política, social o económica[45] que, además, sólo se podrían definir y formular de un modo vago e impreciso[46]. Por esto, un reconocimiento de esos substratos como bienes jurídicos, sólo se podría explicar en el marco de la tendencia actual a "licuar, espiritualizar o desmaterializar el concepto de bien jurídico"[47], para así poder reconocer ya la existencia de uno a partir de *cualquier* substrato social *inmaterial* al que se le atribuya un valor[48], y poder luego utilizarlo como pretexto para una ampliación de la incriminación[49]. No obstante, hay que señalar que a pesar de todas estas iniciales afirmaciones, *Hassemer* termina reconociendo la existencia de bienes jurídicos universales, y sólo rechaza toda protección penal de los mismos que no parta de su funcionalización a los intereses del individuo, tal y como ya antes, en 1972, había propuesto su discípulo *M. Marx* a partir de un concepto personal del bien jurídico[50].

b) El Derecho penal moderno habría sustituido el modelo de los tipos de lesión y de peligro concreto de bienes jurídicos individuales, por otro en que predominarían los tipos de *peligro abstracto*[51]. De este modo se desviaría de los principios de *lesividad*, de *subsidiariedad* y de *ultima ratio*. Pues dado que la capacidad *abstracta general* de afectar a remotos bienes jurídicos fundamentales, puede ser afirmada de *cualquier* conducta aunque sea inocua en el caso concreto, así entonces podrá estimarse comprendida en el tipo de peligro abstracto a cualquier conducta con tal que muestre elementos de contrariedad a los vagos y abiertos conceptos de la "seguridad" y del "interés general" en la protección de bienes jurídicos, y por todo ello el tipo de peligro abstracto es siempre uno carente de límites[52]. Por esto mismo, los tipos de peligro abstracto entrarían en conflicto también con el principio de

---

45 Véase *Hassemer*, Grundlinien, p. 89.

46 Véase *Hassemer*, Grundlinien, p. 88 s.; *el mismo*, NStZ, 1989, p. 557 (= Pena y Estado, nº 1 1991, p. 32); *el mismo*, JuS 1990, p. 850; *el mismo*, ZRP 1992, pp. 380 s. (= ADPCP 1992, p. 241); *el mismo*, en *Hassemer/Muñoz Conde*, Responsabilidad, pp. 28 s.; y en el mismo sentido, *Seelmann*, NJW 1990, pp. 1258 s.; *Müssig*, Schutz, p. 1; *Weigend*, FS Triffterer, p. 699; también *Jakobs*, ZStW 1995, p. 856; *Krüger*, Entmaterialisierungstendez, pp. 56 ss. y *passim*; *Hesel*, Untersuchungen, pp. 373 ss.

47 Así *Hassemer*, NK, comentario previo al § 1 nm. 265; también *Hirsch*, Concepto, p. 381.

48 Así por ejemplo, *Müssig*, Schutz, p. 2.

49 Véase *Hassemer*, en Dei delitti e delle pene, 1984, pp. 108, 112 s.; *el mismo*, NStZ 1989, pp. 353 ss.

50 Véase *Marx*, Rechtsgut, pp. 79 ss.; *Hassemer*, Grundlinien, pp. 90 ss.; *el mismo*, ZRP 1992, p. 383; también *Hassemer/Neumann*, NK StGB 1ª, comentario previo al § 1 nº 127 (p. 119), nº 132 (p. 120).

51 Véase, *Hassemer*, Grundlinien, p. 89; *el mismo*, NStZ 1989, p. 558 = Pena y Estado, nº 1 1991, pp. 34 s.; *el mismo*, ZRP 1992, p. 381 = ADPCP, 1992, p. 242; *Herzog*, Unsicherheit, pp. 54, 74 ss.; *Basar*, Modernes Strafrecht, pp. 207 ss.

52 En este sentido, véase por ejemplo *Zieschang*, Gefährdungsdelikte, pp. 354 ss.; y con distintos matices y en diferentes contextos *Lagodny*, Strafrecht, pp. 138 ss., y especialmente 186 s. y 482 ss., si bien este autor —*cfr. infra* nota 86— ve a los delitos de peligro abstracto conformes con el principio de proporcionalidad.

legalidad, pues en ellos se reducen considerablemente los presupuestos de la punibilidad[53]. Al carecer de referencia lesiva determinada, lo que se penaría en ellos sería, en realidad, la mera desviación de reglas o del estándar de funcionamiento de los subsistemas sociales[54], o la simple infracción del deber como desobediencia a la norma[55]. La inflación de conductas punibles con los delitos de peligro abstracto, prácticamente ilimitada, pondría claramente de manifiesto, empero, que el moderno Derecho penal del riesgo se habría convertido en *primera* —y tal vez en *única*— *ratio* en la defensa del orden social[56]. Por todo ello, los delitos de peligro abstracto, serían contrarios a las garantías liberales de protección subsidiaria de bienes jurídicos y del recurso a la pena como *ultima ratio*[57], y darían lugar además al quebranto de otras garantías dependientes de ellas, como las derivadas de los principios de legalidad, de culpabilidad y de proporcionalidad[58].

c) El Derecho penal moderno tendría un carácter sólo *simbólico*[59], pues los únicos fines que pretendería realizar el legislador por medio de los nuevos tipos penales, serían producir el efecto meramente aparente —*simbólico*— de que con la criminalización de comportamientos conectados a los nuevos riesgos daría la solución eficaz demandada, o el efecto pedagógico o educativo de que la población adquiera conciencia de la necesidad de respetar determinados valores, el estándar o el buen orden de determinados sectores de actividad, etc[60]. Por todo esto, el Derecho penal moderno habría superado el principio de

53 Véase *Hassemer*, Grundlinien, p. 89, afirmando que aquí se produce un empobrecimiento de los presupuestos de la punibilidad, porque en lugar de una víctima perceptible, de un daño y de la causalidad de la acción para el daño, tan sólo es precisa la comprobación de una conducta peligrosa, y esto supone una liquidación del concepto de bien jurídico; además, véase *el mismo*, ZRP 1992, p. 381 (= ADPCP 1992, p. 242); y *el mismo*, en *Hassemer/Muñoz Conde*, Responsabilidad, pp. 29 s.

54 Véase en este sentido, *Frisch*, Straftat, p. 150, hablando de un "control 'socialtecnológico' de comportamientos que se desvían de la regla".

55 Véase *Hirsch*, Strafrecht als Mittel, pp. 20 s.; *Zieschang*, Gefährdungsdelikte, pp. 383, 388 ss.

56 Así *Hassemer*, Grundlinien, p. 93; *el mismo*, ZRP 1992, p. (= ADPCP 1992, p. 243); *el mismo*, en *Hassemer/Muñoz Conde*, Responsabilidad, p. 31; *Zieschang*, Gefährdungsdelikte, pp. 391 ss.; *Basar*, Modernes Strafrecht, pp. 210 s.

57 *Cfr.* nota anterior.

58 Implícitamente así, *Kindhäuser*, Legitimität, p. 134; antes, *el mismo*, Rechtsgüterschutz, pp. 29 ss. Debe tenerse en cuenta, sin embargo, que *Kindhaüser* legitima ampliamente los delitos de peligro abstracto mediante su tesis de que éstos lesionarían el bien jurídico autónomo de la "seguridad", entendida como ausencia de preocupación al disponer de los bienes jurídicos individuales; véase *Kindhaüser*, Gefährdung, pp. 279 ss. Las cautelas de *Kindhäuser*, se refieren más bien a los bienes jurídicos colectivos del Derecho penal económico; véase *Kindhäuser*, Legitimität, pp. 129 ss.

59 Véase *Hassemer*, NStZ 1989, pp. 553, 556 ss. = Pena y Estado, nº 1 1991, pp. 23 ss., 30 ss.; *el mismo*, ZRP, 1992, p. = ADPCP, 1992, p. 244; *el mismo*, StV, 1995, p. 486; *Herzog*, Unsicherheit, pp. 59 ss., 68 ss.; *Prittwitz*, Strafrecht und Risiko, pp. 255 ss., 365.

60 Véase *Hassemer*, NStZ 1989, pp. 556, 558 s. (= Pena y Estado, nº 1 1991), pp. 30, 34 ss.; *el mismo*, ZRP 1992, p. (= ADPCP 1992, p. 240); *el mismo*, StV 1995, p. 486; *el mismo*, en *Hassemer/Muñoz Conde*, Responsabilidad, pp. 25, 33; *Herzog*, Unsicherheit, pp. 59 ss., 68 ss.;

exclusiva protección subsidiaria de bienes jurídicos[61]; pues en él, la dialéctica de tal principio habría dado lugar a una inversión completa de su valor: en lugar de ser utilizado con función crítica en sentido *descriminalizador*[62], se lo pondría al servicio de la función opuesta, de sentido *criminalizador*[63].

d) A partir de las descritas supuestas amenazas para las garantías del Estado de Derecho, que el discurso de Frankfurt ve en el Derecho penal moderno, y que según él lo harían ilegítimo, *Hassemer* postuló la despenalización de todos los ilícitos modernos, y su reubicación en un "nuevo" *Derecho de intervención* que sería una especie de ordenamiento sancionador dispuesto entre el penal y el administrativo sancionador por un lado y el Derecho civil y el Derecho público por otro[64]. Este Derecho de intervención tendría, ciertamente, elementos absolutamente penales, pero a diferencia del penal en sentido estricto, que reacciona con la pena *a posteriori* frente a hechos de lesión o de peligro concreto de bienes jurídicos, estaría orientado específicamente a dar respuesta a las situaciones de amenaza de riesgos globales en términos estrictamente *preventivos*[65]. Este Derecho de intervención proporcionaría "un nivel de garantías y formalidades procesales inferior al del Derecho penal", pero como contrapartida, tendría "menos intensidad en las sanciones que pudieran imponerse a los individuos"[66].

3. En la doctrina alemana, la mayoría de los enunciados, proposiciones y "argumentos" centrales de la Escuela de Frankfurt fueron replicados y rechazados con críticas, a mi juicio, tan demoledoras como concluyentes, sobre

---

Prittwitz, Strafrecht und Risiko, pp. 255 ss., 365; *Appel*, Verfassung, pp. 35 s., 356; *Stächelin*, Strafgesetzgebung, pp. 128, 240.

61 Así *Hassemer*, ZRP 1992, p. 381 (= ADPCP 1992, p. 243); *el mismo*, en *Hassemer/Muñoz Conde*, Responsabilidad, p. 31; *Basar*, Modernes Strafrecht, pp. 207 ss.; también *Stächelin*, Strafgesetzgebung, p. 57, recordando que la protección penal no ha tenido nunca un alcance absoluto, ni en el caso de la protección de la vida humana.

62 Véase, por ejemplo, *Hassemer*, Grundlinien, p. 87.

63 Véase *Hassemer*, Grundlinien, pp. 86 s.; *el mismo*, ZRP 1992, p. (= ADPCP 1992, p. 239); *Hassemer/Muñoz Conde*, Responsabilidad, pp. 22 ss.; *Prittwitz*, Strafrecht und Risiko, pp. 174 s.

64 Véase *Hassemer/Muñoz Conde*, Responsabilidad, p. 46.

65 Véase *Hassemer*, FS Bemman, p. 188 (= en Strafen im Rechtstaat, p. 155); *Hassemer*, StV 1995, p. 489 (= Strafen im Rechtstaat, pp. 291 s.).

66 Véase *Hassemer/Muñoz Conde*, Responsabilidad, p. 46; además, *Hassemer*, StV 1995, p. 490 (= Strafen im Rechtstaat, pp. 292); *el mismo*, FS Bemman, p. 188 (= Strafen im Rechtstaat, p. 155); y en sentido similar, *Naucke*, Wechselwirkung, pp. 35 ss. Sin embargo, contradiciendo su propuesta de la menor intensidad de las sanciones del Derecho de intervención, *Hassemer* ha sugerido que se pueda disponer en él de "medios más agudos" que el que representa una pena privativa de libertad susceptible de remisión condicional, como por ejemplo la posibilidad de cierre de un establecimiento; véase *Hassemer*, StV 1995, p. 490 (= Strafen im Rechtstaat, pp. 292). *Stächelin*, Strafgesetzgebung, p. 156, reconoce que en esta propuesta de *Hassemer* quedan aún muchas cuestiones abiertas, pero muestra su disposición a desarrollarla como "una apropiada alternativa jurídica al Derecho penal".

todo por *Tiedemann*[67], *Kuhlen*[68], *Schünemann*[69], *Hefendehl*[70], y más recientemente por *Greco*[71]:

a) Como afirma *Hefendehl*, de la evidencia de que todo bien jurídico tenga que estar referido en última instancia a la persona, no resulta "ningún principio del que se pueda deducir *more geométrico* cuándo un tipo penal o un bien jurídico que le sirve de base es o no es legítimo"[72]. Lo que sucede es que la construcción de los bienes jurídicos colectivos requiere de una argumentación mucho más compleja y no puede ajustarse al canon de la de los individuales[73]. Contra la negación del reconocimiento como bienes jurídicos a los objetos de los tipos penales económicos, el discurso de modernización alemán opone con razón el dato evidente e incuestionable, de que los bienes jurídicos colectivos no son en absoluto ningún producto surgido *ex novo* con el nuevo Derecho penal económico[74], pues el reconocimiento de ellos es tan antiguo como el concepto mismo de bien jurídico. Así lo prueba el hecho de que todos los Códigos penales del siglo XIX incluyeran en sus catálogos tipos que, como el falso testimonio, la falsificación de moneda o las falsedades de instrumentos del tráfico jurídico y económico, protegen bienes jurídicos inequívocamente colectivos como lo son, respectivamente, la Administración de Justicia, la moneda o la fe pública[75]. Por otro lado, el reconocido como fundador de la teoría del bien jurídico, *Birnbaum*, admitió que junto a los denominados por él como bienes "innatos", había otros bienes (jurídicos) que serían "producto de la evolución social", y distinguió claramente entre delitos contra bienes individuales y delitos contra la comunidad[76] que obviamente tendrían como objeto a bienes inequívocamente colectivos. Más decisivo que este dato en sí,

---

67 Véase *Tiedemann*, Poder económico, pp. 33 s.; *el mismo*, EuAT[4], pp. 29 s. nº 65, y especialmente, pp. 79 ss. nº 181 ss.; *el mismo*, Manual, pp. 58 s. nº 45, especialmente pp. 66 ss. nº 58 ss.

68 Véase *Kuhlen*, GA 1994, pp. 347 ss.

69 Véase sobre todo *Schünemann*, GA 1995, pp. 203 ss. (= ADPCP 1996, pp. 190 ss.); y *el mismo*, Oberschichtsstrafrecht, pp. 19 ss.; véase una sucinta, pero muy clara y precisa exposición de las tesis fundamentales de *Schünemann*, en *Jiménez Díaz*, RECPC 16-08 (2014), pp. 13 ss.

70 Véase *Hefendehl*, Kollektive Rechtsgüter, *passim*.

71 Véase *Greco*, RBCCrim nº 49 2004, pp. 89 ss.; *el mismo*, FS Roxin 80 I, pp. 119 ss.; *el mismo*, Modernização, pp. 38 ss.

72 Véase *Hefendehl*, Kollektive Rechtsgüter, p. 65. En el mismo sentido, *Bustos*, Control social, p. 27, advierte que el concepto de bien jurídico ni viene dado por la naturaleza de las cosas, ni es una revelación metafísica al legislador no susceptible de discusión, y por eso rechaza "dar por sentada la inmutabilidad y eternidad de los objetos de protección del Derecho penal" (p. 28).

73 Véase *Hefendehl*, Kollektive Rechtsgüter, p. 80.

74 Así *Hefendehl*, Kollektive Rechtsgüter, p. 217.

75 Así, por ejemplo, *Tiedemann*, Manual, p. 66 nº 58; *Hefendehl*, Kollektive Rechtsgüter, p. 215; *Anastasopoulou*, Deliktstypen, pp. 228 s.; *Greco*, RBCCRIM nº 49 2004, p. 104.

76 Véase *Birnbaum*, AdC-Neue Folge 1834, pp. 174, 177 y 178. Sobre ello han llamado la atención, entre otros, *Amelung*, Rechtsgüterschutz, pp. 44 s.; *Hirsch*, Concepto, p. 375 y nota 23; y *Schünemann*, Rechtsgüterschutzprinzip, p. 140 (= Principio, p. 206).

lo es el hecho de que la doctrina jurídico penal —incluidos los representantes de Frankfurt— nunca ha cuestionado el reconocimiento de bienes jurídicos colectivos ni la intervención punitiva frente a sus lesiones o peligros, sino todo lo contrario[77]. Lo que el discurso de Frankfurt cuestiona no es, pues, la existencia ni el concepto de bienes jurídicos colectivos —y de hecho, no los cuestiona—, sino únicamente que pueda reconocerse como tales precisamente a los objetos de los modernos tipos penales económicos[78]. Pero a este respecto, y si bien aquí debo renunciar a exponer las correspondientes tesis, hay que dejar constancia, al menos, de que ya en 1969, *Tiedemann* había fundamentado convincentemente el carácter de bienes jurídicos colectivos de aquellos objetos, caracterizándolos como bienes jurídicos *intermedios* entre los individuales y los estatales[79], y de que dicha fundamentación fue reforzada y robustecida en 1975, también convincentemente y con importantes matices propios por *Schünemann*[80]. Por lo demás, en la doctrina más reciente, *Hefendehl* ha proporcionado una fundamentación definitiva de los bienes jurídicos colectivos[81] en la que *Greco* ha visto con razón un "punto de no retorno"[82].

b) En lo que se refiere a las descalificaciones de los delitos de peligro abstracto por el discurso de Frankfurt, *Schünemann* y *Kuhlen* han demostrado contundentemente la necesidad de ellos en la sociedad actual, precisamente para la *protección de bienes jurídicos*, y para nada más. Cuando las relaciones sociales tenían lugar entre sujetos claramente identificados e individualizados que se comunicaban e interactuaban directa y personalmente, y por esto mismo gozaban de amplias posibilidades de "autoprotección" frente a los posibles peligros que surgieran en la relación social interpersonal, la intervención penal podía retardarse hasta el momento de la lesión o adelantarla, como mucho, al del peligro concreto. Sin embargo, en la sociedad actual aquel modo de relación ha sido sustituido por otros de carácter masificado y anónimo en ámbitos en que confluyen multitud de cursos causales de muy diversa procedencia (por ejemplo en la producción y distribución de alimentos), los cuales pueden desencadenar peligros que, por aquel carácter masificado y anónimo de los modos de relación social, ya no tienen como posibles víctimas a un individuo concreto o a un grupo concreto de éstos con capacidad y con posibilidades de autoprotección, sino a una pluralidad anónima —a veces a masas— de individuos que podrían entrar eventualmente en contacto con esos peligros en "puntos colectivos

---

77 Véase sólo *Hassemer/Neumann*, en NK StGB 1ª, comentario previo al § 1 nº 127 (p. 119): "apenas se puede discutir que en función de su portador y de la facultad de disposición, los bienes jurídicos tienen que diferenciarse en bienes jurídicos de una persona y en bienes jurídicos de la 'generalidad' (Estado, sociedad)".

78 Véase en este sentido *Mayo Calderón*, Tutela, p. 44; *Gracia Martín*, GA 2010, p. 337; *el mismo*, RDPC nº 3 2010, p. 49.

79 Véase *Tiedemann*, Tatbestandsfunktionen, pp. 119 ss.; véase la detallada exposición de la tesis de *Tiedemann*, y de las críticas de que ésta ha sido objeto, de *Martínez-Buján*, PGª ed., pp. 192 ss.

80 Véase *Schünemann*, JA 1975, pp. 793 y 798.

81 Véase *Hefendehl*, Kollecktive Rechtsgüter, pp. 65 ss., 80 ss., 113 ss., y *passim*.

82 Véase *Greco*, Modernização, p. 45.

de distribución" de los riesgos, ignorando la existencia real de los peligros en dichos puntos y, además, con escasas posibilidades de detectarlos, quedando así mermadas, e incluso anuladas, sus capacidades y posibilidades reales de autoprotección[83]. Que en estas circunstancias no puede prescindirse de una anticipación de la intervención penal al momento en que se exterioriza el peligro inherente a la actividad (en aquellos puntos colectivos de distribución), es algo que —como dice *Schünemann* en contra de la opinión de Frankfurt— "deriva prácticamente de la naturaleza de las cosas"[84]. Por esto, la conformidad de los delitos de peligro abstracto en situaciones como las descritas con los principios de intervención penal subsidiaria y como *ultima ratio*, debería estar fuera de discusión[85]. Por otro lado, ninguna duda le plantea a *Tiedemann* la legitimidad de los delitos de peligro abstracto desde el punto de vista del principio de proporcionalidad[86]. Pero es que incluso en el plano constitucional y en el dogmático, *Schünemann* ha puesto de relieve con una claridad que solamente una ceguera podría impedir percibirlo, que la "alta definición" con que están descritas en los delitos de peligro abstracto tanto las circunstancias del hecho, como la acción típica misma, los hace sin duda mucho más conformes con la garantía material de determinación del tipo, como exigencia del principio de legalidad, de lo que lo son los tradicionales tipos imprudentes de resultado[87], los cuales han sido, son, y serán siempre un paradigma de tipos de contenido en principio no finito que hace necesaria su determinación por el intérprete, y que por esto mismo plantean problemas para la realización del principio de legalidad en su dimensión de garantía material de determinación[88]-[89].

---

83 Véase *Hefendehl*, Kollektive Rechtsgüter, pp. 164 ss., 167 ss.; *el mismo*, Rechtsgut, p. 130 = Bien jurídico, pp. 193 s.; *Schünemann*, Presentación, pp. 15 ss. Sobre el principio victimodogmático de las posibilidades de autoprotección, véase sobre todo *Schünemann*, ZStW 90 (1978), pp. 54 ss.; *el mismo*, FS Bockelmann, pp. 130 s.; *el mismo*, FS Faller, pp. 361 ss.; *el mismo*, Vorläufige Bemerkungen, pp. 407 ss.; *el mismo*, System des strafrechtlichen Unrechts, pp. 61 ss.; y *el mismo*, Ultima ratio, pp. 31 ss.

84 Así *Schünemann*, GA 1995, p. 212 (= ADPCP 1996, p. 199).

85 Así *Schünemann*, Oberschichtsstrafrecht, pp. 34 ss.; *Kuhlen*, ZStW 1993, pp. 711 ss., 720 ss.; véase en el mismo sentido *Tiedemann*, como en nota siguiente.

86 Véase *Tiedemann*, ya en Poder económico, pp. 33 s.; y ahora *el mismo*, EuAT[4a], p. 80 nº 183; en el mismo sentido, véase *Lagodny*, Strafrecht, pp. 482 ss.; y *Appel*, Verfassung, pp. 573 s.

87 Véase *Schünemann*, GA, 1995 p. 214 (= ADPCP 1996, p. 201).

88 Sobre ello véase, por ejemplo, *Cerezo Mir* PG I[6a], p. 207.

89 En cuanto al argumento de la disconformidad de los llamados "delitos acumulativos" con el principio de culpabilidad, con el que se trata de deslegitimar a esta particular especie de delitos de peligro abstracto, por si no fueran lo suficientemente concluyentes los argumentos esgrimidos en su día por *Kuhlen* en defensa de su legitimidad (véase *Kuhlen*, ZStW 105 1993, pp. 711 ss., 720 ss.; y ya antes en GA 1986, pp. 399 ss., 402 ss.), *Hefendehl* ha puesto de manifiesto que semejante objeción, que remite en última instancia a que lo injusto de tales delitos solo estaría fundamentado *ex iniuria tertii*, tendría validez sólo si en el marco de la concreta estructura típica tuviera lugar una remisión a lo injusto de terceros con efecto de *fundamentación* de la responsabilidad, pero es obvio que éste no es el caso en los delitos de acumulación; véase *Hefendehl*, GA 2002, p. 27.

4. En la doctrina alemana, se observa que el debate sobre la modernización del Derecho penal se ha detenido, o por lo menos se ha reducido considerablemente el tono vívido de la discusión desde hace aproximadamente una década, y que la dialéctica entre las posturas doctrinales enfrentadas ha quedado de hecho en los mismos términos en que tuvo lugar durante el curso de los debates vivos, es decir, sin que se hayan producido puntos de aproximación entre ambas, y menos aún de consenso. A mi juicio, el balance de situación podría describirse como sigue: mientras que el discurso de Frankfurt se ha quedado estancado por su agotamiento, pues no ha avanzado con nuevos argumentos críticos contra el discurso de modernización[90], en éste *sí* han tenido lugar notables avances y progresos que lo han afianzado y robustecido, ciertamente no porque haya ganado amplias adhesiones[91], pero sí en el sentido que realmente importa, porque es el decisivo, de un fortalecimiento de la validez de los enunciados y de las proposiciones favorables a la modernización. Este balance es hasta cierto punto lógico en su resultado, y a mi juicio se puede explicar por los siguientes motivos.

a) Del estancamiento del discurso de Frankfurt, se puede decir verosímilmente que, ya desde su inicio, era objetivamente previsible *ex ante*. En primer lugar, por su empeño en la defensa a cualquier precio de unos contenidos ultraliberales para los principios y conceptos jurídico penales, en la falsa creencia de que así podría lograr, al menos, contener al discurso de modernización. Pues de ese modo no podía lograr otra cosa que una retirada a un pasado decimonónico[92], y caer así en una *involución* que, por definición, tenía que impedirle poder desarrollar los principios y los conceptos jurídico penales *de origen liberal* no sólo para hacerlos operativos en relación con los problemas del tiempo presente[93] —que también—, sino sobre todo para reducir las imprecisiones y la indeterminación que conllevan los meros enunciados generales de los mismos en cuanto al verdadero alcance de su fuerza vinculante en relación con *cualquier* ámbito del Derecho penal, es decir, también respecto de los sectores *tradicionales*. Pues es una evidencia

---

90 Una verificación de esto la ofrece la reciente monografía de *Basar*, Modernes Strafrecht, pp. 202 ss. y *passim*, quien tras su análisis de los ámbitos singulares del Derecho penal moderno, en su toma de posición repite de hecho fielmente los mismos argumentos iniciales de *Hassemer* y de la escuela de Frankfurt.

91 Sin embargo, esto es patente en la doctrina española, pues en esta, como veremos, son mayoritarias las tendencias favorables en mayor o menor grado a la modernización del Derecho penal.

92 Así *Schünemann*, GA 1995, p. 217 (= ADPCP 1996, p. 205); *Bustos*, Control social, p. 186; *García-Pablos*, Introducción[4ª], pp. 224 s.; *Gracia Martín*, RDPC nº 3 2010, pp. 43 s.; *el mismo*, GA 2010, pp. 332 s.

93 En este sentido también *Silva Sánchez*, Prólogo, p. XIII nota 3, al indicar respecto de los postulados de Frankfurt, que "si se pretende sacar al Derecho penal de su situación, probablemente insostenible, deben formularse propuestas *posibilistas*, en vez de refugiarse numantinamente en el extremo opuesto de la defensa de una utopía (y ucronía) liberal radical", y al afirmar asimismo (*Silva Sánchez*, Expansión[2ª], p. 149), que "la verdadera imagen del Derecho penal del siglo XIX no es, pues, la que por algunos pretende dibujarse en nuestros días".

que las imprecisiones e indeterminaciones del alcance de aquellos principios constituyen un déficit crónico de *todo* el Derecho penal en general[94], y que hasta el presente no ha sido superado por la Ciencia jurídico penal, lo que hace que a la invocación de tales principios no se le pueda conceder generalmente otro valor que el de un recurso a meros tópicos metalingüísticos que cada cual utiliza como argumento meramente retórico a favor o en contra, según el caso, de la tesis que pretende defender o rechazar, pero sin desarrollar luego la mínima argumentación necesaria que permita verificar el cumplimiento o, en su caso, el incumplimiento de los principios en el supuesto en relación al cual se los invoca en el modo dicho[95]. Pero en segundo lugar, el estancamiento

94 Como advierte con razón *Roxin*, RECPC 15-01 2013, p. 21: "los partidarios del bien jurídico no han sido capaces de poner suficientemente en claro si el postulado de la afectación a un bien jurídico supone una directriz político-criminal a ofrecer al legislador, pero que *no le vincula*, o si, en cambio —y en su caso, bajo qué presupuestos—, la falta de conexión con un bien jurídico puede conducir a la *ineficacia* de una disposición penal" (cursiva mía); niega que el principio del bien jurídico sea vinculante para el legislador, por ejemplo, *Bacigalupo*, FS Jakobs, p. 14; por el contrario, lo considera vinculante, por ejemplo, *Schünemann*, Rechtsgüterschutzprinzip, pp. 141 y 142 ss. (= Principio, pp. 207 s. y 209 ss.); *el mismo*, Ultima ratio, pp. 18 ss. Por todo esto, la posibilidad de que algunos tipos penales puedan ser incompatibles con los principios y garantías, es una relativa a "cualquier Derecho penal", y no sólo "al Derecho penal moderno" (sic., para la protección de bienes jurídicos colectivos); en este sentido, véase *Hefendehl*, Kollektive Rechtsgüter, p. 179, en relación con la posibilidad de tipos penales puramente simbólicos.

95 La situación es, sin duda, desoladora, y debería invitar a la reflexión antes de hacer afirmaciones sobre el cumplimiento o el incumplimiento de semejantes principios, pues la mayor parte de las veces se hacen *sin más*, es decir, sin la mínima argumentación demostrativa. Y así, por ejemplo, *Roxin*, uno de los más caracterizados defensores del principio de exclusiva protección de bienes jurídicos, decía aún en la 3ª edición de su Tratado (AT I[3ª] 1997, pp. 29 s. nm. 48), que "*el concepto de bien jurídico... se describe del modo más diverso y frecuentemente resulta bastante vaga su operatividad para la elaboración de un concepto material de delito*", y que por ello, "*el cometido jurídico-penal de la protección de bienes jurídicos reposa sobre fundamentos inseguros*"; y aunque *Roxin* suprimiera dicha observación en la 4ª edición de 2006, no obstante permanece implícita en ésta, pues al enumerar varias de las definiciones de bien jurídico de entre las muchas que se han dado en la doctrina, no puede dejar de advertir que "no es infundado el escepticismo existente ante la capacidad de rendimiento del concepto de bien jurídico"; véase *Roxin* AT I[4ª] 2006, § 2 nm. 3, p. 14, y además § 2 nm. 120, p. 53; véase además en el mismo sentido *Roxin*, RECPC 15-01 2013, pp. 6 ss. y 21; tal vez aún más perplejidad provoca que *Stratenwerth*, en su artículo sobre el bien jurídico, publicado en el FS Lenckner (1998), después de enumerar hasta 11 definiciones de bien jurídico formuladas hasta la fecha por la doctrina penal (pp. 378 s.), y de analizar un buen número de ellas (pp. 379 ss.), llegue finalmente a la conclusión de que ninguna es apropiada para captar lo que realmente pueda ser un bien jurídico y que, por ello, la mayor parte de los contenidos desarrollados por la Ciencia penal hasta ahora tienen poco que ver con el concepto del bien jurídico (pp. 388 ss.); véase además, *Stratenwerth/Kuhlen* AT[6ª], p. 26 nm. 7. Nada distinto sucede con respecto a los principios de intervención mínima, de subsidiariedad, y de *ultima ratio*, pues la Ciencia penal no ha logrado hasta la fecha proveer de contenidos materiales seguros a ninguno de ellos, ni precisar su alcance; véase *Lagodny*, Strafrecht, pp. 144, 427 ss., *Appel*, Verfassung und Strafe, pp. 206 s., 354 s., 390 y *Stächelin* Strafgesetzgebung, p. 163; *Roxin* AT I[4ª], § 2 nm. 101, p. 47, quien considera que el principio de subsidiariedad es más bien una "directiva político criminal" que un mandato de forzoso cumplimiento; en relación con el carácter fragmentario del Derecho penal —debido a *Binding*—, *Appel*, Verfassung und Strafe, p. 411, ha puesto de manifiesto que incluso en su formulación por el mismo *Binding*, no constituye ninguna

mencionado lo explica también, a mi juicio, el hecho de que el discurso de Frankfurt no haya logrado nunca replicar con éxito a los sólidos argumentos del discurso de modernización, y sobre todo que sus réplicas frustradas hayan producido mas bien el efecto de reforzarlos y de robustecerlos gracias, y precisamente, a la crítica misma. Esto es así, por una misma razón con una doble vertiente que se halla presente en las críticas mismas.

aa) Por un lado, el discurso de Frankfurt no ha logrado oponer al de modernización nada nuevo y distinto a lo mismo que ya esgrimió en su contra desde el principio en origen, sino que se limita a repetir lo mismo en sus mismos términos, con lo cual no avanza ni consigue rebatir en lo más mínimo las réplicas del discurso de modernización, pues dado que éstas producen enunciados y proposiciones "nuevos", frente a éstos ya no cabe reiterar los mismos argumentos que se esgrimían antes contra unos objetos

---

exigencia normativa, sino que sólo es una constatación empírica-descriptiva; y *Tiedemann*, EuAT[4a], p. 83 nº 189; *el mismo*, Manual, p. 70, considera que el carácter fragmentario del Derecho penal no se puede cumplir siempre. En la doctrina española, advierte sobre las inconcreciones y los contenidos confusos de los principios señalados, *Díez Ripollés*, JpD nº 30 1997, pp. 12 s.; *el mismo*, RECPC 06-03 2004, p. 22; *el mismo*, Racionalidad[2a], pp. 138 ss. En este sentido, pues, no parece que pueda otorgarse a tales principios nada más que el valor de directrices normativas cuya concreción se encuentra todavía pendiente de realización, y que toda apelación a ellos, mientras no tenga lugar al menos una mínima concreción de los mismos, no puede tener otro valor que el de un recurso metalingüístico y retórico que no prueba ni demuestra nada de lo que se afirma o niega. Pero por esta razón, toda descalificación del Derecho penal moderno que se base sólo en la afirmación *sin más*, de que con él se violan semejantes principios, ya no puede verse más que como una que, por eso, ya es portadora por sí misma de su propia descalificación y de su falta de validez; en un sentido parecido, en relación con la invocación del principio de intervención mínima, véase *Pozuelo*, RDPP nº 9 2003, pp. 19 s., advirtiendo con razón que "el juicio acerca de la legitimidad o ilegitimidad de la intervención a menudo se queda en la invocación de principios cuyo concreto contenido, a efectos de señalar la efectiva ruptura que una determinada intervención penal supone de los mismos, no es especificado" (p. 20); véase también *la misma*, en LH Jakobs II, p. 117. En *Gracia Martín*, LH Cerezo, p. 351 nota 22, opuse a la crítica de las tesis de *Schünemann* formulada por *Blanca Mendoza*, que la afirmación de ésta, de que aquéllas serían contrarias a los principios de subsidiariedad y de ultima ratio, es un argumento "pobre", en el sentido de tener "poca fuerza"; a mi estimación, sin embargo, *Gómez Martín*, Sociedad del riesgo, p. 90, ha opuesto que "la referencia a tales principios se encuentra lejos de constituir un argumento 'pobre'", lo que interpreto como un malentendido. Por esto, quiero remarcar aquí que lo dicho por mí en aquél lugar, y lo aquí explicado en esta larga nota, no debe ser interpretado en el sentido de una minusvaloración por mi parte de ninguno de los principios mencionados; al contrario, en mi opinión, éstos deben ser salvaguardados como irrenunciables; aquí sólo digo que la Ciencia penal debe esforzarse en darles contenido y concreción, y que mientras esto no se haga, toda apelación *sin más* a ellos, para justificar o para deslegitimar una incriminación, no puede ser aceptada como un argumento de peso; con esto, espero aclararle a *Gómez Martín* cuál es el sentido y el alcance en que utilicé el calificativo de "pobre" en el lugar citado por él, y de este modo, que yo —como él— también considero que la referencia a tales principios no es un argumento "pobre", pero claro está, siempre y cuando su invocación vaya acompañada de una argumentación mínimamente plausible; en este sentido véase también *Greco*, Modernização, pp. 39 ss., advirtiendo sobre la imprecisión de los conceptos que se manejan en la discusión.

de los que se han hecho aflorar y dado a conocer aspectos implícitos en ellos por medio de enunciados y de proposiciones más elaboradas y profundas que las tradicionales[96]. De este modo, pues, el discurso de Frankfurt se ha quedado estancado, dando vueltas y girando, como bailando una sardana, en su mismo círculo argumentativo inicial y obsoleto.

bb) Pero por otro lado, el estancamiento del discurso ultraliberal, y el simultáneo refuerzo y robustecimiento de los enunciados y proposiciones del discurso de modernización, resultan y se explican también por la extendida práctica de los críticos, muy fácilmente verificable, de pasar absolutamente por alto declaraciones, afirmaciones, y argumentos formulados de un modo expreso, claro y contundente por el discurso de modernización en defensa de sus tesis, para luego oponerle como crítica que con dichas tesis se estaría quebrantando nada más y nada menos que aquello que los defensores de la modernización están precisamente defendiendo del modo indicado, y casi a cualquier precio, porque lo consideran condición de validez de sus propias tesis. Así, como un ejemplo paradigmático: en la doctrina española *Blanca Mendoza* ha objetado a las tesis de *Schünemann* que entrarían en conflicto con los principios de subsidiariedad y de *ultima ratio*[97], siendo así que *Schünemann* no sólo es un vehemente defensor de los mencionados principios del bien jurídico, de subsidiariedad y de *ultima ratio*, y hasta el punto de que les otorga el rango de condición de *validez* —de constitucionalidad— del Derecho penal moderno mismo tanto como del resto del Derecho penal[98]. Pero si esto es así, entonces ¿cómo se puede llegar ni siquiera a pensar e insinuar que las tesis a favor del Derecho penal moderno de *Schünemann*, quebrantan los principios de los que él es uno de sus más exigentes defensores?[99]

b) En mi opinión, se puede verificar que el discurso de modernización, al contrario que el discurso ultraliberal de Frankfurt, *sí* ha experimentado un apreciable robustecimiento y un progreso importantes mediante el desarrollo

96 Véase *Basar*, Modernes Strafrecht, pp. 207 ss., donde para rechazar los delitos de peligro abstracto, repite fielmente los viejos argumentos de Frankfurt sin tener en cuenta en lo más mínimo los contraargumentos esgrimidos contra aquéllos, por ejemplo, por *Schünemann*, pero también por otros, como yo mismo en mi artículo de GA 6/2010, p. 351.

97 Véase *Blanca Mendoza*, Derecho penal, pp. 149 n. 368 y 150 s.

98 Véase *Schünemann*, en Oberschichtsstrafrecht, pp. 34 s., donde al ocuparse precisamente de la modernización del Derecho penal, no pudo ser más claro y contundente al decir en relación con ella, que la misma "puede ser desarrollada a partir de la idea jurídico penal fundamental, y no alterada desde la Ilustración, de que el Derecho penal sólo puede y tiene que ser empleado como *ultima ratio* para la prevención de daños sociales" (p. 34); y como queda dicho, a eso hay que añadir que *Schünemann* defiende inequívocamente nada menos que el rango "constitucional" de semejantes principios, de tal modo que considera que serían inconstitucionales todas las leyes que se desviaran de ellos; véase *Schünemann*, Rechtsgüterschutzprinzip, pp. 141 y 142 ss. (= Principio, pp. 207 s. y 209 ss.); además véase en igual sentido e insistentemente, *el mismo*, Ultima ratio, pp. 18 ss.

99 Sobre las críticas que se han opuesto a mi discurso de un modo similar, es decir, atribuyéndome todo lo contrario de lo que yo sostengo y afirmo, cfr. *infra* IV.

y la concreción de un buen número de sus enunciados, de los objetos de estos enunciados, de sus proposiciones y de los argumentos con que prueba su validez. A esto ha contribuido sin duda la misma inconsistencia e invalidez, por las razones que acabo de exponer[100], de las críticas de que ha sido objeto, pero también las relevantes y substanciales aportaciones de nuevos conocimientos por parte del discurso modernizador, como es sobre todo la debida en la doctrina alemana a la monumental e importantísima investigación de *Roland Hefendehl* sobre los bienes jurídicos colectivos[101], la cual, según *Greco*, ha fijado un punto de no retorno[102]. Este progreso del discurso de modernización, también tiene su explicación lógica. Pues no se puede ignorar, ni dejar de tener en cuenta, que el discurso de modernización es uno de *creación y de concreción del Derecho* para el momento histórico presente y para el inmediato porvenir, que no está ni mucho menos culminado porque se encuentra en proceso de elaboración, y esto, por definición, implica que el mismo tiene que estar produciendo por fuerza algo nuevo con cada uno de sus pasos[103]. Esto es así, con absoluta independencia de si los nuevos productos son correctos o cuestionables por alguna razón relevante, lo que de todos modos, a mi juicio, no sucede, por lo que a quien opine de modo contrario, habrá que demandarle y exigirle la prueba y demostración de la incorrección de aquéllos, pero con argumentos que, lógicamente, ya no podrán consistir en una repetición de los antes esgrimidos y conocidos, simplemente porque éstos ya han sido cumplidamente rebatidos por el discurso de modernización del Derecho penal, por lo que reiterarlos de nuevo, no sería más que una renovada práctica de aquel girar en círculo como en un baile de sardana, que dejaría al discurso de modernización tal y como ya se encuentra dispuesto y estancado.

III. La recepción y la reproducción de la polémica en la doctrina española

1. *a)* En la doctrina española, que generalmente va a remolque de la alemana, se puede observar que hasta la entrada en vigor del Código penal de 1995, apenas se participó en el debate alemán, ni reproduciéndolo, ni tomando posiciones definidas en el mismo. Ciertamente, aquél no fue desconocido ni desatendido completamente, pero durante el momento histórico preciso en que estaba teniendo lugar, no se puede ver ningún debate similar entre los penalistas españoles. El término "modernización", con el sentido que se le daba en el debate alemán, era ajeno a la doctrina española de aquel momento, y las discusiones relativas a cuestiones coincidentes con las tratadas en aquél, no tuvieron lugar en ella en un marco polémico similar, sino en el general

---

100 Y que ya anticipé en Prolegómenos, p. 208

101 Véase *Hefendehl*, Kollektive Rechtsgüter, citada en la bibliografía.

102 Véase *Greco*, Modernizaçâo, p. 45.

103 Por eso, a la seguridad con que Frankfurt defiende un concepto personal de bien jurídico, ya petrificado e inmóvil, hay que oponer la certera advertencia de *Schünemann*, Rechtsgüterschutzprinzip, p. 154 (= Principio, p. 226), de que "la verdadera construcción de la teoría del bien jurídico aún está por venir".

de un Derecho penal único en que no se distinguía intencionalmente entre ámbitos tradicionales y modernos. Por otra parte, como punto de partida para el estudio de la materia, la doctrina española del momento disponía y utilizaba el completo y excelente Manual de *Miguel Bajo,* que en 1978 ya dio al Derecho penal económico en España el estatuto de sector específico de la Parte Especial con problemas propios, y sobre todo como banco de pruebas de la capacidad de rendimiento de la teoría general del Derecho penal[104]. Pero a los efectos que aquí interesan, me parece muy relevante el dato de que nadie pusiera en cuestión de un modo no insignificante los principios de partida del "nuevo" Derecho penal económico en ciernes, sino que se entendieran más bien como meras extensiones y concreciones fieles de los *mismos* principios tradicionales del Derecho penal en general aplicados a las particularidades propias y específicas de unos escasos y dispersos tipos penales económicos existentes en el sistema legal de la época. Además, es también digno de ser destacado que un número importante de los delitos incluidos por *Bajo* en la sistemática de su Manual, eran delitos patrimoniales tradicionales que el autor español se esforzó en —y sin duda logró magistralmente— *reinterpretar* en el marco de un *estricto respeto de las garantías penales generales,* para poder adaptarlos a la complejidad que plantea el hecho de que su comisión tenga lugar en el contexto de una actividad económica empresarial[105].

b) Como queda dicho, fue la entrada en vigor del CP 1995 lo que produjo realmente en la doctrina española una agitación parecida a la que tuvo lugar en Alemania. Pues más allá de las construcciones doctrinales ya existentes, el Derecho penal económico no sólo veía incrementada considerablemente su extensión en el nuevo Código, sino que sobre todo adquiría la relevante propiedad, de gran trascendencia, de tener una forma sistemática y "codificada" dentro del Código penal mismo[106], y esto, al menos en principio, tenía que obligar a tratar a los delitos económicos al mismo nivel y del mismo modo que a todos los demás delitos, es decir, como conductas igualmente criminales que las constitutivas, por ejemplo, de delitos patrimoniales tradicionales, dado que la Parte General del Código es aplicable en igual medida a cualquier delito de su Parte Especial[107]. De este modo, los delitos económicos incluidos en el Título XIII del Libro II CP 95, se convirtieron en objetos de atención preferente en la doctrina española. Amén de otros muchos trabajos, un gran número de tesis doctorales[108] tuvieron como objetos o como temas centrales a

104 *Cfr. supra* nota 12.

105 Véanse las indicaciones de *Bajo,* DPE, pp. 44 s., sobre el "plan" de su obra, y pp. 78 ss., sobre la función del Derecho penal frente a la delincuencia económica.

106 Cfr. el Título XIII CP: "De los delitos contra el patrimonio y *contra el orden socioeconómico*"; véase el elogioso juicio al respecto, de *Tiedemann,* EuAT^{4a}, p. 57 nº 127; *el mismo,* Manual, p. 75 nº 68.

107 Véase por todos *Martínez-Buján,* PG^{4a}, pp. 77 ss.

108 Y también de los trabajos de investigación exigidos por las normativas a la sazón vigentes como segundo ejercicio de los concursos a plazas de profesores permanentes de Universidad.

delitos económicos en particular[109]. Las necesarias incursiones en la doctrina alemana que tuvieron que hacer los penalistas españoles en el curso de sus investigaciones, llevaron a la doctrina española a zambullirse en el debate alemán, y así a tomar conciencia de que en Alemania los debates sobre viejos temas, ya no discurrían en los términos tradicionales de la Ciencia penal, es decir, que allí ya no se discutía sobre cómo resolver mejor los problemas que planteaba una materia penalmente relevante única y homogénea por medio de unos mismos instrumentos dogmáticos y conceptuales que al menos en lo esencial de sus enunciados eran generalmente compartidos. Por el contrario, los objetos reales de debate eran *los enunciados mismos* relativos a aquellos instrumentos dogmáticos y político criminales en cuanto tales, y semejante debate había provocado el efecto —como no podía ser de otro modo— de una escisión de la materia jurídico penal en dos bloques —uno para la "tradicional", y otro para la "moderna"— que un destacado sector de la doctrina alemana —el de Frankfurt— percibía como enfrentados e incompatibles desde el punto de vista precisamente de los enunciados sobre los principios y las garantías jurídico penales[110]. Todo esto permite a mi juicio explicar verosímilmente el proceso de importación a España, y de reproducción aquí con matices propios y originales, de la polémica alemana aproximadamente durante la segunda mitad de la década de los años 90 del siglo pasado[111], y que las investigaciones sobre las cuestiones generales implicadas en la polémica alemana dieran como fruto no sólo a muy valiosas obras sistemáticas generales de Derecho penal económico[112], sino también a un buen número de monografías sobre

109 El volumen de publicaciones al respecto en la doctrina española produce verdadero vértigo; véanse las exhaustivas relaciones bibliográficas de la 5ª edición del Tratado de la Parte Especial del Derecho penal económico y de la empresa, de *Martínez-Buján*, citado en la bibliografía.

110 Véanse las descripciones del "cambio de paradigma", de *Basar*, Modernes Strafrecht, pp. 2 ss.

111 Así lo estima también *Gómez Martín*, Sociedad del riesgo", p. 59, al decir, en 2004, con razón, que la polémica que ya ocupaba a los penalistas alemanes desde hacía más de diez años, "ha llegado a nuestro país más recientemente, principalmente a partir de la segunda mitad de los años 90 del siglo XX".

112 Con anterioridad a la entrada en vigor del nuevo CP 95, además del clásico, y ya aquí reiteradamente citado Manual de *Miguel Bajo*, *Juan Terradillos* había publicado también, justo en 1995, una muy importante obra general de Derecho penal de la empresa (véase en la bibliografía), referida al CP 73, pero en la que prestó gran atención a los precedentes del CP 95 —el PLOCP 1980 y el Anteproyecto de 1983— y elaboró muy valiosas aportaciones conceptuales político criminales y dogmáticas, que como productos del saber jurídico penal, son completamente válidas para la interpretación de cualquier sistema legal positivo. Ya vigente el CP 95, en 1998, *Enrique Bacigalupo* edita un valioso Curso de Derecho penal económico, que ve una 2ª edición en 2005 (véanse en la bibliografía), y que si bien no es un Manual ni un Tratado completos del sistema, sin embargo contiene trabajos sistematizados, de distintos autores y de él mismo, sobre los temas básicos y fundamentales tanto de la Parte General como de la Especial; en 2001, *Miguel Bajo* y *Silvina Bacigalupo* conjuntamente, siguiendo la estela del clásico Manual del primero, publican un completo Derecho penal económico adaptado al nuevo Código, con una Parte General y una Parte Especial, el cual vio una segunda edición en 2010 (véase en la bibliografía); por sus características, una obra general que merece objetivamente la consideración de monumental y hasta de enciclopédica, es el Manual, convertido ya en un auténtico Tratado, de *Carlos Martínez-Buján*, dividido en dos volúmenes independientes dedicados,

los problemas específicos de la modernización del Derecho penal, y así a que en la doctrina española se fueran tomando posiciones definidas en el debate.

2. En cuanto al fondo, en la doctrina española penetraron desde el principio con gran fuerza las esencias del discurso ultraliberal de la Escuela de Frankfurt, de la mano de algunos autores que se adhirieron a él en mayor o en menor medida, y con matices y propuestas propias y originales[113].

a) En la doctrina española favorable a las tesis de Frankfurt se asumen en paralelo la mayor parte de sus postulados con ciertos matices propios y originales, y así: se asume la terminología y la división del Derecho penal en clásico y en moderno[114]; se entiende que el moderno Derecho penal representa

---

el uno a la Parte General, y el otro a la Especial; en esta valiosa obra, *Martínez-Buján* expone de un modo exhaustivo "todo" el saber sobre el Derecho penal económico y de la empresa acumulado hasta el presente, da a conocer —en muchos casos de un modo muy extenso y monográfico— incluso la opinión individualizada de cada autor, las polémicas doctrinales relativas a cada tema, y no deja de tomar una posición personal argumentada ante ninguna cuestión controvertida (véanse las referencias en la bibliografía). Finalmente, me parece digna de mención, la publicación, en 2013, de unas Instituciones de Derecho penal económico (citadas en la bibliografía), por *Fernández Teruelo*, en que lleva a cabo una exposición coherente y armónica, de la mayor parte de las cuestiones y problemas básicos y fundamentales del Derecho penal económico y de la empresa, que el autor ya había tratado antes en importantes y relevantes publicaciones.

113 Y así, en 1997, *Mata y Martín* publica una breve monografía crítica sobre los bienes jurídicos colectivos (véase en la bibliografía); en 1999 aparecen, por un lado, la también breve monografía de *Mª Isabel Sánchez*, crítica con la supuesta anticipación de la tutela penal en el Derecho penal moderno (véase en la bibliografía) y, como publicación especialmente relevante, el breve ensayo general y crítico de *Silva Sánchez*, sobre la expansión del moderno Derecho penal (véase en la bibliografía), si bien éste ya había publicado antes otros trabajos parciales con la misma carga crítica; véase *Silva Sánchez*, ADPCP 1996, pp. 93 ss.; AP nº 15 1996, pp. 309 ss.; y La Ley 1997, tomo 3, pp. 1714 ss.; en 2001, publica *Silva* una segunda edición ampliada de su ensayo (véase en la bibliografía), y también aparecen las amplias y profundas monografías críticas de *Blanca Mendoza* (véase en la bibliografía), dedicadas, la primera a una crítica global del Derecho penal de la sociedad del riesgo, y la segunda a una crítica de los delitos de peligro abstracto; en 2006, *Silva Sánchez* publica una reimpresión de la 2ª ed. de su Expansión con las recensiones de que fueron objeto ésta o la primera edición como anexos (véase en la bibliografía); y en 2011, publica una 3ª ed., con un epílogo de actualización y de respuesta a ciertas críticas de que han sido objeto sus tesis, y con la adición de nuevas recensiones. Sin concretar, debido al lugar en que lo declara, *Sanz Morán*, Recensión, p. 297, manifiesta de un modo global que su postura estaría próxima a la de Frankfurt.

114 Véase, por ejemplo, *Silva Sánchez*, Expansión2ª, pp. 157 ss., y nota 372 de p. 157, donde dice asumir el concepto de "modernización" de *Hassemer/Muñoz Conde* (pero véase lo que se dice luego en el texto, sobre la substancial posición diferenciada de Silva al respecto); *Sánchez García*, Moderno Derecho, p. 11 y nota 1, con remisión expresa a la contraposición de *Hassemer* entre el Derecho penal "moderno" y el "clásico"; *Blanca Mendoza*, Derecho penal, especialmente p. 67, donde habla del "Derecho penal moderno" y lo contrapone al "clásico, característico del Estado de Derecho".

una lesión masiva de las garantías jurídico penales del Estado de Derecho[115], y muy particularmente de las relativas al racimo constituido por los principios y exigencias de exclusiva protección de bienes jurídicos, de subsidiariedad, y de *ultima ratio*[116]; se estima que de esto serían un claro exponente los delitos de peligro abstracto, que habrían venido a sustituir al modelo de lesión y de peligro concreto del Derecho penal tradicional[117], y se rechazan como contrarios al principio de lesividad[118]; finalmente, también se ve al Derecho

---

115 Así, según estimación de *Silva Sánchez*, Expansión[2a], pp. 20, 101 y 132 s., el Derecho penal actual se enclava "en el marco general de la restricción, o la 'reinterpretación' de las garantías *clásicas* del Derecho penal sustantivo y del Derecho procesal penal" (cursiva mía); y con los llamados delitos de acumulación, "se vulnera el principio de *culpabilidad*, al fundamentarse la sanción *ex iniuria tertii*", y al no haber en tales casos "una lesión (o peligro) para el bien jurídico atribuible personalmente a la conducta del sujeto concreto, ... la sanción penal vulneraría el principio de proporcionalidad" (pp. 132 s.); y ya antes, para el Derecho penal (moderno) del medio ambiente, véase *el mismo*, Consideraciones teóricas, p. 153 (= en La Ley, 1997-3, p. 1714); y según *Blanca Mendoza*, Derecho penal, pp. 181 s.: "se corre el riesgo de caer en la destrucción del sistema de garantías que, hasta ahora, se ha sustentado tanto sobre los principios político-criminales liberales como sobre el sistema clásico de imputación".

116 Véase *Blanca Mendoza*, Derecho penal, pp. 68 ss., quien estima que el Derecho penal moderno supondría un "cambio de paradigma de la tutela de bienes —referidos en última instancia a individuos, como por ejemplo en este ámbito (del Derecho penal económico), el patrimonio— hacia la tutela o mantenimiento de funciones" (p. 72), y que así se procede a "sustituir la protección real de concretos bienes jurídicos por la de vagas e indeterminadas funciones, puesto que ya no se trataría en muchos casos de la protección de intereses concretos referidos directamente a personas sino, más bien, de la protección de instituciones, de modelos de organización social o de unidades funcionales a las que se atribuye un valor" (p. 73); *Silva Sánchez*, Expansión[2a], pp. 121 ss., para quien los objetos de protección de muchos de los tipos modernos, serían contextos, entornos o condiciones previas del disfrute de los bienes jurídicos individuales, poniendo como ejemplo paradigmático al medio ambiente como "el 'contexto' por antonomasia de bienes personales del máximo valor" (p. 122); *Sánchez García*, Moderno Derecho, p. 71: "cabe preguntarse si precisamente mediante la creación de bienes jurídicos supraindividuales no puede llegarse en ocasiones a calificar de bien jurídico lo que no es sino un artificio, una verdadera metáfora conceptual..., encubriendo de ese modo una intervención injustificada del Derecho penal, contraria a los principios de lesividad y de intervención mínima".

117 Véase, de un modo muy expresivo, *Silva Sánchez*, Expansión[2a], p. 121: "la combinación de la introducción de nuevos objetos de protección con la anticipación de las fronteras de la protección penal ha propiciado una transición rápida del modelo 'delito de lesión de bienes individuales' al modelo 'delito de peligro (presunto) para bienes supraindividuales', pasando por todas las modalidades intermedias"; véase también *Sánchez García*, Moderno Derecho, pp. 36 ss., 39 ss., 70 ss.; *Blanca Mendoza*, Límites, pp. 346 ss.

118 Véase *Silva Sánchez*, Expansión[2a], p. 123, para quien los delitos de peligro abstracto serían expresión de "la tendencia a provocar la intervención del Derecho penal tan pronto como se afecta un cierto ecosistema en términos que superan los *standards* administrativos establecidos"; *Blanca Mendoza*, Derecho penal, p. 81, porque lo que se pena en ellos, no son más que "meras perturbaciones o comportamientos indeseados o 'molestos' para el modelo de funcionamiento de un determinado subsistema"; no obstante, hay que indicar que *Blanca Mendoza*, Límites, pp. 353 ss., no rechaza absolutamente los delitos de peligro

penal moderno como uno con funciones exclusiva o predominantemente *simbólicas*[119].

b) Una consideración particularizada merecen el análisis crítico y las sólidas tesis y propuestas dogmáticas de *Silva Sánchez*[120], pues sus originales matices hacen a su discurso, por un lado, más moderado y realista, y por otro, a mi juicio, y aunque no lo comparta "en todo"[121], lo hacen también más plausible y, en el plano dogmático, teóricamente superior al de Frankfurt[122]. El

---

abstracto, pues admitiría aquellos que resultaran filtrados después de un respeto estricto a los principios limitativos de incriminación de conductas.

119 Véase *Silva Sánchez*, Expansión[2ª], pp. 50, 51 s.; *Blanca Mendoza*, Derecho penal, pp. 53 ss., 157 s., 160 s.; *Sánchez García*, Moderno Derecho, pp. 96 ss.; *Cancio*, Dogmática, pp. 125 ss.

120 Como se comprueba en todos los estudios sobre la materia, el discurso de *Silva* se expone como uno propio y diferenciado; a título de ejemplo, véase *Díez Ripollés*, RECPC 07-01 2005, pp. 6 s., quien clasifica los discursos sobre el moderno Derecho penal en cuatro líneas estratégicas, y sitúa como segunda, entre la de Frankfurt y la modernizadora, a la de *Silva* como una propia y diferenciada de ellas y de la cuarta, que *Díez Ripollés* denomina como de "resistencia garantista" (loc. cit. pp. 8 s.)

121 Mis desacuerdos con *Silva* se refieren: *1)* a su propuesta de conceder una *flexibilización* de las garantías en el Derecho penal que él llama de segunda velocidad, porque en mi opinión no pueden hacerse distinciones: yo sólo reconozco *un único* Derecho penal para todos los ilícitos penales, y no admito ni la mínima flexibilización de las garantías en ningún campo; es más, en mi opinión tampoco es admisible ni la mínima flexibilización en el Derecho sancionador administrativo; en el mismo sentido que yo, de modo contundente y decidido, también *García-Pablos*, Introducción[4ª], p. 225, y rechazando también expresamente la propuesta de *Silva*, de flexibilizar las garantías en el hipotético Derecho penal de segunda velocidad e incluso en el Derecho sancionador administrativo, véase, con razón, *Abanto*, RP nº 18 2006, pp. 37 s.; y *2)* a su propuesta del Derecho penal de la tercera velocidad, que también me parece rechazable. Por eso, la pregunta que se hace *Silva* en Expansión[3ª], pp. 195 s., acerca de si es posible que su obra sea vista a la vez como "comprensiva" con la expansión (así *Jakobs*) y como conductora del discurso de resistencia (así mi opinión), y que *Silva* responde en sentido afirmativo porque su postura buscaría un "punto medio realista" y adoptaría un discurso abierto a una expansión "moderada", para mí tiene otra respuesta de carácter relativo a partir de lo dicho al principio de esta nota en *1)*: si considero que su discurso se encuadra en el de la resistencia, ello es debido naturalmente a mi personal postura de no distinguir entre campos de lo ilícito penal, y en particular de mi rechazo a la exclusión de la pena privativa de libertad para los ilícitos penales económicos que según *Silva* deberían integrar el Derecho penal de la segunda velocidad que él propone. Por el contrario, si la postura de *Silva,* de admitir que "algunos" ilícitos económicos podrían llevarse "resignadamente" al Derecho penal de la primera velocidad, se valora desde la perspectiva de la Escuela de Frankfurt, entonces es evidente que en comparación con lo que ésta sostiene, *sí* debe verse como una "comprensiva" con la expansión que, aunque sea "moderada", no dejaría de ser expansión en la lógica del discurso de resistencia de Frankfurt. En definitiva, es la propuesta de la segunda velocidad sin penas privativas de libertad lo que me lleva a adscribir el discurso de *Silva* al de la resistencia a la modernización del Derecho penal. Pero insisto en que dicha adscripción es una consecuencia lógica y coherente sólo desde mi perspectiva personal, mientras que desde su propia perspectiva, sí habría que ver al discurso de *Silva* lógicamente como uno limitadamente favorable a la modernización o expansión.

122 También comparte esta valoración, *Martínez-Buján*, PG[4ª], p. 85.

importante discurso de *Silva* es una referencia emblemática para la crítica de la modernización del Derecho penal, y ya nunca podrá dejar de ser tenido en cuenta en ningún estudio sobre la política criminal contemporánea[123].

aa) Globalmente, *Silva* coincide con las críticas de Frankfurt a los caracteres centrales del Derecho penal moderno[124]. Pero un matiz diferencial de su discurso, que puede tener alguna trascendencia, radica en el hecho de que, ya desde el principio, delimite el campo de los objetos de su análisis mediante el concepto empírico-descriptivo de "expansión"[125], en lugar de hacerlo mediante el valorativo de "modernización"[126], que para *Silva* representa sólo un aspecto más de la expansión[127]. "Expansión" significa ampliación, extensión, incremento, dilatación, etc., y es un concepto de "cantidad". *Silva* agrupa mediante el concepto de expansión, en principio, a todas las manifestaciones de incremento —extensivo o intensivo— de la intervención punitiva, y por consiguiente incluye en aquélla a los nuevos tipos delictivos, a las ampliaciones en contenido de los ya existentes, y a las agravaciones de los marcos penales de éstos[128]. Precisamente por su carácter empírico-descriptivo, en el concepto de expansión quedan comprendidos objetos de muy diversa naturaleza y con distintos significados político criminales. De este modo, *Silva* hace objeto de su análisis, en cuanto manifestaciones expansivas, tanto a los "modernos" tipos penales económicos, que afectan principalmente a las clases poderosas[129], como a las ampliaciones de los tipos tradicionales y a las agravaciones de las penas de éstos, que afectan principalmente a las clases bajas[130], y también a la llamada "criminalidad organizada" como un problema específico del mundo globalizado que daría lugar a una política criminal y a un Derecho penal específicos de la globalización[131]. Pero como no podría ser de otro modo en un dogmático de tan gran talla y finura como las de él, *Silva* no se queda en la simple descripción de fenómenos tan heterogéneos ni en meras valoraciones político criminales de los mismos, sino que finalmente los ordena, diferencia y clasifica *dogmáticamente*, es decir, operando con el método de la Ciencia jurídica, dimensión ésta que siendo sin duda la más relevante

---

123 Véase, el juicio similar de *Laurenzo*, RDPC nº 12 2003, p. 441.

124 Véase el apartado precedente de este mismo núm. 2, con las citas de *Silva* en las correspondientes notas.

125 Véase *Silva Sánchez*, Expansión²ª, pp. 20, 48: "tendencia general, a la que cabe referirse con el término '*expansión*'" (p. 20); "expansión de la imputación de responsabilidad" (p. 48).

126 El concepto de modernización, derivado de "moderno", es "valorativo", pues requiere una previa intuición estimativa de lo que haya de entenderse por "moderno", y luego una *selección* de datos a partir de aquélla para determinar si un objeto que interesa tiene o no tiene la cualidad de "moderno"; sobre lo que entiende *Hassemer* por "moderno", *cfr supra* 2.1.*a)*, 2.1.*b)*, notas 25 y 27, y 2.2; y sobre lo que yo entiendo por moderno, véase *Gracia Martín*, Prolegómenos, pp. 42 ss., y aquí *infra* en V.2.*b)* bb) y V.3.

127 *Cfr. supra* nota 114.

128 Véase *Silva Sánchez*, Expansión²ª, pp. 20 s.

129 Véase *Silva Sánchez*, Expansión²ª, pp. 56 ss., 87

130 Véase *Silva Sánchez*, Expansión²ª, pp. 22 ss., 30 ss., 105 ss.

131 Véase *Silva Sánchez*, Expansión²ª, pp. 86 ss., 103 ss.

y decisiva para el *Derecho*, sin embargo es ignorada por sus detractores al formular ciertas críticas al discurso de *Silva* que, precisamente por ignorar esa dimensión dogmática, como veremos, están totalmente desenfocadas y carecen de validez jurídica.

bb) Al estimar *Silva* que, en su opinión, *toda* la expansión en todos los campos afectados por ella, cursa en un modo que vulnera en mayor o en menor grado las garantías jurídico penales[132], *para salvaguardar a éstas* en la mayor medida posible, propone —y esto es una auténtica originalidad suya— estratificar al Derecho penal en tres niveles *dogmáticos* diferenciados a los que metafóricamente denomina "velocidades", cada uno de los cuales se configuraría en proporción[133] al resultado cuantitativo específico de las posibles combinaciones de los dos siguientes criterios cualitativos: la gravedad de las sanciones penales, por un lado, y el grado admisible de flexibilización de las garantías, por otro[134]. Y así, un Derecho penal de "primera velocidad", tendría como base una *proporcionalidad de máximos*: a la mayor gravedad de su sistema de penas, cuyo eje sería la pena privativa de libertad, corresponderá un respeto estricto de todas las garantías sin la mínima flexibilización; en él se incluiría, sin duda, a los delitos tradicionales contra bienes individuales, pero también a aquellos tipos penales de naturaleza económica (modernos) cuya inclusión en el Derecho penal *no sea posible evitar* a causa de la mayor fuerza de los factores (sociales, políticos, mediáticos, etc.) que presionan a una criminalización hasta cierto punto razonablemente, y así en dirección a la expansión[135]. El Derecho penal de "segunda velocidad" se configuraría a partir de la proporcionalidad resultante de la correspondencia entre una hasta cierto punto admisible flexibilización de las garantías, y una menor gravedad de las penas, debiendo quedar excluidas de él en todo caso las privativas de libertad; en él deberían incluirse la mayor parte de los ilícitos económicos modernos[136]. Finalmente, según *Silva*, cabría pensar en un Derecho penal de "tercera velocidad" para fenómenos y supuestos en que, a pesar de la severidad de las consecuencias jurídicas con que debe reaccionarse frente a ellos, sin embargo sólo sería posible hacer operar y funcionar a las garantías penales en grados sensiblemente reducidos; a este nivel correspondería el llamado Derecho penal del enemigo; para *Silva*, esta tercera velocidad vendría exigida por una *necesidad* que impondría tener que aceptarla resignadamente, e independientemente de si su propuesta convence o no, lo cierto es que, a mi juicio, y como sucede con la totalidad de su discurso, también aquí *Silva* es totalmente coherente teóricamente, pues él mismo duda de que esta tercera velocidad pueda ser auténtico *Derecho*; en particular, deja muy claro que las consecuencias jurídicas de esta tercera velocidad no serían *penas*, sino propiamente *medidas de seguridad* con fundamento en la peligrosidad

132 *Cfr. supra* nota 115.

133 Como advierte *Laurenzo*, RDPC nº 12 2003, p. 451, la propuesta de *Silva* es una de "proporcionalidad".

134 Véase *Silva Sánchez*, Expansión[2a], pp. 150 s.

135 Véase *Silva Sánchez*, Expansión[2a], pp. 150, 159 ss., 162 ("expansión razonable").

136 Véase *Silva Sánchez*, Expansión[2a], pp. 159 ss.; en sentido similar, *Martínez-Buján*, PG[4a], pp. 97 s.

criminal, y además, advierte y precave también sobre un posible, y en todo caso indeseable crecimiento "ilegítimo" de un Derecho penal del enemigo[137].

3. *a)* En la doctrina española, se defiende mayoritariamente el discurso favorable a la modernización del Derecho penal[138], si bien con muy distintos matices y con algunas reservas. Un número ya importante de autores se ha pronunciado a favor de la intervención punitiva en los ámbitos de la actividad económica empresarial y del ambiente, y además reconocen y afirman expresa y categóricamente —sin la mínima duda ni reserva— la conformidad global de los instrumentos dogmáticos que la habilitarían, con los principios y garantías jurídico penales del Estado de Derecho y, por lo tanto, su legitimidad[139]. Otro bloque de la doctrina, que opone reparos a los discursos

137 Véase *Silva Sánchez*, Expansión[2a], pp. 163 ss.

138 Véase en este sentido *Martínez-Buján*, PG[4a], p. 85.

139 Para mi postura inequívoca y apodíctica en ese sentido, *cfr.* a continuación el apartado *c)* de este mismo número 3 en este mismo epígrafe, y más ampliamente *infra* IV.2 y 3. Ahora véase sobre todo, *Bustos*, Control social, pp. 18 ss., 28 s.; "se trata de elaborar el máximo de garantías posibles" (p. 18), de "convertir el derecho penal en una disciplina de garantías en un sistema democrático, de modo que la intervención punitiva del Estado sea reducida al mínimo y *toda fundamentación* de ella sea al mismo tiempo una base de limitación y no de extensión de su control" para que el Derecho penal llegue "a identificarse con un garantismo *máximo* y, por ende, a constituirse en un *derecho penal mínimo*" (p. 29 [cursivas del mismo *Bustos*]); *Gimbernat*, Exigencias dogmáticas, pp. 356, 370, donde dice que "los conceptos fundamentales de la Parte General siguen siendo adecuados —aún más: irrenunciables— para tratar —y penetrar en— estas nuevas manifestaciones jurídico penales" (p. 356), y que "no se puede hablar, en absoluto, de que los conceptos fundamentales de esa teoría (sic.: la del delito elaborada por la dogmática jurídico penal en los últimos 100 años) tengan que ser abandonados a la vista de nuevos fenómenos penales como la responsabilidad por el producto, los delitos medioambientales o el Derecho penal de empresa", porque los mismos "están plenamente en situación de asimilar esos nuevos fenómenos y de dar a los problemas que generan soluciones conformes con la justicia y con la seguridad jurídica" (p. 370); *García-Pablos*, Introducción[4a], pp. 225 s.: "no hay razones convincentes, por otra parte, para excluir el Derecho penal (sus *técnicas* de intervención, y las *garantías* que ésta comporta) de la protección de estos intereses emergentes", y "de otra parte, las *garantías* del ciudadano frente a cualquier manifestación del *ius puniendi* (llámese Derecho penal, Derecho Administrativo sancionador o 'Interventionsrecht') son irrenunciables, innegociables, sin que, a mi modo de ver, puedan o deban arbitrarse fórmulas que las *flexibilicen*" (p. 225 [cursivas del mismo *García-Pablos*]); *Arroyo*, RP nº 1 1998, pp. 1 ss.: "la legitimidad del 'moderno' Derecho penal económico pende, por tanto, de su acomodo a los principios del Programa penal constitucional" (p. 1); *Corcoy*, Delitos, pp. 26, 29 s., 183 ss., 188 ss., 196 ss.: "necesidad de mantener las garantías procesales y las garantías materiales" (p. 196), debiendo al efecto "utilizarse las estructuras clásicas, especialmente, en la concepción que tienen en la moderna teoría del delito" (p. 197); *la misma*, Límites, pp. 30 s.: "los principios limitativos del *ius puniendi* deben operar necesariamente en la totalidad del sistema penal, ya se trate del Derecho penal del homicidio, de los delitos contra intereses patrimoniales, o del Derecho penal medioambiental" (p. 31); *Soto Navarro*, Bienes colectivos, pp. 170 ss.; *Díez Ripollés*, RECPC 06-03 2004, p. 32: "¿y qué hacemos" —pregunta— "con el sistema de garantías tan trabajosamente construido?"; "mantenerlo" —responde— "o, mejor dicho, convencer a la sociedad de que no puede prescindir de él"; *el mismo*, RECPC 07-01 2005, pp. 8: "los principios limitadores del *ius puniendi* son debidamente respetados"; *Portilla*, LH Ruiz Antón, pp. 913 s.; *Pozuelo*, RDPP nº 9 2003,

de Frankfurt y de *Silva*, y que declara tener una cierta inclinación favorable a una modernización del Derecho penal en mayor o en menor medida, muestra sin embargo algún tipo de duda, de reparo o de reserva frente al discurso modernizador por razones garantistas[140]. Finalmente, hay también quienes aceptan la modernización expansiva del Derecho penal, pero consideran que para llevarla adelante es preciso reinterpretar o adaptar las garantías jurídico penales a sus peculiaridades[141].

---

pp. 17 ss.; *la misma*, LH Jakobs II, pp. 113 ss.; *Górriz*, Posibilidades y límites, pp. 345 s.; *Terradillos*, Globalización, pp. 238 ss.; *Gómez Martín*, Sociedad del riesgo, pp. 79 ss.; *Ramos Vázquez*, Reflexiones, pp. 86 ss., quien considera necesaria la intervención penal frente a lesiones y peligros de bienes jurídicos colectivos, y no admite al efecto ninguna reducción de garantías; y ahora también *Jiménez Díaz*, RECPC 16-08 2014, pp. 21 s. Véanse, además, los autores que se citan en lo que sigue, en relación con sus posturas sobre cuestiones singulares involucradas en la polémica sobre la modernización del Derecho penal. *Martínez-Buján*, PG4ª, pp. 95 ss., en principio tampoco admite ninguna flexibilización de las garantías en relación con los delitos económicos de mayor gravedad (p. 99), pero se sitúa en una línea muy próxima a la de *Silva Sánchez*, y en relación con las que denomina como infracciones penales "no nucleares o accesorias" (de menor gravedad), que no podrían ser castigadas con penas privativas de libertad, sí admite alguna flexibilización de las garantías *penales* (pp. 97 s.).

140 Así *Demetrio*, RDPC nº 14 2004, pp. 114 s., entiende que la modernización del Derecho penal es "necesaria", y que ésta debe hacerse "con escrupuloso respeto a las garantías del Estado de Derecho" (p. 114), pero su conclusión, en el sentido de que "tal vez sea conveniente relajar la rigidez de determinados postulados dogmáticos, ... y construir un sistema garantista *también* para esas nuevas realidades" (p. 115), lleva implícita la idea de que el tratamiento de esas nuevas realidades con el Derecho penal moderno no tendría lugar con un respeto *eo ipso* o, por así decirlo, "natural" de las garantías. *Probablemente* en el mismo sentido, la postura —para mí en todo caso nada clara— de *Paredes*, RDPC nº 17 (2006), pp. 463, 467 ss., pues si bien se declara partidario de "(*alguna*) modernización" (p. 463 [cursiva mía]) —e incluso "esencialmente" modernizador "en política criminal" (p. 470)—, sin embargo pone en cuestión que algunas propuestas del discurso de modernización — al menos, en particular, del mío que él crítica— puedan ser compatibles con la observancia de las garantías, o que puedan llevarse a cabo sin una *adaptación* de ellas (pp. 467 ss.), y en consecuencia afirma primero que "las críticas *verdaderamente serias* que se le han hecho al 'Derecho penal moderno' realmente existente *siguen pendientes*" (p. 469 [cursiva mía]), y enumera después tales "críticas serias" por medio del planteamiento con sentido crítico de determinadas preguntas —es decir, como retos a los que se enfrenta el discurso de modernización— que apuntan expresa o implícitamente a las dificultades de compatibilizar la modernización del Derecho penal precisamente con las garantías; lo que a mi juicio, en definitiva, aproxima su postura al discurso crítico de la modernización, pues lo que *Paredes* viene a decir realmente, en mi opinión, es algo así como que *si* las "*críticas serias* que se han formulado al Derecho penal moderno" —que no son otras que las que afirman su incompatibilidad con las garantías— siguen en pié, ello se explicaría, lógicamente, porque no han podido ser rebatidas; pero así entonces, la empresa modernizadora tendrá que contar con encontrar en las garantías resistencias hasta tal punto fuertes, que la harán difícilmente realizable, por no decir que la hacen ya *ex ante* una tentativa absolutamente imposible. No obstante, sobre la ambigua y nada clara postura de *Paredes*, *cfr. infra* en IV.3.

141 Así, claramente, *Laurenzo*, RDPC nº 12 2003, pp. 453 ss., quien al estimar que el aparato garantístico tradicional es insuficiente para tratar las nuevas formas de delincuencia, propone llevar a cabo —porque nada obsta a ello— "un ajuste de esos instrumentos que permita adecuarlos a las nuevas realidades" que llevaría a "buscar criterios alternativos y

b) Sea cual sea el grado en que se acepta la modernización del Derecho penal en la doctrina española, en ella se asumen ampliamente los postulados fundamentales del discurso de modernización, y así: no sólo se reconocen como bienes jurídicos a determinados objetos con substrato colectivo[142], sino que también se entiende conforme con las garantías la intervención penal frente a determinadas lesiones o peligros de ellos con independencia de los efectos que produzcan o puedan producir las correspondientes acciones lesivas o el peligro de los bienes colectivos en los bienes individuales a los que éste complementan, es decir, se reconoce la *autonomía* de los bienes colectivos desde el punto de vista de la intervención penal[143]; dentro de unos límites, también se aceptan generalmente los delitos de peligro abstracto[144]; y, finalmente se niega, lógicamente, que el moderno Derecho penal económico tenga en general un carácter meramente simbólico, aunque esta cuestión no es objeto de una atención tan amplia como las anteriores, sino sólo de una prácticamente marginal[145].

c) En 2003 publiqué un breve ensayo crítico del trasfondo ideológico y político de las tesis de Frankfurt y de su recepción en la doctrina española[146],

---

paralelos que cumplan en el campo de la nueva delincuencia una función análoga a la que desempeñan los criterios clásicos respecto de los delitos 'tradicionales'" para desarrollar un "sistema paralelo —y no menos garantístico— de imputación" (p. 454); como se vio *supra* en nota 139 *in fine*, también *Martínez-Bujan*, admite una flexibilización de las garantías, pero sólo para las infracciones penales accesorias o no nucleares; no obstante, *Martínez-Buján*, PG^{4a}, p. 96, admite *con carácter general* modificaciones de las "estructuras y reglas de imputación" adaptables a los delitos económicos. No obstante lo expuesto en la nota anterior, también participa expresamente de la idea de la revisión de los principios y garantías para adaptarlos, *Paredes*, RDPC nº 11 2003, pp. 393 s. y 398. Sobre la posición de este autor y sobre mi réplica a ella, *cfr.* extensamente *infra* en IV.3.

142 Véanse las obras de *Santana*, *Soto* y *Corcoy*, citadas en la bibliografía, y la extensa exposición con numerosas referencias actualizadas, de *Martínez-Buján*, PG^{4a}, pp. 165 ss., 173 ss., 191 ss., 206 ss. y 224 ss.

143 Véase, por ejemplo, *Méndez Rodríguez*, Delitos, pp. 32 ss., 160 ss.; *Soto Navarro*, Bienes colectivos, pp. 179 ss. y 237 ss.; *Corcoy*, Delitos, pp. 183, 203 ss., 213 ss.; *Martínez-Buján*, LH Cerezo, pp. 427 s.; *el mismo*, Reflexiones, pp. 104 s.; *el mismo*, PG^{4a}, 183 ss.; *Gil Gil*, Derecho penal internacional, pp. 166 ss.; *Alastuey*, Delito, pp. 38 s.; *Rueda Martín*, EPC XXX, 2010, pp. 413 y 427 ss.; *Gracia Martín*, GA 6/2010, pp. 345 s., 349 s.; *el mismo*, RDPC nº 3 2010, pp. 63, 66 s.; *Mayo Calderón*, Tutela, pp. 53 ss.; véase también la crítica de *Paredes*, RDPC nº 11 2003, p. 136 nota 109, a la tesis de la funcionalización de la protección penal del bien colectivo.

144 Véase la exposición, con numerosas referencias doctrinales, de *Martínez-Buján*, PG^{4a}, pp. 208 ss.

145 Véase, por ejemplo, *Pozuelo*, RDPP nº 9 2003, pp. 17 ss.; *la misma*, LH Jakobs II, pp. 113 ss.; *Corcoy*, Delitos, pp. 200 ss.; *Terradillos*, Globalización, pp. 234 ss., donde advierte y precisa, acertada y muy lúcidamente, acerca de que no hay que confundir la función simbólica ligada a la instrumental, que en principio no es rechazable, con la "función enmascaradora" de una indiferencia o complicidad con el delito —"desprotección programada"— o de otros objetivos, por ejemplo electoralistas.

146 Véase *Gracia Martín*, Prolegómenos, con una extensa presentación de *Bernd Schünemann* (citados en la bibliografía). El ensayo tenía como precedente otro más reducido que había publicado un año antes como contribución al Libro Homenaje a mi maestro *José Cerezo Mir*, con el título "¿Qué es modernización del Derecho penal? (véase en la bibliografía).

en el cual denominé a esta dirección como "discurso de resistencia" o del Derecho penal del Estado liberal, y a la contraria, que yo defiendo, como "discurso de modernización" o del Estado social y democrático de Derecho[147]. Lo esencial de mi ensayo crítico y meramente programático se podría resumir así: *1)* sirviéndome de algunos instrumentos básicos de la teoría del conocimiento, de la genealogía del discurso y de la filosofía de la sospecha, verifiqué el "retrodiagnóstico histórico" de que el Derecho penal liberal, como no podría ser de otro modo políticamente, habría criminalizado de hecho casi exclusivamente a comportamientos típicos de las clases sociales bajas, y al mismo tiempo excluido de él a la criminalidad material de las clases poderosas, como de hecho queda aún hoy ampliamente excluida —ahora sobre todo en el momento de la criminalización secundaria— a pesar de las nuevas regulaciones legales que la tipifican[148]; *2)* puesto que el Estado

---

En 2007 publiqué en Perú un volumen titulado "Modernización del Derecho penal y Derecho penal del enemigo" (véase en la bibliografía), en que reuní Prolegómenos y la parte dedicada al Derecho penal del enemigo en mi libro El horizonte del finalismo y el Derecho penal del enemigo, Tirant lo Blanch, Valencia, 2005. De la edición española de Prolegómenos, mi discípula brasileña *Erika Mendes de Carvalho* realizó una traducción íntegra al portugués, que se publicó en la Editorial Sergio Antonio Fabris, de Porto Alegre, en 2005. En 2007, también se hizo de Prolegómenos una traducción íntegra al italiano, que conservo en su documento word, pero contra lo previsto, y por circunstancias que me son absolutamente desconocidas, nunca llegó a publicarse en Italia.

147 Véase *Gracia Martín*, Prolegómenos, p. 163; *el mismo*, LH-Cerezo, pp. 387 s.

148 En su reseña crítica de mi obra, *Paredes* quiso objetarme en general que mis deducciones resultarían erróneas en virtud de que yo no habría utilizado correctamente algunos —o mejor, casi ninguno— de los instrumentos auxiliares en que me apoyé para derivar el retrodiagnóstico histórico descrito arriba en el texto. Y así, *Paredes* desarrolla frente a mi discurso una crítica global apoyándose unas veces en meras especulaciones suyas sobre posibles significados de mi texto y atribuyéndole a éste lo que no dice ni podría decir, y otras veces en comparaciones entre los usos que yo hago de ciertas ideas de los autores de que me sirvo, y los significados y sentidos en que, según él, *deberían ser* entendidas semejantes ideas, porque a su parecer sólo ellos serían los *auténticos* que yo no habría entendido o ignoraría. Para poner ahora sólo algún ejemplo, así sucedería, según *Paredes*, en el caso de los usos que hago de términos como el de Ciencia en relación con la política criminal (véase *Paredes*, RDPC nº 17 2006, pp. 447 ss.) o el de "verdad", y más precisamente el de "voluntad de verdad" que utilizo con referencias a *Foucault* (véase *Paredes*, RDPC nº 17 2006, pp. 451 ss.). Sin duda, una réplica detallada a todas las exorbitantes objeciones extrajurídicas de *Paredes*, me exigiría desarrollar una contraargumentación gigantesca que aquí no puedo llevar a cabo, y que por otra parte, no llevaría a ninguna parte, pues dado que los objetos reales de sus críticas y de sus juicios distan mucho de los realmente acotados por mí con mis valoraciones y juicios, también la réplica que yo hiciera a tales críticas de *Paredes*, y debido a la inercia de éstas, nos desviaría totalmente del objeto de mi discurso. No obstante, en contra de la exorbitante crítica de *Paredes*, que sin embargo, después de todo, no desvirtúa ni en lo más mínimo ni una sola de las conclusiones que deduzco y propongo como hipótesis de trabajo para su posterior desarrollo, me parece adecuado y oportuno apelar a la acertada advertencia de *Bernd Schünemann* (LH Rodríguez Mourullo, p. 981) sobre los límites que se imponen a toda investigación, en el sentido de que "no se puede cuestionar absolutamente todo, ya que no se llega a ninguna conclusión si siempre se vuelve a empezar por la historia de Adán y Eva". Sin embargo, y en relación con las dos objeciones que he mencionado sólo a modo de ejemplo, sí quiero dejar dicho aquí que *Paredes* parece no percatarse: *1)* de que cuando utilizo el término Ciencia —y sus

derivados— lo refiero siempre inequívocamente al *Derecho*, que para mí, como para la gran mayoría de la doctrina, *sí* es una auténtica Ciencia (normativa), y en ningún caso lo utilizo —ni una sola vez— para referirme a la política criminal; y *2)* de que cuando apelo a la "voluntad de verdad", lo hago en *uno* de los sentidos inequívocamente posibles que brindan los textos de *Foucault* —a los que no interpreto, sino que generalmente cito y reproduzco literalmente—, y no en el sentido *elegido* por *Paredes*, porque por un lado, éste no es el que me resulta útil para apoyar mi argumentación, y porque por otro lado *Paredes* no puede pretender imponer ninguna interpretación concreta de los textos y de los conceptos de *Foucault* por mucho que ella sea correcta y válida y también útil para otros ámbitos de análisis, pues si ya el mismo *Foucault* nos alecciona e invita a los lectores y estudiosos de sus textos a que no nos sometamos a la "tiranía" del sentido que él como autor quiso darles, mucho menos nos vamos a someter a la tiranía de los sentidos —incluso de los posibles y plausibles— que les den sus intérpretes; sobre semejante sugerencia de *Foucault*, véase su breve pero enjundioso Prólogo a Histoire de la folie a l'âge clasique, Gallimard, París, 1972, pp. 9 s., del que quiero destacar aquí: *1)* la siguiente frase de *Focucault* relativa al Prólogo escrito por un autor —por cualquier autor— sobre su propio texto, al cual ve como "primer acto por el cual comienza a establecerse la monarquía del autor, declaración de tiranía: mi intención debe ser vuestro precepto, plegaréis vuestra lectura, vuestros análisis, vuestras críticas, a lo que yo he querido hacer"; y *2)* la declaración de *Foucault* en el sentido de que "aquél a quien le tocó producirlo (no) pueda jamás reivindicar el derecho de ser su amo, de imponer lo que debe decir, ni de decir lo que debe ser". Por lo tanto, frente a las desenfocadas críticas de *Paredes*, me reafirmo aquí, y sin modificar ni siquiera una coma: *1)* en todas mis afirmaciones acerca del carácter científico del "saber" jurídico (Ciencia del Derecho), porque contrariamente a lo que especula *Paredes*, yo en ningún momento atribuyo carácter científico o acientífico a ningún discurso ni propuesta "político criminales", sino únicamente —pero aquí con toda contundencia— a los enunciados y proposiciones a los que se pretende dar o presentar con validez *jurídica*, y esto además *sólo* en función de si su formulación se ha llevado a cabo respetando el método *jurídico*, en cuyo caso *sí* tendrán carácter jurídico *científico*, o si, por el contrario, han tenido lugar con quebranto de las reglas de dicho método, en cuyo caso deberá negárseles toda validez jurídica *científica*; en todo caso, al respecto me remito por todos a *Arthur Kaufmann*, Rechtsphilosophie[2ª], pp. 67 y 98 ss., donde afirma que sólo mediante los conceptos jurídicos *a priori* se puede llegar a un conocimiento *científico* del Derecho; *2)* en el uso que hago del criterio de la "voluntad de verdad", como actitud de indagación sobre si *la realidad empírica* es "verdaderamente" la que el discurso proclama que realiza o si es otra distinta; y *3)* siendo esto así, en que los juicios pertinentes sobre los resultados comprobados y verificados empíricamente con la indagación —frente a lo que parece estimar *Paredes*— ya no pueden ser obviamente los de "correcto" o "incorrecto", "plausible" o "no plausible", etc., sino los de "verdadero" o "falso", como sucede por ejemplo con la proclamación de la "igualdad" que hace el discurso liberal en contraste con la evidente "desigualdad" empírica a que da lugar su funcionamiento real. En todo caso, las apelaciones que hago en Prolegómenos a la verdad y a la voluntad de verdad, siguen el glosario de *Julián Sauquillo*, Para leer a Foucault, Alianza Editorial, Madrid, 2001, p. 190, entradas "verdad" y "voluntad de verdad", y ahora quiero añadir aquí la entrada "trabajo de la verdad", que según la descripción de *Sauquillo*, por un lado "consiste en desvelar la falsedad de los poderes que nos someten y de las subjetividades que se nos impusieron para restituir otras formas de relacionarse", y por otro, "procura unir el pensamiento y la reflexión con la creación de nuevos comportamientos en vez de con la repetición del pasado". Por otra parte, me parecen también desafortunadas las especulaciones de *Paredes* sobre el sentido y el alcance con que apelo a la genealogía y a la arqueología del discurso y de sus enunciados. Según *Paredes*, RDPC nº 17 2006, p. 452, la investigación arqueológica y genealógica no puede identificar la verdad, y en todo caso el origen histórico no puede justificar ni la aceptación ni el rechazo de una alternativa de acción, porque "una liberal está superado *teóricamente* —pues prácticamente es evidente que no—, propuse unas bases generales de carácter programático para "desarrollar" y concretar los principios y las garantías meramente formales de aquél, en *enunciados y proposiciones jurídico penales* de *asimilación* del moderno Derecho penal económico y de la empresa por la *Dogmática jurídico penal*[149], y en concreto para articular y codificar el proceso *político* de lucha contra la criminalidad económica empresarial en un "*sistema* de regulaciones jurídico penales que (tendrían) por objeto la criminalización formal, de *conformidad con el sistema de garantías políticas del Estado social y democrático de Derecho*, del sistema de acción ético-socialmente reprobable de las *clases sociales poderosas*"[150].

---

alternativa político criminal de origen históricamente 'sospechoso' puede, pese a todo, ser una buena alternativa; y al contrario, una alternativa de origen 'bueno', puede resultar, no obstante, una pésima alternativa". Pero ¿qué se podría decir ante esta última afirmación de *Paredes?* Ante todo, que lo que dice es tan evidente como lo son las otras combinaciones posibles en que parece no reparar, es decir, que una alternativa de origen sospechoso también puede ser "mala", y una de origen bueno también puede ser "buena", con lo cual estamos de vuelta al punto de partida, o sea, a tener que indagar sobre el origen de la alternativa para comprobar si fue sospechosa o buena, y luego si se ha mantenido su sentido original —lo que fue sospechoso o bueno en origen se ha mantenido y continúa siendo correspondientemente "malo" y "bueno"— o si hubo alguna mutación que convirtió a lo sospechoso en bueno y a lo bueno en malo. Pero entonces, de esto resulta que para despejar todas esas incógnitas en el punto de partida, algún procedimiento de indagación habrá que aplicar, y dadas todas las posibles combinaciones mencionadas, entonces a *Paredes* le debiera haber resultado obvio que yo para nada deduzco ni la verdad, ni la falsedad, ni la imposición o rechazo de nada por el mero dato de su origen. Pero no habiendo sido esto así, en contra tengo que decir una vez más que su crítica no es más que el producto de una nueva especulación suya con la que me atribuye lo que ni he escrito ni puede ser deducido de mi texto por ningún lado que se lo mire. Por lo demás, si a *Paredes* le parece o no le parece útil la indagación genealógica, esta es una cuestión sobre la que aquí obviamente no puedo entrar a debatir siguiendo de nuevo la advertencia de *Schünemann* de que en una investigación no se puede cuestionar absolutamente todo para volver a empezar por la historia de Adán y Eva, y me limito a decir que a mí no sólo me parece útil, sino imprescindible, porque como advierte *Zaffaroni*, PG2ª, p. 139, también yo entiendo —y reproduzco sus palabras— que "el objetivo de la investigación genealógica de los tipos penales es descubrir los componentes de arrastre peligrosos para el estado de derecho y facilitar una labor interpretativa depurada de los mismos", porque "en una dogmática penal que persigue un objetivo político preciso, no basta como primer paso un análisis exegético del texto si no va acompañado del necesario rastreo de su genealogía, que ponga al descubierto los componentes del estado de policía que arrastra y que deben ser cuidadosamente neutralizados en la construcción", y porque a mayor abundamiento, "es innegable que las decisiones políticas traspasan la dogmática, por lo cual, no es correcto despreciar los datos históricos reveladores de genealogía", pues sin duda "es verdadera la metáfora de *Radbruch*, en el sentido de que una ley es como una nave, que cuando parte deja al legislador en el muelle, pero lo cierto es que esa nave puede llevar enormes cargas tóxicas, de las que es necesario tomar conciencia a la hora de interpretarla", y que es certera la metáfora "en cuanto a que no es admisible enviar el buque más allá de lo que su estructura admite, pero es necesario saber adónde quisieron enviarlo, no sólo para no mandarlo más lejos, sino incluso para vigilar su curso".

149 Del sentido de las cursivas, de suma trascendencia, daré explicaciones más adelante.

150 Véase *Gracia Martín*, Prolegómenos, pp. 190 s. y pp. 195 s., donde insisto en que se trata de estructurar un "'sistema' que clasifique en tipos criminales ordenados conforme a bienes

d) El interés despertado en la Ciencia penal alemana por el debate sobre la modernización del Derecho penal en España, motivó que el *Goltdammer's Archiv* nos invitara a *Jesús Silva* y a mí, como principales representantes cada uno de las dos direcciones opuestas, a publicar en dicha revista sendos artículos sobre el estado del mismo desde los puntos de vista de ambas direcciones, lo cual dio lugar a que la mencionada revista dedicara el fascículo 6 del año 2010 monográficamente al debate en España con la publicación de nuestros dos artículos, precedidos de un prólogo de *Jürgen Wolter*, y luego apostillados con un comentario de *Bernd Schünemann*[151]. En mi artículo de GA, de cuyo original publiqué luego otras versiones[152], a una exposición resumida de las tesis formuladas en Prolegómenos, añadí —porque el espacio disponible no me permitió desarrollar más que— en esbozos: *1)* una fundamentación de los bienes jurídicos colectivos anclada en el contrato social y con rango constitucional, y desarrollada iusfilosóficamente a partir de las teorías similares del bien de *Aristóteles* y de *Franz Brentano*[153]; *2)* una determinación de algunas condiciones de subsidiariedad y de *ultima ratio* que legitiman la intervención penal frente a la lesión o al peligro de dichos bienes[154]; *3)* una reflexión sobre algunas condiciones que, a mi juicio, harían a los delitos de peligro abstracto necesarios y, al mismo tiempo, conformes con los principios del bien jurídico, de legalidad y de proporcionalidad[155]; y finalmente, *4)* rechacé, por un lado, las opiniones que tachan al Derecho penal moderno de meramente simbólico, y por otro, las que abogan por una flexibilización o recorte de los principios y garantías jurídico penales, y esto no sólo para el Derecho penal moderno, sino también para el Derecho sancionador administrativo, porque éste, a mi juicio, es también Derecho penal, y por esto considero que en él las garantías jurídico penales deben regir asimismo con el mismo rigor y del mismo modo estricto que en el Derecho penal criminal, es decir, sin la mínima flexibilización[156].

---

jurídicos, a la totalidad del universo de acciones ético-socialmente reprobables y socialmente perjudiciales propias y características del sistema de acción de las clases poderosas" (pp. 195 s.); y loc. cit. pp. 65 ss.: "un completo sistema de tipos singulares, y de subsistemas de tipos, estructurados y ordenados valorativamente conforme a *especies diferenciadas de bienes jurídicos*" (p. 71). *Schünemann*, Presentación, pp. 19 s., ha calificado a mi discurso como "criticismo dogmático-filosófico".

151 Véase GA 6/2010, para el artículo de *Silva*, pp. 307 ss.; para el mío, pp. 323 ss.; para el prólogo de *Wolter*, pp. 305 s.; y para la apostilla de *Schünemann*, pp. 353 ss.

152 Véase *Gracia Martín*, RDPC nº 3 2010, pp. 27 ss.; *el mismo*, El moderno Derecho penal económico empresarial y de la globalización económica, Cevallos Librería Jurídica, Quito, 2011 = en Fondo Editorial Asociación de la Universidad Privada San Juan Bautista, Lima, 2013; *el mismo*, La polémica en torno a la legitimidad del Derecho penal moderno, Ubijus, México D.F., 2011. A mi artículo en GA, le precedió mi contribución al LH Vives (2009), pp. 879 ss.

153 Véase *Gracia Martín*, GA 2010, pp. 339 ss., 345 ss. y RDPC nº 3 2010, pp. 52 ss., 62 ss.

154 Véase *Gracia Martín*, GA 2010, pp. 347 ss. y RDPC nº 3 2010, pp. 64 ss.

155 Véase *Gracia Martín*, GA 2010, p. 351; y RDPC nº 3 2010, pp. 69 s.

156 Véase *Gracia Martín*, GA 2010, p. 352; y RDPC nº 3 2010, pp. 70 ss.; véase además *el mismo*, LH Bustos, pp. 148 ss. y *el mismo*, Contribución, pp. 348 ss.

IV. Críticas notoriamente extraviadas del concepto de Derecho penal moderno, a las que la Ciencia jurídica no debe dejar sin réplica

1. Una dimensión del debate sobre la modernización o expansión del Derecho penal, que no dudo en calificar de distorsionadora y de preocupante desde el punto de vista jurídico científico, es la relativa a ciertas interpretaciones claramente especulativas de que han sido objeto algunos enunciados y proposiciones centrales del discurso modernizador. Algunas de dichas interpretaciones se deben a autores que en principio dicen estar inclinados a favor de la modernización, pero se apoyan en claras y gruesas tergiversaciones de los enunciados y de las proposiciones modernizadoras, y esto supone sin duda una rémora para la modernización del Derecho penal. En particular, mis tesis y propuestas fundamentales —y dicho sea de paso, lo mismo ha sucedido, como veremos, con respecto a algunas de las tesis de *Silva*—, en general han sido objeto de críticas absolutamente desenfocadas y que están completamente fuera de lugar desde el momento en que se dirigen contra enunciados y proposiciones radicalmente contrarios a los que yo sostengo y he expresado literalmente de un modo que no deja ni el mínimo margen de posibilidad para ninguna de las interpretaciones puramente especulativas que han hecho los críticos[157].

2. *a)* En primer lugar, no alcanzo a comprender cómo mis reiteradas afirmaciones textuales de que la modernización del Derecho penal sólo es admisible y legítima si la misma se lleva a cabo con el más estricto respeto de las garantías sin la mínima flexibilización de ellas, han sido sin embargo completamente tergiversadas hasta el punto de llegar a atribuirme como propias mías justo las tesis radicalmente contrarias que yo estoy rechazando explícita y apodícticamente, y aún es más incomprensible que *Paredes* en particular haga esa misma tergiversación de mi discurso para atribuirme primero que yo propongo sacrificar las garantías, y para rechazar a continuación mis tesis por esa razón que sólo es producto de su especulación, siendo así que, como veremos más adelante en detalle, es precisamente él quien de un modo expreso e inequívoco propone aquel sacrificio de las garantías "cuando sea menester". En efecto, una inexplicablemente muy extendida actitud, con la que se alcanza el grado máximo de la especulación arbitraria en la hermenéutica e interpretación de textos, me atribuye como *mías* propuestas como —según las diferentes versiones— renunciar, revisar,

---

157 Véase sobre todo así de un modo paradigmático la reseña crítica de *Paredes* a mis Prolegómenos, publicada en RDPC nº 17, 2006, pp. 437 ss., e incluida como apéndice II en la edición peruana de mi Modernización, pp. 149 ss., quien como veremos, a lo largo de toda ella deduce de mi discurso de un modo completamente especulativo justo todo lo contrario de lo que yo afirmo y sostengo, y luego critica generalmente lo que él ha deducido de ese modo y apenas nada de lo que yo realmente he escrito. *Cfr.* diversas réplicas mías a las afirmaciones de *Paredes supra* en nota 148; *infra* a continuación el núm. 3 de este mismo epígrafe; también en general *infra* 8, 9 y 10; y además, para cuestiones concretas, *infra* notas 226, 236, 252, 269, 303 y 441.

adaptar, flexibilizar e incluso sustituir por otras a las garantías jurídico penales[158], cuando lo cierto es que mis textos literales no pueden ser más claros e inequívocos —e incluso apodícticos— en el sentido contrario.

b) Para desvirtuar semejantes desfiguraciones de mis enunciados y proposiciones, no creo que haya nada más adecuado que reproducir literalmente lo que yo realmente he escrito con la mayor precisión, y además no una, sino exactamente *cinco* veces en distintos lugares de mi ensayo. Y así, lo que yo he escrito y dicho realmente con reiteración, con insistencia y con contundencia apodíctica es todo esto: *1) Literalmente,* que "los objetos, enunciados, proposiciones e instrumentos dogmáticos y político criminales del Derecho penal moderno gozan en su *totalidad* de la propiedad de ser *conformes, en todo y sin fallos ni siquiera infinitesimales, con la totalidad de las garantías políticas del Estado de Derecho*"[159]; *2)* A mayor abundamiento, y ahora *contra las tesis que admiten flexibilizar las garantías*[160], que la modernización del Derecho penal tiene que llevarse a cabo conforme a las exigencias y garantías del Estado de Derecho, y esto —*literalmente*— "en un grado tan *absoluto* que la misma *no admite ni excepciones ni una mínima relativización*", *porque* cualquier mínima *flexibilización* sería el producto —de nuevo: *literalmente*— "de una ideología *conservadora* y *reaccionaria*"[161]; *3)* Que por Derecho penal moderno en sentido *material* entiendo exclusivamente y sin excepción —de nuevo, *literalmente*— "al 'sistema' de *regulaciones jurídico penales* que tienen por objeto la criminalización formal, de *conformidad con el sistema de garantías políticas del Estado social y democrático de Derecho,* del sistema de acción ético-socialmente reprobable de las *clases sociales poderosas*", advirtiendo además que una explicación detallada de dicho concepto requeriría de una monografía que obviamente no podía desarrollar en

158 Véase por ejemplo, *Laurenzo,* RDPC nº 12 2003, p. 447 nota 7, al decir que yo "reinterpreto" el principio de legalidad como una herramienta liberal en manos de los poderosos para incluir sólo la criminalidad de la clase baja, y a la vez excluir la suya propia (pero yo para nada llevo a cabo una "reinterpretación"; sólo verifico y hago un retrodiagnóstico histórico del "uso" clasista real del principio); *Díez Ripollés,* RECPC 07-01 2005, p. 5 nota 6, y p. 33 notas 112 y 115, me atribuye que propongo "flexibilizar" las garantías (p. 5 nota 6), o una "reinterpretación" de las mismas (p. 33 nota 112), e incluso también que pongo en cuestión a las liberales y propongo "otras" que según él yo no explico (p. 33 nota 115); de un modo insuperablemente exagerado, *Felip i Saborit,* Observaciones, p. 78, dice acerca de mis enunciados que "desde posiciones radicales ... se reivindica sin complejos la denunciada desintegración de los principios político-criminales de garantía y de las reglas de imputación individual"; incluso *Silva Sánchez,* Expansión³ª 2011, p. 197 y nota 30, afirma sorprendentemente que yo sería "muy claro" en proponer "reconstruir un nuevo sistema de garantías adecuado a las exigencias de modernización"; y en el mismo sentido *Paredes,* RDPC nº 17 2006, pp. 445 s., 467 s., pero debido a que éste va mucho más lejos, luego dedico un apartado a replicar sus particulares afirmaciones.

159 Véase *Gracia Martín,* Prolegómenos, p. 208; reiterado también literalmente en LH Vives Antón, p. 896.

160 Que proponen entre otros, por ejemplo, *Hilgendorf,* Strafrechtliche Produzentenhaftung, pp. 48 ss.; *el mismo,* NStZ 1993, p. 14; *el mismo,* GA 1997, p. 495; *Kuhlen,* GA 1994, pp. 348 ss.; *Kühne,* NJW 1997, p. 1954; *el mismo,* Alte Strafrechtsstrukturen, pp. 9 ss.; *Laurenzo,* RDPC nº 12 2003, p. 454.

161 Véase *Gracia Martín,* Prolegómenos, p. pp. 156 s.

mi breve ensayo[162]; *4)* Que la modernización del Derecho penal —*literalmente*— "es una exigencia absolutamente necesaria ya desde el punto de vista de la misma exigencia de *protección de bienes jurídicos*"[163]; y *5)* Que la modernización del Derecho penal es una exigencia ético-política —*literalmente*— "en el Estado social de Derecho", y que en éste las garantías —de nuevo: *literalmente*— "sólo pueden ser derivadas y comprendidas a partir de principios normativos, pero de base necesariamente ontológica, llenos de *contenidos materiales de igualdad y de justicia social*"[164]; proposiciones éstas que además, por si ellas mismas no fueran ya suficientemente explícitas a favor de las garantías, las apoyo con citas de autores con los que tengo una gran afinidad, tal y como sucede con la doble cita, que hago *mía*[165], de la afirmación de *Bernd Schünemann* en el sentido de que la modernización es estrictamente una exigencia de la *igualdad* y de la *justicia*, y no una reivindicación que remita a *Marx* o a *Proudhom*[166], y con la cita de *Zaffaroni*, que también hago *mía*[167] con motivo de mi crítica a la *desigualdad* que representa la no inclusión de las conductas materialmente criminales de los poderosos en el Derecho penal, en el sentido de que, como él afirma, "en el plano jurídico, es obvio que esta selección lesiona el principio de igualdad, que no sólo se desconoce *ante la ley*, sino también *en la ley*, o sea que el principio de igualdad constitucional no sólo se viola en los fundamentos de la ley sino también cuando cualquier autoridad hace una aplicación arbitraria de ella"[168].

c) Que después de lo que yo he escrito y dicho realmente de un modo tan claro e inequívoco como el aquí reproducido[169], se diga que mis tesis apuntan justamente a todo lo contrario de lo que dicen y proponen, debería llevar por lo menos a tener que plantear para reflexionar, la cuestión de que algo tiene que estar fallando de un modo importante en el debate o en el modo de llevarlo a cabo. De algunos de los puntos en que se distorsiona el debate, y de las causas de esta distorsión, me ocuparé más adelante en mi réplica a una de las absolutamente infundadas críticas que ha hecho *Paredes* a mi discurso en su reseña crítica de mis Prolegómenos. No obstante, como indicación general, quizá sea conveniente dejar indicado aquí que interpretaciones tan distorsionadas de mis enunciados y propuestas, tal vez podrían evitarlas quienes las hacen si en lugar de adoptar una perspectiva política especulativa, pensaran y analizaran la materia de que se trata con instrumentos jurídicos, y

---

162 Véase *Gracia Martín*, Prolegómenos, pp. 190 s.

163 Véase *Gracia Martín*, Prolegómenos, p. 189.

164 Véase *Gracia Martín*, Prolegómenos, p. 212.

165 Véase *Gracia Martín*, Prolegómenos, pp. 189 s. n. 362, y p. 196 n. 374.

166 Véase *Schünemann*, Oberschichtsstrafrecht, p. 21.

167 Véase *Gracia Martín*, Prolegómenos, p. 184 n. 352.

168 Véase *Zaffaroni*, PG^{2a}, p. 9, (cursiva del autor).

169 Que *sí* respetan, ateniéndose estrictamente a mi texto, *Pérez del Valle*, CPC nº 84 2004, p. 151, quien discrepa de mis análisis, pero respeta en todo el tenor de mi texto, y por eso sus críticas están dirigidas —como debe ser— a lo que yo realmente digo; *Demetrio*, RDPC nº 14 2004, p. 109; *Rodríguez Mesa*, RECPC 09-10 2007, p. 5; y *Jiménez Díaz*, RECPC 16-08 2014, pp. 15 ss., en su precisa y sobresaliente síntesis de mi discurso.

muy particularmente con la fundamental distinción de *Radbruch* entre "idea" del Derecho (*Rechtsidee*) y "materia" del Derecho (*Rechtsstoff*), de la cual se deduce por sí mismo el verdadero sentido y el alcance real de todos mis enunciados y propuestas[170].

3. *a)* A diferencia de los autores que simplemente se limitan a tergiversar mis tesis, a *Paredes* tengo que replicarle, además de eso mismo, que precisamente él carece de toda legitimidad para plantearme luego como objeción y como crítica que yo proponga un sacrificio de las garantías, pues a parte de que ya ha quedado demostrado que esto no es cierto en absoluto, es él quien *sí* se decanta abiertamente por liquidarlas cuando así lo exija la política criminal, por lo cual su crítica incurre en un quebranto de una especie de imperativo categórico: ¡él sí podría proponer un sacrificio de las garantías, pero yo —si fuera cierto que propusiera eso mismo— no podría! ¿Es legítimo oponer como crítica a un discurso, que éste proponga justo aquello mismo que propone el que lo critica? En primer lugar, *Paredes* me atribuye arbitrariamente como mía propia la tesis que yo justamente estoy rechazando con toda contundencia, de que "pongo en cuestión" a algunos de los principios, y que propongo "*modificar*, cuando ello sea necesario, dichas garantías 'liberales', para *adaptarlas*"[171]; en segundo lugar, de esta arbitraria atribución extrae luego la conclusión de que esas modificaciones y adaptaciones, que sólo él imagina que yo propondría, *podrían* llevar a *eximir* de respetar los principios, es decir, a *sacrificar las garantías* en aras de los objetivos político criminales[172]; y finalmente opone críticamente que para él, en el caso de conflicto entre garantías y objetivos político criminales, no existe duda sobre que "los principios están por delante de los objetivos político-criminales"[173]. Pero ¿es todo esto realmente así como lo dice *Paredes*? Evidentemente *no*: como voy a exponer es todo lo contrario y justo al revés de como lo dice.

b) Sobre que yo no digo en momento alguno que haya que sacrificar o flexibilizar las garantías, basta con remitir a lo realmente escrito por mí y reproducido literalmente en el apartado anterior, y no hace falta decir nada más al respecto. Pero es que si por un momento pensáramos hipotéticamente en que yo sí estuviera proponiendo lo que *Paredes* me atribuye, entones éste carecería de toda legitimidad para criticármelo, y esto por la simple razón de que es precisamente él quien *sí* propone un sacrificio de las garantías cuando sea preciso, y además abiertamente, sin ambigüedades, directa y expresamente[174]. Veámoslo. Según *Paredes*, la problemática de los nuevos riesgos "tiene que afectar lógicamente a las propias categorías de la

---

170 Sobre la distinción, véase *Radbruch*, Rechtsphilosophie[2a], pp. 14 s., 38; *el mismo*, Natur der Sache, pp. 16 s.; véase también *Roxin*, GS Radbruch, pp. 261 ss. *passim*.

171 Véase *Paredes*, RDPC nº 17 2006, pp. 467 s.

172 Véase *Paredes*, RDPC nº 17 2006, p. 469.

173 Véase *Paredes*, RDPC nº 17 2006, p. 469.

174 Tal y como lo hizo literal e inequívocamente antes de escribir su reseña a mis Prolegómenos, en *Paredes*, RDPC nº 11 2003, pp. 393 s. y 398.

imputación jurídico-penal" —esto yo ya lo niego categóricamente[175]—, y ante esto, no duda sobre cuál habrá de ser la respuesta adecuada: "*revisar* nuestra ya venerable teoría general del delito, para *adaptarla* a los nuevos tiempos y a los nuevos fenómenos delictivos"[176]. Pero es que tampoco duda sobre el método que deberá conducir a dicha revisión adaptable: "construir una disciplina de la Política criminal que nos permita afrontar los nuevos retos de modo más racional (y luego, estudiar cómo hay que *cambiar*, en consecuencia, *la propia Dogmática jurídico-penal*), para dotar de pautas a la praxis legislativa y jurisprudencial, y para criticarla, *ofreciendo alternativas, cuando sea menester*"[177]. Es cierto que *Paredes* pretende conciliar su propuesta revisora y cambiante de la Dogmática penal con la conservación y respeto de las garantías, y a tal efecto advierte que "revisar" y "adaptar" no significan "desfigurar", y que "existen márgenes importantes de adaptación sin necesidad de renunciar" a las garantías como, sin embargo, y al contrario, parece que sí hacen, en su opinión, "ciertas veleidades modernistas" que, por eso, han sido objeto de críticas "justas"[178]. Sin embargo, estas "cautelas" no despejan en absoluto el problema "garantista" que conlleva su propuesta de "revisión adaptable", y con todas estas afirmaciones más bien se mete en un verdadero laberinto. Pues si fuera cierto —que no lo es— que mi postura fuera la de revisar las garantías, como él me atribuye sin el menor fundamento, en tal caso debería reconocer como mínimo que mi postura sería exactamente la *misma* que la suya, y así su crítica de mi postura tendría que verse a la vez lógicamente como una autocrítica de la suya propia. En otro caso, *Paredes* tendría que responder él mismo a las siguientes preguntas: *1)* ¿por qué "su" propuesta revisora adaptable *sí* se mantendría dentro de los márgenes de respeto de las garantías, y por qué *no* sucedería lo mismo con la hipotética mía o de cualquier otro? ¿acaso porque la mía *sí* sería una *veleidad* modernista, mientras que la suya *no* lo sería?; y *2)* si "revisar" y "adaptar" no tiene por qué suponer "desfigurar" —lo que es absolutamente cierto—, entonces ¿por qué las "revisiones adaptables" que sólo él imagina que yo propondría en mi discurso *sí* podrían ser desfigurantes de las garantías, mientras que las "suyas" *no* lo serían?; de nuevo: ¿acaso porque las mías *sí*, pero las suyas *no* serían veleidades modernistas?

c) Pero es que la inconsistencia de las críticas de *Paredes* no se queda en lo anterior, porque él aún va mucho más lejos. Pues su opción decididamente proclamada a favor de las garantías, para el caso de conflicto entre éstas y los objetivos político criminales[179], *in extremis* se queda en la *nada* más absoluta al decir, literalmente, que "cuando la adaptación sólo sea posible al precio de

175 *Cfr. supra* las opiniones de los autores citados en nota 139, que suscribo sin reserva, con la salvedad de la de *Martínez-Buján*, citada *in fine*, de la que no suscribo su propuesta —similar a la de *Silva*— de flexibilizar garantías para algunos ilícitos penales económicos.

176 Véase *Paredes*, RDPC nº 11 2003, p. 393.

177 Véase *Paredes*, RDPC nº 11 2003, p. 398 (las cursivas son mías).

178 Véase *Paredes*, RDPC nº 11 2003, p. 393.

179 Véase *Paredes*, RDPC nº 17 2006, p. 469: "los principios están por delante de los objetivos político-criminales".

dicha renuncia (sic. a las garantías), *habrá que rendirse* y *aceptar* que nuestro concepto de delito resulta en ese caso *inoperante*"[180]. La cuestión ahora es que semejante *rendición*, para *Paredes* no podrá llevarse a cabo más que *"cambiando"* a la *Dogmática jurídico penal* y a la *teoría del delito*, hasta donde lo exija la Política criminal; es decir, alterando —literalmente— "cuando sea menester"[181] nada más y nada menos que al reducto custodio de las garantías más potente entre todos los imaginables, porque como sostiene con razón la doctrina más exigente con el respeto de aquéllas —de la que participo sin la mínima reserva, y que proyecto sin la menor fisura a la modernización del Derecho penal—, la teoría del delito, elaborada por la Dogmática jurídico penal con el estricto *método jurídico*, constituye un complejo argumentativo de rango *constitucional*[182] ante el que tiene que plegarse y doblegarse la Política criminal, simplemente por la misma razón de que el César no está por sobre la Gramática[183]. Pero si: *1)* la Política criminal no es nada más que un saber que, en última instancia —si no ya desde la primera— se traduce y concreta siempre en la formulación de enunciados y de proposiciones —positivos o negativos— sobre el "ejercicio de poder punitivo"; y si, *2)* como parece obvio, de ninguna teoría *política* pueden resultar límites *jurídicos* al ejercicio del poder, porque éstos sólo puede proporcionarlos el *Derecho*, es decir, la Dogmática jurídica elaborada con el *método jurídico*[184]; entonces, *3)* de todo esto tiene que resultar que todo el que tenga en su punto de mira en última instancia

180 Véase *Paredes*, RDPC nº 11 2003, p. 393.

181 Véase de nuevo *Paredes*, RDPC nº 11 2003, p. 398.

182 Al respecto, véase *Zaffaroni*, PG2ª, p. 374 y nota 374, con cita de *Donini* en tal sentido, y además, insistentemente véanse también, pp. 4 ss., 21 s., 28 ss., y 101 ss.; además, *el mismo*, Política, p. 73, donde llama la atención sobre "la inmensa tarea de elaboración dogmática llevada a cabo en los últimos cien años, que de ningún modo puede desperdiciar quien pretenda reducir racionalmente el ejercicio del poder punitivo"; en sentido similar *Schünemann*, FS Roxin 2001, pp. 1, 8; *el mismo*, en FS Herzberg, *passim*, especialmente p. 40; *el mismo*, ZStW 2014, pp. 2 s.; *Gracia Martín*, Foro FICP 2014-2, pp. 44 ss.; *el mismo*, Foro FICP 2015-2, pp. 191 ss.

183 Frente a la propuesta de *Paredes*, parece oportuno recordar, primero las emblemáticas reflexiones de *Gimbernat*, Estudios3ª, pp. 158 ss., sobre la función de la Dogmática penal, que se resumen en sus palabras, asimismo emblemáticas, mediante las que expresó que ella es la que "hace posible, por consiguiente, al señalar límites y definir conceptos, una aplicación segura y calculable del Derecho penal, hace posible sustraerle a la irracionalidad, a la arbitrariedad y a la improvisación" (p. 158), y segundo, que de un modo absolutamente fiel a lo escrito con una distancia de casi 40 años, en 2000 *Gimbernat*, precisamente al tratar de los nuevos problemas que debe encarar el Derecho penal (moderno), rechaza categóricamente que para ello haya que proceder ni a la mínima revisión ni adaptación de los conceptos de la teoría del delito; véase *Gimbernat*, Exigencias dogmáticas, pp. 356, 370, donde dice que "los conceptos fundamentales de la Parte General siguen siendo adecuados —aún más: irrenunciables— para tratar —y penetrar en— estas nuevas manifestaciones jurídico penales" (p. 356), y que "no se puede hablar, en absoluto, de que los conceptos fundamentales de esa teoría (sic.: la del delito elaborada por la dogmática jurídico penal en los últimos 100 años) tengan que ser abandonados a la vista de nuevos fenómenos penales como la responsabilidad por el producto, los delitos medioambientales o el Derecho penal de empresa", porque los mismos "están plenamente en situación de asimilar esos nuevos fenómenos y de dar a los problemas que generan soluciones conformes con la justicia y con la seguridad jurídica" (p. 370).

184 Cfr. sobre esto, sólo *Zaffaroni*, Política, pp. 75 ss.

—como sin la menor duda es mi caso— el campo de lo *jurídico*, tiene que rechazar de plano y con la mayor contundencia a toda propuesta (obviamente *extrajurídica*) que —como la de *Paredes*— permita y abogue por "cambiar la Dogmática", cuando sea menester, para hacerla a la medida de la Política criminal. Pues ni un solo discurso *extrajurídico*, sea de la índole o especie que sea, y por mucho que se lo quiera mostrar dotado de todo tipo de "racionalidades" al uso, como las que invoca *Paredes* recurrentemente —instrumentales, pragmáticas, teóricas, éticas, morales, etc.—, puede pretender ninguna *validez*, ni para imponerse, ni para criticar a otros —que, sin la mínima duda, también estarán cargados de sus propias "racionalidades" *extrajurídicas*—, mientras no sea pasado por —y logre superar— los filtros de la *Dogmática jurídico penal* como reducto custodio del grial de las garantías jurídico penales, y de la cual, obviamente, está excluida la Política criminal. Esto debe ser así si se piensa en algo tan obvio como que sólo la *política*, nada más que la *política*, y por definición, nunca el *Derecho*, es la que ha fulminado, fulmina y fulminará siempre los derechos humanos y la dignidad humana con tendencia al genocidio, cuando el Derecho no logra contenerla por medio de su reducción a pura materia *jurídica* con el método *jurídico* puro. En este sentido, conviene recordar las advertencias de *Kelsen*, por un lado en el sentido de que la Ciencia del Derecho "*no es política jurídica*"[185], y por otro lado en el de la necesidad de liberar a la Ciencia del Derecho de todos los elementos que le son extraños, porque debido a la actitud de muchos "juristas" que "creen poder elevar su prestigio científico justo por medio de préstamos de otras disciplinas, naturalmente así la Ciencia del Derecho propiamente dicha se echa a perder"[186].

4. *a)* En Prolegómenos incluí al llamado Derecho penal del enemigo como un sector específico más del Derecho penal moderno[187], y esto ha dado lugar a malentendidos que no dudo en reconocer que hayan podido ser propiciados por mi propia torpeza expositiva en aquel momento, al no haberla complementado con las pertinentes y necesarias aclaraciones que tal vez los habrían evitado. En concreto, se me ha objetado que esta mención e inclusión del Derecho penal del enemigo en el Derecho penal moderno, dada la *ilegitimidad* de aquél, podría hacer cuestionable a la *totalidad* de mi discurso

---

185 Véase *Kelsen*, Reine Rechtslehre[1a], p. 15.

186 Véase *Kelsen*, Reine Rechtslehre[1a], p. 16. Este es un mal, sin embargo, que parece crónico, pues desgraciadamente la Ciencia del Derecho no se ha podido liberar nunca del intrusismo de otras disciplinas que pretenden usurpar sus funciones, y que hoy alcanza grados exponenciales con la política criminal. Sobre dicho intrusismo destructor de la Ciencia jurídica, véase *Quintano*, ADPCP 1957, pp. 288, 290, 291 s. y *passim*.

187 Véase *Gracia Martín*, Prolegómenos, pp. 60 y 120 ss.; por otra parte, dos años más tarde incluso llegué a afirmar en *Gracia Martín*, Horizonte, p. 91, que "se podría decir que este Derecho penal del enemigo sería una clara manifestación de los rasgos característicos del llamado Derecho penal moderno"; y por inercia, en mis trabajos posteriores he mantenido tal cual la mención del Derecho penal del enemigo en mi clasificación del Derecho penal moderno; véase *Gracia Martín*, GA 6/2010, p. 32; *el mismo*, RDPC nº 3 2010, p. 33; *el mismo*, Moderno Derecho penal, pp. 29 y 65 ss. = en la edición peruana, pp. 31 y 67 ss.

de modernización del Derecho penal desde el punto de vista garantista[188]. En relación con esto, quiero aclarar ahora en primer lugar las razones por las que en mi clasificación inicial del Derecho penal moderno añadí semejante estrambote[189], y a continuación rechazaré ciertas interpretaciones críticas de mi discurso que toman a esto como pretexto, pero que son exorbitadas porque sin la menor duda mi estrambote no da ningún pie para ellas ni remotamente.

b) En cuanto a lo primero, si mencioné al Derecho penal del enemigo junto a los demás sectores del Derecho penal moderno, las razones —que sin duda no justifican la mención— fueron las siguientes: *1)* Porque al diseñar mi clasificación a partir de lo que la doctrina mayoritaria considera que es Derecho penal moderno, la inercia de la mera descripción del estado de la cuestión me llevó a hacer una mención del Derecho penal del enemigo entre los sectores clasificados, pero sólo en razón de que aquella doctrina lo etiqueta —a él y a otros fenómenos similares— como Derecho penal moderno[190]; *2)* porque como es sabido, en las sucesivas ampliaciones que fue haciendo *Jakobs* de su inicial concepto del Derecho penal del enemigo, él mismo incluyó en él a la delincuencia económica[191]; *3)* porque dada la finalidad de aquel breve ensayo mío, que no era otra que plantear meramente unas bases programáticas para el posterior desarrollo de un Derecho penal moderno *legítimo*, tenía que resultar más que obvio que en él no procedía llevar a cabo ningún análisis crítico para discriminar al Derecho penal legítimo del ilegítimo —sea o no sea moderno—, sino que esto debía quedar relegado a un momento posterior[192]; y *4)* porque en relación con esto último, de todos modos, a partir de mis reiteradas proposiciones jurídico dogmáticas, de que

188 Así lo han advertido en sentido crítico, por ejemplo, *Demetrio*, RDPC nº 14 2004, pp. 88, 109, y *Díez Ripollés*, RECPC 07-01 2005, p. 33 con nota 115.

189 En la técnica literaria, un estrambote es una serie de versos *libres* —sin rima— que se ubican al final de un poema de estructura *fija* —por ejemplo de un soneto— como remate, pudiendo incluso desviarse de la trama del poema. Por lo que a continuación explico, la inclusión del Derecho penal del enemigo en mi clasificación dogmática ordenada del Derecho penal moderno, bien se podría ver *per analogiam* como un estrambote.

190 Pues como ya vimos *supra* II.1.*b)*, fue el discurso de Frankfurt —y en modo alguno yo— el que desde el momento inicial incluyó bajo la denominación de Derecho penal moderno a una pluralidad de fenómenos que no tienen nada que ver entre sí —como por ejemplo el terrorismo, las drogas, la delincuencia económica y el tratamiento de datos—, y por contagio, eso mismo es lo que hace no sólo la doctrina afín a aquél discurso, sino también la crítica de él, que también mezcla y confunde fenómenos que, como el auténtico Derecho penal moderno y el llamado Derecho de la seguridad ciudadana, son tan distintos entre sí, que no alcanzo a comprender ni de lejos cómo podría ser posible ver ni una mínima relación de cualquier especie entre ellos.

191 Véase *Jakobs*, Derecho penal del ciudadano, pp. 39 s.

192 Con lo cual, muestro mi total desacuerdo con las afirmaciones de *Díez Ripollés*, RECPC 06-03 2004, p. 25 último párrafo de nota 42 que inicia en p. 24, en el sentido de que yo no discrimino entre tendencias encaminadas a modernizar el Derecho penal y las dirigidas a crear un nuevo modelo penal de seguridad ciudadana, y que así yo "termina(ría) legitimando *cualesquiera* movimientos político criminales expansivos" (cursiva mía). *Cfr.* a continuación en 5 de este mismo epígrafe mi réplica a estas afirmaciones de *Díez Ripollés*.

el Derecho penal moderno tendría que ser construido y desarrollado con el más estricto y rígido respeto de las garantías sin la mínima flexibilización de ellas[193], ya tendría que deducirse *eo ipso* que mi postura es la de rechazar completamente por *ilegítima* a toda regulación pretendidamente jurídico penal que se aparte en lo más mínimo de las garantías, como es el caso precisamente del Derecho penal del enemigo, del cual me ocupé inmediatamente después en mi siguiente monografía para criticarlo y rechazarlo de un modo contundente como ilegítimo, por ser evidentemente contrario a la dignidad humana, y porque por esta razón hay que negarle ya el carácter de Derecho y verlo nada más que como manifestación ilegítima de la coacción del poder y del Estado de policía[194]. Lamentablemente, la simple mención del Derecho penal del enemigo, por las razones explicadas, entre los sectores del Derecho penal moderno, ha dado lugar a malentendidos que, como ya he dicho, no dudo en reconocer que hayan podido ser propiciados en cierto modo por mi propia torpeza expositiva en aquel momento, pero también quiero decir ahora que dichos malentendidos no deberían haber llevado a extraer conclusiones que ni de lejos pueden ser deducidas de la lógica de mi discurso contemplado globalmente, ya que debería estar claro sin la mínima duda que éste lleva más bien e inequívocamente a lo contrario de lo que se ha querido ver en él[195]. Por eso, a partir de lo explicado aquí, quiero ahora precisar sobre todo que de mi discurso tendría que resultar evidente que el Derecho penal del enemigo no puede ser en modo alguno ningún sector de mi concepto de Derecho penal moderno, por supuesto en un sentido *material*, pero ni siquiera en un sentido meramente formal ni expositivo, y para que no quede al respecto ni la mínima duda, si en algún momento futuro volviera a ocuparme del Derecho penal moderno, es seguro que dejaré de hacer la mínima mención al Derecho penal del enemigo, tal como ya lo había hecho en mi primera publicación sobre aquél, y tal como lo hice de nuevo en la última de ellas[196], y si el contexto exigiera hacer alguna mención de él, entonces no dejaré de remitir a las aclaraciones que acabo de hacer ahora y a las que hago en lo que sigue.

5. En relación con lo anterior, no acierto a comprender las relaciones y conexiones que establece *Díez Ripollés* entre mi discurso de modernización y el de la expansión de *Silva*, por un lado, y los discursos de la llamada

193 *Cfr. supra* apartado 2.*b)* de este mismo epígrafe.

194 Véanse mis extensas argumentaciones iusfilosóficas y dogmáticas contra el Derecho penal del enemigo, en *Gracia Martín*, RECPC 07-02 2005, pp. 27 ss.; y aún con mayor extensión, en *Gracia Martín*, Horizonte, pp. 199 ss., 214 ss., 235 ss.

195 Ver a continuación en 5.

196 En efecto, en la clasificación de los sectores del Derecho penal moderno que expuse en mi primer trabajo sobre la materia en 2002, no hice ni la mínima mención entre ellos al Derecho penal del enemigo; véase *Gracia Martín*, LH-Cerezo, pp. 357-381; 120 ss.); y en 2011, en Polémica, pp. 25 ss., si bien hago una mención del mismo, *ya no afirmo* que *sea* un sector del Derecho penal moderno, sino que sólo digo que "algunos" —es decir: "otros", con lo me excluyo a mí mismo— "ven como moderno al denominado Derecho penal del enemigo (p. 25).

seguridad ciudadana, por otro[197]. Según *Díez Ripollés*, el discurso de modernización en general, y en particular el de la expansión de *Silva* y el mío de modernización, extenderían desde ellos mismos algo así como una especie de correa de transmisión a través de la cual trasvasarían, si no todos, sí al menos algunos de sus contenidos supuestamente "antigarantistas" al tratamiento político criminal de hechos relativos a la seguridad ciudadana y de sus autores; y a mayor abundamiento, aún afirma que no discrimino entre tendencias encaminadas a modernizar el Derecho penal y las dirigidas a crear un nuevo modelo penal de seguridad ciudadana, y que de ese modo mis tesis "termina(rían) legitimando *cualesquiera* movimientos político criminales expansivos"[198]. Mi desacuerdo en esto con *Díez Ripollés* es absoluto y radical.

a) Por la misma "naturaleza de las cosas", debería estar claro que entre el Derecho penal económico moderno de los poderosos y el de la seguridad ciudadana represivo de individuos de las clases bajas y marginales, no existe ni debe poder ser pensada ninguna conexión ni relación distinta de la que proporciona la obviedad del dato genérico meramente empírico-descriptivo de que ambos son manifestaciones singulares o sectoriales de la intervención punitiva. Sin embargo, este dato es totalmente banal y carece de toda significación teorética. La criminalidad económica de los poderosos y —por decirlo así— la callejera de sectores de población marginada son fenómenos tan acentuadamente heterogéneos desde todo y cualquier punto de vista que no cabe ver entre ellos ningún punto específico de conexión empírica más allá de su mera *coexistencia* espacio-temporal en el acontecer social como formas diferentes de manifestación de la criminalidad, es decir, como fenómenos reales *dispersos* cada uno de los cuales se explica por sus propias causas y que acontece —también cada uno— en sus modos y formas específicos condicionados por las estructuras sociales[199]. Como luego veremos, la Criminología distingue y diferencia claramente entre

197 Véase *Díez Ripollés*, RECPC 07-01 2005, pp. 10 ss., 13 ss. y 31 ss. En sentido similar, véase *Lascano*, La insostenible „modernización del Derecho penal" basada en la „tolerancia cero" desde la perspectiva de los países emergentes, en http://www.defensesociale.org/revista2003/10.pdf, pp. 161, 169 s.; para la confusión y la mezcla de fenómenos por este autor, véase *loc. cit.*, pp. 166 ss., y sobre mi réplica a las afirmaciones de *Lascano* sobre mi discurso, *cfr.* a continuación apartado 7 de este mismo epígrafe.

198 Véase *Díez Ripollés*, RECPC 06-03 2004, p. 25 último párrafo de la nota 42 que inicia en p. 24 (cursiva mía). Parece estar de acuerdo en eso *Rodríguez Montañés*, LH Vives II, pp. 1656 ss.

199 Como es claramente perceptible, en la literatura criminológica no se encuentra ni una sola insinuación sobre ninguna posible conexión ni relación empírica entre criminalidad económica y criminalidad marginal, sino que por el contrario se las analiza como formas de manifestación de la criminalidad absolutamente diferenciadas en *todos* sus factores y elementos característicos; véase *Göppinger*, Kriminologie[6a], pp. 419 ss. (para la criminalidad económica), y pp. 474 ss. (criminalidad violenta); *Eisenberg*, Kriminologie[6a], pp. 656 ss. y pp. 709 ss., distinguiendo como "nexos internos de criminalidad", es decir, como campos de criminalidad independientes y diferenciados en todo, a la criminalidad violenta (pp. 659 ss.) y a la económica (pp. 732 ss.); véase también *H. Jörg Albrecht*, Investigaciones, pp. 262, 264, 277 s.

la criminalidad *económica* de los poderosos y la de los no poderosos como fenómenos empíricos diversos[200], y siendo esto así, con mayor razón tiene que carecer de fundamento establecer alguna conexión y relación entre la primera y otro fenómeno criminológico que, como el securitario en sentido estricto (criminalidad callejera violenta, de bandas, de inmigrantes, etc.), nada tiene que ver con la criminalidad económica. Pero más allá de toda esta falta de conexión de los fenómenos en el plano estrictamente empírico, la percepción de *Díez Ripollés,* de que la criminalización de conductas de los poderosos en el ámbito económico y los excesos represivos de la criminalidad callejera y de los marginados pudieran obedecer a una suerte de estrategia o de patrón político criminales *homogéneos,* me parece infundada y en todo caso no probada en absoluto ni relativamente[201]. En mi opinión, se trata más bien de orientaciones político criminales de sentidos tan contrarios como los que cabe ver en la contradictoria coexistencia en el presente de una actividad del Estado liberal de policía y otra del Estado social de Derecho, y por eso no veo fundamento alguno para establecer ningún puente entre la política criminal "modernizadora" del Estado social, que se ciñe exclusivamente a la criminalización de conductas socialmente lesivas de los poderosos, y la política tradicional y perenne represiva de las clases bajas y marginales, que es la propia del Estado liberal de policía. Como está suficientemente probado, el Estado liberal de policía hace recaer el poder punitivo de hecho casi de modo exclusivo en las clases bajas y marginales y excluye de él a las clases altas[202]. El Estado social, en cuanto Estado *material* de Derecho, criminaliza

---

200 *Cfr. infra* IX.1.

201 Las pretendidas empero totalmente infundadas conexiones y relaciones entre los fenómenos de la criminalidad económica de los poderosos, que es el objeto específico y único del Derecho penal moderno propio del Estado social y democrático de Derecho, y la criminalidad relativa a la seguridad ciudadana, que es objeto específico del ejercicio del poder represivo del Estado de policía, y más aún la visión de que la expansión punitiva respecto de la segunda pueda explicarse como una extensión derivada de la política criminal relativa a la criminalidad económica, son a mi juicio claros exponentes de un modo arbitrario de relacionar cosas y fenómenos completamente heterogéneos consistente —como lo describe *Foucault,* L'archeologie, p. 32— en "establecer entre los fenómenos simultáneos o sucesivos de una época dada una comunidad de sentido, lazos simbólicos, un juego de semejanza y de espejo, o que hacen surgir como principio de unidad y de explicación la soberanía de una conciencia colectiva"; pero frente a esto —como propone *Foucault, ibidem*— lo que procede es "revisar esas síntesis fabricadas, esos agrupamientos ... que se tiene la costumbre de ligar entre sí ... y aceptar (que solo estamos ante) una población de acontecimientos *dispersos*", es decir, sin otra conexión que su mera coexistencia en el tiempo y en el espacio (paréntesis y cursivas míos).

202 Véase *Gracia Martín,* Prolegómenos, pp. 181 ss. Recuérdense al respecto sólo las observaciones de *Rousseau,* Discurso sobre la Economía política, pp. 46 s., de que la confederación social, "protege fuertemente las inmensas propiedades del rico y apenas le permite al miserable disfrutar de la cabaña que él mismo construyó con sus propias manos. ¿No son para los poderosos y los ricos todas las ventajas de la sociedad? ¿No acaparan éstos todos los empleos lucrativos? Y cuando un hombre bien considerado le roba a sus acreedores o comete otras bribonerías, ¿no tiene asegurada su impunidad? Los bastonazos que propina, las violencias que comete y hasta las muertes y asesinatos por su culpa, ¿no son otros tantos asuntos que se minimizan y que se olvidan en seis meses? Pero si le roban a ese mismo hombre, toda la policía se pone de inmediato en movimiento

con observancia de todas las garantías las conductas socialmente lesivas de las clases altas, es decir, lleva a cabo una política criminal de sentido contrario a la del Estado liberal en el marco de su política *general*, y en correspondencia con ésta. En todo caso, si bien *teóricamente* se puede entender superado el Estado liberal por el social de Derecho, la experiencia demuestra que ello no es así *prácticamente*, pues ciertamente el Estado liberal de policía aún tiene la suficiente fuerza para fagocitar e imponerse de hecho —y *antijurídicamente*— al Estado social de Derecho en demasiados ámbitos[203]. Precisamente en la política criminal de la seguridad ciudadana no cabe ver nada distinto a la política criminal *antijurídica* represiva de las clases bajas y marginadas como constante histórica del Estado liberal de policía[204], y a la cual, por esto mismo, en nada se puede parangonar con aquella "otra" política criminal del Estado social, cuyo sentido es justamente el contrario de dotar a los principios y a las garantías de contenidos materiales de igualdad y de justicia conforme a la "idea" del Derecho[205]. En definitiva, y frente a lo que afirma *Díez Ripollés*, entiendo yo —y en todo caso esta es mi tesis— que entre la política criminal modernizadora y la de la seguridad ciudadana no solo no hay ni puede verse ninguna convergencia, sino más bien una relación de inversión proporcional, en el sentido de que *en el Estado social*, mientras que la primera —criminalización de conductas socialmente lesivas de los poderosos— es una exigencia ético-política y jurídica para aquél, la segunda constituye una práctica antigarantista del Estado de policía que, sin la menor duda, el Estado de Derecho (social y democrático) debe luchar por erradicar.

b) A partir empero de lo anterior, aún menos alcanzo a ver cómo podría establecerse alguna relación entre el legítimo Derecho penal económico moderno y el ilegítimo de la seguridad ciudadana en el plano de la elaboración

---

y pobres de los inocentes de quienes se sospeche"; y a mayor abundamiento, véanse las comprobaciones de *Foucault*, Surveiller, p. 89, sobre la redistribución de los ilegalismos por clases sociales, y su traducción en "una especialización de los circuitos judiciales: para los ilegalismos de bienes —para el robo—, los tribunales ordinarios y los castigos; para los ilegalismos de derechos —fraudes, evasiones fiscales, operaciones comerciales irregulares— unas jurisdicciones especiales, con transacciones, componendas, multas atenuadas, etc.; la burguesía se ha reservado la esfera fecunda del ilegalismo de los derechos".

203 Pues como observa *Zaffaroni*, PG[2a], pp. 5 s., 353 ss., por el momento no hay Estados de Derecho "puros" porque en el interior de todo Estado de Derecho sobrevive un Estado de policía ejerciendo pulsión sobre aquel (pp. 5 s.), y en la actualidad tiene lugar claramente un rebrote de los Estados de policía antimodernos de la mano precisamente de la ficción de la "inseguridad urbana".

204 Pues como advierte *Zaffaroni*, PG[2a], p. 244, hoy, a causa de la globalización, son los monopolios y los oligopolios transnacionales quienes realmente ejercen un poder planetario, y aquéllos, para eliminar todo obstáculo al ejercicio de su poder, necesitan "disciplinar o eliminar a los excluidos para que no perturben", y esto "requiere (un) ejercicio arbitrario del poder" que trata de legitimarse con la "ideología de seguridad urbana".

205 En sentido similar, véase *Bustos*, Control social, pp. 18 ss., 27 ss., 184, 186 ss., 190 ss.; *Schünemann*, Oberschichtsstrafrecht, pp. 16 ss., 21 s.; *Gracia Martín*, Prolegómenos, pp. 199 ss.; *el mismo*, GA 2010, pp. 347 ss.; *el mismo* RDPC nº 2010, pp. 63 ss.

y de la *concreción* categorial y teleológica del Derecho. Relacionar a uno y a otro campo de la intervención penal, para establecer específicas conexiones de sentido entre ambos, me parece un ejercicio especulativo parangonable —para poner ejemplos extremos— con otro que hipotéticamente pusiera en relación a la punibilidad del homicidio y a la de la administración desleal con la pretensión de derivar luego consecuencias discursivas concretas entre ambas clases de hechos punibles. Pues aunque quisiera y pudiera establecerse alguna relación entre fenómenos empíricos tan heterogéneos en el plano político criminal —lo que como he dicho no me parece posible—, en tal caso lo que resultaría ya absolutamente insostenible sería *reproducir* luego a semejante relación en el plano *jurídico dogmático,* es decir, transformarla en un "objeto *jurídicamente* valorado" que permitiría la subsunción y, por tanto, la equiparación o nivelación *en él,* de dos fenómenos de la realidad entre los cuales, y debido a su disparidad substancial, no es posible establecer ni una mínima correspondencia "analógica" desde el punto de vista *jurídico.* Pues la *Dogmática jurídica* es una *Ciencia "clasificatoria"* que —porque así lo impone la "idea" misma del Derecho, a la que es esencial la de *igualdad*— sólo puede construir sus conceptos y proposiciones *jurídicos* con el método de la "analogía conforme a la naturaleza de la cosa", y para lo cual no se puede prescindir del arsenal de conceptos jurídicos *a priori* que, como sabemos desde *Radbruch,* tienen que hacerse operar *necesariamente* para que los conceptos y las proposiciones resultantes sean auténticamente *jurídicos* y puedan tener alguna pretensión de validez[206]. Y si algo parece tener que estar fuera de toda discusión, ello es que en su *resultado final,* tanto las propuestas de *Silva* como las mías son de naturaleza estricta y rigurosamente *dogmática* y de tipo clasificatorio, tal y como *Silva* lo ha reivindicado recientemente, con toda la razón[207], y tal como asimismo lo hago yo aquí respecto de las mías. Por lo tanto, mi desacuerdo con *Díez Ripollés* en la cuestión aquí tratada es absoluto, y la razón última es que nada de lo que pueda percibirse y valorarse de los fenómenos de la realidad a partir de una visión que, como la suya, se queda meramente en los planos político y sociológico, se puede trasladar luego sin más al plano estrictamente *jurídico dogmático,* que es el *punto de llegada* tanto del discurso de *Silva* como del mío, en el cual ambos se articulan no como meros postulados político criminales, sino naturalmente y por supuesto, en la forma estricta de *Derecho.*

aa) En cuanto al discurso de *Silva,* según yo lo entiendo, y el cual, por cierto, metodológicamente me parece impecable desde el punto de vista formal, en él debe distinguirse nítidamente entre: *1)* sus análisis de los plurales y *muy diversos* fenómenos reales *prejurídicos* —y de sus causas— que, a su juicio, constituirían los objetos materiales abarcados por la expansión y serían motivo de esta; análisis que, como no podría ser de otro modo, *Silva* lleva a cabo primariamente en los planos de la sociología y de la política, y hasta en el de la psicología colectiva; y *2)* la conversión y articulación a continuación de las conclusiones que ha derivado de aquellos análisis,

206 Sobre todo esto, *cfr. infra* notas 233, 300 y 308, y el texto correspondiente a ellas.

207 Véase *Silva Sánchez,* Expansión[3ª] 2011, p. 208.

en su propuesta *jurídico dogmática* de estructurar al *Derecho* penal en los tres niveles *dogmáticos*, es decir, *teleológicos* y *categoriales*, que él denomina metafóricamente como velocidades[208]. Ahora bien, ya en el plano *prejurídico* de los análisis se percibe con la mayor claridad que *Silva* no mezcla a los distintos fenómenos de que se ocupa, sino que los contempla y analiza más bien como fenómenos singulares *distintos* y *dispersos* que simplemente *coexisten* en el tiempo los unos junto a los otros, cada uno con sus particulares causas distintas de las de los otros[209]. Pero aún con mayor claridad puede y tiene que verse, porque nada distinto cabría esperar de un jurista dogmático de su talla, que las propuestas jurídico dogmáticas de *Silva* no llevan a ningún otro resultado que no sea el que precisamente compete a la Ciencia jurídica, que no es otro que *diferenciar* entre lo que desde el punto de vista del Derecho es desigual para tratarlo desigualmente conforme a lo que dicta la idea del Derecho, y que sólo a esto se orienta claramente su propuesta *dogmática* de la tripartición del *Derecho* penal en las tres conocidas velocidades[210]. No parece que pueda dudarse —o al menos así me lo parece a mí— que en la propuesta de *Silva,* el campo fenomenológico de la seguridad ciudadana es reconducible, en primera instancia, exclusivamente al Derecho penal de la primera velocidad en que deben regir todas las garantías en sus máximos y sin la mínima flexibilización[211]. Pero si esto es así, entonces la interpretación del discurso de *Silva* que ha hecho *Díez Ripollés* carece de todo fundamento, desde luego absolutamente desde el punto de vista *jurídico dogmático,* pero en mi opinión, también incluso en el plano prejurídico del análisis sociológico y político. Desde luego, una cuestión absolutamente diferente sería la de si con las propuestas dogmáticas de *Silva,* algunos sectores de la fenomenología de la seguridad ciudadana serían luego segregados del Derecho penal de la primera velocidad en el que tendrían inicialmente su lugar natural, y en última instancia trasladados desde éste al de la tercera (el del enemigo). Pero esta cuestión sería una que ya no tiene absolutamente nada que ver con el discurso ni con el concepto del Derecho penal moderno, simplemente porque entre éste y las fenomenologías de la seguridad ciudadana y del enemigo no puede verse —incluso en el plano político— más que un abismo con la misma longitud de distancia que la que pueda existir —para enfatizarlo con una hipérbole— entre las dos galaxias del Universo más distantes entre sí, o para decirlo de un modo más realista, con la distancia que media entre clases antagónicas en una sociedad de clases.

bb) Pero si la interpretación del discurso de *Silva* por *Díez Ripollés* carece a mi juicio de fundamento, aún resulta más infundada si cabe, y sobre todo sorprendente, la similar que sugiere con respecto a mi discurso y a mi concepto de Derecho penal moderno. En primer lugar, porque todo lo que acabo de exponer sobre la falta de fundamento de sus críticas al discurso

208 *Cfr. supra* III.2.*b)*.bb)

209 Véase *Silva Sánchez,* Expansión[2a], pp. 26 ss., 28 ss., 83, 86 s., 141 ss.

210 Véase *Silva Sánchez,* Expansión[2a], pp. 157 ss.

211 No cabe interpretar de otra manera la distinción de *Silva* entre el Derecho penal de la primera y de la segunda velocidades; véase *Silva Sánchez,* Expansión[2a], pp. 159 ss. en relación con lo que dice en pp. 57 s. y nota 122 de p. 58.

de *Silva* es asimismo válido en los mismos términos frente a sus críticas al mío, y por esto, lo doy por reproducido. Pero además, por otras razones adicionales aún más contundentes como las siguientes: *1)* porque en mi discurso no hay ni una sola línea en la que haga ni la mínima referencia a ningún fenómeno de la realidad distinto al de la criminalidad económica de los poderosos, y por lo tanto la fenomenología de la seguridad ciudadana no aparece mencionada a lo largo de él ni en lo más mínimo porque obviamente ni la tengo en mi cabeza en ningún momento cuando pienso en el Derecho penal moderno, ni está latente en mi subconsciente ni un solo instante, y esto por la sencilla razón de que entre los objetos y los enunciados de mi discurso y los relativos a la seguridad ciudadana, la distancia es —repitiendo la hipérbole ya utilizada antes— la misma que entre las dos galaxias más alejadas entre sí en el Universo; *2)* porque si como he tenido que reiterar aquí en réplica a las inexplicables tergiversaciones que se han hecho de mi discurso, reproduciendo literalmente lo que realmente yo digo en lugar de lo que se me atribuye que digo, el resultado final de mi discurso —estrictamente *jurídico dogmático*— es precisamente que el Derecho penal moderno tiene que llevarse a cabo sin la mínima flexibilización de las garantías, entonces, en la supuesta hipótesis de que pudiera establecerse alguna relación o conexión entre Derecho penal moderno y Derecho penal de la seguridad ciudadana —hipótesis que, insisto, es en todo caso imposible de plantear—, en tal caso lo único que aquél podría transmitir a éste serían garantías absolutamente rígidas e inflexibles, y esto por la simple razón de lo que expresa el aforismo *nemo potest dare quod non habet neque plus quam habet*, de modo que mal podría verse un trasvase de postulados y directrices antigarantistas desde un sector del ordenamiento jurídico penal como el dispuesto para el tratamiento *jurídico* de la criminalidad económica al sector relativo a la seguridad ciudadana, y ello por la simple razón de que, como queda dicho, obviamente el primero no puede ni podría prestar algo de lo que carece absolutamente; y *3)* porque si mi ensayo lo termino con la conclusión tajante y apodíctica de que el Derecho penal moderno sólo puede construirse conforme a las garantías sin la mínima flexibilización de ellas, de aquí se deduce *eo ipso*, y sin ninguna posibilidad de entender lo contrario, que absolutamente todo lo que resulte contrario a las garantías no puede tener cabida en mi discurso ni en mi concepto de Derecho penal moderno, como es el caso precisamente del llamado Derecho penal del enemigo y de las regulaciones antigarantistas relativas a la seguridad ciudadana. En definitiva, las asociaciones, conexiones y trasvases de contenidos, insinuados por *Díez Ripollés*, entre mi discurso de modernización y el de la llamada política criminal securitaria, son simplemente imposibles e inconcebibles, pues debería estar totalmente claro que de mi concepto de Derecho penal moderno queda *absolutamente excluido per definitionem* todo aquello que sea extraño y distinto a la criminalidad económica empresarial de los *poderosos*.

6. Más allá de todo lo ya visto, es muy probable que *Lascano* en la doctrina argentina, y *Ramos Vázquez* en la española, hayan alcanzado el clímax en la crítica desenfocada de mi discurso y de mis postulados jurídicos. Por esto, ante los juicios erróneos de estos autores, porque sin duda están formulados en un vacío de teoría y método *jurídicos*, creo que no debo permanecer

indiferente ni callado. En última instancia, porque mi autoestima como jurista me exige desvirtuarlos por medio de los razonamientos y argumentos rigurosamente jurídicos con que he construido metódicamente mi discurso estrictamente *jurídico* de modernización del Derecho penal, y más allá de esto, también porque mis enunciados y proposiciones al respecto, lejos de ser exclusivamente personales míos, más bien coinciden y confluyen con los de muchos otros dogmáticos que con sus desarrollos conceptuales contribuyen decisivamente a la formación y a la configuración de un discurso de modernización *objetivo* trascendente a toda opinión personal. Entre ellos destacan los debidos sobre todo a *Bernd Schünemann*, quien define al Derecho penal moderno como el *Derecho* penal de la *clase alta*[212] en el mismo sentido en que yo lo entiendo y denomino como *Derecho* penal de los *poderosos*. Puesto que los juicios desenfocados de los que me voy a ocupar aquí apuntan a reducir a mi discurso y a mi concepto de Derecho penal moderno a una especie de nebulosa "ideológica clasista" que opacaría totalmente su substancia pura y estrictamente *jurídica*, y puesto que mis enunciados y proposiciones rigurosamente *jurídicos* coinciden en cuanto al fondo y sentido con los de los más conspicuos defensores de la modernización del Derecho penal, aunque el hilo conductor de mi réplica sea una respuesta a las afirmaciones e insinuaciones singulares hechas por los dos autores mencionados sobre mi discurso personal, no obstante lo que expongo a continuación debe entenderse en última instancia como una respuesta *objetiva* del discurso de modernización que creo poder dar como representante y portavoz de la mayor parte de los partidarios de éste, y muy en particular en nombre de mi colega *Bernd Schünemann* en razón de la completa identidad de nuestras posturas al respecto.

7. *a)* En el caos de la confusión en que se agrupa y se mezcla arbitrariamente bajo la denominación de Derecho penal moderno a fenómenos tan diversos y contrarios incluso desde los puntos de vista criminológico y político criminal, como la criminalidad económica de los poderosos[213] y la callejera de las clases desfavorecidas y marginales[214], además de otros[215], confusión que como ya se dijo al principio se debe a *Hassemer* y la Escuela de Frankfurt, *Lascano* afirma ver puntos de conexión entre el Derecho penal económico y el denominado como de la "seguridad" con tendencia a una "tolerancia cero" frente a la criminalidad callejera, y de estas supuestas y misteriosas conexiones que él afirma, pero que ni prueba ni explica desde ningún punto de vista, sorprendentemente deriva luego que el primero ¡"podría acentuar la injusticia, la desigualdad y la selectividad en perjuicio de los sectores de menos recursos"![216]. Y por si esto fuera poco, tras afirmar que él *no* cuestiona

212 Véase *Schünemann* Oberschichtsstrafrecht, *passim*.

213 Que como aquí se sostiene es objeto del Derecho penal económico y de la empresa.

214 Que es el objeto de la denominada política criminal de la seguridad.

215 Criminalidad organizada, terrorismo, drogas, etc., *cfr. supra* II.1.*b)*.

216 Véase *Lascano*, La insostenible „modernización del Derecho penal" basada en la „tolerancia cero" desde la perspectiva de los países emergentes, en http://www.defensesociale.org/

la observación de *Schünemann* de que mi discurso no renuncia en ningún punto a los principios y garantías del Estado de Derecho[217], *Lascano* termina contradiciéndose en esto porque finalmente *sí* la cuestiona totalmente de un modo absoluto. Pues inmediatamente después de aquella afirmación suya, *Lascano* afirma que mi propuesta de criminalización de los *comportamientos* gravemente criminales de los poderosos "parecería representar un *Derecho penal de "autor"* (que reclama el castigo de un *modo de ser* del sujeto)"[218]. Y puesto que tal vez no haya otro exponente mayor de contrariedad a los principios y garantías del Estado de Derecho que el que representa el Derecho penal de autor[219], por esta razón lo que realmente hace *Lascano* es tachar a mi discurso de contrario al Estado de Derecho y, en definitiva, negar —algo más que cuestionar— la observación de *Schünemann* de que mi discurso es conforme en todo con el Estado de Derecho. Francamente, no alcanzo a explicar cómo puede atribuirse a un discurso y derivarse de los claros conceptos y las palabras precisas engarzados en él justo todo lo contrario de lo que expresa y tiene como horizonte.

b) Más atrás ya he dado suficientes argumentos sobre la falta de todo fundamento para establecer cualquier conexión entre el Derecho penal moderno y el de la seguridad, y sobre esto no hay nada más que añadir[220]. Pero más allá de esto, lo que ya resulta totalmente inadmisible es la exorbitante insinuación de *Lascano* de que mi concepto de Derecho penal moderno —y lo mismo tendría que decir del idéntico de *Schünemann*— pudiera remitir a un Derecho penal de *autor*, pues a parte de revelar con ella una total incomprensión de mi discurso y una gruesa confusión de planos, *Lascano* apunta a lo que ni con la interpretación más disparatada podría derivarse de mi discurso de modernización, cuyo sentido, por lo demás, no puede desvincularse de mis concepciones jurídico dogmáticas fundamentales, en las cuales no puede tener cabida ni la más mínima partícula de ningún Derecho penal de autor. Por esto, a la inadmisible insinuación de *Lascano*, tengo que oponerle: *1)* que si se contempla a mi discurso con la lente del método *jurídico*, entonces se distinguirá claramente entre lo "esencialmente *jurídico*" de mis enunciados y proposiciones: el "sistema" de Derecho penal económico

---

revista2003/10.pdf, pp. 169 s.; para la confusión y la mezcla de fenómenos por este autor, véase *loc. cit.*, pp. 166 ss.

217 Véase *Schünemann*, Presentación a mis Prolegómenos, p. 17. De que el juicio de *Schünemann* es absolutamente certero y fiel a lo que yo realmente sostengo y digo reiteradamente, ya he dado pruebas más que suficientes con la reproducción literal de mis afirmaciones *supra* en 2.*b)* de este mismo epígrafe IV.

218 Véase *Lascano*, La insostenible „modernización del Derecho penal" basada en la „tolerancia cero" desde la perspectiva de los países emergentes, en http://www.defensesociale.org/revista2003/10.pdf, pp. 161 s. y sobre todo p. 169.

219 Véase por todos *Zaffaroni*, PG$^{2^a}$, pp. 65 ss., 443 s.: "la racionalización de tipos de autor es el signo más burdo de la claudicación del derecho penal, o sea, su inversión y puesta al servicio del estado de policía (y) es dudoso que pueda merecer el nombre de derecho penal" (p. 443).

220 *Cfr. supra* núm. 5 de este mismo epígrafe.

configurado por *tipos de lo injusto orientados a bienes jurídicos*, que es un puro Derecho penal de "acto", es decir, del *comportamiento*, y lo jurídicamente *irrelevante*: los tipos *criminológicos* de autor[221], los cuales para nada son objeto de valoración jurídica, ni en los tipos de lo injusto, ni tampoco en el estadio de la culpabilidad; *2)* que todos estos enunciados, además, no son unos que se encuentren implícitos en mi discurso y tengan que ser deducidos de él mediante una interpretación de mis textos escritos, sino que se encuentran literalmente descritos y reivindicados por mí de un modo expreso, claro e inequívoco en aquellos, por lo que no existe ni el mínimo margen posible para deducir de ellos el sentido absolutamente opuesto de lo que expresan que arbitrariamente quiere atribuirles *Lascano*[222]; *3)* que por esto mismo, es absolutamente incomprensible que *Lascano*, tras describir a mi propuesta como una criminalizadora de *comportamientos*, la convierta inmediatamente a continuación de un modo completamente arbitrario en una de ¡"castigo de un *modo de ser* del sujeto"!, y por esto habría que preguntarle por cómo hace posible semejante conversión del preciso e inequívoco concepto de *comportamiento* en el diferente de *modo de ser* del sujeto; y *4)* que siendo una evidencia que no precisa de demostración alguna, que los comportamientos materialmente criminales de los poderosos son gravemente lesivos de bienes jurídicos, generalmente con efectos de daños sociales para amplios colectivos de individuos[223], y muy especialmente para masas de individuos desfavorecidos, es absolutamente incomprensible desde cualquier perspectiva la insólita y sorprendente deducción por *Lascano*, de que la criminalización de

---

221 Véase por todos *Zaffaroni*, PG[2a], p. 443.

222 Véase *Gracia Martín*, Prolegómenos, pp. 68 ss., 195 s., donde he sostenido, y así lo reproduzco aquí literalmente: *1)* que "aunque la idea de criminalidad económica se identifica inicialmente con la llamada 'delincuencia de cuello blanco' y remite de hecho sólo a comportamientos delictivos característicos de las clases sociales poderosas, una concepción de aquélla orientada exclusivamente al autor tiene sólo un valor criminológico, pero *no* uno *político criminal ni dogmático*" (p. 68); *2)* que "se trata de un Derecho penal que se rige en todo por el '*principio del hecho*', pues el mismo se funda en decisiones político criminales que tienen como base la desvaloración de determinados *hechos* en razón sólo de su carácter perjudicial para el orden social e independientemente del dato sociológico de que su realización sea accesible y posible sólo a sujetos pertenecientes a las clases sociales poderosas" (p. 69); *3)* que se trata de "un Derecho penal del *hecho* que, como el vigente, no se configura de un modo genérico, sino necesariamente mediante la formulación de un completo sistema de tipos singulares, y de subsistemas de tipos, estructurados y ordenados valorativamente conforme a especies diferenciadas de *bienes jurídicos*" (p. 71); y en fin *4)*, que "la criminalización de *conductas* de las clases poderosas" tiene que fundarse y estructurarse en "un 'sistema' que clasifique en tipos criminales ordenados conforme a *bienes jurídicos* la totalidad del universo de *acciones* ético-socialmente reprobables y socialmente perjudiciales propias y características del sistema *de acción* de las clases poderosas" (pp. 195 s.). Sobre la irrelevancia *jurídico dogmática* del concepto criminológico del delincuente de cuello blanco, véase por todos *Tiedemann*, EuAT[4a], p. 29 nº 64, cuya opinión suscribo sin reserva alguna.

223 Véase *Bustos*, Control social, pp. 28, 195, donde resalta que "la vida, la salud, la propiedad de las grandes mayorías está fundamentalmente afectada por los delitos contra el medio ambiente, contra la calidad del consumo, contra los ingresos y egresos del Estado" (p. 28), y que la lesión de los bienes jurídicos colectivos afecta siempre "a una masa de individuos o, por lo menos, a un colectivo" (p. 195); véase también, *Aller*, Criminalidad, pp. 318 ss.

aquellos comportamientos de los poderosos ¡"podría acentuar la injusticia, la desigualdad y la selectividad en perjuicio de los sectores de menos recursos"! Pero, ¿qué relación o asociación podría establecerse —como, sin embargo, insinúa *Lascano*[224]— entre la criminalización, por ejemplo de la contaminación ambiental, del fraude tributario, de la lesión de derechos laborales de los trabajadores o de la calidad del consumo de productos, y una política criminal represiva de por ejemplo los grafiteros? (¡)

8. *a)* Entre todas las desfiguraciones de que han sido objeto mi discurso y mis proposiciones *jurídicas* sobre la modernización del Derecho penal, quizá ninguna supere a la que resulta de algunos juicios de *Ramos Vázquez* sobre ellos. Según afirma el mencionado autor, mi discurso no sería nada más que "una aspiración ideológica personal" mía y, por ello, ¡"una idea completamente *ajena al concepto de Derecho penal*"!, porque éste, según él, "no tiene por función la persecución de determinadas clases sociales o determinados grupos de personas, sino la efectiva *protección de bienes jurídicos* fundamentales para el mantenimiento de una sociedad democrática"[225]. Ciertamente me resulta embarazoso replicar juicios tan desenfocados como estos, y sin embargo creo que no debo dejar de poner las cosas en su sitio no sólo respecto de la absoluta desfiguración de mi discurso personal que ello representa, que es lo de menos, sino sobre todo en defensa de la Ciencia y del método jurídicos y de los "conceptos" de Derecho en general, y de Derecho penal en particular, a los cuales mi discurso y mis enunciados se ajustan con el máximo rigor, mientras que afirmaciones tan simples como las de *Ramos Vázquez* solo pueden verse como unas completamente alejadas y a una distancia máxima de aquéllos conceptos y de la Ciencia jurídica[226].

---

224 De modo contradictorio e incomprensible, porque no se entiende que critique (véase *Lascano*, La insostenible „modernización del Derecho penal" basada en la „tolerancia cero" desde la perspectiva de los países emergentes, en http://www.defensesociale.org/revista2003/10.pdf, pp. 167 s.) que mientras la política de seguridad ciudadana criminaliza la pobreza, al mismo tiempo tenga lugar una alta impunidad de los delitos graves de los poderosos— en lo cual tiene sin duda toda la razón—, y que a la vez oponga todo tipo de reparos precisamente a la criminalización de las conductas gravemente lesivas de los poderosos, y mucho menos se entienden las conexiones que sugiere que existirían entre la criminalización de las conductas de los poderosos y aquella política criminal de la seguridad criminalizadora de la pobreza, conexiones que como queda dicho en el texto no prueba con ningún argumento y que como ya se expuso más atrás no se pueden ni siquiera plantear en ningún plano, ni en el empírico fenomenológico, ni en el político criminal, ni menos aún en el jurídico dogmático.

225 Véase *Ramos Vázquez*, Retos, p. 89.

226 Por esta razón, debo rechazar asimismo totalmente la calificación de mi discurso por *Paredes* como "panfleto", y ello por mucho que matice que lo sea "en el más noble sentido del término"; véase *Paredes*, RDPC nº 17 2006, p. 439. Pues ni siquiera ese "noble" sentido puede mitigar la devaluación que supone denominar panfleto a una verdadera construcción *jurídica dogmática* como la mía de la que, aunque fuera errónea, lo que no creo que nadie pueda poner en duda es que está elaborada con la más rigurosa aplicación del método de la Ciencia jurídica, tal y como estoy mostrando aquí y continuaré mostrándolo en lo que sigue.

b) Ante los juicios de *Ramos Vázquez*, es inevitable preguntarse de entrada por qué será lo que él habrá leído realmente en mi texto, o qué es lo que ha derivado de él como la substancia de mi discurso. En respuesta a sus desenfocados juicios aquí considerados —respecto de otros estoy absolutamente de acuerdo con el mencionado autor—, no hay necesidad alguna de hacer ningún despliegue argumentativo replicativo *ex novo*. Como ya hice para desvirtuar las arbitrarias tergiversaciones de que han sido objeto mis enunciados y proposiciones respecto de las garantías[227], aquí deberá bastar con una remisión no ya al "espíritu", sino meramente a la "letra" escrita de mi discurso y con la confrontación del tenor literal de mis enunciados y proposiciones con lo que *Ramos Vázquez* deduce y afirma de ellos. Pues como puede verificarse con la simple lectura de mi texto: *1)* en relación con la afirmación de que yo sólo pretendería la persecución de determinadas clases sociales, lo que yo he escrito —y no sólo una, sino hasta *dos* veces— es que el Derecho penal moderno —económico y empresarial— para nada se centra en —ni apunta a— la dimensión *criminológica* relativa al *autor*, sino que se rige estrictamente por el "principio del hecho", porque como cualquier otro sector del Derecho penal, lo que criminaliza aquél no es otra cosa que *conductas* (acciones y omisiones) socialmente lesivas y reprobables[228]; y *2)* en relación con la afirmación de *Ramos Vázquez* de que lo que definiría al "concepto" de Derecho penal sería la protección de bienes jurídicos, si esto fuera correcto —que *no* lo es, como luego matizaré—, lo que yo he escrito, y tampoco sólo una, sino también otras *dos* veces, es que el Derecho penal moderno —económico y empresarial— se configura como un "sistema de tipos" orientado a "*bienes jurídicos*"[229]. Así pues, una simple lectura de mi texto que se atenga a —y que

227 *Cfr. supra* IV.2 b).

228 Véase *Gracia Martín*, Prolegómenos, pp. 68 y 69, y para la reproducción "literal" de mis enunciados *dos* veces expuestos, *cfr. supra* los incisos *1)* y *2)* de la nota 222.

229 Véase *Gracia Martín*, Prolegómenos, pp. 71 y 195 s., y para la reproducción "literal" de mis enunciados *dos* veces expuestos, *cfr. supra* los incisos *3)* y *4)* de la nota 222; pero a mayor abundamiento, véase ahora también *Gracia Martín*, Prolegómenos, p. 71, donde a mi afirmación de que con el concepto de *orden económico* "no se puede identificar más que un marco general de referencia para los concretos *bienes jurídicos* que protejan los tipos penales económicos de acuerdo con el modelo de un Derecho penal del hecho que, como el vigente, no se configura de un modo genérico, sino necesariamente mediante la formulación de un completo sistema de tipos singulares, y de subsistemas de tipos, estructurados y ordenados valorativamente conforme a *especies diferenciadas de bienes jurídicos*", le añado en apoyo las referencias que incluyo en la nota 87, y que literalmente dice lo siguiente: "Pues, el Derecho penal del hecho es 'substancial' en el sentido de que a través de sus tipos describe objetivamente todas las *especies* de lo injusto material, y luego conecta cada una de dichas especies a una amenaza penal asimismo *específica*; véase *Welzel*, El nuevo sistema del Derecho penal, trad. y notas de J. Cerezo Mir, Ed. Ariel, Barcelona, 1964, p. 44. Cuál sea lo injusto material *específico* de un tipo determinado, cuál sea su naturaleza jurídica *específica* y, por consiguiente, cuál sea su diferencia *específica*, todas éstas son cuestiones estrechamente relacionadas cuya respuesta depende en su mayor medida de la que se dé a la relativa a *qué especie de bien jurídico* es el protegido por el tipo de que se trate, pues como ya destacara *Jescheck*, ZStW, 1955, p. 537: 'nuestro Derecho penal se estructura en un sistema de tipos *ordenados* conforme a *bienes jurídicos* a los que conecta *determinadas* amenazas penales'; véase, en el mismo sentido, *Gracia Martín*,

respete— lo que dice, debe bastar para comprobar el total desenfoque de los juicios de *Ramos Vázquez,* pues con sus afirmaciones pretende objetarme sin el menor fundamento ni motivo derivable de mi discurso ni del texto de este: *1)* que mi concepto de Derecho penal moderno sería *ajeno* al concepto de Derecho penal porque éste no consiste en perseguir a clases sociales ni a grupos de personas, siendo así que, como acabo de mostrar aquí, *eso mismo* es lo que yo he escrito hasta *dos* veces; y *2)* que el Derecho penal consiste, por el contrario, en proteger bienes jurídicos, siendo así que *esto mismo* es lo que yo he escrito hasta otras *dos* veces como también acabo de mostrar, si bien sin perjuicio de que como ya he advertido y luego matizaré, lo que define substancialmente el concepto de Derecho penal no es precisamente la protección de bienes jurídicos[230]. En definitiva, creo que no es preciso hacer ningún esfuerzo argumentativo adicional para desvirtuar los juicios de *Ramos Vázquez* aquí considerados y que se desvirtúan por sí mismos, pero sí considero conveniente y oportuno hacerlo respecto de ciertas otras cuestiones de mayor envergadura y trascendencia a que pueden afectar aquellos juicios, porque con lo dicho hasta aquí las cosas todavía no han quedado puestas en su sitio frente a las afirmaciones de este autor.

c) Por diversas razones, no puedo ni debo permanecer impasible ante la insostenible afirmación de *Ramos Vázquez* de que mis enunciados y proposiciones serían *ajenos* al *concepto* de Derecho penal *porque,* según dice, sólo serían una "aspiración ideológica" mía que se orientaría en la dirección de una persecución de la clase social poderosa en ejercicio de una suerte de venganza de clase[231]. Las primeras cuestiones que suscitan de inmediato semejantes afirmaciones, son las siguientes: *1)* la relativa a cuál sea realmente la "idea" del Derecho en general y del penal en particular de este autor; *2)* la de si sus afirmaciones están realmente deducidas de alguna relación concreta entre "idea" y "concepto" del Derecho, y en tal caso cuál será tal relación, porque en todo caso —pues esta es una cuestión clásica y fundamental del pensamiento jurídico— *alguna* relación entre esos dos escalones —"idea" y "concepto"— es absolutamente necesaria para que todo enunciado y proposición pueda tener un mínimo de *validez* a los ojos del Derecho, es decir, de la Ciencia jurídica[232]; y *3)* si realmente puede tomarse en serio la afirmación

---

La infracción de deberes contables y registrales tributarios en Derecho penal, Ed. Trivium, Madrid, 1990, p. 243".

230 *Cfr. infra* en apartado *d),* dd) de este mismo número y epígrafe.

231 Aunque sin citarme expresamente, también *Laurenzo,* a partir de su observación sobre la ciertamente "entusiasta defensa" mía de criminalizar las conductas gravemente lesivas de los poderosos (RDPC nº 12 2003, p. 442 n. 2), parece insinuar que una tal defensa podría estar motivada por alguna especie de ánimo de "venganza" de los desprotegidos contra los poderosos, que habría que satisfacer con una criminalización de sus conductas "a cualquier precio" (RDPC nº 12 2003, p. 448).

232 Sobre dicha necesidad, véase una vez más, *Radbruch,* Rechtsphilosophie[2ª], pp. 34 ss., 113 ss.; y *Arthur Kaufmann,* Analogie[2ª], pp. 12 ss.; *el mismo,* Rechtsphilosophie[2ª], pp. 17 s., 84 s., 98 ss. Como enseña con muy alta finura intelectual y con exacta precisión filológica y jurídica el gran civilista y maestro *Delgado Echeverría,* actualmente *validez* remite y equivale a "corrección" del objeto de que se trate, en el sentido de que el mismo cumple

de que el "concepto" de Derecho penal lo determina la protección de bienes jurídicos, pues ¿qué sustento empírico —que es lo determinante de la validez de todo concepto— puede fundamentar un concepto semejante más allá de las meras afirmaciones y definiciones lingüísticas o metalingüísticas no corroboradas en el nivel empírico de los objetos y del acontecer reales? Sin embargo, antes de pasar a ocuparme de semejantes interrogantes, quiero anticipar ya que resulta patente que *Ramos Vázquez*: *1)* ignora o pasa por alto que la totalidad de mis enunciados y proposiciones que dan lugar a mi "concepto" de *Derecho* penal moderno son de carácter estrictamente *jurídico*, porque los he derivado rigurosamente sólo de la "idea" del Derecho, es decir, de los conceptos *a priori*, y por ello indisponibles, del Derecho[233]; y *2)* que si conoce mi filiación incondicional a la doctrina welzeliana pura y ortodoxa, tal y como lo he proclamado expresa y reiteradamente[234], ya sólo esta simple

---

los requisitos exigibles para su aceptación en el ámbito en que interesa y, además, que los cumple precisamente *porque* su formación ha tenido lugar con *observancia* de los requisitos de *validez* mismos; ahora bien, validez significa también, y además, *fuerza* y *vigor*, en el sentido de "obligatoria observancia" en el futuro de lo reconocido y así sancionado como válido; véase *Delgado Echeverría*, Vigor, pp. 16 ss., 21 ss. Por motivos históricos, los dos significados de validez que explica *Delgado* se predican genuinamente de actos jurídicos —leyes, reglamentos, actos, contratos, etc.—, pero nada impide su translación o extensión a objetos de otros ámbitos de la realidad, como es el caso, especialmente, de los *discursos jurídicos mismos* que se construyen por las doctrinas jurídicas; véase *Delgado Echeverría*, Vigor, pp. 9 ss., 14 ss. y 21 ss., donde nos descubre y muestra que cuando el Diccionario incorpora por primera vez en 1843 la entrada "validez" (p. 14), la voz, por razón de sus antecedentes históricos, remite en primer término al contexto jurídico o forense, pero ello no obsta a que la misma se utilice en su doble sentido también "fuera de" aquel contexto (p. 16). Por esto, no sólo los enunciados y las proposiciones jurídicas, sino también las afirmaciones y las *críticas* sobre ellos tienen que ser generadas, fundadas y formuladas con observancia de las reglas de *validez* exigidas por la Ciencia jurídica, entre las cuales hay que mencionar a las correspondientes al estricto *método jurídico*, cuya propia validez a su vez está condicionada por su conformidad con la Razón, es decir, con las leyes de la lógica formal y material que rigen el pensamiento o el juicio y el habla racionales, incluyendo en éstos la observancia de los principios y reglas de la taxonomía y de los códigos de nomenclatura que permiten la diferenciación y la clasificación de las cosas conforme a su substancia, naturaleza y sentido específicos; sobre esto, véase *Schünemann* ZIS 1/2014, pp. 4 y 5. Como cualquier enunciado o proposición, pues, también toda y cualquier afirmación y *crítica* de una construcción jurídica tienen que pasar el filtro de la validez en el doble sentido del término, que como queda dicho, hace referencia, por un lado a una determinada cualidad de la cosa: su *corrección*, y por otro al efecto de dicha cualidad: la *obligatoriedad del respeto* de la cosa reconocida y sancionada como válida a causa de su corrección. Por esto, ningún objeto inválido *deber ser* ni, por esto mismo, tener *pretensión* alguna de respeto. Y como voy a mostrar, las afirmaciones de *Ramos Vázquez, porque* están absolutamente desviadas de las más elementales reglas de validez del discurso jurídico, simplemente *no* deben ser *ni*, por esto mismo, pueden merecer el respeto de la Ciencia jurídica.

233 Sobre la idea del Derecho y los principios y conceptos jurídicos *a priori*, véase una vez más *Radbruch*, Rechtsphilosophie[2ª], pp. 34 ss., 38 s.; y *Arthur Kaufmann*, Rechtsphilosophie[2ª], pp. 67, 84 s., 98 ss.

234 Sobre todo, véase mi *Prólogo* a libro de mi discípula *Mª Ángeles Rueda*, La teoría de la imputación objetiva del resultado en el delito doloso de acción, J. M. Bosch Editor, Barcelona, 2001, especialmente pp. 28 ss. Por ello es acertada y precisa la adscripción que

circunstancia debería haberle inducido a no poder ni siquiera pensar que mi discurso pudiera quedar reducido —como él afirma de modo tan grueso— a una "aspiración ideológica" personal, salvo que *Ramos Vázquez* participe de la tan extendida pobre visión de que la doctrina welzeliana queda agotada en la hasta cierto punto "insignificante" tesis de la adscripción del dolo al tipo de lo injusto, y no perciba que lo substancial de aquélla radica en su defensa a ultranza de la dignidad humana, de la democracia y del Estado de Derecho[235], y por consiguiente que se trata de una filosofía a partir de la cual ninguna postura política e ideológica —y por supuesto, tampoco la mía personal orientada sin reserva a la utopía de una República humanista socialista[236]—

---

hace mi maestro *Cerezo* de mis posiciones, así como también las de mi discípula *Mª Angeles Rueda*, a la corriente "welzeliana ortodoxa"; véase *Cerezo Mir*, Prólogo a Fundamentos de la Dogmática penal y de la Política criminal (Ontologismo y Normativismo), Cepolcrim, Editorial Jus Poenale, México DF., 2002, p. XV. Véase *Gracia Martín*, RECPC 06-07 (2004), p. 2, donde declaré que "mi adhesión a su doctrina y a su filosofía como a un dogma —*evidentemente* no de fe, sino epistemológico— puede considerarse ya definitiva, y por cierto en el modo más ortodoxo imaginable, es decir, de acuerdo con el modelo welzeliano puro", declaración que hoy mantengo sin la mínima modificación y aún con mayor convicción, si cabe, que cuando la escribí hace algo más de once años.

235 Véase sobre todo la obra fundamental de *Welzel*, Introducción, pp. 248 ss. Sobre los diversos aspectos de la filosofía welzeliana, véase *Sticht*, Sachlogik, pp. 34-260, *passim*.

236 Véase mi declaración personal al respecto, en *Gracia Martín*, Prolegómenos, pp. 48 s. De nuevo tengo que salir al paso de la especulación de *Paredes* también respecto de esto. Pues en relación con mi declaración, que no apunta nada más que al horizonte de una sociedad socialista como utopía final desde la que derivar contenidos materiales de justicia aptos para llegar al auténtico Estado democrático de Derecho, porque sin duda los Estados sociales actuales aún no lo son, *Paredes*, RDPC nº 17 2006, p. 465 en nota 25, vuelve una vez más a hacer cábalas sobre posibles alternativas de interpretación y de entendimiento del sentido de mi declaración, y plantea las hipótesis de que con ella yo pudiera estar, o bien formulando nada menos que una ¡"profecía"! que sería *irracional*, o bien una afirmación sobre lo que podría suceder próximamente, en lo cual yo estaría completamente equivocado, porque a la vista de la realidad de los acontecimientos, nada indica que las sociedades capitalistas caminen hacia el socialismo. Sobre la primera hipótesis que se plantea *Paredes* —la de la ¡profecía!—, la prudencia aconseja simplemente ignorarla. Sobre la segunda, me voy a limitar a decir que no soy tan ingenuo como para pensar ni creer en que la utopía esté por realizarse próximamente, y a dejarle a *Paredes* planteada la pregunta por si cree que el hecho más que evidente de que la sociedades capitalistas efectivamente no caminan de un modo real hacia el socialismo, impone o exhorta —a mi o a cualquiera que tenga el mismo horizonte político— a no tener que valorar la realidad del presente como un "*ser* que *no debe ser*", y a no proponer corregirla y encauzarla hacia el horizonte de la utopía socialista. En todo caso, mi idea y mi concepción de la democracia y del Estado de Derecho remite al horizonte utópico al que apunta mi declaración, y quiero ahora entroncarla con la *misma* y en todo coincidente de *Elías Díaz*, Estado de Derecho, pp. 19 s., 114 ss., cuando éste dice en el mismo e idéntico sentido que yo, que lo que examina en su ensayo sobre el Estado de Derecho, a partir de "una consideración crítica de las radicales insuficiencias de los llamados 'Estados del bienestar' y bajo el rótulo *Estado democrático de Derecho*", son precisamente "las *posibilidades* de que la solución *socialista*, creadora de una sociedad democrática, *puedan* implantarse y funcionar a través de formas organizativas e institucionales en las cuales las exigencias centrales de todo auténtico Estado de Derecho se hallen suficientemente realizadas" (pp. 19 s.), añadiendo finalmente, y en el mismo y preciso sentido que yo doy a mi declaración, que lo

puede aspirar a ser reconocida como *jurídicamente* válida sin haber superado antes con éxito los filtros del *Derecho*. Pero veamos por qué todo esto es así.

d) Lo dicho en el sentido de que el concepto de Derecho penal moderno —exclusivamente económico y empresarial de los poderosos— se configura como un "sistema de tipos" orientados a *bienes jurídicos* y a los *comportamientos* lesivos o de peligro de éstos, ya debería ser mucho más que suficiente para invalidar absolutamente la afirmación de que mi concepto se quede en una mera aspiración ideológica. Pero por si esto fuera poco, a ello debo añadir aún otros razonamientos y argumentos *jurídicos* a partir de lo indicado en el apartado anterior.

aa) En primer lugar, la insólita afirmación de *Ramos Vázquez* de que mi discurso jurídico se resume en una aspiración ideológica mía ajena al concepto del Derecho penal se tiene que caer por sí misma con la mera reproducción literal de algunos enunciados míos que la desvirtúan completamente aún más allá de los ya expuestos anteriormente. Como por otra parte, tales enunciados los apoyo en los semejantes de otras relevantes y significativas figuras cumbre de la doctrina jurídico penal, como *Schünemann, Zaffaroni* o *Bustos*, por esto *Ramos Vázquez* debería precisar si en su opinión, sería *sólo* "mi" discurso el que se quedaría en una mera aspiración ideológica ajena al concepto de Derecho penal, o si también sucederá lo mismo con los discursos y enunciados de penalistas como los citados, y con los de otros muchos más que también se pronuncian en el mismo o en semejante sentido —y por cierto con los de él mismo, pues su postura es inequívocamente favorable a la criminalización de conductas socialmente lesivas de los poderosos—, de tal modo que, por ello, el discurso mismo de modernización del Derecho penal —es decir, ya no el mío personal, sino *todo* él— no tendría ni el mínimo perfil de una construcción *jurídica objetiva* y se quedaría en una pluralidad de manifiestos ideológicos personales de sus promotores, incluido el suyo propio. Pero independientemente de lo que piense *Ramos Vázquez* a este respecto, y sin perjuicio de lo que matizaré más adelante, que la modernización del Derecho penal no es una mera pretensión o aspiración de una ideología concreta, lo he dicho con la mayor claridad al escribir, de nuevo no sólo una, sino por *tres* veces, de distinta manera, pero apuntando a lo mismo: *1)* que aquélla es —*literalmente*— "absolutamente necesaria ya desde el punto de vista de la misma exigencia de protección de *bienes jurídicos*, pero sobre todo, que la misma es exigible e irrenunciable desde puntos de vista éticos y políticos"[237]; *2)* asimismo

que él busca comprobar con su estudio es "la plena validez y *posibilidad* de un *futuro Estado democrático de Derecho*" y "la afirmación del paralelismo y correspondencia entre Estado de Derecho y sociedad democrática y *socialista*" (p. 20). Que ni *Elías Díaz* ni yo ejercemos como profetas, ni auguramos ningún acontecimiento para ningún momento histórico concreto, y que nos limitamos a razonar conforme a la convicción de que únicamente el *socialismo* podrá conducir y llevarnos —cuando sea, en el momento que sea, dentro de centurias o de milenios quizá, ¡quién puede saberlo!— a un auténtico Estado democrático de Derecho, esto es algo que debería estar muy claro para cualquiera.

237 Véase *Gracia Martín*, Prolegómenos, p. 189.

literalmente, que "toda la criminalidad material de las clases poderosas ... tiene que ser incorporada al discurso de criminalidad en un modo exactamente *igual* a como el Derecho penal liberal, mediante el instrumento definitorio y clasificatorio del principio de legalidad, ha definido y clasificado efectivamente como criminales a la totalidad del universo de acciones propias y características del sistema de acción de las clases sociales subordinadas y excluidas de la posesión, disposición y disfrute de los bienes protegidos penalmente frente a ellas"[238]; y *3)* que la modernización del Derecho penal es una exigencia ético-política que tiene que realizar —de nuevo *literalmente*— "el Estado social de Derecho", y que en éste las garantías —otra vez *literalmente*— "sólo pueden ser derivadas y comprendidas a partir de principios normativos, pero de base necesariamente ontológica, llenos de *contenidos materiales de igualdad y de justicia social*"[239]. Pero además, como queda dicho, semejantes enunciados los he apoyado: *1) dos* veces en una misma cita repetida de una afirmación semejante de *Schünemann* que hago mía[240]; y *2)* una *tercera* vez en otra afirmación semejante de *Zaffaroni* que también hago mía[241]. La cita del primero dice que la modernización es estrictamente una exigencia de la *igualdad* y de la *justicia,* y no una reivindicación que remita a *Marx* o a *Proudhom*[242], y la de *Zaffaroni,* que hago mía con motivo de mi crítica a la *desigualdad* que representa la no inclusión de las conductas materialmente criminales de los poderosos en el Derecho penal, dice que "en el plano *jurídico,* es obvio que esta selección lesiona el *principio de igualdad,* que no sólo se desconoce *ante la ley,* sino también *en la ley,* o sea que el *principio de igualdad constitucional* no sólo se viola en los fundamentos de la ley sino también cuando cualquier autoridad hace una aplicación arbitraria de ella"[243]. Y aunque en mi ensayo omití citar la postura idéntica de *Bustos,* lo hago ahora a mayor abundamiento, pues con ocasión de su referencia

---

238 Véase *Gracia Martín,* Prolegómenos, p. 196.

239 Véase *Gracia Martín,* Prolegómenos, p. 212.

240 Véase *Gracia Martín,* Prolegómenos, pp. 189 s. n. 362, y p. 196 n. 374.

241 Véase *Gracia Martín,* Prolegómenos, p. 184 nota 352.

242 Véase *Schünemann,* Oberschichtsstrafrecht, p. 21, donde dice literalmente que: "para no ser malentendido, quiero recalcar que por mi parte no se trata de volver a *Proudhom* y a *Karl Marx* y discutir el merecimiento de protección de la propiedad privada en general o en especial de la de los medios de producción. Para mí se trata más bien de la cuestión de la igualdad y, con ésta, de la justicia, que prohíbe la *lesión* de la propiedad para hacerla la piedra angular de la lesividad social que tiene que ser combatida con los medios del Derecho penal, y que por el contrario deja fuera del ámbito de control jurídico penal la lesividad social de la *adquisición* y del *uso* de la propiedad"; por todo esto, concluye *Schünemann, loc. cit.,* p. 35, que la modernización del Derecho penal en el sentido de convertirlo en uno también "de la clase alta" es una exigencia del "mandato de producir igualdad y, con ésta, justicia". En las citas que hice en Prolegómenos (*cfr. supra* nota 240) omití el inciso en que *Schünemann* desvincula la aspiración a modernizar el Derecho penal de una vuelta a *Marx* o a *Proudhom.* Lo importante de la cita, por lo que luego se dirá en el texto, es que la modernización es una exigencia de la *igualdad* y de la *justicia,* es decir, de la aspiración a la realización efectiva de la "idea" del Derecho. No obstante, aquella referencia a la desvinculación de *Marx* o de *Proudhom,* omitida en mi cita, se muestra ahora también relevante y decisiva para desvirtuar la inesperada afirmación de *Ramos Vázquez,* de que la exigencia de modernización pueda ser una mera "aspiración ideológica" ajena al concepto del Derecho penal.

243 Véase *Zaffaroni,* PG^{2a}, p. 9.

a los delitos de los poderosos, también él afirma que de lo que se trata es: *1)* "de elaborar el máximo de garantías posibles para que *la desigualdad y discriminación frente a la ley penal sea la menor posible*"[244]; y 2) "de establecer las garantías correspondientes para ir en búsqueda de la *igualdad*", porque "sólo el reconocimiento de que el derecho penal *no* es igualitario, permitirá la construcción de un derecho penal *materialmente* garantista"[245].

bb) A partir de lo dicho, que por su evidencia tal vez no habría hecho falta decirlo si no hubiera sido por la necesidad de poner en el sitio que le corresponde a la insólita afirmación de *Ramos Vázquez,* debería quedar claro sin la menor duda ni ambigüedad: *1)* que si como ya nos enseñara *Radbruch,* la igualdad y la justicia son componentes esenciales *a priori* de la "idea" del Derecho de la que hay que derivar forzosamente el "concepto" del Derecho[246], entonces el moderno Derecho penal económico y empresarial de los poderosos o de la clase alta, no es ni puede verse en él una mera aspiración ideológica ni clasista vindicativa —como ha insinuado sin razón *Laurenzo*[247]—, pues su fundamento último, como acabo de mostrar, remite única y exclusivamente precisamente a las exigencias de la *igualdad* y de la *justicia,* y por lo tanto a la "idea" del *Derecho;* y *2)* que si como nos enseñó también *Radbruch* y ha desarrollado *Arthur Kaufmann,* el "*concepto*" de Derecho —de *todo* Derecho— hay que derivarlo necesariamente de la idea del Derecho[248], de aquí resulta, como también he mostrado, que es más que evidente que yo y todos quienes defendemos la modernización del Derecho penal, no hemos deducido el "concepto" de Derecho penal económico y empresarial de los poderosos o de la clase alta, de nada que no sea la idea misma del Derecho, es decir, que lo hemos formulado y fundamentado por medio de los conceptos y con las herramientas del más riguroso y estricto método *jurídico,* el cual, sin embargo, parece estar claramente fuera del horizonte de *Ramos Vázquez* porque así lo demuestra su insólita afirmación. Por todo esto, debería estar claro que con el "concepto" —clasificatorio y teleológico, y finalmente ordenado y estructurado en un "sistema"— del moderno Derecho penal económico y empresarial de los poderosos o de la clase alta, no se trata, pues, meramente de fomentar y de satisfacer una aspiración ideológica o una venganza de clase, sino de algo tan absolutamente racional como concretar la "idea" del Derecho como condición de posibilidad de su efectiva realización práctica. Si *Ramos Vázquez* ha leído o no ha leído los fragmentos citados de mi texto y las citas en que apoyo mis enunciados; si a pesar de haberlos leído no ha percibido que aquéllos son precisamente los *puntos arquimédicos* de mi discurso *jurídico;* y si conoce o desconoce que todo enunciado y toda proposición que remitan su fundamentación a la igualdad y a la justicia constituyen ya solo por eso una concreción del "concepto" de Derecho que deja atrás todo sesgo ideológico;

---

244 Véase *Bustos,* Control social, p. 18 (cursivas del autor).

245 Véase *Bustos,* Control social, pp. 18 s. (cursivas del autor); véase además *Bustos, loc. cit.,* p. 190.

246 Véase *Radbruch,* Rechtsphilosophie[2a], pp. 34 ss.

247 *Cfr. supra* nota 231.

248 Véase *Radbruch,* Rechtsphilosophie[2a], pp. 11 s., 34 ss., 76; *Arthur Kaufmann,* Analogie[2a], pp. 18 ss.; *el mismo,* Rechtsphilosophie[2a], pp. 84 ss., 98 ss., 135 ss., 154 ss.

todo esto es objetivamente absolutamente irrelevante. Objetivamente relevante es el dato real de que mi texto contiene los enunciados aquí reproducidos con sus citas de apoyo, y que por su tenor no puede haber ni la mínima duda de que los mismos, en última instancia, no son otra cosa que enunciados derivados de la "idea" y del "concepto" del Derecho, es decir, enunciados sobre *materia jurídica pura* (*Rechtsstoff*) concretada y derivada a partir de la "idea" del Derecho (*Rechtsidee*)[249], y no —como meramente imagina *Ramos Vázquez*— simples manifestaciones o expresiones de una aspiración ideológica.

cc) En concreto, se trata de *someter al Derecho*, imponiéndoselo, a las clases sociales que, incumpliendo de un modo grueso el contrato fundacional de la sociedad y del Derecho, históricamente se han arrogado el privilegio de hecho de cursar y de desarrollar su existencia por encima del Derecho sin sujeción a él, ejerciendo así de hecho una libertad de acción ilimitada amparada y cubierta por la arrogación de un poder propio, y excluyente, de definir como Derecho sólo a unos determinados concretos contenidos materiales históricos coincidentes con sus intereses[250], y excluyendo a la vez de aquél a otros contenidos materiales asimismo concretos que, sin embargo, constituyen precisamente las condiciones de posibilidad de la realización de la "idea" del Derecho, es decir, de la *igualdad* y, con esto, de la *justicia* materiales que son consubstanciales a aquélla[251]. Es obvio que el sometimiento al Derecho —mediante su imposición— a las clases sociales que históricamente han podido cursar y desarrollar su existencia en un modo de hecho *legibus solutus*, con consecuencias devastadoras para la existencia y el bienestar de la mayoría sometida, es *prima facie* un hecho de carácter estrictamente *político* que no es posible desvincular de un determinado horizonte ideológico ni de una determinada cosmovisión (*Weltanschauung*). Aquel sometimiento, sin embargo, sólo debe poder ser llevado a cabo por medio del *Derecho* mismo, y en ningún caso, obviamente, por medio de la fuerza ni de la coacción no legitimadas por aquél. Como está suficientemente probado, la ejecución real del contrato social ideal fundacional de la sociedad y del Estado por medio de la gestión y de la administración de aquél por el Estado liberal, derivaron históricamente a una situación social y económica que se puede caracterizar empíricamente —con la afortunada expresión de *Zaffaroni*— como la de un

---

249 Cfr. de nuevo sobre la relación entre idea y materia jurídicas, *Radbruch*, Rechtsphilosophie[2a], pp. 14 s., 38; *el mismo*, Natur der Sache, pp. 16 s.; *Roxin*, GS Radbruch, pp. 261 ss. *passim*.

250 Pues conforme a las concepciones liberales, las condiciones del contrato social son *exclusivamente* los derechos (o bienes) individuales "anteriores" (naturales) a la sociedad y al Estado, o sea las condiciones de posibilidad del "libre despliegue de la existencia burguesa", y así, como dice *García Pelayo*, Estado, p. 55: "tal criterio coincidía con el sistema de las concepciones políticas y de los intereses de los grupos y estratos dominantes, de manera que la dimensión axiológica de la legitimidad coincidía con su dimensión sociológica, es decir, había una adecuación entre la idea válida del Derecho y los intereses de los estratos que, dadas las condiciones históricas, estaban en condiciones de establecer el Derecho"; véase en sentido similar *Amelung*, Rechtsgüterschutz, pp. 19 ss. y 26. *Cfr. infra* notas 283, 286, 287 y 288.

251 Véase por todos *Bustos*, Control social, pp. 16 ss.

"ser que no debe ser"[252]. Pero afortunadamente, a aquel Estado liberal, que sin

252 Véase *Zaffaroni*, PG², pp. 366 ss. También respecto de esto, una vez más, *Paredes* me atribuye lo que no digo ni se puede derivar de mi discurso ni siquiera remotamente. En efecto, pues según *Paredes*, RDPC nº 17 2006, p. 466 en nota 25 que comienza en p. 465, mi afirmación de que el contrato social es un hecho *empírico* con contenidos históricos materiales —y que yo hago porque parto de la base de que el fundamento de la protección de bienes jurídicos remite al "contrato social"— "resulta problemática desde muchos puntos de vista", como sucedería respecto de su "verosimilitud histórica", de su capacidad "para justificar moralmente algo sin caer en la falacia naturalista", y de que sea "discutible que se pueda justificar moralmente cualquier cosa que se acuerde en un contexto social real, en el que la presencia del poder y de la desigualdad de poder entre los agentes está siempre presente". Que mis afirmaciones sean "problemáticas" es algo que está fuera de duda, pero independientemente de si *Paredes* cree que hay alguna otra —como por ejemplo las suyas propias— que *no* lo sea, no creo que lo sean *más* que otras, y por el contrario, lo que *sí* creo es que lo son mucho *menos* que las que plantean sus observaciones al respecto. Para comenzar, ciertamente que una fundamentación de mis tesis en el contrato social plantea una cuestión central de la filosofía política moderna y contemporánea que, como dice *Paredes*, no se pueden discutir en el curso de una reseña (*loc. cit.*). Pero es que para fundamentar una tesis *jurídica* en una teoría del contrato social, en mi opinión el *jurista* tampoco tiene que hacer una tesis doctoral previa sobre la teoría del contrato social, como tampoco tiene que hacer ninguna sobre cualquier otro concepto *extrajurídico* del que meramente se sirva como instrumento auxiliar —o al que simplemente remite— para apoyar sus construcciones *jurídicas*. En mi opinión, como por lo demás en la de otros muchos, una teoría del contrato social es la que mejor explica la fundación de la sociedad y del Estado, y por eso también la más adecuada para derivar los contenidos *jurídicos* materiales de la "idea" del Derecho —obviamente *positivo*—, como por ejemplo para determinar y reconocer bienes jurídicos, las normas que los protegen, y también las diferentes reacciones jurídicas frente a sus lesiones y peligros; así por ejemplo, apelan asimismo al contrato social en apoyo de sus tesis, entre otros muchos, *Schünemann*, GA 1995, pp. 206 s.; *el mismo*, FS Trieffterer, pp. 441 s.; *el mismo*, Rechtsgüterschutzprinzip, pp. 137 ss., 141; *Kindhäuser*, GA 1989, pp. 496 s.; *Alcácer*, ADPCP 1998, pp. 473 ss.; *el mismo*, Bien jurídico, pp. 94 ss. Sin embargo, es evidente que ninguno de estos autores, ni yo tampoco, pensamos en ninguna "verosimilitud histórica" del contrato social, y mucho menos aún tratamos de justificar "moralmente" absolutamente nada, como especulativamente sugiere *Paredes*, sino tan solo de fundamentar *jurídicamente* los objetos del Derecho, y del Derecho penal en particular, con la consiguiente exclusión del contrato *eo ipso* de cualquier acuerdo que sea expresión de la "desigualdad de poder", pues es evidente que ningún acuerdo así podría ser uno conforme a Derecho, sino todo lo contrario. Por lo que respecta a mi posición personal en concreto, debe tenerse en cuenta: *1)* que es mucho más que evidente que me sirvo de la "idea" del contrato social en primer término como una "ficción epistemológica" explicativa de la sociedad, del Estado y del Derecho que —como describe *Martínez García*, Imaginación jurídica, p. 171— "decanta un espacio arriesgado para razonar sobre las cuestiones que están precisamente en el límite del pensamiento jurídico", y que como apostilla el mencionado autor —*loc. cit.*, p. 173— "constituye un *topos* o ámbito de argumentación de una fuerza considerable ... que ha entrado hoy con pleno derecho en la teoría del conocimiento y puede proponerse como un modo riguroso de pensamiento"; *2)* que siendo así el contrato social una ficción epistemológica instrumental —como tantas otras— para derivar contenidos materiales del deber ser jurídico, debería estar claro que cuando hablo de aquél como "hecho empírico con contenidos histórico-materiales", a lo que me refiero de un modo inequívoco es a la situación o al estado históricos reales y empíricos de la sociedad como "el *ser* que *no debe ser*" porque su realidad es una que se encuentra en evidente contradicción con el *deber ser jurídico* resultante del contrato social "ideal"; y *3)* que los objetos sobre los que

duda representó un avance gigantesco para la Humanidad si lo comparamos con lo anteriormente existente, debemos tenerlo ya como superado por el Estado social, en todo caso al menos teóricamente —pues es evidente que de hecho no es así—, y como impone el art. 9.2 de nuestra Constitución, son *deberes* del Estado social de Derecho, por un lado "promover las condiciones para que la libertad y la igualdad del individuo y de los grupos en que se integra sean reales y efectivas", así como "facilitar la participación de todos los ciudadanos en la vida política, económica, cultural y social", y por otro lado, si es preciso para ello, también "remover los obstáculos que impidan o dificulten" la plenitud de todo lo anterior. No es posible tratar aquí del significado y trascendencia de esta decisiva cláusula constitucional que constituye el principio y el fin del Estado social y democrático de Derecho, ni tampoco entrar en debate con las posibles interpretaciones de la misma. En relación con lo que aquí interesa, me limito a dejar meramente enunciada la que a mí me parece más plausible para el desarrollo del programa político que debe llevar a cabo el Estado social para crear las condiciones de posibilidad de la realización material de la "idea" del Derecho[253]. Idealmente, entiendo al contrato fundacional de la sociedad como la fuente primaria del deber ser jurídico, es decir, del Derecho positivo, y al mismo tiempo la fuente de todos los poderes dados por la sociedad al Estado exclusivamente para la gestión, administración y ejecución del programa político del contrato en dirección a la realización efectiva de la idea del Derecho, es decir: de la *igualdad* y la *justicia*. Punto de partida es la situación empírica material de grueso incumplimiento del contrato social por las clases económicamente poderosas a escala planetaria. Puesto que el contrato social "ideal" funda el *deber ser* del Derecho, pero la histórica realización empírica de aquél es una que está en clara contradicción con el mismo —porque ella ha derivado en "un ser que no debe ser"—, y ello se debe de un modo muy determinante al abstencionismo

---

yo razono y de los que hablo son en todo caso objetos, situaciones, estados *reales*, y que lo hago con la pretensión de someterlos a valoraciones estrictamente *jurídicas* conforme al deber ser del Derecho, y para nada me planteo razonar ni hablar como hace *Paredes* en el plano de un metalenguaje que apela a lo "moralmente" justificable o injustificable, el cual sí es absolutamente problemático, porque a diferencia del juicio sobre si un estado real de las cosas es conforme o contrario al deber ser jurídico, que sí es totalmente verificable empíricamente, qué sea "moralmente" aceptable o rechazable, justificable o injustificable, etc., es una cuestión que sólo puede pretender resolver en un sentido determinado o en su contrario, quien crea en la existencia de criterios materiales objetivos de moralidad con validez universal e intemporal, algo que desde luego dista mucho de mi modo de entender el mundo. Por lo demás, sobre mi rechazo absoluto de todo modelo de contrato social que pueda derivar en uno real de dominación y de sumisión de clases sociales, a partir de lo cual deberá rechazarse como contrario a Derecho todo acuerdo que sea expresión de una desigualdad de poder, si bien es algo que se deduce por sí solo ya de mi discurso articulado en Prolegómenos que *Paredes* reseña y critica, véase ahora expresa y explícitamente *Gracia Martín*, GA 2010, pp. 344 ss.; el *mismo*, RDPC nº 3 2010, pp. 60 ss.

253 Debiendo entenderse que, de acuerdo con mis convicciones y concepciones ético-políticas y jurídicas, el Estado social no es más que una forma de tránsito hacia el auténtico Estado de Derecho, que no será otro que el Estado *democrático socialista*; en este mismo sentido, véase *Elías Díaz*, Estado de Derecho, pp. 111 ss., y lo dicho *supra* en nota 236.

del Estado liberal[254], corresponde al Estado social intervenir en los procesos económicos y sociales para crear las condiciones de posibilidad de que la realización empírica del contrato sea una que realmente corresponda al deber ser del Derecho. Tales condiciones deben reconocerse en el contrato social como *bienes jurídicos colectivos*, y el Estado social de Derecho está legitimado para habilitar ejercicio de poder punitivo frente a lesiones y peligros de dichos bienes jurídicos de un modo igual a como lo está con respecto a las lesiones y peligros de cualquier otro bien jurídico de cualquier especie, es decir, de modo subsidiario y como *ultima ratio*[255].

dd) Por otra parte, si como insinúa *Ramos Vázquez*, el "concepto" de Derecho penal se definiera por la protección de bienes jurídicos, entonces más nos valdría a los penalistas dedicarnos a otros menesteres. Frente a un "concepto" de Derecho penal como ese, hay que oponer ya en primer lugar que los bienes jurídicos los crea, protege y tutela *el Derecho* fundado en el contrato social, y en modo alguno el Derecho *penal*, y que por esto es insostenible un pretendido concepto de bien jurídico *penal*; pero en segundo lugar y a consecuencia de lo anterior, hay que oponer que el Derecho penal tiene un carácter puramente sancionatorio, pues se limita a habilitar ejercicio de poder punitivo *tardíamente* frente a *lesiones* y *peligros* de bienes jurídicos producidos por determinadas acciones[256], mientras que la verdadera protección o tutela de aquellos la dispensan hasta donde les es posible las ramas del Derecho que no tienen fines sancionadores[257]. Además, si algo nos muestra y enseña la experiencia es que lo que hace el poder punitivo en la realidad no es precisamente "proteger o tutelar" bienes jurídicos, sino más bien seleccionar a personas vulnerables a él[258] con grave quebranto del principio de igualdad y, por ello, de la justicia, de modo que este dato real de la selectividad no debe ser ignorado en el "concepto" de *Derecho* penal, sino que, al contrario, tiene que ser referencia decisiva para su determinación. Puesto que la ciencia jurídica —como nos enseña *Radbruch*— tiene la doble tarea de llevar a cabo "una elaboración categorial que exponga al derecho como *realización* del *concepto* del Derecho y de las categorías contenidas en él, y una elaboración teleológica que describa al Derecho como un intento de *realización* de la *idea* del Derecho"[259]; y puesto que como queda dicho, el "concepto" de Derecho tiene que ser derivado necesariamente de la "idea" del Derecho; de todo esto resulta que el "concepto" de Derecho *penal* solamente puede ser entendido como el conjunto de principios y de reglas que tienen que limitar y reducir

254 Véase al respecto, entre otros muchos, *Elías Díaz*, Estado de Derecho, pp. 83 ss.

255 Véase *Gracia Martín*, Prolegómenos, pp. 196 ss., y sobre todo *el mismo*, GA 2010, pp. 344 ss. y *el mismo*, RDPC nº 3 2010, pp. 60 ss.

256 Como advierte *Welzel*, Lb.[11ª], p. 3, "la tarea primaria del Derecho penal no es la protección *actual* de bienes jurídicos ..., pues cuando entra realmente en acción, generalmente llega demasiado tarde para eso"; véase en el mismo sentido, *Cerezo Mir*, PG I[6ª], p. 16.

257 Véase por todos *Zaffaroni*, PG[2ª], pp. 128 ss., 486 ss., y *el mismo*, Foro FICP nº 2 2015, pp. 9 ss.

258 Véase por todos, muy extensamente, *Zaffaroni*, PG[2ª], pp. 7 ss.

259 Véase *Radbruch*, Rechtsphilosophie[2ª], p. 113.

el ejercicio del poder punitivo en todas sus manifestaciones a partir de y en correspondencia con la idea del Derecho. Y puesto que la competencia para la formulación, desarrollo y concreción de dichos principios y reglas corresponde al "saber" jurídico-penal, el *Derecho penal* se tiene que identificar con la Ciencia o Dogmática jurídico-penal[260]. A la vista de esto, y de todo lo anteriormente dicho, la afirmación de *Ramos Vázquez,* de que mi discurso sería ajeno al "concepto" de Derecho penal, *porque* éste se definiría como protección de bienes jurídicos, resulta una afirmación simple que en absoluto está corroborada ni empírica ni normativamente.

ee) Finalmente, y a mayor abundamiento, como ya dije antes al recalcar que todos mis razonamientos y propuestas remiten en última instancia a la filosofía política y del Derecho welzeliana ortodoxa, debería estar absolutamente claro que el objetivo de mi programa ético-político y jurídico de modernización del Derecho penal, ni siquiera remotamente es ni puede ser satisfacer ningún sentimiento ni demanda de venganza de las clases desprotegidas por medio de la criminalización y punición de las clases poderosas a "cualquier precio"

260 En este sentido véase amplia e insistentemente *Zaffaroni,* PG[2ª], pp. 4 ss., 21 s., 28 ss., y 101 ss.; en sentido similar *Schünemann*, FS Herzberg, *passim*, donde enfatiza que la función social de la Ciencia del Derecho es "el control mediante la razón de la arbitrariedad de quienes ostentan el poder" (p. 40), y sostiene también que en relación con determinados principios, la Dogmática jurídico-penal "incluso tiene que hacer las veces de la legislación" (p. 49). En este sentido, como dice *Welzel* en general, el Derecho coincide con la Dogmática jurídica, y esta consiste en "la *explicación sistemática* de los principios jurídicos que se encuentran en la base de un orden jurídico o de algunas de sus partes; así, p. ej., 'autonomía privada' y 'propiedad privada', 'culpa y pena', 'principio de escuchar a las dos partes', 'pluralismo de partidos', 'Estado de Derecho', etc."; véase *Welzel*, Introducción, p. 193, donde añade que "la dogmática jurídica aísla los principios jurídicos implícitos en un orden jurídico, expone los diversos preceptos jurídicos como componentes o consecuencias de estos principios, y permite así entender el orden jurídico o sus partes como una estructura de sentido de carácter concreto con una determinada pretensión de verdad"; similar *Engisch*, Konkretisierung, pp. 231 ss. Véase también *García Amado*, Doxa nº 11 1992, pp. 200 ss., donde diferencia tres tipos básicos —entre sí relacionados— de conocimiento del Derecho: el de la percepción general de lo jurídico por los miembros de una sociedad como orden que se les impone y en que están insertos (pp. 200 s.), el de los "aplicadores" del Derecho (p. 201) y el de los teóricos, es decir, el de las doctrinas dogmáticas o de ciencia del derecho (pp. 201 s.), y formula la tesis —que suscribo— de que siendo el Derecho primaria y originariamente un discurso (jurídico), y aunque en esos tres niveles se puede ver una "unidad de fondo" (p. 202), no obstante el Derecho es producto de la teoría como discurso sobre el Derecho, pues es ésta la que "constituye el propio objeto jurídico, principalmente en sus estructuras (configuración del ordenamiento como sistema, principios, valores, conceptos ...), pero también en sus contenidos", porque "son los mismos juristas que 'pronuncian' o describen del derecho los que lo crean" (p. 203). En todo caso, para *García Amado* (loc. cit., p. 203), y así lo entiendo yo también, no hay un derecho que sea producto exclusivo del conocimiento o percepción vivencial de los miembros de la sociedad, ni del conocimiento de los aplicadores del Derecho, porque el Derecho no preexiste a la teoría que lo explica o describe, y porque incluso en el conocimiento de los aplicadores del Derecho "hay ya un componente teórico esencial", y por esto la praxis jurídica es "una praxis con teoría presupuesta".

—como han insinuado también *Laurenzo*[261], y en cierto sentido *paredes*[262]—, sino nada más que contribuir, conforme a la enseñanza de *Welzel* sobre la "idea fundamental de la democracia"[263], "a la conformación justa de las relaciones sociales" como resultado de "una polémica *entre ideas*"[264], y en ningún caso mediante la aniquilación "como *enemigo(s)* (de los) que piensa(n) de otra manera, tan pronto como se han conseguido la mayoría y el poder"[265], ni en definitiva mediante el sometimiento y la aniquilación de ningún ser humano por ningún otro[266]. Con lo dicho, pues, debería quedar claro que con mi discurso no hago nada más que proponer y exponer mis ideas al debate y a la polémica, como lucha por aquélla deseable "conformación *justa* de las relaciones sociales"[267], es decir, conforme a la "idea" del Derecho, si bien naturalmente con la aspiración de convencer sobre su plausibilidad aun a pesar de que soy plenamente consciente de la alta probabilidad de fracaso en el intento por el hecho, históricamente repetido, que nos muestra y enseña la desoladora experiencia histórica de que —como lo advierte *Foucault*— "en realidad, hay dos especies de utopías: las utopías proletarias socialistas que gozan de la propiedad de no realizarse nunca, y las utopías capitalistas que, desgraciadamente, tienden a realizarse con mucha frecuencia"[268]. Y que críticas al discurso de modernización tan desenfocadas como las replicadas a lo largo de este trabajo, y en particular como las de *Ramos Vázquez,* y sobre todo, como veremos en lo que sigue, también las de *Paredes,* tienen todos los

261 *Cfr. supra* nota 231.

262 Pues si bien *Paredes* califica a mi discurso correctamente como un "escrito de combate" *intelectual* (*cfr. infra* nota 267), lo que ya no me parece adecuada es la descripción exorbitante del mismo mediante las "metáforas militares" que propone y emplea en el plano metalingüístico para caracterizar al conjunto de mis estrategias de lucha intelectual, y a mi retórica; véase *Paredes,* RDPC nº 17 2006, pp. 438 y 439.

263 Véase *Welzel,* Introducción, pp. 264 ss.

264 Véase *Welzel,* Introducción, p. 267.

265 Véase *Welzel,* Introducción, p. 264

266 Véase *Welzel,* Introducción, pp. 267.

267 Por esto, nada tengo que oponer a la descripción de mi ensayo por *Paredes* RDPC nº 17 2006, p. 439 como un "escrito de combate" *intelectual* —como yo mismo así lo autodenomino, cfr. Prolegómenos, p. 31—, pues en efecto se puede ver como expresión de "una lucha" *intelectual* encaminada a vencer la "resistencia" de otro discurso cuyo objetivo es impedir, o al menos obstaculizar el proceso de la necesaria modernización del Derecho penal, pues ¿qué otra cosa ha hecho y podría hacer la izquierda, que no sea la de luchar y combatir intelectualmente contra las ideologías permanentemente victoriosas a lo largo de toda la Historia, que hasta ahora no han conducido a nada más que a la reproducción o recreación perpetuas del "estado de naturaleza" por medio de instituciones creadas, configuradas y cargadas de tales ideologías victoriosas que aseguran su funcionamiento real al servicio de aquella perpetuación del estado de naturaleza?; *cfr.* en sentido similar, *Schünemann,* GA 2003, p. 301; y *el mismo,* Globalización económica, p. 116., observando en relación con el proceso de globalización de la economía que, en la medida en que no pueda ser controlado —como de hecho no lo está— por el Derecho estatal, de hecho da lugar a una recaída en el estado de naturaleza, de guerra de todos contra todos, en que el fuerte aniquila al débil, y, con ello, un regreso de la Humanidad al nivel moral de la edad de piedra; en el mismo sentido, véase *Gracia Martín,* Globalización, pp. 27 s., 30 ss.

268 Véase *Foucault,* Verdad, p. 124.

visos de contribuir a la perpetuación de semejante experiencia histórica, esto es algo sobre lo que no me cabe ni la mínima duda[269].

V. LA REDUCCIÓN TÉCNICO JURÍDICA DEL CONCEPTO DE DERECHO PENAL MODERNO EXCLUSIVAMENTE AL DERECHO PENAL ECONÓMICO Y DE LA EMPRESA RELATIVO —TAMBIÉN EXCLUSIVAMENTE— A LA CRIMINALIDAD ECONÓMICA DE LOS PODEROSOS

1. Una vez replicadas las infundadas y absolutamente extraviadas críticas de que ha sido objeto el discurso de modernización del Derecho penal, y particularmente el mío, en lo que sigue desarrollaré mi concepto de Derecho penal moderno, y lo haré mediante una construcción estrictamente jurídica dogmática, es decir, con el método jurídico más riguroso, de tal modo que el proceso argumentativo y discursivo de dicha construcción refuerce aún más si cabe el descrédito y la invalidez de las críticas a la modernización que acabo

---

269 A este respecto, no dejan de resultarme como mínimo curiosas las estimaciones de *Paredes,* RDPC nº 17 2006, p. 463 —por lo que diré contradictorias de sí mismas— en el sentido de que los términos que uso en mi discurso, antes ayudan a los críticos del Derecho penal moderno que a los partidarios de una cierta modernización, porque según él, dichos términos serían "compactos", "homogéneos" y "excluyentes", es decir, unidireccionales, cuando lo que habría que hacer, según *Paredes,* sería "optar por una táctica de diferenciación de problemas y de grupos de delitos, antes que por un enfoque global del asunto". Pero frente a esto tengo que decir, anticipando ya lo que luego trataré con más detalle (*infra* en los epígrafes V a VIII) : *1)* que no puede estar más claro que el resultado de mi discurso *jurídico* no es otro que precisamente el de una nítida *diferenciación* de un campo de problemas y de grupos de delitos: los problemas específicos de la criminalidad de los poderosos y los grupos de delitos específicos relativos a ella que configuran el sistema del Derecho penal económico y de la empresa; *2)* que como no puede ser de ningún otro modo, el fin de toda diferenciación —y muy especialmente en el Derecho— no es otro que precisamente el de *compactar* y *homogeneizar* un campo diferenciado de objetos *análogos* para dispensarles un tratamiento *igual,* y por lo tanto *excluir* de dicho campo diferenciado a todos los objetos desemejantes; *3)* que como luego veremos —*infra* VI—, es precisamente *Paredes* quien realmente no diferencia entre problemas y grupos de delitos por mucho que proclame que ésta sería la táctica por la que optar, pues es él quien, al menos como instrumento para la crítica de mis tesis, se sirve de un enfoque global que no distingue entre la criminalidad de los poderosos y la de los no poderosos, ni entre delitos que, como los económicos en sentido estricto —vgr. fraude de subvenciones— y el tráfico de drogas o de personas, nada tienen que ver entre sí desde el punto de vista jurídico y ni siquiera empírico criminológico; y *4)* que siendo mis propuestas absolutamente definidas, claras y carentes de ambigüedades —*sic.*: criminalización de conductas económicas y empresariales de los poderosos con graves efectos lesivos para el orden social, y nada más—; y por otro lado, no pudiendo deducirse de las críticas de *Paredes* nada más que su desacuerdo con mis críticas al discurso de resistencia, pero sin concretar al mismo tiempo ninguna alternativa *jurídico dogmática* de modernización, porque se limita a invocar y a remitir a referentes absolutamente tan vagos y susceptibles de relleno con cualesquiera contenidos como las teorías de la justicia y de todo tipo de racionalidades éticas, morales, normativas, etc.; de todo esto no puedo hacer otra estimación que la de que es precisamente *Paredes,* y no yo, quien realmente "ayuda" a los críticos de la modernización.

de rechazar. Al respecto anticipo ya que Derecho penal moderno es única y *exclusivamente* Derecho penal económico y de la empresa referido —también *exclusivamente*— a la criminalidad económica de los *poderosos*. Pero como este concepto también ha sido cuestionado por *Paredes*, una vez más por medio de otra especulación sobre mis tesis, con el desarrollo de mi concepto dogmático de Derecho penal moderno replicaré al mismo tiempo las objeciones de *Paredes* y mostraré que las mismas no se sostienen lo más mínimo en el plano de la hermenéutica y de la interpretación de textos, ni en el de la lógica conceptual general, y finalmente tampoco en el de la lógica de los conceptos jurídicos en particular. Sin embargo, antes de comenzar con el desarrollo de mi concepto de Derecho penal moderno, voy a tratar de explicar las razones que me llevan a limitar su contenido y su alcance al Derecho penal económico y empresarial de los poderosos. Primero explicaré por qué merece ser denominado "moderno", y después procederé a su clasificación. Finalmente, pero ya en un epígrafe posterior independiente, construiré el sistema dogmático categorial y teleológico tipológico del Derecho penal económico y empresarial de los poderosos.

2. *a)* Como se vio, el discurso de *Hassemer* y de la Escuela de Frankfurt incluyó mezclándolos y confundiéndolos bajo la denominación "Derecho penal moderno" a una pluralidad de fenómenos muy diversos y heterogéneos como la criminalidad económica, el terrorismo, el tráfico de drogas o el tratamiento de datos[270], que en principio, lo único que tienen en común es que todos son en efecto objetos singulares de criminalización primaria, de modo que desde una contemplación global no son más que unos más en la masa total de los alcanzados por aquélla[271]. No obstante, en toda masa de objetos indiferenciados en su globalidad, se pueden diferenciar luego fragmentos o sectores específicos de objetos desde algún punto de vista determinado a partir del cual se perciban aspectos comunes o correspondencias entre ellos, es decir, semejanzas o analogías, y luego formar con ese sector de objetos análogos una unidad homogénea diferenciada de los demás objetos de aquella inicial masa global[272]. Y así, un punto de vista específico desde el que se puede contemplar a toda la masa de objetos abarcados por la criminalización primaria podría ser el de la conformidad de las disposiciones criminalizadoras con las garantías del Estado de Derecho. De este modo, la masa en principio indiferenciada de todos los objetos abarcados por la criminalización primaria, es decir, la totalidad de los tipos penales previstos en una legislación penal positiva, se escindiría en dos sectores diferenciados el uno del otro por los criterios, respectivamente, de la conformidad o de la disconformidad de la criminalización con las garantías del Estado de Derecho.

270 *Cfr. supra* II.1.*b)*.

271 Véase *Kuhlen*, GA 1994, p. 361; *Hong*, Flexibilizierungstendenz, p. 53; *Anastasopoulou*, Deliktstypen, pp. 236 s.; *Greco*, Modernização, p. 1.

272 Véase por todos *Arthur Kaufmann*, Analogie[2a], pp. 26 s.

b) Como ya vimos, este punto de vista de la conformidad o disconformidad con las garantías del Estado de Derecho es el adoptado por el discurso de resistencia, y por eso éste aglutinó desde un principio bajo la denominación de Derecho penal moderno a todas las regulaciones jurídico penales de nuestro tiempo que, según su opinión, serían contrarias masivamente a los principios y a las garantías del Estado de Derecho[273]. Desde un punto de vista como éste puede explicarse la agrupación de objetos o de fenómenos plurales que, sin embargo, desde otros puntos de vista distintos —por ejemplo criminológicos o jurídico sistemáticos— se mostrarían totalmente heterogéneos porque no tienen nada que ver entre sí, como sucede por ejemplo con la criminalidad económica, el terrorismo o la seguridad ciudadana. Desde luego, el punto de vista selectivo y clasificatorio de la conformidad con las garantías es en principio absolutamente correcto y válido como puede serlo cualquier otro que tenga sentido, y no veo nada que pueda objetarse a él en cuanto tal, sino más bien todo lo contrario, pero sólo *si* de lo que se trata es de diferenciar lo que sea jurídicamente válido de lo que sea ilegítimo e inválido. Lo que me parece rechazable es que dicho criterio de la disconformidad con las garantías sea precisamente el determinante del concepto de Derecho penal moderno, y ello por la simple y elemental razón de que contrarias a las garantías podrían ser todos y cualesquiera tipos penales independientemente de los ámbitos de relación social a que se refieran, es decir, tanto si están referidos a la criminalidad tradicional o a la económica que pretende ser tratada por medio del llamado actualmente Derecho penal moderno. Véamoslo con detalle.

aa) En primer lugar, deben rechazarse ya de plano las afirmaciones apodícticas del discurso de resistencia, de que serían contrarias a las garantías del Estado de Derecho todas las regulaciones jurídico penales relativas a objetos tan heterogéneos como los que incluye luego en su particular concepto de Derecho penal moderno, pues dichas afirmaciones resultan cuando menos temerarias a la vista de la incertidumbre existente sobre los contenidos concretos de aquellas garantías. Como advierte *Greco*, expresiones como Derecho penal moderno, del riesgo, simbólico, etc., no parecen ser otra cosa que *slogcanes* difamatorios que se utilizan para descalificar globalmente a las regulaciones jurídico penales actuales, pero sin aportar argumentos consistentes sobre su falta de legitimidad[274]. Por esto, en lo que concierne a la conformidad o disconformidad de las regulaciones legales del Derecho penal moderno con las garantías, el discurso de resistencia no puede pretender tener mayor validez que el de modernización que sostiene justamente todo lo contrario, al menos, con respecto a algunas de ellas, como es el caso de la mayor parte de las relativas a lesiones y peligros para bienes jurídicos económicos, en relación con las cuales el discurso de modernización afirma incluso que la criminalización en estos ámbitos es una exigencia precisamente de las garantías mismas del Estado de Derecho sin necesidad alguna de reinterpretarlas ni de

273 *Cfr. supra* II.2. Véase *Wohlers*, Deliktstypen, pp. 33 ss.; *Hesel*, Untersuchungen, pp. 1 ss., 338 ss.; *Anastasopoulou*, Deliktstypen, pp. 236 s.; *Basar*, Modernes Strafrecht, pp. 4 ss., 202 ss.

274 Véase *Greco*, Modernizaçâo, pp. 41 y 50, y *supra* nota 95, así como el texto correspondiente a esta nota.

flexibilizarlas en lo más mínimo[275]. Si el discurso de modernización tuviera razón en esto —y la tiene sin la menor duda—, entonces habría que excluir a tales regulaciones del concepto de Derecho penal moderno que maneja el discurso de resistencia, siendo así que ellas son precisamente la expresión y el paradigma *par excellence* del Derecho penal moderno, naturalmente siempre que se entienda a éste en el sentido correcto que se explicará a continuación, y no en el meramente formal en que lo presenta y así lo llama de modo arbitrario el discurso de resistencia.

bb) Sobre todo me parece rechazable, y esto además de un modo apodíctico tanto en el plano lingüístico, como en el conceptual categorial clasificatorio y en el teleológico tipológico, la atribución de la cualidad de "modernas" a *todas* las regulaciones actuales que contradigan las garantías, y que luego se abrace a todas ellas con la denominación de Derecho penal "moderno". Si como sugiere *Ignacio Sotelo* —dándole substancia al concepto— entendemos por moderno a todo aquello que represente una *ruptura* histórica, *porque* lo nuevo sea substancialmente diferente a lo anteriormente existente[276], entonces tiene que carecer de todo fundamento y también del mínimo sentido atribuir la cualidad de modernas a las regulaciones jurídico penales actuales que no cumplan con las exigencias del Estado de Derecho y aglutinarlas luego por esa razón bajo un concepto de "Derecho penal moderno". Así éste ya no puede tener ninguna consistencia material, y su denominación así tampoco se muestra apropiada[277]. Esto resulta ya por sí mismo del contenido *apriórico* mismo del concepto de garantías. La invención de éstas dio lugar a un producto político evidentemente "moderno" en el momento histórico de su invención, porque con las garantías cambió substancialmente el Derecho penal —es decir, se modernizó en todo— con respecto a la situación histórica anterior, simplemente porque en ésta aquéllas eran de hecho prácticamente inexistentes[278]. Si la esencia y la función de las garantías consisten en la

---

275 *Cfr. supra* nota 139 y el texto correspondiente a la misma.

276 Según *Ignacio Sotelo*, Estado moderno, pp. 26 s., "el adjetivo 'moderno' surge, justamente, cuando se considera indispensable marcar diferencias sustantivas entre el ayer y el hoy", de modo que "el que sea necesario subrayar el presente con un vocablo nuevo supone que se lo percibe como algo radicalmente distinto de lo anterior, que toma con ello el cariz de lo ya superado", por lo que "la aparición de este neologismo implica la conciencia de una *ruptura* en la continuidad histórica: lo que fue ya no es; se viven 'tiempos nuevos'" (cursiva mía); *Sotelo* hace estas indicaciones en relación con la denominación del Estado *moderno*, que constituye el objeto de su ensayo, y en torno a lo cual advierte (lug. cit., p. 25) que "conviene recordar algo tan lejano que ya está casi por completo olvidado: el adjetivo *modernus*, que se deriva de *modus*, como *hodiernus* de *hodie*, y que no conoce el latín clásico —empieza a emplearse a partir del siglo IV d.C.—, hace referencia, como es bien sabido, a lo actual, a lo propio de los días que vivimos, como *diferente* de lo que fue ayer".

277 Así lo sugiere *Hong*, Flexibilizierungstendenz, p. 53, cuando observa que "el concepto de Derecho penal moderno, igual que el de Derecho penal del riesgo, no tiene un contenido definido, sino sólo un significado relativo y momentáneo que refleja los nuevos problemas del Derecho penal que se manifiestan en el momento actual"; véase en el mismo sentido *Anastasopoulou*, Deliktstypen, pp. 236 s.

278 *Cfr. supra* nota 24.

fijación de límites al poder punitivo en todas sus manifestaciones, de modo que todo ejercicio extralimitado de él tenga que ser tachado y declarado como ilegítimo, de esto tiene que resultar como una obviedad que la *posibilidad* de una legislación contraria a las garantías ya está dada en el mismo concepto de éstas justo desde el *primer instante histórico* en que se las reconoció políticamente y se les dio validez y vigencia vinculantes para el futuro, y además tiene que resultar también como otra obviedad que tal posibilidad está dada con carácter *general* y no *sólo* con respecto a algunos sectores específicos y determinados de la criminalización primaria. Ahora bien, como es un hecho empíricamente comprobado e incontestable que políticas criminales y legislativas antigarantistas se han dado de un modo constante y permanentemente a lo largo de toda la historia desde aquel primer momento temporal, y asimismo lo es que ni uno solo de los ámbitos potencialmente punibles, es decir, también los llamados tradicionales, ha quedado libre de regulaciones penales antigarantistas[279]; de todo esto tiene que resultar que el criterio de la contrariedad a las garantías tiene que ser uno absolutamente inválido para atribuir la cualidad de "moderna" a cualquier regulación jurídico penal *actual* o de cualquier otro tiempo histórico. Pues de lo contrario, materialmente habría que atribuir dicha cualidad ya a la *primera* regulación histórica que se hubiera desviado de las garantías, y luego a todas las demás que la hubieran seguido posteriormente en la historia y hasta la última de nuestros días. Pero así el concepto de Derecho penal moderno, en el sentido en que lo entiende y define el discurso de resistencia, ya no sería ningún fenómeno propio de nuestro tiempo, sino uno que habiendo tenido su inicio con la primera regulación histórica antigarantista, habría estado luego presente de modo constante y permanente a lo largo de toda la historia hasta nuestros días, y esto sería contrario a la idea y al concepto de "moderno" incluso en el sentido inaceptable en que lo entiende el discurso de resistencia. Por lo tanto, resulta claro que la expresión "Derecho penal moderno", en el sentido que le atribuye y en que la usa el discurso de resistencia, se tiene que quedar en una mera fórmula retórica y tautológica que sólo comunica en primera y a la vez última instancia la obviedad de que toda regulación jurídico penal contraria a las garantías es ilegítima con independencia del momento histórico en que haya tenido lugar, pero con independencia también de cuál sea su contenido concreto, es decir, ya sea éste un comportamiento lesivo o peligroso relativo a la economía, a la vida, a la integridad física y la salud, a la Administración de justicia, al terrorismo o, en fin, a cualquier otro ámbito de relación social imaginable y posible[280]. En cualquier caso, como ha dicho con acierto *Greco*, "la distinción entre prohibiciones legítimas e ilegítimas depende de una serie

---

279 Piénsese, por ejemplo, en los delitos cualificados por el resultado, en las disposiciones legales que reconocían el *versari in re illicita*, en los delitos de sospecha, etc., que afectaban a delitos tradicionales como el homicidio, las lesiones, etc.

280 Véase en este sentido *Hefendehl*, Kollektive Rechtsgüter, p. 179; *Gracia Martín*, GA 2010, p. 352; *el mismo*, RDPC nº 3 2010, pp. 71 s.; *Greco*, Modernizaçâo, pp. 48 ss. Como ha puesto de manifiesto *Paredes*, RDPC nº 11 2003, pp. 387 s., las críticas que se hacen al Derecho penal moderno (del riesgo), son idénticamente las mismas que "vienen realizándose desde siempre —muchas veces, con mayor motivo— a figuras propias del Derecho penal más clásico" (p. 387).

de criterios y consideraciones que no son reflejados de modo suficientemente diferenciado por la contraposición simplista entre Derecho penal clásico y moderno"[281].

3. *a)* De acuerdo con la noción sugerida por *Ignacio Sotelo*, que se acaba de exponer arriba en 2.*b)*.bb) de este mismo epígrafe, para que algo merezca el calificativo de "moderno" se tendrán que dar dos condiciones. En primer lugar, será preciso que en el ámbito contemplado aparezcan en un momento histórico determinado nuevos objetos o, al menos, una modificación de los preexistentes (aspecto *formal* de la modernización). Más importante, y decisiva, es la segunda condición, consistente en que los nuevos objetos o sus nuevas formas de aparición provoquen una *ruptura* con la situación anterior (aspecto *material* de la modernización). Según esto y lo anteriormente dicho, debería estar claro que ni una extensión de la intervención punitiva a nuevos ámbitos, ni una eventual contrariedad de aquélla a las garantías, pueden ser por sí mismos, en cuanto tales, criterios válidos para fundamentar ningún Derecho penal moderno con sustantividad teórica propia de la que puedan derivarse luego consecuencias materiales y prácticas específicas. Pues por lo dicho, lo decisivo para que un conjunto de regulaciones jurídico penales puedan configurar un Derecho penal moderno sustantivo, es que aquéllas den lugar a una *ruptura* con respecto al Derecho penal anterior en algún aspecto substancial[282], y tanto la ampliación de la intervención penal en nuevos ámbitos, como la contrariedad de algunas regulaciones jurídico penales a los principios y a las garantías, son fenómenos *constantes* y permanentes en toda la historia del Derecho penal que, por esto mismo, no son aptos para definir lo "moderno" del Derecho penal actual.

b) Sin embargo, no cabe duda de que algunas regulaciones jurídico penales del presente *sí* han dado lugar a una ruptura determinante de la aparición de un Derecho penal moderno. Esta ruptura tiene su anclaje en el necesario cambio de rumbo de la política impuesto por la idea del Estado social y democrático de Derecho, como superación del Estado liberal, y es una consecuencia lógica de la creación y de la concreción del Derecho a partir del nuevo horizonte político[283] al que debe orientarse la acción política de dicho

---

281 Véase *Greco*, RBC nº 7/8 2012, p. 350.

282 Sobre ello véase *Gracia Martín*, Prolegómenos, pp. 53 ss.

283 Pues en el Estado liberal, como observa *García Pelayo*, Estado, p. 55: "la dimensión axiológica de la legitimidad coincidía con su dimensión sociológica, es decir, había una adecuación entre la idea válida del Derecho y los intereses de los estratos que, dadas las condiciones históricas, estaban en condiciones de establecer el Derecho"; véase en sentido similar *Amelung*, Rechtsgüterschutz, pp. 19 ss. y 26.

Estado[284], el cual es sin duda mucho más Estado de *Derecho* que el liberal[285]. Desde la perspectiva histórico-material con que hay que observar la evolución política y jurídica, el punto arquimédico de la ruptura lo determina el hecho de que ciertas nuevas regulaciones penales del presente estén encaminadas a la criminalización primaria de comportamientos gravemente lesivos socialmente de las clases sociales poderosas que estuvieron completamente excluidos de la punibilidad en el Estado liberal, pues en éste, de hecho, solamente fueron objeto de criminalización conductas típicas de las clases bajas[286]. Con la criminalización de aquellos comportamientos socialmente lesivos típicos de las clases poderosas, al corpus legal punitivo tradicional se añade ahora otro que representa claramente una ruptura *política* con el primero que se concreta en una extensión de la criminalización primaria a ámbitos sociales que históricamente han gozado de una inmunidad absoluta frente al poder punitivo. La realización de semejante ruptura es consubstancial a la idea misma del Estado social y democrático de Derecho, y por eso le viene exigida a éste por el mandato *constitucional* que impone a los poderes públicos el *deber* de realizar la actividad que sea necesaria para proveer de las condiciones de

284 Véase *Gracia Martín*, Prolegómenos, pp. 53 ss., 199 ss.; *el mismo*, GA 2010, pp. 329 ss.; *el mismo*, RDPC nº 3 2010, pp. 37 ss.; y en sentido similar, *Bustos*, Control social, pp. 186 s.: "un Estado liberal democrático sería incapaz de ofrecer una base ... para ir más allá de los condicionamientos a la democracia que impone el sistema actual"; *García-Pablos*, Introducción[4ª], pp. 224 s.

285 En este sentido véase, por ejemplo, *Böckenförde*, en FS Arndt, pp. 66 ss., 72; *Hesse*, Rechtsstaat, pp. 560 ss. 562; *Merkl*, en FS Kelsen, p. 126; *Hartwich*, Sozialstaatspostulat, pp. 344 ss.; *Stern*, Staatsrecht 1[2ª], p. 781; *Benda*, Estado social, p. 490 nm. 7, y p. 526 nm. 91 s.; *Lucas Verdú*, Estado, p. 70; *Elías Díaz*, Estado de Derecho, pp. 33, 83 ss.; y *García Pelayo*, Estado, pp. 16 s., 51 ss.

286 Véase *Gracia Martín*, Prolegómenos, pp. 181 ss.; *el mismo*, GA 2010, pp. 335 ss.; *el mismo*, RDPC nº 3 2010, pp. 47 ss. Pues como observa *García Pelayo*, Estado, pp. 40 ss., "se hablaba, en verdad, de la *comunidad nacional*, pero lo cierto era que si bien las clases bajas participaban en los aspectos más extensos y penosos de las cargas de la defensa militar y de la producción económica, en cambio, no participaban en los beneficios más que en una parte despreciable y —hablando en términos típico-ideales— tan sólo en la medida necesaria para mantenerse y reproducirse, ... el *cuarto estado* parece estar de hecho fuera de la nación" (p. 41); véase la descripción de *Hermann Heller*, Sozialismus und Nation (1925), en sus Gesammelte Schriften, 1971, pp. 468 ss., y 473; la elocuente y enfática denuncia de *Rousseau*, Economía política, pp. 46 s.: "la confederación social protege fuertemente las inmensas propiedades del rico y apenas le permite al miserable disfrutar de la cabaña que él mismo construyó con sus propias manos" (véase la cita más amplia *supra* en nota 202); *Dorado Montero*, Bases, § 19, pp. 22 s.: "sólo vienen a ser delitos las acciones que caprichosamente prohíben y castigan los que mandan"; *Foucault*, Verdad, p. 106: "a partir de este momento el control ... se convierte así en un instrumento de poder de las clases ricas sobre las clases pobres, de quienes explotan sobre quienes son explotados"; *Foucault*, Surveiller et punir, pp. 280 s., 287, 294: "sería hipócrita o ingenuo creer que la ley se ha hecho para todo el mundo ...; es más prudente reconocer que ... se dirige principalmente a las clases más numerosas y menos ilustradas" (p. 280 s.); *Bustos*, Control social, pp. 17 y 20: "las leyes penales son expresión del poder de una clase y, por tanto, no pueden recaer sobre ella, sino sobre la clase sometida" (p. 17); *Terradillos*, RFDUCM, nº 63, 1981, p. 140: "la sociedad no desviada define y reprime a la desviada"; y también *Schünemann*, Oberschichtsstrafrecht, pp. 16, 19 ss., y 21 = Temas actuales, pp. 50, 53 ss. y 55.

posibilidad de que la libertad y la igualdad sean *reales y efectivas* para todos los ciudadanos (art. 9.2 de nuestra Constitución)[287]. Y puesto que es un hecho comprobado y verificado empíricamente que una libertad ilimitada como la que de hecho ha gozado sólo la clase social alta en el Estado liberal[288], hace por sí misma absolutamente imposible la realización de aquellos fines fijados en el horizonte político de la sociedad que ha dispuesto proveerse de un Estado social, de aquí resulta la necesidad absoluta de limitar aquella libertad de acción de la clase social poderosa por medio de los instrumentos del Derecho, es decir, mediante normas *jurídicas*, en la forma de mandatos y de prohibiciones de aquellas conductas típicas de dichas clases sociales que sólo por imposibilitar la realización efectiva de aquellos fines, tienen que desvalorarse como socialmente lesivas, y que cuando la lesividad social alcance un determinado grado, tienen que ser además objeto de criminalización y, por tanto, de la punibilidad[289].

c) Con esta primera aproximación, queda ya absolutamente delimitado un primer campo determinante de los posibles objetos, y de enunciados sobre éstos, a partir de los cuales puede y tiene que formularse una primera definición de Derecho penal moderno en sentido *material* que ya tiene que ser determinante de la *intensión* del concepto. Y así, por Derecho penal moderno en sentido *material*, entiendo, en principio, al "sistema" de regulaciones jurídico penales[290] que tienen por objeto la criminalización formal[291] del *sistema de acción socialmente lesivo*, y por esto ético-socialmente reprobable, *de las clases sociales poderosas*[292]. Y puesto que en el presente, la dominación por las clases poderosas de la vida existencial y social de la mayor parte de los

---

287 Véase *Gracia Martín*, GA 2010, pp. 347 ss.; *el mismo*, RDPC nº 3 2010, pp. 63 ss., con más referencias. Debe recordarse que con la constitucionalización en 1949 por la Ley Fundamental de Bonn (arts. 20 y 28) de la idea del Estado *social*, formulada en 1929 por *Hermann Heller* (en Rechtsstaat oder Diktatur?, J.C.B.Mohr, Tübingen, 1930, recogida en sus Gesammelte Schriften, Leiden, 1971, t. II, pp. 443 ss.), y tras su desarrollo posterior por los constitucionalistas alemanes, el Estado de Derecho ha adquirido un carácter *material* (social y democrático) que obliga al poder político a actuar en dirección a la efectiva *realización* de la libertad, de la igualdad social y de la democracia (art. 9.2 CE) precisamente para superar el carácter meramente formal que tuvieron en el liberal, pues según la afortunada expresión de *García Pelayo,* Estado, pp. 26 s., mientras el Estado liberal sólo "asignaba derechos sin mención del contenido (y) se limitaba a asegurar la justicia legal formal", el social "distribuye bienes jurídicos de contenido material y se extiende a la justicia legal material"

288 Pues en el Estado liberal, como observa *García Pelayo,* Estado, p. 27, los "derechos individuales, (el) *principio de legalidad,* (la) división de poderes, etc." se instituyeron *precisamente* para *limitar* "la expansión de la acción estatal", que era el "adversario de los valores burgueses clásicos".

289 Véase *Gracia Martín,* GA 2010, pp. 343 ss.; *el mismo,* RDPC nº 3 2010, pp. 58 ss.,

290 Y, en un sentido *amplio,* también a las del Derecho sancionador administrativo.

291 Es decir, la criminalización primaria en el sentido explicado por *Zaffaroni,* PG$^{2^a}$, pp. 7 ss.

292 Véase *Gracia Martín*, Prolegómenos, pp. 195 s. Sin duda, ésta es también la orientación de *Bernd Schünemann*, como lo pone de relieve claramente el mismo título de una de sus aportaciones fundamentales a la materia; véase *Schünemann*, Oberschichtsstrafrecht, pp.

individuos tiene lugar principalmente y, de hecho, casi exclusivamente por medio de un ejercicio injusto de su poder económico de hecho absoluto a través de organizaciones y de corporaciones empresariales, los contenidos materiales de ese concepto inicial de Derecho penal moderno tienen que quedar definitivamente reducidos a las regulaciones legales relativas a la criminalidad económica de los *poderosos*, y por lo tanto aquél se define y se identifica total y exclusivamente con el Derecho penal económico y de la empresa en el sentido que desarrollaré en lo que sigue. Nada que no sea Derecho penal económico y empresarial relativo a ilícitos derivados de un ejercicio arbitrario del poder económico por sus detententadores reales puede ser adscrito al Derecho penal moderno en el sentido definido en el modo de una primera aproximación.

VI. Respuestas a una crítica dogmáticamente ciega e inconsistente del concepto de Derecho penal moderno como criminalización primaria de conductas socialmente lesivas de los poderosos

1. También esta concreción y limitación del concepto de Derecho penal moderno al tratamiento jurídico penal de la criminalidad económica y empresarial de los poderosos, ha sido objeto de crítica por *Paredes*. Pero como éste, en mi opinión, parece no vislumbrar o tener en cuenta que se trata de una "primera o inicial" definición global que luego tiene que ser depurada y perfilada definitivamente por medio de ulteriores concreciones derivadas de la idea del Derecho con los instrumentos del método jurídico, no encuentro nada que sea más adecuado para desarrollar y explicar mi concepto de Derecho penal moderno que hacerlo por medio de una réplica a una crítica que, como la suya, me parece totalmente ciega e infundada desde la perspectiva *dogmática* o de la Ciencia jurídica, que es la decisiva tanto para juagar sobre la validez tanto de una construcción jurídica como de las críticas que puedan formularse y oponerse a la misma.

2. Según *Paredes*, mi concepto de Derecho penal moderno como sistema de tipos penales orientados a la punibilidad de la criminalidad material de los *poderosos*, no sería riguroso, sino una mera "figura retórica", *porque* ciertos delitos "económicos" modernos, en muchos casos, no se aplican precisamente a los poderosos, o no sólo a estos sino también a pequeños comerciantes y a pequeños empresarios, como sucede por ejemplo con el fraude de subvenciones o con las insolvencias punibles[293]. Pero una opinión como ésta, en la que se mezcla todo y no se distingue entre lo que es *jurídicamente* bien diferente y desigual —*Paredes* mezcla ejemplos nada menos que de ¡tráfico de drogas y de personas!, con ejemplos de fraude de subvenciones y de delitos contra la propiedad intelectual—, revela que así se pasa por alto por lo menos todo esto:

---

16 ss., 19 ss.: "cambio de tendencia del Derecho penal de la clase social baja al Derecho penal de las clases sociales media, media alta y alta" (p. 21).

293 Véase *Paredes*, RDPC nº 17 2006, pp. 462 s., a cuya opinión se adhiere *Martínez-Buján*, PG[4ª], p. 93.

1) que a partir de aquella definición global inicial, mi concepto definitivo de Derecho penal moderno es uno formulado por medio de un estricto método *jurídico* —que como veremos está de hecho ausente en todas o, al menos, en la mayor parte de las opiniones críticas de *Paredes*—, y que por lo tanto, al ser un concepto estrictamente *dogmático* derivado de la "idea" del Derecho, de él tienen que quedar totalmente excluidos fenómenos que, como los mencionados por *Paredes*, en principio sólo tienen un significado *criminológico*, y ninguna correspondencia —ni siquiera en ese plano criminológico— con los que constituyen el contenido preciso de mi concepto —evidentemente estrictamente *jurídico*— de Derecho penal moderno[294]; *2)* que *Paredes* no ha deducido del conjunto de mi discurso —como debiera haber visto, porque ello se encuentra en él de un modo casi totalmente *explícito*—, que mi concepto *jurídico* de Derecho penal moderno reduce a éste *exclusivamente* al Derecho penal *económico* (y de la *empresa*) en sentido estricto, como sector de la Parte especial que se ocupa de la criminalización primaria de las conductas socialmente lesivas únicamente en el ejercicio de la actividad económica y empresarial de los *poderosos*[295]; *3)* que *Paredes* tampoco repara en que con la referencia *restrictiva* que hago a la criminalidad *exclusivamente* de los *poderosos*, estoy remitiendo en principio únicamente al campo de la realidad *criminológica* prejurídica, como momento previo necesario para poder levantar luego sobre el suelo de ella el edificio *jurídico dogmático* del concepto de Derecho penal moderno que propongo[296]; y *4)* que además, respecto de todo esto, *Paredes* una vez más tampoco se atiene ni a los límites de la interpretación posible de mi texto, ni a la lógica conceptual —en este caso a la clasificatoria y categorial propia del *Derecho* y de la Ciencia *jurídica*—, pues ya de la misma expresión lingüística del concepto de Derecho penal de los *poderosos*[297], se tiene que deducir *eo ipso* la exclusión automática de su campo, de todo delito, incluso de contenido "económico", que sea cometido por sujetos *no poderosos*, y sin que ello afecte en lo más mínimo a la validez de mi concepto *jurídico* de Derecho penal moderno en el sentido definido[298].

---

294 Sobre la deducción del concepto del Derecho —y por lo tanto el de todo sector particular de éste, como por ejemplo el del Derecho penal económico y de la empresa—, de la "idea" del Derecho, lo cual tiene que llevar a una diferenciación de los fenómenos desiguales para su tratamiento "desigual", *cfr. infra* VII.4 y 5.

295 *Cfr. infra* VIII.

296 *Cfr. infra* IX.

297 *Schünemann* Oberschichtsstrafrecht, *passim*, lo denomina "Derecho penal de la *clase alta*".

298 Sobre el carácter clasificatorio de la Ciencia jurídica, véase *Oppenheim*, Natürliche Ordnung, pp. 117 ss., especialmente, pp. 120 s. y 125 ss., y *Radbruch*, Klassenbegriffe, pp. *170 ss.* Sobre esto en general, véase *Dubber*, Strafrechtsdogmatik als Botanik, pp. 253 s., autor que en su análisis comparado de la Dogmática del Derecho penal alemana con la doctrina penal americana, sugiere la existencia de una cierta semejanza entre la Dogmática y la Botánica y la Zoología, dado que la primera, igual que éstas, sería una Ciencia clasificatoria porque, siguiendo un método *taxonómico*, una de sus tareas principales consiste en asignar a cada elemento de la Dogmática su lugar correcto en la *taxonomía* del Derecho penal, de lo cual resulta que si a un problema se lo "clasifica" correctamente, también se lo resolverá correctamente. Desde el respeto a la lógica conceptual general, y a la jurídica en particular, una afirmación como la de *Paredes* de que mi concepto de Derecho penal moderno daría lugar a un tratamiento igual de la criminalidad económica

3. Como demostraré en lo que sigue, la objeción de *Paredes* que aquí se somete a examen y a réplica sólo puede ser vista como el resultado de sus juicios *no jurídicos*, y su invalidez *jurídica* resulta de la contemplación que hace de objetos *distintos* e *inequiparables* —criminalidad económica de poderosos y de no poderosos— en el caos de la realidad que no puede ordenar ni clasificar en los planos *extrajurídicos* en que desarrolla toda su crítica, y de su suposición de que yo, incurriendo en su mismo error, habría formulado un concepto de Derecho penal moderno *igualmente* aplicable a sujetos poderosos y no poderosos, cuando lo cierto es que todas mis propuestas tienen unos contenidos exclusiva y estrictamente *jurídico dogmáticos* construidos conforme a las reglas del método jurídico, es decir, utilizando expresa o implícitamente conceptos jurídicos categoriales clasificatorios y teleológicos tipológicos que sí separan claramente en el caos de la realidad a lo diferente e inequiparable, y por eso la criminalidad económica de sujetos no poderosos —que sin duda es un fenómeno real con una problemática propia— no puede tener lugar alguno dentro de mi concepto de Derecho penal moderno, porque en lo esencial aquella no es equiparable a la de quienes detentan realmente el poder económico y lo ejercen de muy distintos modos para producir estados y situaciones socialmente lesivos de una gravedad gigantesca[299]. Pues ciertamente es posible —aunque no siempre resulte así— que cuando la realidad fenomenológica se contempla desde puntos de vista extrajurídicos —por ejemplo políticos o sociológicos— , todo en ella parezca igual o semejante, y que así no se pueda distinguir entre lo que, sin embargo, es diferente y desigual desde el punto de vista *jurídico*, el cual debe estar por encima de todos los puntos de vista extrajurídicos. Tan pronto como nos planteemos la cuestión de la valoración *jurídica* de la realidad previa, ningún punto de vista extrajurídico desde el que

---

de los poderosos y no poderosos, sólo puede verse como una desprovista de todo sustento lógico, pues los conceptos clasificatorios —como el mío de Derecho penal moderno— se caracterizan por recortar sectores bien definidos de la realidad que determinan *eo ipso* la total exclusión del concepto clasificatorio, de todo aquello que se encuentre fuera del sector de la realidad recortado por él, y es evidente que los no poderosos están absolutamente excluidos *per definitionem* del sector recortado con el concepto y con la expresión lingüística "poderosos"; sobre la lógica conceptual clasificatoria en general véase, por todos, *Hempel/Oppenheim*, Typusbegriff, pp. 1 ss., 10 ss., 21 ss., 44 ss. y *passim*; ya antes *Oppenheim*, Natürliche Ordnung, pp. 71, 77, 81, 99, 204 s., 224, y sobre la lógica conceptual clasificatoria *jurídica* en particular, véanse por todos *Radbruch*, Klassenbegriffe, pp. 167 ss., y *passim*, y *Arthur Kaufmann*, Analogie[2a], pp. 40 ss., 44 ss. y *passim*, quien explica que "el concepto (entendido aquí siempre como concepto general-abstracto, como 'concepto de género', 'clasificatorio') es cerrado, (pues) conoce sólo el cortante "o esto, o lo otro", el concepto separa, el pensamiento conceptual es 'pensamiento divisorio'" (pp. 47 s.). A la misma conclusión se tiene que llegar desde el punto de vista del respeto de los límites de la hermenéutica gramatical (y semántica) de textos —sobre esto, ahora por todos, véase *Engisch*, Einführung[7a], pp. 85 ss., y Einführung[11a], pp. 155 ss.—; pues sólo el pensar que en el campo semántico de un concepto expresado con el sintagma "criminalidad de los *poderosos*" pudiera incluirse un sólo delito cometido por un sujeto "no poderoso", constituye una arbitrariedad sin parangón con la que además se quebranta el respeto del principio de absoluta exclusión entre sí de los juicios opuestos e incompatibles; sobre esto *mutatis mutandis*, *Brentano*, Conocimiento moral, p. 24, que se refiere estrictamente a los juicios morales opuestos.

299 *Cfr.* de nuevo lo dicho en nota anterior e *infra* VIII y IX.

pueda contemplarse a la materia de esa realidad puede aportar ya nada más al campo del Derecho, ni ser jurídicamente funcional, pues es evidente que ahora las únicas herramientas que deben operar y hacerse funcionar adecuadamente son ya exclusivamente las del *Derecho*. Y esto debe ser así porque tal y como lo advirtiera *Radbruch*, sólo por medio del método y de los conceptos jurídicos será posible separar lo jurídicamente esencial de lo inesencial[300], y porque sólo así se podrán formular juicios correctos y válidos sobre los sectores diversos de la realidad que se han distinguido y diferenciado *jurídicamente* de conformidad con la idea del Derecho[301]. Pero como la Ciencia *jurídica* estricta, parece estar fuera del horizonte de proyección de las críticas de *Paredes* a

300 Los juicios y los conceptos jurídicos remiten a la "idea" del Derecho como primer nivel que contiene los *conceptos jurídicos a priori* —equivalentes a los juicios sintéticos *a priori* de las matemáticas y de la física; sobre esto, véase *Arthur Kaufmann*, Rechtsphilosophie[2ª], pp. 67, 98 ss.—, por medio de los cuales se hace posible ampliar el conocimiento jurídico y *concretarlo* en conceptos "universales"; sobre ello véase *Radbruch*, Rechtsphilosophie[2ª], pp. 34 ss., 38 s., donde dice que "sólo cuando contemplamos el caos de los datos reales *bajo el punto de vista del concepto jurídico*, se separan, como la tierra y el agua por la palabra del creador, lo *jurídico esencial* de lo *jurídicamente inesencial* (p. 39, cursiva mía)]; y *Arthur Kaufmann*, Rechtsphilosophie[2ª], pp. 17 s., 84 s., 98 ss.; *el mismo*, Analogie[2ª], pp. 12 ss.; sobre el método específicamente jurídico —dogmático y clasificatorio—, y así sobre las funciones de la Ciencia jurídica, de elaboración "categorial" y "teleológica" del Derecho a partir de —y *para* realizar— la "idea" del Derecho, véase *Radbruch*, Rechtsphilosophie[3ª], pp. 106 ss., especialmente pp. 113 ss.; y *Arthur Kaufmann*, Rechtsphilosophie[2ª], pp. 98 ss.; y sobre el método jurídico (lógico-objetivo) de la analogía conforme a la naturaleza de la cosa, véase *Arthur Kaufmann*, Analogie[2ª], pp. 18 ss., 29 ss., 44 ss. y *passsim*.

301 Pues como advertía *Henkel*, sólo *qui bene distinguit, bene iudicat* (véase *Gimbernat*, Estudios[3ª], p. 217), y es obvio que no se distingue bien, y que por ello tampoco se juzga bien cuando se mezclan, confunden e intercambian elementos específicos exclusivos de un fenómeno con los de otro diferente, y se subsume así en un mismo concepto designado con un mismo nombre —aquí el de "Derecho penal moderno"— a objetos y fenómenos completamente diferentes y desiguales para el valor de referencia. Al respecto, ya *Bacon* advirtió con carácter general sobre el grave error de aplicar indiferentemente "un mismo y único nombre a cosas que no son de la misma naturaleza"; véase el resumen que hace *Foucault* del pensamiento de *F. Bacon* en su Novum organum de 1620, del cual me parece apropiado y oportuno reproducir aquí algunos fragmentos del propio *Bacon* y de la glosa de *Foucault* a los mismos. Según *Foucault*, Mots, p. 65, la crítica de la semejanza en *Bacon* concierne "a los tipos de espíritu y a las formas de ilusión a los que pueden estar sujetos", de modo que no serían más que "los *ídolos de la caverna* y los del *teatro*" los que nos harían "creer que las cosas se asemejan entre sí", pues —y esta es cita textual de *Bacon apud Foucault, loc. cit.*, pp. 65 s.— "el espíritu humano se inclina naturalmente a suponer en las cosas un orden y una semejanza mayores de los que en ellas se encuentran; y en tanto que la naturaleza está llena de excepciones y de diferencias, el espíritu ve por doquier armonía, acuerdo y similitud". Pero esto —ahora según interpreta *Foucault*, loc. cit., p. 66— no son más que "*ídolos de la tribu*, ficciones espontáneas del espíritu" y "a ellos se añaden —efectos y a veces causas— las confusiones del lenguaje: un mismo y único nombre se aplica indiferentemente a cosas que no son de la misma naturaleza, son los *ídolos del foro*"; estos errores empero —concluye *Foucault*— "sólo puede disiparlos la prudencia del espíritu, si (este) renuncia a su prisa y a su ligereza natural para hacerse 'penetrante' y percibir finalmente las diferencias propias de la naturaleza". Siguiendo esto, lo que pretendo hacer en el texto que sigue es precisamente "penetrar" en la realidad mediante el método *jurídico* para captar y percibir las evidentes diferencias existentes entre la criminalidad de poderosos y de no poderosos que deben llevar a no mezclarlas

mi discurso y a mis conceptos estrictamente jurídicos[302], así entonces puede explicarse que no tenga en cuenta que con enunciados *extrajurídicos*, como por ejemplo criminológicos, político criminales, sociológicos, o de todos los tipos y especies de "racionalidades" al uso (instrumentales, políticas, pragmáticas, éticas, morales, etc.) a que constantemente apela como guía de todas sus críticas[303], no puede desvirtuarse en nada a ningún concepto ni enunciado

---

y a no confundirlas en mi concepto de Derecho penal moderno en el modo en que, sin embargo, lo hace *Paredes* e imagina que también yo lo hago.

302 *Cfr.* IV.3.*c)*.

303 Sólo a modo de ejemplo, véase *Paredes*, RDPC nº 17 2006, pp. 453 s., donde quiere poner en cuestión la validez o la insuficiencia de mi discurso apelando a todo tipo de criterios y de recursos de todos los campos que son paradigmáticos de la ambigüedad kat'exohin y de la subjetividad, como los de las racionalidades moral e instrumental, de la Ética normativa, de la decisión racional, etc. —es decir, apelando a todo menos a lo *jurídico*—, y despacha su crítica con la obviedad de que yo tendría que demostrar la validez de mi discurso enfrentándome a problemas como los de la teoría del bien jurídico, del principio de proporcionalidad, de los principios de subsidiariedad y de fragmentariedad, etc. Sin embargo: *1)* que esto último es lo que sin duda debe de hacerse, resulta como he dicho una obviedad; *2)* en un ensayo meramente programático empero no podía ni siquiera esbozar una construcción relativa a todas esas cuestiones, pero hay que suponer que los postulados que propongo están pensados a partir de aquellos problemas; y *3)* por esto último, es obvio que cuando me disponga a llevar a cabo y a desarrollar cualquiera de esas cuestiones, si de algo puede estar seguro *Paredes*, es de que lo haré con el método *jurídico* que de hecho, sin embargo, está casi totalmente ausente en su discurso crítico, tal y como ya lo he hecho con posterioridad a su reseña —todavía de un modo incompleto—, con la cuestión del concepto de bien jurídico colectivo en *Gracia Martín*, GA 6/2010, pp. 339 ss., 345 ss. y RDPC nº 3 2010, pp. 52 ss., 62 ss., y como lo voy a hacer en lo que sigue en relación con el concepto de Derecho penal moderno en respuesta a su crítica no jurídica. Por lo demás, en el mismo lugar *Paredes* (RDPC nº 17 2006, nota 14 de p. 453) remite al "completo programa de investigación en *política criminal*" que propuso en RDPC nº 11 2003, pp. 95 ss., en relación con las cuestiones a las que dice que debo enfrentarme. A este respecto, aquí quiero dejar constancia únicamente de que dicho programa —que conozco detenidamente— contiene sin duda propuestas valiosas que no pueden dejar de ser tenidas en cuenta, *pero en su justo lugar*, es decir, nada más que con el valor que puede darse a cualquier propuesta o programa de carácter *político-criminal* o de otra especie (moral, de ética normativa, pragmático, etc.), el cual no puede pasar de ser uno con función *accesoria* o *auxiliar* —lo cual, insisto, no le resta importancia— para la *Dogmática* jurídica en general y para la jurídico penal en particular. Con esto quiero decir, ni más ni menos, que es *Paredes* quien tiene que demostrar si todo ese programa *extrajurídico* que presenta, es susceptible de pasar los filtros de la Ciencia *jurídica*, y que para ello —y ahora soy yo quien le propongo la misma obviedad que él a mí— tendrá que enfrentarse a la problemática de todas las cuestiones implicadas que él menciona con los instrumentos de la *Ciencia del Derecho*, es decir, con los de la *Dogmática* jurídica, y no con otros distintos. De momento, y para poner solo un ejemplo, me limito a decir aquí que una teoría *jurídica* del bien jurídico, no aguanta ni podría aguantar mínimamente ningún concepto de bien *jurídico-penal*, es decir, no aguanta la diferenciación entre bien jurídico como género y bien *jurídico-penal* como una hipotética especie del género, que sin embargo parece querer hacer valer valer *Paredes* (RDPC nº 11 2003, pp. 112 ss.). Y no la aguanta, entre otras razones, porque un concepto de bien *jurídico-penal* —a parte de que ni existe como especie ni podría ser construido sin graves contradicciones lógico-formales y lógico-materiales— haría completamente inútil y superfluo al principio de subsidiariedad y también dejaría un margen muy estrecho —prácticamente insignificante— para el de fragmentariedad del

puramente *jurídicos* como lo son sin ninguna duda todos los que constituyen la espina dorsal de mi discurso, y que *Paredes* pretende desvirtuar sin éxito sólo con argumentos extrajurídicos no cribados por el cedazo del método de construcción jurídica de conceptos[304]. En lo que sigue, y asumiendo el riesgo que conlleva la "brevedad" argumentativa en relación con cuestiones importantes y complejas, intentaré explicar mediante aproximaciones sucesivas mi concepto "jurídico" de Derecho penal moderno, que como ya queda anticipado, se extiende *exclusivamente* a la criminalidad económica y empresarial de los poderosos, y, por lo tanto, excluye de él absolutamente a toda criminalidad de sujetos no poderosos, y por supuesto también a otros fenómenos con que algunos han querido relacionarlo sin el menor fundamento[305]. Finalmente procederé a la construcción del "sistema" desde luego de acuerdo —porque no podría ser de otro modo— con la que *Paredes* llama "venerable" teoría del delito, que según él, como ya vimos, podría ser "inoperante" para hacer frente a determinados fenómenos actuales, y que, por eso, también según él, tendría que ser modificada y sustituida por una Política criminal adecuada, lo cual rechazo en términos tanto absolutos desde

---

Derecho penal; sobre ello, por todos, *Zaffaroni*, PG²ª, pp. 128 ss., 486 ss., y *el mismo*, Foro FICP nº 2 2015, pp. 9 ss. En otras palabras: lo que *Paredes*, como un muy numeroso sector de la doctrina, llama bien jurídico *penal* no es ni puede ser nada más que un bien jurídico *ya dado* al Derecho penal frente a cuya lesión o peligro este habilita el ejercicio de poder punitivo de acuerdo con los principios de subsidiariedad y última ratio y con su carácter fragmentario.

304 Pero con un modo de proceder así, se "arruina" al *Derecho* (a la Dogmática), se provoca su "demolición", se "desmantela" su fortaleza o se la estraga en el modo en que lo ha hecho el sociologismo (así, literal y contundentemente, *Quintano*, ADPCP 1957, pp. 284, 285, 289, 290, y *passim*), y esto es así, bien *porque* se elimina el método jurídico "para caer en el puro discurso político" (así *Zaffaroni*, Política, p. 75), o bien *porque* sólo se "maquilla(n) productos" político-criminales carentes de contenido jurídico-dogmático (así *Silva Sánchez*, Expansión³ª 2011, p. 208). Véase además, de nuevo, la nota anterior *in fine*. Al respecto, me parece oportuno y adecuado recordar la observación de *García Amado* en relación con la temática de la que debe ocuparse la Filosofía del Derecho, porque *mutatis mutandis* sería plenamente extrapolable a la temática de la que debe ocuparse la Dogmática jurídico-penal. Según *García Amado*, ACFS 44 (2010), p. 535, la Filosofía del *Derecho*, debe ocuparse antes que nada de la "teoría de las normas *jurídicas*, identificándolas y diferenciándolas por sus notas estructurales", y examinar "en qué se diferencian las normas jurídicas de las de otros órdenes", pero esto último "no como disculpa para dedicarnos a las de otros órdenes que nos sean más gratos o nos procuren atajos para nuestra personal salvación, sino haciendo seriamente teoría de la validez y la eficacia de las normas jurídicas". Esto desde luego, para nada excluye examinar también aspectos como los de la "justicia o moralidad de las normas del Derecho positivo", pero de igual modo que sucede con otros diversos aspectos extrajurídicos, solo *en sus justos términos*, porque como bien dice *García Amado* (*loc. cit.*), "lo primero es lo primero, y lo *complementario*, aun teniendo su relieve, *no puede desplazar a lo central*" (la cursiva es mía).

305 Como sucede por ejemplo con la infundada interpretación de *Díez Ripollés* en el sentido de que mi discurso de modernización —y también el de *Silva*— extendería desde él mismo algo así como una especie de correa de transmisión a través de la cual trasvasaría contenidos "antigarantistas" al llamado Derecho penal de la seguridad ciudadana; véase mi réplica a esta interpretación *supra* en V.5.

la idea *a priori* del Derecho como relativos a su concreción sintética conforme a dicha idea.

VII. Excurso: presupuestos metodológicos y dogmáticos para la construcción del sistema del Derecho penal económico y empresarial de los poderosos

1. Para explicar el método de construcción del concepto de *Derecho* penal moderno como sector del Derecho penal que tiene por objeto exclusivamente a la criminalidad económica y empresarial de individuos poderosos, y para mostrar cómo el sistema de aquél excluye a toda la criminalidad de individuos no poderosos, aunque ésta tenga formalmente un carácter económico por razón del desvalor de la acción o del resultado[306], hay que tener en cuenta que aquella construcción se lleva a cabo lógicamente conforme al método jurídico dogmático, y que la misma no difiere en nada de la del sistema general de la teoría del delito, porque no es más que el resultado de una *concreción* de las categorías jurídico penales en el objeto *real* específico de la criminalidad económica, que tendrá que operar y funcionar luego como teoría *jurídica dogmática* del delito económico empresarial de los poderosos. Por ello, es preciso tener en cuenta algunos puntos arquimédicos del método de construcción jurídica en general y de lo jurídico penal en particular.

2. El Derecho en general es la invención humana de una ordenación de la realidad del mundo previamente existente y dado a él, con el fin de hacerlo funcionar luego efectivamente como orden *social*, es decir, en un modo ordenado que no da ni ofrece la naturaleza por sí misma, pero que se piensa a partir de la "idea" del Derecho como absolutamente necesario para asegurar la supervivencia de los seres humanos y de la especie[307], y al cual luego se le dan unos contenidos concretos y determinados que *deben ser* y *realizarse* así porque ellos, a su vez, también se piensan como la condición primaria de la posibilidad de que el acontecer social y político de la comunidad y, en definitiva, la existencia y la vida de los seres humanos, cursen realmente

306 Sobre esto, *cfr. infra* IX.1.

307 Como recuerda *Sabine*, la ciencia nos permite hoy describir al ser humano con un alto grado de exactitud como miembro del reino animal en el orden de los primates que, al igual que el resto de los seres vivos, se enfrenta constantemente al reto de su supervivencia; y sólo podemos pretender vencer y superar semejante reto con éxito por medio de nuestra adaptación a las condiciones de vida en la Tierra con nuestro propio esfuerzo. Y precisamente todos nuestros modos de organización política y jurídica, todas las instituciones que hemos fundado y configurado de las más diversas maneras, no se pueden explicar —afirma con razón *Sabine*— más que como creaciones e invenciones nuestras como medios y modos de adaptarnos a las condiciones de vida en la Tierra para superar así el reto de nuestra supervivencia; véase *Sabine*, Historia[3ª], p. 19; sobre todo esto, véase además, desde el punto de vista antropológico, *Harris*, Antropología general[7ª]. pp. 43 ss., 65 ss., y sobre el Derecho como producto exclusivamente humano (espiritual y cultural), véase *Henkel*, Introducción, pp. 28 ss.; *Recasens*, Filosofía[19ª], pp. 71 ss., 108 ss., 153 ss.

de un modo conforme con aquella idea —y con el fin— del Derecho[308]. Pero así, de esta primera y suprema premisa ideal, tienen que resultar luego por sí mismas otras dos de carácter epistemológico, y por lo tanto con fuerza vinculante para la Ciencia y para la práctica jurídicas, en primera instancia en el plano de la lógica formal. La primera es que todos los conceptos del Derecho, en tanto que conceptos del *deber ser jurídico* conforme a la idea del Derecho, tienen que ser por fuerza, y sin excepción, conceptos valorativos, y por esto *normativos*[309]. Ahora bien: si el Derecho, como queda dicho, tiene que ordenar la realidad del mundo previamente dada para que luego éste pueda funcionar socialmente en un modo que *debe ser*; y si aquél lleva a cabo la ordenación de ese mundo real con que se encuentra, por medio precisamente de sus conceptos normativos de deber ser jurídico, a los cuales a su vez también ordena en un *sistema*[310]; entonces de todo esto tiene que resultar por sí mismo —y esta es la segunda premisa epistemológica derivada de la idea del Derecho—, que ningún concepto jurídico puede estar vacío de contenido empírico, es decir, no puede carecer de objeto *real*[311], y esto por la simple razón de que todo concepto jurídico debe resultar de una previa transformación o conversión de una realidad prejurídica determinada, en "materia jurídica" pura, y esto sólo puede tener lugar por medio —y como resultado— de la *valoración jurídica* de aquella realidad prejurídica en correspondencia con la idea del Derecho[312].

3. Conforme a lo dicho, toda categoría y todo concepto jurídicos, en tanto que normativos, se forman en virtud de una síntesis o fusión de un substrato u objeto real empírico con su valoración jurídica[313], y por eso su estructura está compuesta,

---

308 Sobre el carácter necesario de "alguna" ordenación del obrar ético-social, como presupuesto de posibilidad de todo orden social, independientemente de los contenidos concretos del orden, véase *Welzel*, Introducción, pp. 251 s., 253 s., 266; y sobre la idea de *ordenación* de la vida humana en común, como consubstancial a la idea del Derecho, y por ello deducible *a priori* de ésta, véase *Radbruch*, Rechtsphilosophie[2a], pp. 37 ss.

309 Son normativos incluso los llamados elementos "descriptivos", pues como advierten con razón *Baumann/Weber/Mitsch*, AT[11a], p. 113 nº 17, para el caso particular de los elementos del tipo, también los llamados elementos descriptivos han sido objeto de una valoración y, por esto, en cuanto "elementos del tipo" tienen que ser vistos como elementos normativos.

310 Al respecto véase solo *Radbruch*, Rechtsphilosophie[2a], pp. 106 ss., especialmente pp. 113 ss.; y *Arthur Kaufmann*, Rechtsphilosophie[2a], pp. 98 ss.

311 Así, véase ya *Bustos*, Culpa y finalidad, pp. 58 ss.; *Zaffaroni*, PG[2a], p. 387: "no hay saber humano que no proceda *pescando* sus datos del mundo"; y *Schünemann*, InDret 1/2008, p. 13: "cada valoración tiene sentido lógico sólo si está en conexión con un objeto que debe ser valorado"; *el mismo*, Ontologismo, p. 656: "una valoración no existe por sí misma, sino siempre en relación con un supuesto de hecho que está siendo valorado"; y *el mismo*, Unterlassungsdelikte, pp. 36 s.: "los conceptos son secundarios y sólo un medio para la comunicación de *qué sector de la realidad* se quiere abordar" (cursivas mías).

312 Véase sólo *Radbruch*, Rechtsphilosophie[2a], pp. 114 s.; y sobre la relación de determinabilidad de la idea por la materia y de ésta por la idea (dualismo metódico), véase *loc. cit.*, pp. 14 s., 38; y además, *el mismo*, Natur der Sache, pp. 16 s., y *Roxin*, GS Radbruch, pp. 261 ss. *passim*.

313 Porque como advirtió *Welzel*, Naturrecht, p. 286, "en el Derecho lo fáctico está vinculado con lo normativo de un modo esencial"; y en concreto el objeto del Derecho penal, como

analíticamente, de un "objeto de la valoración" y de la "valoración del objeto"[314]. Los objetos de las valoraciones son siempre entes de la realidad *prejurídica*, y en el Derecho, las valoraciones de los objetos derivan en última instancia de la "idea" del Derecho. Así pues, el contenido de todo concepto jurídico siempre está integrado por el sector de las circunstancias de la realidad (objeto de la valoración) que hayan sido seleccionadas (recortadas)[315] a partir del valor jurídico de referencia, mientras que las que no hayan sido seleccionadas, quedarán fuera del concepto incluso aunque en la realidad prejurídica formen parte del mismo objeto real que las seleccionadas y se muestren unidas a éstas en dicha realidad prejurídica, pues como advirtiera *Hirsch*, por razones materiales —esto es, valorativas o axiológicas— puede justificarse "una divergencia en la construcción jurídica de conceptos con respecto a lo que se encuentra en la realidad"[316]. Y esto es así, porque como nos advierte *Radbruch*, "cuando contemplamos el caos de los datos reales *bajo el punto de vista del concepto jurídico*, se separan, como la tierra y el agua por la palabra del creador, lo *jurídico esencial* de lo *jurídicamente inesencial*"[317]. En definitiva, por medio de las valoraciones jurídicas de los objetos de la realidad (prejurídicos) que interesan al Derecho, éstos son convertidos en objetos del Derecho que constituyen el contenido material de los conceptos jurídicos formales resultantes de aquéllas valoraciones de los objetos. De nuevo con palabras de *Radbruch*: "con los conceptos jurídicos relevantes, la construcción conceptual jurídica se apoya en conceptos precientíficos; la materia de la Ciencia jurídica no es el conjunto amorfo de datos, sino una realidad previamente formada por conceptos precientíficos o científicos extrajurídicos", y por esto mismo "la Ciencia del Derecho es en gran parte elaboración conceptual de segundo grado que debe

---

afirma *Hirsch* (Strafrechtliche Probleme, p. 65 = Obras completas, t. I, p. 19), solo puede y "tiene de hecho que descubrirse con la mirada puesta en [sus] *fines* y en [sus] *valoraciones*"; véase también, *Gracia Martín*, Prólogo Mª Ángeles Rueda, pp. 22 s., 24 ss., 32 s.; *el mismo*, RECPC 06-07 (2004), pp. 6 s.; *Georg Küpper*, Strafrechtsdogmatik, pp. 31 s., 40 s.; *Sticht*, Sachlogik, pp. 90 ss.; *Schünemann*, Ontologismo, pp. 654 ss., 660 ss.; *el mismo*, FS Roxin, pp. 23 ss.

314 Como es sabido, la importante distinción metodológica entre "objeto de la valoración" y "valoración del objeto" la hizo operativa en relación con el juicio normativo de culpabilidad, y fructífera para la construcción dogmática del delito, *Graf zu Dohna*, Verbrechenslehre[4ª] (1950), pp. 22, 40 (1ª ed. de 1935).

315 Véase en este sentido *Zaffaroni*, PG[2ª], p. 415: "se *pescan* pedazos del ser, se *recortan*" (cursivas del mismo autor citado); también *Schünemann*, Unterlassungsdelikte, pp. 36 ss.

316 Véase *Hirsch*, Streit, p. 352 [= en sus Obras completas, t. II, p. 105]. Aquí en concreto se refiere *Hirsch* a que no está justificada por razones materiales la escisión de la estructura "real" prejurídica de la acción para formar un "concepto" de acción integrado solo con su parte objetiva o externa. Sin embargo, por razones materiales, el concepto de acción sí resulta de un recorte de la dirección *externa* de la voluntad que se efectúa en un objeto real unitario más amplio, porque sólo aquella parte es relevante desde el punto de vista del valor de referencia de lo "injusto", que es el que aquí entra en consideración, y por eso el recorte deja fuera del concepto de acción a la parte del objeto real relativa al proceso *interno* de formación de la voluntad, el cual sólo interesa desde el valor de referencia de la culpabilidad; *cfr.* en sentido similar *Zaffaroni*, PG[2ª], pp. 414 s.

317 Véase *Radbruch*, Rechtsphilosophie[2ª], pp. 34 ss., 38 s., correspondiendo la cita a p. 39 (cursiva mía).

sus conceptos a una previa elaboración científica extrajurídica", pero debe estar "claro que la Ciencia del Derecho no adopta a ningún concepto científico extrajurídico *sin transformarlo* al mismo tiempo"[318].

4. La Ciencia jurídica —la Dogmática— es clasificatoria y teleológica. Elabora y construye sus conceptos con el *fin* de realizar por medio de ellos la idea del Derecho, y puesto que la *igualdad* —el tratamiento igual de lo que es igual, y desigual de lo desigual— es consubstancial a la idea del Derecho[319], para poder hacerla real y efectivamente como *debe ser*, los conceptos jurídicos *diferencian* y *clasifican* a la materia jurídica en órdenes, clases, especies, etcétera[320]. Sin embargo, dado que la materia jurídica es normativa, los conceptos jurídicos no pueden recortarla y aprehenderla de un modo absoluta y puramente clasificatorio. Como observa *Radbruch*, los conceptos clasificatorios están compuestos de elementos cuya existencia sólo cabe o afirmar o negar —y así o se verifica, o se niega el concepto mismo— en relación con un fenómeno individual[321], y en palabras de *Arthur Kaufmann*, "el concepto (entendido aquí siempre como concepto general-abstracto, como 'concepto de género', 'clasificatorio') es cerrado, (pues) conoce sólo el cortante "o esto, o lo otro", el concepto separa, el pensamiento conceptual es 'pensamiento divisorio'"[322]. Así, un concepto clasificatorio puro es, por ejemplo, el de triángulo, pues todo polígono individual que tenga tres lados "será" tal sin que haya otra posibilidad, y todos los que no tengan tres lados, "no lo serán" en absoluto. Pero en el Derecho no hay conceptos clasificatorios puros, porque los conceptos jurídicos, además de clasificatorios, son también

---

318 Véase *Radbruch*, Rechtsphilosophie$^{2^a}$, pp. 114 s.

319 Véase *Radbruch*, Rechtsphilosophie$^{2^a}$, pp. 34 ss. Como advierte *Arthur Kaufmann*, Analogie$^{2^a}$ 1982, pp. 10 s., una "norma" es un criterio o una pauta "para el tratamiento de lo igual y para evitar la arbitrariedad".

320 Sobre el método específicamente jurídico —dogmático y clasificatorio—, y así sobre las funciones de la Ciencia jurídica, de elaboración "categorial" y "teleológica" del Derecho a partir de —y *para* realizar— la "idea" del Derecho, véase *Radbruch*, Rechtsphilosophie$^{2^a}$, pp. 106 ss., especialmente pp. 113 ss.; y *Arthur Kaufmann*, Rechtsphilosophie$^{2^a}$, pp. 98 ss. Sobre el carácter clasificatorio de la Ciencia jurídica, véase *Oppenheim*, Natürliche Ordnung, pp. 117 ss., especialmente, pp. 120 s. y 125 ss., y *Radbruch*, Klassenbegriffe, pp. 170 ss. En su análisis comparado de la Dogmática del Derecho penal alemana con la doctrina penal americana, *Dubber*, Strafrechtsdogmatik als Botanik, pp. 253 s., sugiere la existencia de una cierta semejanza entre la Dogmática y la Botánica y la Zoología, dado que la primera sería una Ciencia clasificatoria que al igual que aquéllas, siguiendo un método *taxonómico*, asigna a cada elemento de la Dogmática su lugar correcto en la *taxonomía* del Derecho penal, de lo cual resulta que si a un problema se lo "clasifica" correctamente, también se lo resolverá correctamente.

321 Véase *Radbruch*, Klassenbegriffe, p. 167.

322 Véase *Arthur Kaufmann*, Analogie$^{2^a}$, pp. 40 ss., 44 ss. y para la cita pp. 47 s. Sobre la lógica conceptual clasificatoria en general véase, por todos, *Hempel/Oppenheim*, Typusbegriff, pp. 1 ss., 10 ss., 21 ss., 44 ss. y *passim*; ya antes *Oppenheim*, Natürliche Ordnung, pp. 71, 77, 81, 99, 204 s., 224, y sobre la lógica conceptual clasificatoria *jurídica* en particular, véanse por todos *Radbruch*, Klassenbegriffe, pp. 167 ss., y *passim*.

ordenadores o tipológicos[323]. La idea del Derecho es "abstracta general", y la materia jurídica que hay que determinar a partir de aquélla se compone de situaciones vitales de *sentido* a las que se atribuyen los valores de la idea del Derecho, pero dichas situaciones vitales comprenden multitud de casos individuales cada uno de los cuales es *diferente* en su individualidad. Por esta razón, para que la "idea" del Derecho pueda realizarse en todos y en cada uno de los casos individuales, es preciso *concretarla* antes mediante la descripción de "modelos abstractos" en que puedan luego subsumirse los diferentes casos individuales del acontecer real. En rigor, estos modelos no pueden ser "definidos". Sólo pueden "describirse" de un modo abstracto los caracteres esenciales que desde un punto de vista previamente determinado, afloran y se muestran comunes a toda una multiplicidad de casos individuales reales y que, por esto, hacen a todos ellos "semejantes", es decir, jurídicamente equiparables con el efecto de su igual tratamiento. La mayor parte de los conceptos jurídicos, pues, son "ordenadores" y se describen como "tipos" (conceptos tipológicos). Como describe *Radbruch,* los conceptos ordenadores están formados por propiedades "graduables" que se pueden atribuir a variados y diversos objetos, y a cada uno en "mayor o en menor grado"[324], y según *Arthur Kaufmann,* "el tipo (el 'concepto de orden', el 'concepto de función', el 'concepto de sentido'), por el contrario, se acomoda al 'más o menos' de la variada realidad", y por esto, en un tipo no se puede subsumir como en un concepto, sino sólo "coordinar un hecho concreto en mayor o en menor grado", es decir, "ponerlo en correspondencia con él"[325]. Por todo lo dicho, la gran mayoría de los conceptos jurídicos categoriales y teleológicos son a la vez *clasificatorios* y *tipológicos,* sin que sea posible separar estos dos caracteres al uno del otro más que a efectos meramente explicativos o expositivos, porque en el proceso de construcción del concepto jurídico, y luego finalmente en el ser operativo y funcional del concepto, ambos caracteres —el clasificatorio y el tipológico— se muestran inseparablemente unidos.

5. Si a la idea del Derecho le es consubstancial la de igualdad, y si como queda dicho, para poder realizarla la Ciencia jurídica debe determinar y concretar la materia jurídica a partir de ella mediante conceptos categoriales y teleológicos, en el sentido explicado de "tipos" que la ordenan y la clasifican, y que así en definitiva la diferencian para tratar igualmente a lo igual y desigualmente a lo desigual, entonces esta forma de creación del Derecho mediante su concreción en tipos sólo puede llevarse a cabo con el método de

323 Sobre la distinción y la relación entre conceptos clasificatorios y ordenadores —tipológicos— en general, véase la obra fundamental de *Hempel/Oppenheim,* Typusbegriff, pp. 1 ss., 10 ss., 21 ss., 44 ss. y *passim;* y ya antes *Oppenheim,* Natürliche Ordnung, pp. 71, 77, 81, 99, 204 s., 224; sobre la distinción en la Ciencia jurídica en general, y respecto de los elementos del delito, véase *Radbruch,* Klassenbegriffe, pp. 167 ss.; además *Arthur Kaufmann,* Analogie^{2a}, pp. 40 ss., 44 ss.; *el mismo,* Rechtsphilosophie^{2a}, pp. 91 s., 124 ss., 127 ss.

324 Véase *Radbruch,* Klassenbegriffe, p. 167.

325 Véase *Arthur Kaufmann,* Analogie^{2a}, pp. 47 s.; véase además *el mismo,* Rechtsphilosophie^{2a}, pp. 91 s., 124 ss., 127 ss.

la *analogía*[326]. La idea rectora de la igualdad tiene que llevar a que los tipos jurídicos se formen estableciendo correspondencias o semejanzas entre una pluralidad de objetos diversos a partir de un punto de vista valorativo previo y determinado por aquella idea, y tales semejanzas sólo pueden resultar de una comparación de los objetos diversos desde el punto de vista previo. No obstante, los puntos de vista previos pueden ser de sentidos diversos en función, por un lado del interés que motive a adoptar uno determinado, y por otro de la "idea" a partir de la cual o en referencia a la cual se adopta uno determinado. El sentido del punto de vista determinado adoptado condiciona a su vez la clase y la forma de la semejanza entre los objetos que se relacionan en referencia a él. Epistemológicamente hay distintas "figuras de la semejanza". *Convenientia* es la semejanza que se establece entre objetos diferentes sólo por su "proximidad", como por ejemplo entre un ciervo y las hojas de los árboles que se le enredan en la cornamenta. *Aemulatio* es la que se establece entre objetos distintos, y además distantes, que se "imitan" entre sí (*imitatio*), como por ejemplo entre las estrellas del cielo y las luces de una ciudad divisada por la noche desde una cierta lejanía. *Analogía* es la semejanza que se establece entre objetos diversos por la "identidad" de sus proporciones o de sus propiedades materiales en relación con algo determinado, como por ejemplo entre una tijera y un cortaúñas o entre una firma autógrafa y una digital[327]. Como puede verse, en las dos primeras figuras la semejanza entre los objetos relacionados es sólo formal y metafórica, pero no es real, porque en ellos no existe ni una sola propiedad *material* común, y, por esto, no tiene consecuencias prácticas. Por el contrario, la semejanza ligada *per analogiam* sí es real, pues todos y cada uno de los objetos comparados tienen al menos un elemento material relevante y esencial que se muestra idéntico desde el punto de vista valorativo previo, y por esto la relación de correspondencia analógica habilita para dispensar un tratamiento igual a todos los objetos *análogos*. Para la creación de Derecho mediante la concreción de su idea en tipos solamente son válidas las semejanzas ligadas *per analogiam*, porque sólo éstas hacen corresponder a los objetos análogos (típicos) en el deber ser jurídico. Como demostrara *Arthur Kaufmann*, únicamente *la analogía* es apropiada para la construcción jurídica y para la producción de auténtico conocimiento jurídico, pues "sin concordancia, esto es, en la completa heterogeneidad y total falta de reciprocidad de las cosas, no existiría ninguna posibilidad de

---

326 Sobre el método jurídico (lógico-objetivo) de la analogía conforme a la naturaleza de la cosa, véase *Arthur Kaufmann*, Analogie[2a], pp. 18 ss., 29 ss., 44 ss. y *passim*. En particular sobre el carácter *analógico* del Derecho, en el sentido de que éste solo puede crearse y concretarse estableciendo correspondencias objetivas *per analogiam* entre el "deber ser" y el "ser", es decir, entre el concepto jurídico normativo y su contenido objetual, entre la valoración del objeto y el objeto de la valoración, véase *loc. cit.*, pp. 18 ss., donde advierte que "la norma, como un deber ser, en absoluto puede producir a partir de sí misma Derecho real", sino que para esto, "hay que añadir un correspondiente del ser (*ein Seinshaftes*)", porque "sólo se origina Derecho real allí donde norma y situación vital concreta, es decir, deber ser y ser, son puestos en correspondencia el uno con el otro", y por esto "Derecho es la correspondencia del deber ser y del ser" y "correspondencia significa *analogía*" (p. 18).

327 Sobre las "figuras de la semejanza" (epistemológicas), véase *Foucault*, Mots, pp. 32 ss., donde añade a las mencionadas en el texto la de la *simpatía*.

comparación ni, con esto, de conocimiento"[328]. La semejanza propia de la analogía la proporciona la naturaleza de la cosa; la *analogía entis* resultante de la naturaleza de las cosas hace corresponder a los objetos análogos en la misma *ratio iuris* o "identidad de razón", es decir, con el valor de referencia previo (*analogía iuris*)[329]; esta correspondencia habilita para la equiparación de los entes análogos, ahora ya en el plano del deber ser *jurídico*, y para su tratamiento jurídico como *iguales* en la *proporción* de su semejanza[330], y a la vez desautoriza someter a los objetos diferentes a ese régimen jurídico aunque entre éstos y aquéllos pudieran establecerse aquellas otras semejanzas *per convenientia, aut aemulatio vel simpatia*.

6. La creación del Derecho mediante su concreción en tipos formados mediante el establecimiento de analogías en las cosas a partir de los valores jurídicos de referencia que entran en consideración para cada sector de la

---

328 Véase Arthur *Kaufmann*, Analogie[2a] 1982, *passim*, especialmente pp. 21 ss., y para la cita p. 22; véase también en el mismo sentido, y para el caso de la identidad entre acción y omisión, *Schünemann*, Unterlassungsdelikte, p. 232, donde habla de la necesidad de que entre los términos a comparar —en su caso la acción y la omisión— exista una "comunidad" [sic.; identidad] previa"; y en general, *Schünemann*, FS Arthur Kaufmann, pp. 312 s.; en el mismo sentido me he pronunciado también para la identidad entre la acción y la omisión, véase *Gracia Martín*, Delitos, pp. 78 ss.; *el mismo*, Comisión por omisión, pp. 82 ss.; y más recientemente, *el mismo*, Prólogo 2013, pp. 23 ss.

329 Pues las mismas propiedades intrínsecas y la estructura misma de los objetos reales que se pretende valorar limitan ya de un modo lógico el campo de las valoraciones que son *posibles* respecto de él; véase sobre esto *Gracia Martín*, Fundamentos, pp. 79 ss. Según *Welzel*, Introducción, p. 256, "la caracterización de los contenidos del deber ser como ensayos de interpretación del sentido de la existencia no significa identificarlos con el 'capricho' individual o entregarlos al 'arbitrio' de los grupos humanos, (pues) a las estructuras de sentido les son trazadas fronteras inmanentes (...) no sólo por el carácter de la llamada del deber ser, sino también por las estructuras ónticas a interpretar", y entonces, porque "todos los valores son valores regionales, el objeto de la valoración deslinda también la posibilidad de determinadas valoraciones"; véase además *Welzel*, Kausalität, pp. 9 s. En el mismo sentido *Schünemann*, Unterlassungsdelikte, p. 37, donde ilustra al respecto con un ejemplo muy claro: una silla se puede someter a la valoración (jurídica) que determina el régimen jurídico de las "cosas muebles" de modo idéntico a como se somete a ella una mesa; sin embargo, observa *Schünemann* con razón, "no es admisible someter las sillas a las reglas sobre la capacidad negocial de las *personas*, porque la silla carece de la capacidad óntica de realizar acciones voluntarias que es *necesaria* para ello". Así pues, si adoptamos el punto de vista valorativo desde el que se determina el concepto de bienes muebles, una silla y una mesa son objetos análogos, pero si adoptamos el que determina la capacidad negocial, es evidente que entre la silla y las personas no existe ni un solo elemento de analogía.

330 Sobre esto, véase sólo la magistral exposición, a la que difícilmente se podría añadir algo nuevo, de *Arthur Kaufmann*, Analogie[2a], pp. 18 ss., 26 ss. y *passim*, que se puede resumir en su apodíctica sentencia de que "*Derecho es la correspondencia de deber ser y ser*" (p. 18); *el mismo*, Rechtsphilosophie[2a], pp. 152 ss., 156 s.; y véanse las también magistrales enseñanzas de *Joseph Esser* —enfocadas al Derecho privado— sobre el que denomina como "método de la comparación funcional"; véase *Joseph Esser*, Principio y norma, pp. 40 ss., 130 ss. y 442 ss. en general, y específicamente sobre la comparación funcional en referencia a los "principios estructurales", véase *loc. cit.*, pp. 40 ss., 430 ss., 448 ss., 453 ss. y 469 ss.

realidad, hace de la Ciencia jurídica, como se dijo, una Ciencia clasificatoria y diferenciadora, y por eso la dotación —y luego el uso— de una nomenclatura jurídica precisa tiene la máxima trascendencia para la realización de la idea del Derecho como *ordenación* de la vida en común, y para que el acontecer real de dicha ordenación curse en el modo *justo* que es consubstancial a aquella idea, es decir, de conformidad con las exigencias del principio de igualdad, y no arbitrariamente[331]. Como afirma *Delgado Echeverría*, en el metalenguaje de los juristas "sin palabra adecuada no hay concepto preciso"[332], y como dice *Schünemann*, si "la lengua es el medio no sólo de la Ciencia jurídica, sino también del Derecho mismo", entonces "toda errónea nomenclatura será también un error sobre las cosas"[333] que dará lugar a un tratamiento arbitrario

---

331 Sobre los peligros de extensión ilimitada de los conceptos jurídicos en virtud de su arbitraria construcción al margen de la analogía, véase *Philipps*, Rechtsbegriffe, pp. 91 ss.

332 Véase *Delgado Echeverría*, Vigor, pp. 11 s., quien advierte, con razón, que "en ocasiones, habrá que estipular sentidos técnicos de términos de uso común", pero también que "en ciertos casos, se (tenga que crear) un término más o menos artificial, específico de este lenguaje técnico". Sobre los caracteres del lenguaje científico-técnico, que lo diferencian, por un lado, de los usos cotidianos del lenguaje en la vida común, especialmente de los "argots" y de las "jergas", y por otro lado, de los lenguajes "sectoriales", propios de las actividades profesionales, véase *Soler Costa*, Poder, pp. 26 ss. y, especialmente, p. 33, donde la autora precisa que una propiedad del lenguaje científico-técnico es "que su léxico específico es semánticamente único", lo cual significa que "en un término científico-técnico, no cabe esperar polisemia"; en el Derecho —observa la autora— se utilizan ciertamente "numerosos términos simples" (quiere decir del lenguaje cotidiano), pero no obstante "especializados"; véase *Horn*, Rechtssprache, pp. 21 ss. y 97 ss.

333 Véase *Schünemann*, ZIS, 1/2014, p. 15. Sobre todo esto, que se resume en el aforismo de que "el nombre no hace a la cosa", véase el extenso y enjundioso diálogo de *Sócrates* con *Crátilo*, acerca de las correspondencias y disimilitudes entre los nombres y las substancias o esencias de las cosas, en *Platón*, Crátilo 428*c*-440*e*. *Sócrates*, sostiene ciertamente que la verdad no se extrae de los nombres, sino en última instancia del conocimiento de la cosa en sí (436*a*-440*e*), pero reconoce que sólo se habla correctamente cuando existe correspondencia entre el nombre que se utiliza y la substancia de la cosa (428*e*), mientras que se habla incorrecta y falsamente cuando no se da semejante correspondencia, sino desigualdad, entre el nombre y la cosa (430*d*); por otra parte, en lo que se refiere a la relación entre los nombres con que se designan los objetos y el "conocimiento" de éstos, *Sócrates* alecciona a *Crátilo* sobre el hecho de que llamar a las cosas con nombres inapropiados que no les corresponden, supone que al que así lo hace le falta el conocimiento correcto de las cosas a las que les pone los nombres errados, e incurre de este modo en una "contradicción consigo mismo" (438*c*); y por todo esto *Sócrates* le advierte a *Crátilo* sobre el peligro de engañarnos (436*b*), y así de no poder llegar al conocimiento de las cosas (439*b* y 440*a*), si cayendo en la insensatez (440*c*), nos dejamos guiar y engatusar por quienes, no juzgando correctamente, ponen luego a las cosas los nombres erróneos que sólo corresponden a sus errados juicios (436*b* y 440*c* y *d*). Sobre el significado del diálogo, véase el agudo comentario de *Guthrie*, Historia V, pp. 26-41, y en concreto su afortunada y certera conclusión de que ciertamente "los nombres no proporcionan ayuda en el descubrimiento de las naturalezas esenciales de las cosas", pero "sirven para *comunicar* esas naturalezas *una vez conocidas*" (p. 41). Sobre la cuestión en general, véase también el trabajo de la Profesora de Pedagogía *Soler Costa*, Poder, pp. 26 ss. y, especialmente, p. 33 y pp. 37 ss., quien apoyándose en la opinión de *Rodríguez Díaz* (en el sentido de que en los lenguajes científico-técnicos, el signo lingüístico se rige por el "principio de consubstancialidad cuantitativa", que implica que en aquél la relación entre el significante y el significado no puede ser arbitraria porque

de éstas, pues de la "prohibición de la arbitrariedad", forman parte "(1.) la prohibición de tratar igual a lo que es evidentemente desigual, y (2.) el respeto de las reglas de la Lógica, por encima de las cuales no está el legislador igual que César tampoco lo está por sobre las de la Gramática", y por esto se conculcan los principios del habla racional y se incurre en arbitrariedad "cuando se utiliza una y la misma expresión para dos objetos completamente diferentes"[334].

7. Por otra parte, en estrecha relación con todo lo dicho hasta aquí, debe tenerse en cuenta asimismo que la Ciencia jurídica se desarrolla también *discursivamente*[335], pues la misma selecciona y define en el modo descrito a determinados objetos (análogos) y formula un conjunto de *enunciados* y de *proposiciones* sobre ellos[336]. Ahora bien, hay que tener en cuenta, como

---

es necesaria y biunívoca —p. 37—), hace la muy acertada y esclarecedora observación de que "los lenguajes científico-técnicos contienen un léxico descrito antológicamente", lo cual significa que "en un término de una disciplina científica antes de su utilización, *ya se ha establecido una asignación convencional de un nombre a una noción*" (pp. 38 s.), lo cual tiene que llevar a reconocer —concluye la autora— que "los lenguajes científico-técnicos *sí* contienen *dominios léxicos o conceptuales*, y que en tales dominios —citando en apoyo de su afirmación de nuevo a *Rodríguez Díaz*— "las estructuraciones científicas presentan un carácter *apriórico* e intencionalmente *convencional*" (p. 39, la cursiva es mía); véase además, las opiniones de la autora reproducidas *supra* en nota anterior.

334 Véase *Schünemann*, ZIS 1/2014, p. 4 para la cita, y además pp. 8, 11, 12, 15, 16; ya antes *Schünemann*, Unternehmenskriminalität, pp. 37, 234 s.; *el mismo*, FS Tiedemann, 431 ss.; y *el mismo*, GA 2013, p. 200. En general a este respecto, ya Francis *Bacon* advirtió con carácter general sobre el pernicioso vicio de aplicar indiferentemente "un mismo y único nombre a cosas que no son de la misma naturaleza"; véase el resumen y la glosa que hace *Foucault* del pensamiento de *F. Bacon* en su Novum organum de 1620 que he reproducido *supra* en nota 301.

335 Véase en este sentido *Zaffaroni*, PG²ª, pp. 21, 26 ss.: "el derecho penal es, pues, un discurso que está destinado a orientar las decisiones jurídicas que forman parte del proceso de criminalización secundaria" (p. 21); *Gracia Martín*, Prolegómenos, pp. 164 ss. y *passim*. Sobre el carácter discursivo del Derecho en general, véase *García Amado*, Doxa nº 11 1992, pp. 202 ss.

336 Sobre esto, véase *Foucault*, L'archeologie, pp. 44 ss. (para las formaciones discursivas), pp. 55 ss. (para la formación de los objetos de discurso), y pp. 68 ss. (para la formación de modalidades enunciativas). Discurso (episteme), en el sentido de *Foucault*, es el orden de enunciados que circunscribe un campo de la experiencia y el saber posible sobre la misma, y define el modo de ser de los objetos de la experiencia, sus descripciones, clasificaciones, etc., pues "en una época dada, recorta un campo posible del saber dentro de la experiencia, define el modo de ser de los objetos que aparecen en él, conforma la mirada cotidiana de los poderes teóricos y define las condiciones en las que puede sustentarse un discurso sobre las cosas reconocido como verdadero"; véase *Foucault*, Mots, p. 171; *el mismo*, L'archéologie, p. 40; y el *mismo*, Discurso²ª, pp. 43 ss. *Servata distantia*, discurso equivale a lo que, desde *Thomas S. Kuhn*, se conoce en la historia y la filosofía de la ciencia, como *paradigma*, concepto que entronca —pero no coincide— con el concepto platónico de en su acepción de "modelo ideal"; véase sobre ello *Ferrater Mora*, Diccionario, pp. 2486 s. *Thomas S. Kuhn*, (Estructura, pp. 33 s.), asocia los paradigmas a lo que él denomina "ciencia normal", la cual se entiende como "investigación basada firmemente en una o más realizaciones científicas pasadas, realizaciones que alguna

advierte *Foucault,* que "los enunciados diferentes en su forma, distintos en el tiempo, constituyen un *conjunto* (únicamente) si se refieren a un solo y mismo objeto"[337], y sin embargo es frecuente que ciertos conjuntos de enunciados y la nomenclatura que se utiliza en su formulación no se refieran siempre de hecho al *mismo* objeto[338]. Y es que la formulación necesariamente abstracta de los conceptos y de los enunciados jurídicos no permite identificar siempre de inmediato ni claramente al substrato real de sus objetos. Por esto mismo, para poder descubrir cuál es el objeto real que de hecho subyace a una categoría, concepto o enunciado jurídicos, es preciso proceder a un análisis "desnormativizador" de ellos[339] o, expresándolo de un modo más moderno, a su "deconstrucción", lo cual supone en cierto modo llevar a cabo un proceso inverso al de la formación del concepto. Sólo con el descubrimiento e identificación de los objetos *reales* que subyacen al concepto y a los enunciados que se utilizan, se podrá verificar si éstos tienen verdaderamente correspondencia con la realidad a la que se pretenden aplicar[340], y si entonces pueden ser adecuadamente operativos y funcionales para alcanzar el fin de realizar el deber ser jurídico. Pues como ya queda dicho, toda concreción del Derecho tiene que llevarse a cabo mediante la *selección* de circunstancias de la realidad y su *agrupación* en un "supuesto de hecho" correspondiente al valor de referencia previamente determinado[341]; y dado que todo supuesto de hecho "recorta" así un fragmento de la realidad[342], su formulación y su contenido y estructura no pueden estar en contradicción con esa realidad abarcando objetos que no son análogos porque sus propiedades no son susceptibles de

---

comunidad científica particular reconoce, durante cierto tiempo, como fundamento para su práctica posterior" (p. 33). Al asociar los paradigmas a la "ciencia normal", *Kuhn* quiere "sugerir que algunos ejemplos aceptados de la práctica científica real —ejemplos que incluyen, al mismo tiempo, ley, teoría, aplicación e instrumentación— proporcionan modelos de los que surgen tradiciones particularmente coherentes de investigación científica", siendo estas "las tradiciones que describen los historiadores bajo rubros tales como: 'astronomía tolemaica' (o 'de Copérnico'), 'dinámica aristotélica' (o 'newtoniana'), 'óptica corpuscular' (u 'óptica de las ondas'), etc".

337 Véase *Foucault,* L'archèologie, pp. 45 s., para la cita, p. 45.

338 Pues por ejemplo, como observa *Foucault,* L'archèologie, pp. 45 s., el objeto de los enunciados médicos de los siglos XVII y XVIII sobre la locura no es el mismo objeto que se dibuja a través de las sentencias jurídicas o de las medidas policiacas; y es que simplemente: "no son los mismos locos".

339 Véase *Schünemann,* Unterlassungsdelikte, p. 38; *el mismo,* Einführung, p. 26 = Introducción, p. 48; *el mismo,* FS Arthur Kaufmann, p. 313; *el mismo,* InDret 1/2008, p. 13.

340 Véase en el mismo sentido *Schünemann,* Ontologismo, p. 660: se trata de "averiguar si una regulación jurídica determinada está en contradicción con las circunstancias naturales".

341 Véase en sentido similar *Schünemann,* Unterlassungsdelikte, pp. 36 s.: "los conceptos son secundarios y sólo un medio para la comunicación de *qué sector de la realidad* se quiere abordar" (cursivas mías).

342 Véase en este sentido *Zaffaroni* PG[2a], p. 387: "no hay saber humano que no proceda *pescando* sus datos del mundo", y p. 415: "se *pescan* pedazos del ser, se *recortan*" (cursivas del mismo autor citado).

recibir aquel valor[343]. Ningún concepto ni enunciado jurídicos pueden ser idóneos para la realización de la idea del Derecho, si sus contenidos no tienen correspondencia lógica con los *objetos de la realidad* que se quieren tratar. La contradicción lógico-objetiva de un concepto o de un enunciado con la realidad tiene que hacerlos objetivamente erróneos, incompletos y contradictorios[344], y de este modo, privados de toda *funcionalidad política* para realizar los fines específicos de la regulación jurídica en que se insertan[345]. El concepto será erróneo tanto si el objeto real que se descubre al desnormativizarlo es uno al que le falta alguna de la propiedades materiales que se destacaron como esenciales desde el punto de vista del valor de referencia, como si es uno portador de alguna propiedad ajena y extraña, es decir, que por esto mismo ya no puede ni debe ser objeto de la valoración ni, en definitiva, contenido del concepto. Si esto sucede, entonces tiene que ser evidente que el concepto o el enunciado que se dice estar aplicando ya no son *ellos mismos*, pues en tal caso los objetos materiales que les corresponden están completamente ausentes de la realidad, y por esto de hecho se estarán aplicando "otros" conceptos y enunciados completamente distintos que tendrán también "otros" nombres propios y distintos[346]. Pero si a partir de estas confusiones de objetos en virtud y a causa del uso erróneo de los nombres que los designan, se aplican luego al objeto realmente existente y tratado las consecuencias correspondientes al objeto inexistente que es propio del concepto o del enunciado que se dicen estar aplicando, entonces es obvio que así no se realizará de ningún modo la "idea" del Derecho, sino más bien su contraria de la arbitrariedad[347].

8. *a)* La materia jurídica central del Derecho penal es el delito. Como se explicará, éste y sus elementos constitutivos son también conceptos categoriales y teleológicos y tienen el doble carácter clasificatorio y tipológico en el sentido explicado. "Ser delictivo" no es ninguna cualidad intrínseca o inmanente de ningún suceso del acontecer natural, y, en particular, no lo es de ninguno de los que produce el actuar o el omitir humanos. No existen delitos naturales. La cualidad de delictivo es siempre el resultado de una *atribución* que deriva de determinadas valoraciones y representaciones del mundo, incluso de las que tienen su fuente en la irracional y falsa creencia en la existencia de un Derecho natural y de delitos naturales, que tan arraigada

---

343 Véase *Schünemann*, Unterlassungsdelikte, p. 36; *el mismo*, Ontologismo, p. 660; *Zaffaroni* PG[2a], p. 387.

344 Véase *Welzel*, Naturrecht, pp. 283 s.; y *el mismo*, Nuevo sistema, pp. 13 s. e Introducción, pp. 256 s.

345 Véase en este sentido *Zaffaroni* PG[2a], pp. 386 s.

346 Véase en este sentido *Schünemann*, Unterlassungsdelikte, p. 37: "con dicha manipulación se mantendría la denominación, la expresión utilizada, pero se habría modificado el concepto" (cursivas del mismo autor).

347 Sobre la arbitrariedad como negación del Derecho, véase *Legaz*, Filosofía[4a], pp. 651 ss.: "la arbitrariedad es, pues, la negación del Derecho como legalidad ... (y) presupone el concepto del Derecho" (p. 651).

ha estado secularmente en el pensamiento jurídico[348]. La fundación y la existencia de una sociedad humana que se rige y orienta por el Derecho es una condición de posibilidad de la atribución de la cualidad de delictivos a algunos hechos del acontecer natural, y por cierto, sólo si éstos proceden del actuar o del omitir humanos[349]. Los delitos consisten sin duda en hechos que, en cuanto tales, se realizan y muestran en el acontecer natural, pero éstos adquieren la cualidad de "ser delictivos" sólo en virtud de una atribución que tiene su fundamento en determinados valores de la convivencia humana en sociedad, los cuales tienen su fuente en el contrato fundacional de ésta y determinan el Derecho que orienta aquella convivencia. Por esto, como queda dicho, los delitos tienen como substrato, ciertamente, hechos naturales, pero éstos adquieren la cualidad de delito sólo en la medida en que resulten jurídicamente valorados así conforme al Derecho positivo.

b) Prescindiendo ahora de la controversia dogmática en torno a si el concepto del delito tiene que estructurarse en dos o en tres categorías valorativas (personalmente me decanto por la estructura tripartita que separa tipicidad y antijuridicidad), podemos partir de la definición analítica del delito, que de hecho permanece sin cambios desde *v. Liszt* y *Beling*, como acción (u omisión) típica, antijurídica y culpable[350]. La tipicidad, la antijuridicidad y la culpabilidad son los juicios de valor jurídicos que proporcionan a un hecho el carácter de "delictivo" en su totalidad. Ahora bien, del mismo modo que, como queda dicho, el delito no puede ser visto como un mero hecho natural en cuanto tal, el concepto jurídico de delito no puede quedar reducido a las puras valoraciones jurídicas que lo determinan y que le atribuyen ese carácter, como pretende, sin embargo, el llamado funcionalismo sistémico que se queda, como acertadamente lo ha advertido *Schünemann*, en un "normativismo libre de empirismo", es decir, en un sistema de conceptos metalingüísticos vacíos de contenido y, de este modo, reducidos a simples tautologías sin correspondencia con los objetos de la realidad[351]. Contra esto, hay que decir que no existen valores "en sí", pues no es imaginable ninguna valoración que no tenga como referencia a algún objeto material y determinado de la realidad que en cuanto tal existe en esta esfera ya antes e independientemente de cualquier valoración que quiera y pueda hacerse de él[352]. Por esto, en el

---

348 Sobre ello, véase, con numerosas referencias, *Greco* Feuerbachs Straftheorie, pp. 49 ss., 308, 479 s. Sobre la falacia del Derecho natural, véase, definitivamente, *Welzel*, Introducción, p. 11 y, sobre todo, pp. 253 ss.; y sobre la fulminación de la idea de un Derecho natural gracias a la crítica de *Welzel*, véase *Hirsch*, ZStW 2004, p. 11.

349 Por esto, y aunque la cuestión no sea objeto de tratamiento aquí, considero disparatado todo intento de explicar una supuesta capacidad delictiva de la persona jurídica; véase *Gracia Martín*, Foro FICP 2/2014, pp. 16 ss., *passim*; y *el mismo*, Foro FICP 2/2015, pp. 149 ss., *passim*.

350 Véase *v. Liszt*, Lehrbuch[14ª/15ª], p. 117; *Beling*, Lehre, p. 7.

351 Véase *Schünemann*, FS-Roxin, pp. 13 ss.; y *el mismo*, Ontologismo, pp. 643 ss.

352 Véase *Bustos*, Culpa y finalidad, pp. 58 ss.; *Schünemann*, InDret 1/2008, p. 13: "cada valoración tiene sentido lógico sólo si está en conexión con un objeto que debe ser valorado".

concepto del delito como hecho punible tiene que distinguirse *analíticamente* entre las valoraciones jurídicas que lo determinan y constituyen y los objetos reales de cada una de tales valoraciones. Para la construcción de la teoría del delito es básica y fundamental la distinción entre el objeto de valoración y la valoración del objeto. La tipicidad, la antijuridicidad y la culpabilidad son así las valoraciones jurídicas generales que atribuyen a un hecho el carácter de delictivo y, en su caso, de punible, y el objeto específico de cada una de ellas tiene que identificarse con el sector o fragmento de las circunstancias del suceso total que sean portadores de las propiedades esenciales que hacen posible atribuirles el valor que se trate de comprobar en cada caso. Como queda dicho, el objeto material de toda posible valoración existe en la realidad previa a su valoración y ya es portador en esa realidad de unas propiedades materiales y estructurales esenciales que lo constituyen así como es y que le diferencian de otros objetos incluso semejantes pero en todo caso distintos, y esto es así con independencia de si se lo somete a una valoración específica desde un punto de vista determinado o no se lo somete a ninguna. Pero si se quiere y pretende hacer una valoración determinada de un objeto de la realidad, entonces no puede ignorarse que sus propiedades materiales esenciales trazan límites insuperables a la posibilidad de valorarlo[353]. Más allá de lo que permiten las asociaciones metafóricas, atribuir la cualidad de "inteligente" a un computador o a un edificio, afirmar que el índice de precios "se comporta" al alza o a la baja, o que una persona jurídica "actúa u omite", resulta tan evidentemente contrario a la realidad del mundo como la poética identificación de unos labios con unos pétalos perfumados. Toda valoración está cargada de una intencionalidad y apunta a un fin u objetivo, pero toda formulación de ella más allá de las posibilidades de valoración que le ofrecen los objetos de la realidad tiene que hacerla inválida para alcanzar el fin que se pretende con ella[354], pues entonces el objeto sobre el que realmente se hace recaer ya no es el pretendido, sino uno distinto porque o bien se le ha sustraído alguna de sus propiedades materiales esenciales, o bien se le han añadido otras que no le corresponden[355]. Así, por medio de valoraciones se "inventa" un mundo que no existe en la realidad y se lo utiliza como pretexto legitimante de cualquier pretensión[356]. Para poner un ejemplo escandaloso,

353 *Supra* nota 329.

354 Sobre todo esto *Zaffaroni*, PG$^{2^a}$, pp. 386 ss.

355 Lo primero sucede cuando al objeto del juicio de tipicidad (la acción), se le sustrae la voluntad de realización, como sucede con el concepto causal de acción; véase en este sentido *Hirsch*, Streit, p. 352 [= en Obras completas, t. II, p. 105]; *Zaffaroni*, PG$^{2^a}$, pp. 414 s.; *Gracia Martín*, Fundamentos, pp. 93 ss.; lo segundo sucede cuando se construye un concepto de acción que se identifica con el concepto de delito, como sucede con el formulado por *Jakobs* como "hacerse culpable por la lesión de la vigencia de la norma"; véase *Jakobs*, Handlungsbegriff, pp. 32 y 44; para la crítica, véase *Schünemann*, FS Roxin, pp. 18 ss.

356 Cfr. en este sentido *Zaffaroni*, PG^2, p. 387: "Cuando una disciplina cuyos conceptos están siempre referidos al poder se atribuye la potestad creativa del mundo sobre el que debe incidir, termina en un discurso desconcertante y desorientador, capaz de insertarse en cualquier marco más amplio de ocultamiento ideológico del mundo mismo, al servicio de cualquier objetivo político y, lo que suele ser más grave, ignorando incluso esa función

esto es lo que sucede con la disparatada atribución de capacidad de acción y de culpabilidad a las personas jurídicas y con la pretensión de legitimar el establecimiento y aplicación de "penas" para ellas a partir de semejante atribución.

c) Ante todo, no puede perderse de vista que, como observa *Jescheck,* con la teoría del hecho punible se trata de comprender teoréticamente a la acción punible como un todo mediante la fijación de elementos generales[357]. Estos elementos generales son precisamente la tipicidad, la antijuridicidad y la culpabilidad, y cada uno de ellos es un juicio de valor *parcial* que tiene como objeto específico un sector asimismo parcial de la totalidad de las circunstancias fácticas relevantes para la punibilidad, es decir, del concepto de delito, que es un concepto global[358]. Sin embargo, como advirtió *Engisch,* el enjuiciamiento de la acción delictiva en virtud de este proceso analítico, no impide la consideración del hecho delictivo como un todo unitario tanto antes como después de la subsunción de las circunstancias relevantes en los diversos elementos el concepto del delito[359]. La contemplación del delito como un todo unitario remite a una realidad fenoménica que en el plano real empírico se muestra asimismo como un todo unitario que no puede ser dividido o escindido en sus elementos. Por el contrario, el Derecho penal sí puede seccionarla, y en efecto la secciona por medio de los juicios parciales y sucesivos de la tipicidad, antijuridicidad y culpabilidad. Dado su carácter parcial, es evidente que cada uno de estos juicios sólo podrá tener como objeto propio a algún fragmento de la realidad fenoménica, pero no a su totalidad, pues ésta, como queda dicho, constituye el substrato del delito como un todo unitario, y éste sólo llega a formarse definitivamente como resultado del proceso de síntesis de aquellos juicios parciales. La tarea de la Dogmática o de la construcción del sistema consiste, por ello, como advierte con razón *Cerezo Mir,* en "la *inserción correcta* de los elementos fácticos que integran el objeto de la valoración en los diversos caracteres del delito"[360]. Los elementos del concepto de delito —tipicidad, antijuridicidad y culpabilidad— son categoriales y teleológicos, y tienen el doble carácter de ser clasificatorios y ordenadores, es decir, dividen a la realidad unitaria y global en partes, y en este sentido son conceptos clasificatorios que determinan si un hecho concreto *es* o *no es* subsumible en ellos, pero como sus contenidos materiales son graduables

---

negativa real". Así ya mucho tiempo atrás, se había manifestado incluso *Binding,* Schuld, pp. 23 s., al advertir que "la existencia de la culpabilidad es totalmente independiente de la existencia de una ley penal", y por esto, si el legislador, haciendo uso de su poder, decidiera castigar el actuar no culpable, "entonces se convertiría en despótico servidor de la injusticia".

357 Véase *Jescheck/Weigend,* AT[5ª], p. 195 nº 2.

358 Véase en este sentido, *Gracia Martín,* Fundamentos, pp. 63 ss.; *el mismo,* RECPC 06-07 (2004), p. 9; y *el mismo,* FS Schünemann, pp. 363 ss.

359 Véase *Engisch,* Konkretisierung, pp. 128 ss. y 141 ss.; asimismo, *Cerezo Mir* PG II[6ª], p. 23.

360 Véase *Cerezo Mir,* Notas, nota 22, p. 83; *el mismo,* PG II[6ª], p. 166; véase en el mismo sentido, con remisión a *Cerezo, Gracia Martín,* Fundamentos, pp. 68 s.; *el mismo,* RECPC 06-07 (2004), p. 9.

y pueden concurrir en mayor o en menor medida, también son conceptos ordenadores que responden a la idea de "tipo"[361]. Y como veremos[362], también el concepto y el sistema del moderno Derecho penal económico y de la empresa resultan de la subsunción analítica de la *totalidad* de los datos fácticos *reales* de la criminalidad económica en las valoraciones específicas determinantes de los diferentes elementos categoriales del concepto del delito.

d) Los elementos categoriales del delito se encuentran relacionados entre sí de un modo lógico, pues el enjuiciamiento jurídico penal conforme a ellos tiene que llevarse a cabo *necesariamente* en el orden en que se encuentran dispuestos. Sólo puede ser típica una acción o una omisión, antijurídica una acción u omisión típica, y culpable una acción u omisión típica y antijurídica[363]. Cada una de las valoraciones parciales de la tipicidad, antijuridicidad y culpabilidad, tiene su propio y particular objeto de valoración, que es un *fragmento* de la totalidad de las circunstancias relevantes para la punibilidad, es decir, del suceso global. Así por ejemplo, el objeto de la valoración del juicio de tipicidad es la acción o la omisión y, en su caso, el resultado y la relación de causalidad. Un dato muy importante que debe subrayarse es que el objeto de la valoración de cada juicio parcial posterior está constituido por el juicio anterior y por otras circunstancias específicas que se agregan a las que fueron objeto de valoración de aquél, de tal modo que ya el resultado del juicio anterior condiciona parcialmente el del juicio posterior[364]. Así por ejemplo, la acción —o en su caso la omisión— ya valorada como *típica* y como *antijurídica* es *una parte* del objeto de la valoración del juicio de culpabilidad *por el hecho*, y las circunstancias individuales del autor que condicionan y que gradúan el juicio de reproche, sumadas a aquél, completan el objeto de la valoración del juicio de culpabilidad. Como advierte *Cerezo Mir* "la acción típica y antijurídica es el objeto del juicio de reproche"[365], pero éste se completa sólo mediante la valoración de un objeto adicional que está constituido por las circunstancias personales del autor que condicionan y gradúan el reproche (imputabilidad, conocimiento de la antijuridicidad, etc.). Esto significa, pues, que la medida de lo injusto predetermina ya un límite para la medida de la culpabilidad *por el hecho*, la cual en ningún caso podrá rebasarlo, pero sí quedar por debajo de él en virtud de circunstancias que disminuyan la medida del reproche mismo en cuanto tal[366].

---

361 Véase *Radbruch*, Klassenbegriffe, pp. 171 s., donde explica que los elementos del concepto del delito —tipicidad, antijuridicidad y culpabilidad— son en principio de carácter clasificatorio, pues determinan si un hecho "es" o "no es" delito, y así separan —clasifican— a los hechos delictivos de los que no lo son; pero los elementos del concepto del delito son también de carácter ordenador, en la medida en que sus contenidos materiales son graduables, pues se dan en más o en menos, y así predeterminan la medida de la pena (pp. 171 s.). En general, sobre la graduación de toda consecuencia jurídica por los elementos de su supuesto de hecho, véase *Engisch*, Einführung[11ª] 2010, pp. 52, 69 s., 119 s.

362 *Cfr. infra* IX.

363 Véase *Cerezo Mir*, PG II[6ª], p. 23.

364 Véase *Gracia Martín*, Fundamentos, pp. 69 ss.

365 Véase *Cerezo Mir*, PG III, p. 16.

366 Por esto tiene toda la razón, sin duda, *Gimbernat*, cuando advierte que la mayor punibilidad de unos delitos con respecto a otros no tiene nada que ver con la culpabilidad, porque el

9. Con todo lo expuesto en este largo excurso, a continuación paso a desarrollar y a concretar el concepto categorial y teleológico de Derecho penal moderno como Derecho penal económico y empresarial de los poderosos. Con esto deberán quedar definitivamente rebatidas todas las infundadas y extraviadas críticas de que ha sido objeto mi discurso de modernización del Derecho penal, y también deberá quedar demostrado que ninguna de ellas puede pretender ni aspirar a ser vista como discurso *jurídico* ni, por lo tanto, a entrar en los dominios de la Ciencia del Derecho. Pero de un modo muy particular, como ya quedó dicho más atrás, con el desarrollo y la concreción del concepto de Derecho penal moderno en el sentido definido, lo que sobre todo deberá quedar definitivamente demostrada es la falta de un mínimo rigor, y por esto la incompatibilidad con la Ciencia jurídica, de la infundada crítica de *Paredes* de que mi concepto de Derecho penal moderno pudiera derivar a una represión de comportamientos de sujetos no poderosos como pequeños comerciantes o empresarios. Desde luego, también deberá mostrarse cómo la adopción de puntos de vista extrajurídicos notoriamente alejados del método y de la Ciencia del Derecho conducen en definitiva a no distinguir ni diferenciar entre lo desigual inequiparable, y así a mezclar y a confundir fenómenos de muy distinta naturaleza y diferente significado. Esto último sucede claramente con la crítica de *Paredes*, quien como ya se vio, en la secuencia de ejemplos que cita para mostrar la "falta de rigor" y el carácter meramente "retórico" de mi concepto de Derecho penal moderno, mezcla, confunde y presenta como equiparables en significado a fenómenos criminológicos que, como el fraude de subvenciones, las insolvencias punibles o los delitos contra la propiedad intelectual por un lado, y el tráfico de drogas o de personas por otro, no alcanzo a ver cómo podrían ser puestos en relación ni siquiera en el plano estrictamente empírico criminológico, y que en el plano jurídico dogmático —categorial y clasificatorio— ya no pueden ser vistos más que como fenómenos tan alejados los unos de los otros como lo están el homicidio y la falsificación de moneda o de certificados.

---

legislador establece el marco penal abstracto únicamente en función de la importancia del bien jurídico protegido, y esta es sólo una cuestión de antijuridicidad; véase *Gimbernat*, en Deutsch- Spanisches Strafrechtskolloquium 1986, p. 113 y *Prólogo* a la 1ª ed. de su *Código penal*, Ed. Tecnos, Madrid, 1983, reproducido en la 9ª ed., de 1992, p. 23. y además *Estudios*, 3ª ed., 1990, pp. 151 ss. Por esto, la acción típica y antijurídica, es decir, lo injusto, es el objeto *primario* de la valoración correspondiente al juicio de reproche de la culpabilidad, pero éste sólo puede completarse mediante la valoración de circunstancias adicionales relativas al sujeto individual, pues éstas son las condiciones que, primero, determinan si el sujeto es culpable y entonces procede aplicarle una pena comprendida en el marco legal predeterminado por lo injusto y por la gravedad de éste, y segundo, determinan también dentro de ese marco penal abstracto —si bien ya más concretado por la gravedad de lo injusto— cuál será le pena concreta aplicable en función de la gravedad del juicio de reproche de la culpabilidad.

VIII. LO INJUSTO PENAL ECONÓMICO Y EMPRESARIAL —DESVALOR DE LA ACCIÓN Y DEL RESULTADO— COMO PRIMERA CONCRECIÓN DOGMÁTICA CATEGORIAL DEL DERECHO PENAL MODERNO Y COMO CRITERIO RECTOR DE LA CLASIFICACIÓN DE SU MATERIA

1. De la clasificación puramente descriptiva del Derecho penal moderno en los sectores específicos que propuse en Prolegómenos siguiendo en principio la inercia de la doctrina mayoritaria, ya resulta de un modo *explícito* e *inequívoco* que aquél es equivalente —es más: idéntico— a Derecho penal económico y de la empresa, y que no puede extenderse absolutamente a *nada* más. Por otra parte, hay que tener en cuenta que esa clasificación, si bien en principio, como queda dicho, es principalmente descriptiva, sin embargo no se queda en absoluto en una mera enumeración de sectores puestos uno tras otro al azar sin referencia a ningún criterio rector *ordenador*. Muy por el contrario, siguiendo escrupulosamente los dictados de las funciones *ordenadora* y *clasificatoria* que corresponden a la Ciencia jurídica, en el sentido que ya nos enseñó *Radbruch*[367], la clasificación que propongo es el resultado de haber seguido un método estrictamente jurídico a partir de un primer fundamento estrictamente *dogmático* que inicialmente tiene el carácter de una hipótesis de trabajo, pero que por esto mismo he tenido que ir rectificando o corrigiendo luego en función de las exigencias derivadas de ciertos factores relevantes de carácter criminológico, criminalístico y procesal[368], para llegar finalmente a configurar *definitivamente* mi concepto de Derecho penal moderno precisamente como el Derecho penal económico y empresarial de los poderosos, y a su sistematización y estructuración analítica en los sectores en que lo he clasificado.

2. *a)* Como no podría ser de otro modo, la extensión y la clasificación que propongo del moderno Derecho penal económico y de le empresa, resultan en última instancia sólo de los criterios dogmáticos que se encuentran en mi punto de partida, que en primera instancia son —porque no podrían ser otros— los conceptos categoriales del *desvalor de la acción* y del *desvalor del resultado*, y a los cuales hago operar y funcionar en el ámbito económico para concretar los campos de lo *injusto* específicamente económico[369]. Con el criterio rector del desvalor del resultado atraigo a —y capturo en— la órbita del Derecho penal económico en sentido *estricto* a todos los tipos penales relacionados con el llamado *orden económico*, es decir, a los relativos a la lesión o al peligro de bienes jurídicos de naturaleza genuinamente *económica*, ya sean de la economía pública o de la privada[370]. Con el criterio rector del desvalor de

367 Véase *Radbruch*, Rechtsphilosophie^{2a}, pp. 38 s., 113 ss.

368 Véase *Gracia Martín*, Prolegómenos, pp. 73 ss. y nota 92.

369 Véase *Gracia Martín*, Prolegómenos, pp. 68 ss.

370 Según *Bajo/S. Bacigalupo*, DPE^{2a}, pp. 12 ss., el orden económico se define en sentido estricto como "la regulación jurídica del intervencionismo estatal en la Economía", y en sentido amplio como "regulación jurídica de la producción, distribución y consumo de bienes y servicios" (p. 14); más allá de matices y de detalles diferenciales, véase en el mismo sentido, *Martínez-Buján*, PG^{4a}, pp. 100 ss. En correspondencia con esta división, los autores

la acción dirijo la mirada al carácter y al significado *económicos* que adquieren las acciones y omisiones punibles *cuando* las mismas se realizan y cursan en el ejercicio ilícito de una *actividad* económica en un contexto económico y/o empresarial, y de este modo atraigo a —y capturo en— la órbita del moderno Derecho penal económico —ahora en sentido *amplio*— a tipos penales relativos a la lesión de bienes jurídicos de naturaleza no económica en sentido estricto, como el patrimonio, e incluso la vida y la salud, *cuando* la lesión de aquéllos resulta de una acción realizada en el curso y en el contexto de una *actividad* económica o económico-empresarial[371].

---

citados hablan, respectivamente, de un concepto de Derecho penal económico en sentido estricto y de otro en sentido amplio. Sin embargo, me parece preferible la tesis de *Bottke*, Legitimität, pp. 109 ss. (= Jornadas, 637 ss.), de unificar lo que los autores españoles dividen en un único concepto de orden económico definido como "las condiciones esenciales de funcionamiento del respectivo sistema económico eventualmente ya dadas jurídicamente por la constitución económica al legislador penal", y reservar así el concepto de Derecho penal económico en sentido estricto para este marco global único, es decir, para los tipos orientados a bienes jurídicos económicos (p. 111 = p. 640). Lo que sí cabría hacer luego es dividir analíticamente al orden económico en uno relativo a la economía pública y en otro relativo a la economía privada; en este sentido, véase *Tiedemann*, WStR-EuAT[4ª], pp. 29 s. nº 65, pp. 62 s. nº 140 s., y especialmente *Tiedemann*, WStR-BT[3ª], donde trata primero del Derecho penal de la economía exterior (pp. 55 ss.) y de los delitos contra la economía financiera *pública* (pp. 69 ss.), y a continuación de todos los delitos económicos contra bienes jurídicos de la economía privada, como la competencia, la usura, el crédito, etc.

371 Véase *Gracia Martín*, Prolegómenos, pp. 72 ss. y sus correspondientes notas, especialmente la 92. Así también *Bottke*, Legitimität, pp. 109 ss. (= Jornadas, pp. 637 ss.), quien esgrime a favor de esto el argumento que comparto, de que el caso concreto puede "exigir el análisis y la valoración del *comportamiento* en su aspecto *económico*" (p. 110 y nota 6 = p. 639 y nota 6). Por esto, no me parece justificada la objeción de *Martínez-Buján*, PG[4ª], p. 101, a la tesis de *Bottke*, en el sentido de que ésta comportaría que la materia resultaría de un "criterio exclusivamente criminológico", y ello porque: *1)* ya el mismo *Bottke* (Legitimität, p. 109 = Jornadas, pp. 637 s.) *excluye de un modo expreso e inequívoco* toda posibilidad de que el aspecto criminológico sea un "criterio" de selección y de determinación de la materia, pues según afirma, la caracterización como criminalidad económica en sentido amplio de la comisión de delitos clásicos mediante comportamientos que se realizan en las unidades de producción, de distribución y de prestación de bienes y de servicios, sólo *añade* "un dato criminológico" a la tipicidad de aquellos delitos, es decir, que el dato criminológico meramente "añadido", evidentemente *ni define* ni *selecciona* la materia del Derecho penal económico que ya está *jurídicamente* seleccionada y determinada antes de aquella adición del dato criminológico; *2)* por el contrario, el eje de la argumentación de *Bottke* en ese sentido, es decir, el "criterio" de determinación de la materia, lo constituye en todo momento inequívocamente el dato de la realización de "un *comportamiento* que cursa en contra de las condiciones de funcionamiento del sistema económico previamente dado al Derecho penal económico" (*Bottke*, Legitimität, p. 112 = Jornadas, pp. 641 s.), de lo cual resulta inequívocamente que *Bottke* no determina la materia del Derecho penal económico en sentido amplio mediante ningún criterio criminológico, sino únicamente mediante el criterio estrictamente *dogmático* del carácter económico del comportamiento o del contexto económico en que éste se realiza, es decir, mediante el criterio *jurídico* del *desvalor de la acción* que es el que yo también utilizo expresamente; y *3)* en última instancia, se debe presumir que un penalista dogmático de la talla de *Wilfried Bottke*, no puede caer en el error que le atribuye *Martínez-Buján* de determinar la materia *jurídica* exclusivamente con un criterio criminológico; y si bien toda presunción puede ser desvirtuada con pruebas de lo contrario, por lo ya dicho es evidente que este no es el caso respecto de la presunción

b) Por otra parte, no es preciso desarrollar ninguna argumentación detallada y prolija para derivar sin saltos lógicos relevantes que la *intensión* de mi concepto de Derecho penal económico y de la empresa, y los sectores específicos en que lo clasifico —que además se solapan entre sí, porque de hecho todos son uno mismo visto desde diferentes perspectivas[372]—, no permite ninguna *extensión* del mismo a absolutamente *nada* que no sea la fenomenología *criminológica* de la criminalidad económica de los *poderosos*. Esto es así porque el fundamento de lo injusto de las figuras delictivas que constituyen el sistema de aquél es en última instancia el ejercicio del poder económico, en la forma de un dominio de la actividad y de los procesos económicos en que resultan lesionados o puestos en peligro los bienes jurídicos involucrados[373], que *per definitionem* sólo pueden poner en práctica quienes detentan realmente aquél poder y sus adláteres colaboradores[374]. El hecho de que también conductas de sujetos no poderosos puedan ser subsumidas en algunos tipos penales económicos, para nada desvirtúa la validez de mi concepto de Derecho penal moderno, pues si bien la ceguera dogmática impide distinguir, por el contrario el *Derecho* sí distingue y diferencia categorial y teleológicamente a la criminalidad de los poderosos de la de los no poderosos. Y por cierto, esta distinción ni siquiera tiene que ser determinada por el Derecho, pues ya le viene dada a éste por la realidad empírica descrita por la Criminología[375].

3. Conforme a lo expuesto, la clasificación que hago del moderno Derecho penal económico y empresarial de los poderosos resulta como sigue[376]:

a) El llamado Derecho penal del *riesgo* comprende *exclusivamente* a los tipos penales relativos a los denominados "riesgos tecnológicos" (atómicos, nucleares, científicos, por la fabricación y comercialización de productos, por la producción laboral, etc.)[377], y el criterio rector que determina su adscripción al Derecho penal económico y de la empresa es principalmente el del *desvalor de la acción*, porque es difícilmente imaginable que las actividades desencadenantes de tales riesgos se realicen al margen de una *actividad* económica y empresarial. Por otra parte, como la disponibilidad y el uso

---

del carácter estrictamente *jurídico dogmático* —y para nada criminológico— del concepto de Derecho penal económico en sentido amplio formulado por *Bottke*.

372 Véase *Gracia Martín*, Prolegómenos, pp. 59 s.

373 Sobre el criterio del "dominio social" formulado por mí hace 30 años, como fundamento de la autoría de los delitos especiales, y que constituye el *tertium comparationis* de la analogía (*entis et iuris*) entre el delito del *intraneus* y el del *extraneus* que habiendo accedido a dicho dominio actúa en lugar del primero, véase *Gracia Martín*, Actuar I, pp. 332 ss., y especialmente pp. 349-424 *passim*.

374 Véase *Gracia Martín*, Prolegómenos, p. 69 y referencias en nota 82.

375 Véase en el mismo sentido *Bajo/S. Bacigalupo*, DPE[2a], pp. 22 s.

376 Como ya vimos más atrás, especialmente el llamado Derecho penal del enemigo y el de la seguridad ciudadana, quedan absolutamente fuera del Derecho penal moderno; *cfr. supra* IV.4 y 5.

377 Véase *Gracia Martín*, Prolegómenos, pp. 60 ss. en relación con pp. 82 ss.

de grandes infraestructuras logísticas y tecnológicas son condiciones de posibilidad de la realización de semejantes actividades, de aquí resulta que es difícilmente imaginable que las acciones lesivas o peligrosas merecedoras de pena que se cometen en el curso de aquellas actividades puedan ser realizadas por individuos no poderosos, pues es evidente que aquellas condiciones, de hecho, sólo están al alcance de grandes —y según el caso gigantescas— organizaciones empresariales dominadas de hecho por determinados individuos poderosos. Con esto, no cabe duda de que la materia empírica que le proporciona la Criminología al Derecho penal del riesgo, no es otra que la criminalidad económica de los poderosos en los diferentes ámbitos de riesgo tecnológico, y que desde el punto de vista *dogmático* —en virtud del desvalor de la acción— el del riesgo es Derecho penal económico y de la empresa. En este sector el criterio desvalor del resultado no desempeña un papel determinante, o por lo menos no es el criterio rector, de modo que es indiferente cuáles sean los bienes jurídicos que se lesionen o se pongan en peligro por las actividades que conllevan riesgos tecnológicos, pudiendo ser tales —como lo son generalmente— los bienes individuales existenciales, como la vida, la salud, etc. Por esto, desde el punto de vista esencial del desvalor (económico empresarial) de la *acción* o de la *omisión*, pero también por específicas razones criminológicas, criminalísticas y procesales añadidas a él, entiendo que hay que incluir en el Derecho penal económico y de la empresa, por ejemplo a todos los supuestos de responsabilidad penal por lesiones y peligros de la vida y de la integridad física y la salud a causa de la producción y de la distribución de bienes y de servicios (la llamada responsabilidad por el producto)[378], y también a los tipos penales tradicionales contra el patrimonio cuando se cometen en el ejercicio y en el curso de una actividad económica empresarial, como por ejemplo las grandes estafas inmobiliarias, sobre títulos valores o por medio de instrumentos de la vida económica como son, entre otros muchos, los medios de pago, etcétera[379].

b) Ningún comentario ni aclaración precisa la cuestión de la pertenencia al Derecho penal económico —ahora en virtud del criterio del *desvalor del resultado*— de todos los tipos penales relativos a la lesión y al peligro de bienes jurídicos de naturaleza económica (colectivos), como por ejemplo las funciones del tributo, la competencia, la calidad del consumo, las condiciones mínimas de la contratación laboral, el ambiente, etcétera[380]. Como luego veremos, es cierto que algunos de estos tipos delictivos pueden ser cometidos por individuos pertenecientes a cualquier clase social, pero como también veremos, su comisión por sujetos poderosos está siempre acompañada de datos *adicionales* jurídico penalmente relevantes que hacen que su tratamiento *dogmático* tenga que ser diferenciado del de la delincuencia económica de sujetos no poderosos[381]. En este sector, pues, la criminalidad de los no poderosos tiene que quedar excluida del Derecho penal económico en virtud

378 Véase *Gracia Martín*, Prolegómenos, nota 82 (pp. 73-75) en p. 75.

379 Véase *Gracia Martín*, Prolegómenos, pp. 79 s.

380 Véase *Gracia Martín*, Prolegómenos, pp. 65 ss., 71 ss.

381 Véase en el mismo sentido *Bajo/S. Bacigalupo*, DPE^{2a}, p. 22.

del criterio criminológico, o mejor dicho, y si se prefiere explicarlo y decirlo así, el criterio criminológico hace que dentro del Derecho penal económico haya que diferenciar luego *dogmáticamente* entre el aplicable a los poderosos y el que lo es a los no poderosos. Como esta diferenciación es tan profunda e intensa desde el punto de vista material, el Derecho penal aplicable a los poderosos es uno que de hecho no tiene casi nada en común desde el punto de vista *substancial* con el aplicado a los no poderosos. Así lo verificaré más adelante[382].

c) Los tipos penales relativos a bienes jurídicos supranacionales —por ej. los de la UE— de naturaleza económica (desvalor del resultado), o que se cometen mediante acciones de contenido económico o en un contexto económico (desvalor de la acción) afectando a toda clase de bienes jurídicos en espacios supranacionales y globales, tienen que pertenecer sin duda también al Derecho penal económico moderno por las mismas razones y fundamentos que sus homólogos definidos para espacios nacionales, y en concreto, porque resulta obvio que sus contenidos son esencialmente económicos, y porque la lesión de bienes jurídicos económicos (colectivos) en ámbitos supranacionales y globales, de hecho solo resulta posible por regla *general* mediante actividades de dominio económico y social de los *poderosos* (*global players*, empresas transnacionales)[383]. En realidad, desde el punto de vista material y sustantivo, los denominados como Derecho penal de las integraciones supranacionales y como Derecho penal de la globalización no son más que los dos sectores anteriormente descritos del Derecho penal del riesgo y del Derecho penal económico y del ambiente, pero proyectados a ámbitos o espacios supranacionales y globales.

d) A diferencia de los anteriores, el "Derecho penal de la empresa" en sentido jurídico dogmático, no es un sector de la Parte Especial, sino que su objeto específico es el dato presente en la mayor parte de los delitos económicos, de que éstos se cometen por lo general en el ejercicio y en el curso de una actividad empresarial[384], lo que hace que el Derecho penal económico sea esencialmente

---

382 *Cfr. infra* IX.

383 Véase *Gracia Martín*, Prolegómenos, pp. 89 ss. y 98 ss.; y *el mismo*, Globalización, pp. 27 ss. y *passim*.

384 Véase *Kaiser*, Kriminologie[3], p. 772; *el mismo*, Introducción, pp. 369 s., quien destaca que unas tres cuartas partes de los delitos económicos graves se cometen al amparo de una empresa individual o de una sociedad mercantil con forma de sociedad de responsabilidad limitada, colectiva o comanditaria, y que en el 85 por ciento de los casos existe una conexión entre el principal inculpado y su actividad en una empresa; *R. Schmitt* habla de una "criminalidad individual" que tiene lugar en el seno de agrupaciones, que es claramente diferenciable de la criminalidad individual general, que se muestra especialmente peligrosa, y que aparece como una "criminalidad-monstruo" que debe ser combatida por el Estado; véase *R. Schmitt*, Maßnahmen, p. 139; véase también *Seiler*, Maßnahmen, pp. 123 s.; *Schünemann*, Unrternehmenskriminalität, pp. 5 y 15 s.; *Brender*, Verbandstäterschaft, pp. 4 s., considera fundamental determinar si existe una criminalidad de agrupación, diferenciable de la criminalidad de los individuos, que requiera un tratamiento punitivo singularizado.

un Derecho penal de la empresa[385]. Esta circunstancia plantea sobre todo problemas y cuestiones dogmáticas específicas de Parte General relativos tanto a la pertinencia de configurar a muchos delitos económicos como tipos especiales[386], como también a la determinación de los autores y partícipes responsables de los delitos[387]. No parece que sea preciso insistir en que dicha problemática sólo se plantea en general en relación con la criminalidad que se desarrolla a partir de grandes organizaciones empresariales y, por lo tanto, en relación con la criminalidad económica de los poderosos[388].

4. *a)* Lo que acabo de explicar muy sucintamente, tiene que ser más que suficiente para poder comprender que en el proceso de construcción de mi concepto de Derecho penal *moderno*, esta expresión la utilizo en un primer momento y en primera instancia en un sentido sólo provisional desprovisto aún de una total precisión "técnico-jurídica", pues en dicho primer momento, con la expresión Derecho penal moderno sólo me refiero al campo conceptual predominantemente *criminológico* de la *criminalidad económica* como fenómeno *empírico* específico y diferenciado que constituye el campo *prejurídico* sobre el que hay que construir luego definitivamente el sistema *dogmático* del moderno Derecho penal económico y de la empresa[389], y que es el único objeto de mi discurso *jurídico* de modernización[390]. De lo que llevo explicado, pues, tienen que resultar ya como primeras conclusiones *definitivas*, que del concepto "Derecho penal moderno" están absolutamente excluidas: *1)* toda criminalidad que no pueda ser clasificada como económica y empresarial ni por el desvalor de la acción ni por el del resultado; por lo tanto, carece de todo fundamento establecer la mínima relación entre ningún ámbito del Derecho penal moderno y otros fenómenos ajenos a ese campo, como por ejemplo el terrorismo, la seguridad ciudadana y todo lo que se quiera abarcar con el concepto de Derecho penal del enemigo; y *2)* toda la criminalidad sólo *formalmente* económica de sujetos no poderosos, porque ésta no puede verse como auténtica criminalidad económica en un sentido *axiológico material*[391].

b) No obstante, y como he dicho, con estas dos definitivas exclusiones, todavía no está perfilado ni delimitado completamente el campo del Derecho penal moderno así entendido como Derecho penal económico y empresarial

385 Véase en este sentido, *Tiedemann*, WStR-EuAT^{4a}, pp. 9 ss.; *Eisenberg*, Kriminologie^{6a}, p. 733 nº 3; *Bajo/S. Bacigalupo*, DPE^{2a}, p. 23.

386 Porque generalmente el autor de los delitos económicos es un empresario; véase en este sentido *Schünemann*, Unternehmenskriminalität, p. 5; *Tiedemann*, WStR-EuAT^{4a}, p. 71 nº 161.

387 Véase *Gracia Martín*, Prolegómenos, pp. 82 ss.

388 Véase por todos, *Schünemann*, Unternehmenskriminalität, pp. 13 ss.; *el mismo*, ADPCP 1988, pp. 529 ss.

389 Véase, por ejemplo, sólo *Eisenberg*, Kriminologie^{6a}, pp. 732 s. nº 1-3; *Tiedemann*, EuAT^{4a}, pp. 28 s. nº 63-64; *el mismo*, Manual, pp. 57 s. nº 43-44; *Bajo/S. Bacigalupo*, DPE^{2a}, pp. 20 ss. nº 35 ss.

390 Véase *Gracia Martín*, Prolegómenos, pp. 57 ss., y las aclaraciones que hago luego.

391 *Cfr. infra* 9.1 y *passim*.

de los poderosos, pues aún es preciso excluir del mismo a otros fenómenos que si bien indudablemente tienen conexiones muy estrechas con la criminalidad económica de los poderosos, no obstante tienen que ser distinguidos claramente de ésta en razón de sus distintos contenidos, los cuales tienen que determinar asimismo su diferenciación *jurídica*. En concreto, del concepto de Derecho penal moderno en el sentido en que aquí lo voy delimitando, tienen que quedar excluidos los fenómenos empíricos de la llamada "criminalidad organizada" y de la "corrupción" en el ámbito *público*[392], y por ello también las regulaciones jurídico penales correspondientes. Del mismo modo que las anteriormente indicadas, estas otras exclusiones ya le vienen dadas al Derecho penal por la Criminología, en la cual la criminalidad económica, la organizada y la corrupción en el ámbito público se analizan separadamente como fenómenos diversos, pues a pesar de las asociaciones y de las conexiones empíricas que muy a menudo tienen lugar entre los tres campos, tales conexiones son ciertamente relevantes desde el punto de vista criminológico, pero jurídicamente son irrelevantes[393].

aa) Cierto es que la llamada "criminalidad organizada" tiene una dimensión económica de grandes proporciones, pues en todas sus manifestaciones se concreta en la realización de negocios y de transacciones sobre muy diversos objetos, mercancías y servicios con valor económico[394]. Sin embargo, el fenómeno de la criminalidad organizada se caracteriza y se diferencia de la económica en sentido estricto porque las actividades económicas que se llevan a cabo por las organizaciones criminales consisten en negocios y en transacciones sobre objetos, mercancías y servicios muy diversos que generalmente son de *comercio ilícito*[395], que se llevan a cabo fuera de los circuitos

---

392 Véase *Gracia Martín*, Prolegómenos, pp. 93 ss., y las aclaraciones que hago luego; en el mismo sentido, *Tiedemann*, EuAT[4ª], p. 50 nº 108-109; *Eisenberg*, Kriminalität[6ª], p. 734 nº 6; sobre la diferenciación, véase ahora solo *Hans-Jörg Albrecht*, Investigaciones, pp. 261 y 273 ss. La corrupción en el ámbito privado, en cambio, sí es un delito económico, pues afecta principalmente a la "competencia"; véase *Eisenberg*, Kriminologie[6ª], pp. 751 s. nº 45 ss.; *Tiedemann*, EuAT[4ª], p. 56 nº 124.

393 Véase *Eisenberg*, Kriminalität[6ª], pp. 205 nº 15 (para la corrupción) y 933 ss. nº 67 ss. (para el crimen organizado); *Göppinger*, Kriminologie[6ª], pp. 435 s. nº 48 s. (para la corrupción) y pp. 438 s. nº 1 ss. (para la criminalidad organizada); sobre las conexiones entre criminalidad económica, criminalidad organizada y corrupción, véase especialmente *P. A. Albrecht*, Kriminologie[4ª], pp. 379 s. y *Hans-Jörg Albrecht*, Investigaciones, pp. 273 ss. y *passim*.

394 Véase *Eisenberg*, Kriminologie[6ª], p. 933 nº 68; *Sánchez García de Paz*, Criminalidad, pp. 43 ss.; *Zúñiga*, Criminalidad, pp. 61 s., 107 ss., 133. Sobre los daños y las ganancias ilícitas de la criminalidad organizada, véase por ejemplo, *Göppinger*, Kriminologie[6ª], p. 444 nº 25. Sobre la estrecha relación criminológica entre la criminalidad organizada y la de cuello blanco, véase *Müller/Wabnitz/Janovsky*, Wirtschaftskriminalität[4ª], pp. 1 s.; *López-Muñoz*, Criminalidad, pp. 22 ss.

395 *Gimbernat* los ha diferenciado dogmáticamente y denominado como objetos plurales "inequívocamente ilícitos"; véase *Gimbernat*, Ensayos, pp. 430 ss., donde descubre y formula la categoría "dogmática" de los delitos "con objeto plural inequívocamente ilícito", que *generalmente* —aunque no necesariamente siempre— son típicos de la criminalidad organizada en sentido estricto, es decir, de la que opera en mercados y con mercancías ilegales.

y al margen de los mercados económicos legalmente regulados[396], y que dan lugar a la lesión de muy diversos bienes jurídicos individuales y colectivos[397]. Si bien en la actualidad muchas de las actividades criminales organizadas se realizan frecuentemente en formas y en contextos *aparentemente* lícitos[398], los aspectos diferenciales señalados y la compleja problemática que plantean las organizaciones criminales determinan diferencias substanciales entre los fenómenos de criminalidad organizada y de criminalidad económica en sentido estricto, es decir, la que se practica en mercados de la economía legal. Desde luego, la exclusión de la criminalidad organizada del campo del Derecho penal económico y empresarial no supone desconocer la existencia de organizaciones criminales dedicadas a —y especializadas en— la comisión de delitos económicos en sentido estricto, pero tal hecho no puede ser valorado más que como una *circunstancia adicional* del delito económico que desde luego podrá dar lugar a una mayor gravedad de lo injusto específico económico, pero *no* a su *fundamentación*[399], y esto por las mismas razones por las que dicha circunstancia tampoco fundamenta lo injusto específico de cualesquiera otros delitos que, como el tráfico de drogas, de personas o de armas, se cometen generalmente por medio de organizaciones criminales.

bb) Una característica de la gran criminalidad económica y empresarial es su efecto corruptor de los funcionarios públicos, pero los delitos de funcionarios no son más que hechos *conexos* o *encadenados* a la comisión de delitos económicos[400] que dogmáticamente, es decir, tanto por el desvalor del resultado como por el de la acción (del funcionario), tienen la naturaleza de delitos contra la Administración pública y no pueden verse como delitos económicos en sentido estricto[401].

cc) Obviamente, estas exclusiones del campo criminológico predeterminan ya toda posible extensión del concepto *dogmático* de Derecho penal económico y de la empresa a los fenómenos y ámbitos de criminalidad excluidos, y desde luego la *sustantividad* jurídica de aquel no se ve afectada en lo más mínimo por las eventuales conexiones criminológicas, criminalísticas y procesales que tienen lugar con frecuencia entre él y aquellos otros fenómenos de la criminalidad organizada y de la corrupción en el ámbito público, como tampoco le afecta en nada el dato asimismo frecuente, de que ciertos supuestos de criminalidad organizada y de corrupción en el ámbito público

---

396 Véase por ejemplo *Sánchez García de Paz*, Criminalidad, pp. 43 ss.

397 Véase una completa relación de delitos típicos de la criminalidad organizada en *Göppinger*, Kriminologie[6ª], pp. 443 s. nº 23.

398 Sobre estas conexiones, véase ahora sólo *Hans-Jörg Albrecht*, Investigaciones, pp. 273 ss. y *passim*.

399 Como sucede, por ejemplo, con las agravaciones de las penas previstas para los delitos contra la Hacienda pública y contra la Seguridad Social, en los arts. 305 bis. 1 *b)* y 307 bis 1. *b)*, para el caso de que se cometan en el seno de una organización o de un grupo criminal; sobre la "criminalidad económica" y *además* "organizada", véase *Müller et. alt.*, Wirtschaftskriminalität[4ª], pp. 1 ss.

400 Véase *Bajo/S. Bacigalupo*, DPE[2ª], p. 26.

401 Véase por todos *Schubert*, en Handbuch, p. 810.

sean subsumibles en los mismos tipos penales en que lo son algunas formas de la criminalidad económica y empresarial en sentido estricto.

IX. Concepto categorial teleológico y sistema dogmático del Derecho penal económico y empresarial de los poderosos

1. De acuerdo con los criterios metodológicos expuestos en VII, y con las acotaciones que acabo de efectuar en VIII, el punto de partida para la construcción del concepto de Derecho penal moderno lo constituye la *criminalidad económica* como fenómeno empírico *prejurídico* que interesa al Derecho penal, y que por esto mismo tiene que definirse y configurarse como el "objeto" de las valoraciones" jurídico penales determinantes de la intensión y extensión del concepto de Derecho penal económico y de la empresa como uno circunscrito a la punibilidad de las conductas socialmente lesivas en ejercicio del poder económico por los agentes económicos que lo detentan, es decir, por los *poderosos*. A estas alturas no haría falta ni recordar —como sin embargo, parece que sí hay que hacerlo ante *Paredes* en razón de los ejemplos que propone para intentar desvirtuar mi concepto—, que la *pequeña* delincuencia económica de *no poderosos* como los que él menciona (pequeños comerciantes, empresarios, la mayoría de particulares, etc.), aunque en principio sea subsumible —y por cierto, por muy buenas razones— en algunos de los mismos tipos penales que la de los poderosos, sin embargo es un fenómeno hasta tal punto diferente de ésta, que ya la Criminología misma lo *excluye* del concepto estricto de criminalidad económica. Esto es así *porque* este concepto no se ha desvinculado —ni por la misma naturaleza de las cosas podría desvincularse— del concepto (criminológico) de "crimen de cuello blanco" formulado por *Sutherland* como exclusivo de las clases económicamente poderosas y de sus adláteres y asimilados (profesionales de elevado status)[402]. En este sentido —observan con razón *Bajo/S. Bacigalupo*— "la delincuencia económica de los *bajos fondos* o la llamada delincuencia de 'cuello azul', tienen un interés criminológico distinto y *no debe ser englobada* con la delincuencia económica de la alta sociedad"[403]. Por otra parte, como ya dije, el concepto inicial —aún sin carácter técnico jurídico— de Derecho penal moderno, en cuanto criminalización primaria de determinadas actividades económicas ilícitas de los poderosos, en principio no tiene más alcance que el de un concepto "auxiliar" previo, pues esto precisamente es la Criminología, una Ciencia empírica "auxiliar"

402 *Sutherland*, Delito, p. 9, definió al delito de cuello blanco como "el cometido por una persona de respetabilidad y estatus social alto en el curso de su ocupación". Véase *Eisenberg*, Kriminologie[6a], pp. 53 s. nº 67, pp. 964 ss. nº 58 ss.; *Göppinger*, Kriminologie[6a], pp. 421 s. nº 4 ss.; *Meier*, Kriminologie[3a], p. 290; *Hans-Jörg Albrecht*, Investigaciones, pp. 262 s.; *Tiedemann*, EuAT[4a], p. 29 nº 64; *Bajo/S. Bacigalupo*, DPE[2a], pp. 22 s.; *Gracia Martín*, Prolegómenos, pp. 67 s.

403 Como en nota anterior. Ya en el mismo sentido *Sutherland*, Delito, p. 9, advirtió que del concepto de delito de cuello blanco quedaban excluidos, por una parte los delitos de la clase alta que, como el asesinato, "no son parte de los procedimientos propios del oficio", y por otra parte "las estafas de los miembros ricos del bajo mundo, ya que no se trata de personas de respetabilidad y estatus social alto".

que proporciona el material empírico imprescindible para la legislación penal y para la Dogmática jurídico penal que la interpreta y construye el sistema[404]. La criminalidad económica y empresarial de los poderosos delimita así el campo de objetos que constituyen la base empírica y lógico-objetiva de las valoraciones estrictamente *jurídicas* en virtud de las cuales puede y debe finalmente construirse *teleológica* y *categorialmente* el sistema del Derecho penal económico y de la empresa conforme a la "idea" del Derecho. En definitiva, *sólo* la criminalidad económica de los poderosos constituye el "objeto de la valoración" del Derecho penal moderno.

2. Cuando nos adentramos ya en el campo de la construcción *jurídica* de conceptos (*categorial* y *teleológica*), al objeto empírico de la criminalidad de los *poderosos* que proporciona y nos ha dado a conocer la Criminología, y que como se ha dicho es *casi* en su totalidad una que se realiza en el curso de la *actividad económica* desarrollada por medio de *organizaciones empresariales*, lo tenemos que *convertir* por medio del método estrictamente *jurídico* ya en "objeto *jurídicamente valorado*". Esta conversión es la que proporcionará precisamente el contenido material del *concepto* —ahora ya estrictamente *técnico jurídico*— del moderno *Derecho* penal económico y de la empresa de los poderosos. Pero de este modo se explica *por sí mismo* —porque esta es la función de la Ciencia *jurídica*— que la clasificación que hago de los contenidos *jurídicos* del Derecho penal moderno no sea el producto de ninguna arbitrariedad, sino una división analítica que resulta exclusivamente de la más rigurosa aplicación del método *jurídico* que opera lógico-objetivamente por medio de la verificación de analogías en la naturaleza de las cosas, es decir, en los fenómenos de la realidad empírica que son objeto de las valoraciones jurídicas[405]. Por lo tanto, la clasificación que hago del Derecho penal moderno —más atrás descrita[406]— resulta de las evidentes *analogías* de los fenómenos abarcados por los diferentes sectores que, además, a menudo se solapan y entrecruzan, y que se resumen en que todos consisten en conductas económicas empresariales de poderosos que son gravemente lesivas de bienes jurídicos (*analogía entis*) y que además merecen un igual tratamiento *jurídico penal* (*analogía iuris*), pero diferenciado del que hay que dispensar al fenómeno *desigual* de la criminalidad de los no poderosos, en la medida en que entre los aspectos diferenciales relevantes de una y otra criminalidad ya no existe ninguna analogía[407]. Como vamos a ver, el sistema del moderno Derecho penal económico y de la empresa lo configuro precisamente mediante *analogías* que establezco primariamente desde el punto de vista de lo injusto de la acción o del resultado, y en modo alguno desde puntos de vista *extrajurídicos* como los que adopta *Paredes*, que son susceptibles de relleno con todo lo que a uno le parezca y, por esto, campos

---

404 Sobre el carácter auxiliar o complementario de la Criminología para el Derecho penal, véase por ejemplo *Jescheck/Weigend* AT^{5a}, p. 47; *Zaffaroni* PG^{2a}, pp. 164 s.; *García-Pablos*, Tratado^{5a}, pp. 242 s.

405 *Cfr. supra* VII.5.

406 *Cfr. supra* VIII.2 y 3.

407 *Cfr.* a continuación *infra* núm. 3.*b)* en este mismo epígrafe IX.

abonados para la arbitrariedad que por sí mismos no pueden proporcionar enunciados y proposiciones con validez *jurídica* en sí mismos[408].

3. En el plano empírico del objeto de la valoración que nos ha proporcionado y dado a conocer la Criminología, hay que distinguir dos grupos de delitos. El primero está constituido por aquéllos cuya realización por individuos *no* poderosos *ni* adláteres de poderosos es imposible e impensable, pues remiten a realidades y a ámbitos sociales en que la posibilidad de acción es de hecho un *monopolio* de los *poderosos*[409], y por ello tales delitos, aunque no necesariamente, a menudo se configuran dogmáticamente como *especiales* o de *dominio social*[410]. El segundo grupo —que es el que aquí nos interesa— estaría integrado por aquellos tipos que en principio pueden realizar sujetos pertenecientes tanto a las clases poderosas como a las no poderosas, y a los cuales, por esa razón, quiero denominar mediante una metáfora química como tipos "divalentes". Esta realidad criminológica constituye el objeto de las valoraciones del Derecho, y éstas dan lugar a los siguientes resultados.

a) Debería estar tan claro como el agua más cristalina que en el plano *jurídico*, el dato *criminológico* de que la comisión de estos tipos económicos divalentes pueda llevarla a cabo tanto un individuo poderoso como uno no poderoso, es absolutamente *irrelevante* desde el punto de vista de lo injusto

---

408 Véase de nuevo sólo *Radbruch*, Rechtsphilosophie[2a], pp. 114 s.: "con los conceptos jurídicos relevantes, la construcción conceptual jurídica se apoya en conceptos precientíficos; la materia de la Ciencia jurídica no es el conjunto amorfo de datos, sino una realidad previamente formada por conceptos precientíficos o científicos extrajurídicos"; y por esto mismo "la Ciencia del Derecho es en gran parte elaboración conceptual de segundo grado que debe sus conceptos a una previa elaboración científica extrajurídica", pero debe estar "claro que la Ciencia del Derecho no adopta a ningún concepto científico extrajurídico *sin transformarlo* al mismo tiempo".

409 Véase sólo *Einsenberg*, Kriminologie[6a], pp. 53 s. nº 67 y 964 s. nº 58-62.

410 Véase *Tiedemann*, EuAT[4a], pp. 29 nº 64 y 65 ss. nº 147-153; *el mismo*, Manual, pp. 57 s. nº 44; *Göppinger*, Kriminologie[6a], p. 423 nº 9; y *Gracia Martín*, Prolegómenos, pp. 83 ss. En relación con esto, debo insistir una vez más en que la limitación de estos tipos a la criminalidad de los poderosos tiene un alcance estrictamente *criminológico y socio-político*, y en absoluto *jurídico*, pues la condición de ser el autor un individuo "poderoso", *no es ningún elemento de los tipos de lo injusto*. Por esto, es absolutamente rechazable la errónea lectura de mi discurso, que hace *Lascano*, Modernización, pp. 161 s. y sobre todo p. 169, descargable de http://www.defensesociale.org/revista2003/10.pdf, sugiriendo que mi discurso estrictamente *jurídico* abocaría a un Derecho penal de *autor*, pues si *Lascano* hubiera contemplado a mi discurso con la lente del método y del concepto *jurídicos*, entonces habría podido separar y distinguir claramente entre lo que es "esencial *jurídico*": el Derecho penal de *tipos de lo injusto orientados a bienes jurídicos*, y lo jurídicamente *inesencial*: los tipos *criminológicos* de autor. Por lo mismo, también es extraviada la afirmación de *Ramos Vázquez*, Retos, p. 89, de que mi discurso sería nada mas y nada menos que "una aspiración ideológica personal" mía y, por ello, ¡"una idea completamente ajena al *concepto de Derecho penal*"!, porque éste "no tiene por función la persecución de determinadas clases sociales o determinados grupos de personas, sino la efectiva *protección de bienes jurídicos* fundamentales para el mantenimiento de una sociedad democrática". *Cfr. supra* VI.6, 7 y 8, para mi réplica a semejantes erróneas deducciones.

material en el grado *mínimo* que lo hace injusto *punible* (típico), es decir, que dicho dato es irrelevante en el plano de los tipos "básicos" en cuanto tipos iniciales de los que posteriormente se derivan tipos dependientes privilegiados o agravados en función de la menor o mayor gravedad de lo injusto, ya sea por razón del desvalor de la acción o del resultado[411]. Esta irrelevancia viene dada por la simple y, sin duda, buena razón de que los individuos de las clases no poderosas, cuando participan e interactúan en las relaciones económicas, sin duda con mucha menor intensidad y poder que los poderosos, lo hacen —porque no hay otras alternativas legítimas— por medio de las mismas e idénticas *instituciones* jurídicas que las utilizadas por los poderosos, en las cuales están precisamente involucrados los bienes jurídicos que pueden ser agredidos y lesionados o puestos en peligro[412]. Pero por esto mismo, también los individuos de las clases no poderosas pueden abusar de aquellas instituciones y realizar así, al menos, aquel grado mínimo de lo injusto punible constitutivo de los correspondientes tipos *básicos*, de un modo igual e idéntico —*análogo*— a como lo hacen los poderosos. Por esta razón, desde el punto de vista jurídico, que presupone un trato igual de lo que es igual, nada puede objetarse al hecho de que los tipos penales económicos "básicos" que he llamado divalentes sean aplicables en principio, es decir, inicialmente, a sujetos no poderosos que los cometan. Esto parece inobjetable desde el punto de vista de la idea del Derecho como ordenación *justa* e *igual* de la realidad social.

b) Ahora bien, la analogía e igualdad *jurídicas* que se dan entre los comportamientos de los poderosos y de los no poderosos en el plano de los tipos de lo injusto *básicos*, no puede ni debe llevar a ignorar ni a pasar por alto que en el plano *criminológico*, como ya quedó dicho, *sí* tengamos que seguir distinguiendo a la criminalidad económica de los poderosos de la de los no poderosos, pues la perspectiva criminológica proporciona el conocimiento de circunstancias *adicionales* distintas de las que son relevantes y constitutivas para los tipos básicos, las cuales hacen a la comisión de un tipo básico por un sujeto no poderoso bien *diferente* a la de un sujeto poderoso. Cierto que, como queda dicho, tal diferencia no puede ser percibida desde el punto de vista de los tipos básicos contemplados como conceptos "clasificatorios" —lo cual, por lo demás, carece de toda trascendencia también desde el punto de vista político—, pero tiene que saltar y salta claramente a la vista tan pronto como contemplemos a los hechos desde la perspectiva de lo injusto como concepto *ordenador* "tipológico" que remite a la cualidad de ser su magnitud mensurable y *graduable*[413], y como veremos, una ulterior contemplación de

---

411 Sobre la formación de tipos derivados a partir de uno básico general, véase *Jescheck/Weigend* AT[5ª], pp. 268 s.; *Roxin*, AT I[4ª], pp. 340 ss.; y desde el punto de vista criminológico, *Eisenberg*, Kriminologie[6ª], p. 238 nº 16.

412 Véase *Eisenberg*, Kriminologie[6ª], p. 206 nº 19: "las regulaciones extrapenales rigen para todos los participantes en el tráfico económico".

413 *Cfr. supra* VII.4 y VII.8.*c)*, especialmente nota 361. Sobre la exacta y perfecta correspondencia estructural y funcional que debe existir entre el "supuesto de hecho" y la "consecuencia jurídica" de toda proposición jurídica, y concretamente en el sentido de que *todos* los elementos que *fundamentan* y *gradúan* la consecuencia jurídica, y *sólo* ellos, tienen que estar

los hechos desde la perspectiva del juicio de *culpabilidad*, aún hará que se agudicen y se multipliquen las diferencias entre uno y otro supuesto. Puesto que la pluralidad y la diversidad de circunstancias empíricas *adicionales* a las que fundamentan lo injusto mínimo de los tipos básicos son propias y exclusivas de cada supuesto de hecho de los dos que aquí contemplamos como criminalidad económica de poderosos y de no poderosos, porque normalmente están presentes en uno y ausentes en el otro, entonces dichas circunstancias adicionales se tienen que configurar como un nuevo "objeto de valoración jurídico penal". De aquí tiene que resultar que desde el punto de vista de la valoración *jurídica* de dichas circunstancias diferenciales, en la medida en que sean jurídico penalmente relevantes, ya no puede verse ni establecerse entre ellas ninguna correspondencia que habilite para una equiparación o nivelación *jurídicas* de ambos supuestos *per analogiam* a partir de la naturaleza de la cosa, sino más bien y precisamente todo lo contrario, es decir, sólo pueden verse *diferencias* que, conforme a la idea del Derecho, exigen un tratamiento *desigual* de la comisión del tipo básico en función de si el autor ha sido un sujeto poderoso o uno no poderoso.

c) Y así, como datos empíricos *adicionales* claramente distintivos de la comisión de un tipo penal económico básico por un poderoso y de la de un sujeto no poderoso, que son jurídico penalmente relevantes porque determinan un mayor o un menor desvalor de la acción o del resultado, y por ello, de lo injusto, se pueden mencionar sobre todo los siguientes: *1)* por un lado, los cuantiosos daños materiales (y otros inmateriales) que causan —a veces catastróficos—, y por otro, los cuantiosos beneficios ilícitos que reportan —a veces astronómicos e indecentes— los comportamientos criminales de los poderosos, en comparación con las cuantías de los que derivan de comportamientos similares de individuos no poderosos, que en proporción son de hecho insignificantes[414]; *2)* los potentes y sofisticados medios técnicos y tecnológicos —la llamada ingeniería financiera— de que se sirven generalmente los poderosos para la comisión de sus crímenes económicos, que por una parte tienden a asegurar la comisión, y por otra dificultan considerablemente tanto el descubrimiento como la persecución y la prueba de sus comportamientos delictivos[415], a parte de que, además, la utilización de tales medios a menudo será de por sí también ilícita y dará lugar a la comisión de delitos instrumentales —falsedades, estafas singulares, cohecho, etc— que

comprendidos en el supuesto de hecho, véase *Engisch*, Einführung[11ª] 2010, pp. 52, 69 s., 119 s.; y sobre los contenidos de los diferentes elementos y subelementos del concepto del delito como factores de proporcionalidad, véase en general *Aguado Correa*, Principio, pp. 283 ss., 309 ss., y en particular sobre la "medida" de la culpabilidad —no sobre el concepto "formal" de culpabilidad— como criterio de proporcionalidad, véase *Lagodny*, Strafrecht, pp. 372 ss., 384 ss.

414 Sobre los daños y las ganancias exorbitantes como característica de la criminalidad económica de los poderosos, muy superiores a los de la criminalidad de los no poderosos, véase *Eisenberg*, Kriminologie[6ª], pp. 737 ss. nº 16-21, quien observa con razón que los daños que produce la delincuencia del comercio individual y de los pequeños establecimientos de trabajo manual son "insignificantes" (loc. cit., p. 736 nº 13); *Bajo/S. Bacigalupo*, DPE[2ª], pp. 24 ss.

415 Véase *Eisenberg*, Kriminologie[6ª], pp. 736 s. nº 12-15;

entrarán en concurso de delitos con el principal, dando lugar así a una mayor punibilidad; por el contrario, los delitos del pequeño delincuente económico, generalmente se manifiestan en la forma de lo que *Zaffaroni* ha denominado plásticamente como *operas toscas*, que difícilmente escapan de la selectividad del poder punitivo en virtud de la situación y del grado de vulnerabilidad en que se encuentran frente a él generalmente los no poderosos, mientras que la situación de los poderosos ante aquel poder es de hecho de casi total inmunidad[416]; y *3)* el poder y los efectos corruptores de las instituciones y de los funcionarios que las sirven, que generalmente acompañan a la gran criminalidad económica de los poderosos, y que es prácticamente inexistente en la de hecho leve o insignificante de los no poderosos[417]. Por otra parte, estos aspectos criminológicos específicos y diferenciales de la criminalidad económica de los poderosos, sólo aparentemente podrían verse como de carácter meramente cuantitativo o de grado en relación con la criminalidad económica de los no poderosos. Pues su valoración con los instrumentos de la *dogmática jurídico penal* no puede tener otro resultado que la verificación de diferencias de carácter pronunciadamente *cualitativo* que no puede ignorar el sistema *jurídico penal*, y que éste deberá poder integrar en él por medio del método *jurídico*, para su tratamiento específico y diferenciado con consecuencias jurídicas específicas y diferenciadas revestidas absolutamente de todas las garantías *sin ninguna flexibilización*[418].

4. Como se dijo, el principio de *igualdad*, conforme al cual debe tratarse igualmente a lo que es igual, y desigualmente a lo desigual, es un principio de justicia de validez *a priori*, pues el mismo tiene su anclaje en el nivel supremo de la "idea" del Derecho[419], y al principio de igualdad le es consubstancial el de *proporcionalidad*. La proporcionalidad se predica siempre necesariamente del resultado de una comparación, correspondencia o equiparación de, al menos, dos objetos diferentes desde un determinado punto de vista (el del *tertium comparationis*). Puesto que el resultado de la comparación determina si entre los objetos comparados existe o no el presupuesto mínimo de una *analogía entis* (la *semejanza* en la naturaleza de la cosa) que permita hacer corresponder a los objetos análogos con la misma *ratio iuris* o "identidad de razón" (*analogía iuris*) que habilitan para la equiparación de los entes análogos, ahora ya en el plano del deber ser *jurídico*, de aquí tiene que resultar que si se ha verificado positivamente la existencia de las analogías mencionadas —*entis et iuris*—, entonces los objetos análogos tienen que y deben ser tratados jurídicamente como *iguales*, es decir, en la *proporción* de su semejanza[420]. Debería estar

---

416 Véase *Zaffaroni*, PG²ª, p. 9 nº 3, p. 10 nº 3-5, p. 11 nº 7, p. 13 nº 2, pp. 51 s. nº 1, pp. 57 s. nº 2, p. 61 nº 5, p. 65 nº 4; sobre la selectividad de la persecución penal en la criminalidad económica, véase *Eisenberg*, Kriminologie⁶ª, pp. 734 s. nº 9.

417 Véase *Bajo/S. Bacigalupo*, DPE²ª, p. 26 con referencias.

418 Así véase de nuevo *Gracia Martín*, Prolegómenos, pp. 156 s. y 208.

419 Véase sólo *Radbruch*, Rechtsphilosophie²ª, pp. 34 ss.

420 Sobre esto, véase sólo la magistral exposición, a la que difícilmente se podría añadir algo nuevo, de *Arthur Kaufmann*, Analogie²ª, pp. 18 ss., 26 ss. y *passim*, que se puede resumir en su apodíctica sentencia de que "*Derecho es la correspondencia de deber ser y ser*" (p. 18); *el*

fuera de toda y de la mínima duda que mi discurso de modernización y mi concepto de Derecho penal moderno, los he construido rigurosamente con todo este arsenal de instrumentos de la Ciencia *jurídica*, es decir, en un nivel del Estado de *Derecho* que sin duda es y debe ser visto como *superior* incluso al último y más elevado de la Ciencia *política*. Pues la política *criminal* no es, en primera instancia, nada distinto a un sector especializado más de la Ciencia política como puede serlo el de la política educativa, la agraria o la industrial[421], mientras que el *Derecho* es una instancia superior a la política por la sencilla razón de que tiene que ser visto como la *Gramática* de todo poder, especialmente para el del Estado, por encima de la cual —recordando la sentencia kantiana— no puede estar ni debe tolerarse que lo esté el César (la política criminal).

5. Si ahora por medio del método estrictamente *jurídico*, procedemos a transformar o a convertir a *conceptos jurídico penales teleológicos* y *categoriales* a los datos empíricos relevantes de mi discurso *político* de modernización, y a mi concepto *criminológico* de Derecho penal moderno como criminalización de conductas de los *poderosos*, y si configuramos con todos aquellos conceptos *jurídicos* un específico "sistema de Derecho penal económico y de la empresa", entonces tendrá que verse ya como absolutamente infundada, y, por esto, como completamente desvirtuada la crítica de *Paredes*, de que el hecho de que algunos delitos económicos se apliquen a sujetos no poderosos, haría que mi concepto de Derecho penal moderno no fuera riguroso, sino una mera "figura retórica". Pues siendo cierto que la aplicación de algunos delitos económicos puede alcanzar también a sujetos no poderosos, no es menos cierto —y esto es lo que resulta decisivo— que: *1)* como he razonado hasta aquí, un tratamiento igual del poderoso y del no poderoso en el plano de lo injusto mínimo de los tipos básicos está absolutamente justificado y es conforme con el *deber ser jurídico*; y *2)* que esto para nada impide que el Derecho penal, es decir, la *Dogmática* que queda fuera del horizonte de proyección de *Paredes*, *sí* distinga en *otros* niveles *jurídicos categoriales* a los hechos cometidos por los poderosos, de los cometidos por no poderosos, y que así se dé a cada uno un tratamiento jurídico penal diferenciado por medio de criterios y de reglas de fijación y de determinación de consecuencias jurídicas asimismo diferenciadas.

6. En razón de la desigualdad existente entre la comisión de un hecho delictivo por un sujeto poderoso y por otro no poderoso cuando esto último es posible por tratarse de tipos delictivos económicos de los que he llamado divalentes, es una exigencia de la justicia derivada de la idea del Derecho[422]

---

mismo, Rechtsphilosophie[2ª], pp. 152 ss., 156 s.; y véanse las también magistrales enseñanzas de *Joseph Esser* —enfocadas al Derecho privado— sobre el que denomina como "método de la comparación funcional"; véase *Joseph Esser*, Principio y norma, pp. 40 ss., 130 ss. y 442 ss. en general, y específicamente sobre la comparación funcional en referencia a los "principios estructurales", véase loc. cit., pp. 40 ss., 430 ss., 448 ss., 453 ss. y 469 ss.

421 Véase, en este sentido, la opinión, que comparto, de *Zaffaroni*, PG[2ª], pp. 156 s. nº 3-6.

422 Véase *Schünemann*, Unternehmenskriminalität, p. 4; *el mismo*, ADPCP, 1988 p. 532; *el mismo*, CuCGPJ, pp. 31 s; *López Rey*, Criminalidad, p. 38; *García-Pablos*, Criminalidad económico-

que las circunstancias *empíricas* que diferencian a un supuesto del otro sean tenidas en cuenta en la medida en que sean jurídicamente relevantes desde el punto de vista de la mayor o de la menor *gravedad* de lo injusto más allá del mínimo de los tipos básicos, para configurar a partir de ellas, según sea el caso, tipos *atenuados o agravados*, o bien *circunstancias atenuantes o agravantes* con fundamento, respectivamente, en el menor o en el mayor desvalor de la acción o del resultado. De este modo, mediante las correspondientes agravaciones y atenuaciones de las consecuencias jurídicas, en *proporción* a la mayor o a la menor gravedad de lo injusto, se producirá la asimilación *jurídica dogmática* de la evidente y relevante *desigualdad* fenomenológica existente entre la comisión de los hechos delictivos por poderosos y por no poderosos[423].

a) Un buen ejemplo de lo dicho nos lo proporcionan ya de *lege lata* las agravaciones y las atenuaciones previstas en nuestro Código para los delitos contra la propiedad industrial, que es precisamente uno de los ejemplos críticos que invoca *Paredes* para "demostrar" la "falta de rigor" y el carácter de "figura retórica" de mi concepto de Derecho penal moderno, pero que por lo que digo ahora, se tiene que volver en su contra en el sentido de que es precisamente su crítica la que carece de todo "rigor *jurídico dogmático*" en virtud de su mezcla y confusión de ejemplos —entre los que incluye, como se vio, nada menos que hasta el tráfico de drogas y el de personas— que *jurídicamente* son incomparables con los objetos del Derecho penal económico y de la empresa, y que tienen que ser claramente distinguidos de estos por la sencilla razón de que entre ellos falta toda correspondencia analógica conforme a la naturaleza de la cosa. Y así, el art. 274.1 CP amenaza con la pena de prisión de uno a cuatro años y multa de doce a veinticuatro meses a la realización del tipo básico de la usurpación de marcas, es decir, a la realización de lo injusto relativo a dicho objeto en el grado mínimo (tipo básico) que lo hace punible conforme a los principio de subsidiariedad, de fragmentariedad y de *ultima ratio*. Como este tipo básico lo pueden cometer tanto sujetos poderosos como no poderosos, hasta aquí sería correcta sin la menor duda la afirmación de *Paredes* en cuanto mera expresión de la constatación de semejante dato empírico-descriptivo que no se puede negar por ser uno real y verificable. Pero lo que ya no resulta de recibo es que pretenda desvirtuar a mi concepto jurídico dogmático de Derecho penal moderno, tachándolo de no riguroso y de meramente retórico, con la simple constatación de un dato empírico como ese que nada dice aún sobre la valoración jurídico penal *completa* de unos supuestos de hecho que *sólo* son equiparables, en principio, en el nivel dogmático más inferior

---

financiera, pp. 161 ss. Señala *Kaiser*, Kriminologie[3], p. 788, e Introducción, p. 377, que aunque no cabe desconocer la importancia del robustecimiento de la conciencia jurídica de la opinión pública, así como el mejoramiento de los preceptos civiles, administrativos y fiscales, el peso principal de la lucha contra la criminalidad económica descansa ahora como antes en el Derecho penal, y que hacer efectivas las normas correspondientes es sobre todo una tarea de la policía y de los tribunales y un banco de pruebas para la política criminal, para el Derecho penal y, en definitiva, para la igualdad y la justicia en nuestra sociedad.

423 Sobre el desvalor de la acción y del resultado como parámetros de la proporcionalidad, véase ahora sólo *Aguado Correa*, Principio, pp. 285 ss.

representado por los tipos básicos, pero que conforme vamos ascendiendo en el "sistema" se van diferenciando cada vez más hasta el punto de que al final del enjuiciamiento completo se muestran como supuestos substancial y cualitativamente tan distintos como pueden serlo los seres humanos y los simios, y ello a pesar de tener una raíz común en los tipos básicos que, sin embargo, al final del enjuiciamiento *jurídico* total resulta absolutamente insignificante y opacada por las circunstancias adicionales diferenciales.

b) Siguiendo con el ejemplo propuesto relativo al delito de usurpación de marca, en un primer ascenso del enjuiciamiento jurídico penal sistemático, ya nos encontramos con importantes diferencias "tipológicas" que determinan un enjuiciamiento desigual de la comisión de una usurpación de marca por sujetos poderosos y de otra cometida por no poderosos, y del que resultan consecuencias jurídicas asimismo desiguales. Y así, el párrafo segundo del núm. 3 del artículo 274 permite *no aplicar* la pena de *prisión* asignada al tipo básico, e imponer en su lugar, alternativamente, las *menos graves* de multa de uno a seis meses o de trabajos en beneficio de la comunidad de treinta y uno a sesenta días; una atenuación que tiene su fundamento en circunstancias que, como la *reducida cuantía del beneficio* y las *características del culpable*, son típicas precisamente de la criminalidad de los *no poderosos* y fundamentan sin la menor duda una menor gravedad de lo injusto o, en su caso, de la culpabilidad[424]. Y por cierto que, en principio, nada podría impedir que conductas de sujetos no poderosos que sean subsumibles formalmente en los tipos básicos e incluso en los atenuados de los delitos económicos divalentes, pudieran quedar excluidas totalmente del ámbito de lo injusto penal en virtud de una aplicación seria del principio de la "insignificancia"[425], en cuyo caso deberíamos ir aún más lejos y plantear la cuestión de si dicho principio de insignificancia debería dar lugar no sólo a la exclusión de lo injusto penal, sino también a la de lo injusto de todo orden sancionador —especialmente del administrativo—, y desplazar el tratamiento y la solución del conflicto al Derecho distributivo de la responsabilidad civil contractual o extracontractual según sea el caso. Por el contrario, en el art. 276 CP, se prevén para todos los delitos contra propiedad industrial *agravaciones* punitivas —prisión de *dos* a *seis* años, multa de *dieciocho* a *treinta y seis* meses, e *inhabilitación profesional de dos a cinco años*— con fundamento en circunstancias que, como la trascendencia económica del beneficio, la gravedad del hecho por el valor de los objetos o por la importancia del perjuicio, y la pertenencia a una organización —por ej.

424 Por cierto que parto de la confianza en que esto no suscite la ocurrencia de decir que el argumento esgrimido carece de validez porque podría darse el caso de que también un sujeto *poderoso* cometiera un delito de usurpación de marca con un beneficio reducido que daría lugar a la aplicación de la atenuante también a dicho sujeto poderoso. Pues con franqueza, ante una ocurrencia semejante, creo que la prudencia aconsejaría ignorarla y permanecer callado sin hacer ni un solo comentario.

425 Como acertadamente hace notar *Martínez-Buján*, PE[5ª], pp. 226 y 190 s., donde analiza la misma e idéntica atenuación prevista en el art. 270.1 CP para los delitos contra la propiedad intelectual y sugiere la posibilidad, ya apuntada en la doctrina, de una interpretación restrictiva que pudiera dar lugar a la exclusión total de las conductas de "distribución al por menor".

a una empresa—, fundamentan sin la menor duda la mayor gravedad de lo injusto que se da en general en los hechos de criminalidad económica de los poderosos[426].

7. Pero como el sistema de la teoría del delito no se agota en el tipo, no podemos detenernos aquí y aún tenemos que proseguir el enjuiciamiento en los niveles superiores del sistema hasta agotarlo y hacerlo completo y definitivo. En relación con la comisión de estos delitos "divalentes" no parece que necesite de explicaciones detalladas el hecho de que las circunstancias socioeconómicas típicas de los poderosos, si bien evidentemente no de un modo absoluto, muy difícilmente podrían valorarse como relevantes respecto de algún tipo de causa de justificación completa, incompleta o analógica, mientras que las típicas de los no poderosos, sí darán lugar con frecuencia a una valoración jurídica de sentido favorable que podrá dar lugar a la apreciación de alguna causa de justificación completa o incompleta, como por ejemplo el estado de necesidad, o a la apreciación de una menor gravedad de lo injusto que deberá dar lugar a una disminución de lo injusto mínimo punible de los tipos básicos y, en su caso, incluso de los atenuados, pues no creo decir nada exagerado si afirmo que la situación socioeconómica de muchos sujetos no poderosos que cometen hechos punibles económicos es una de permanente o de casi constante necesidad que no puede dejar de ser valorada en el plano de lo injusto con aquéllos efectos de atenuación e incluso de total exclusión de éste y de la pena[427].

8. Finalmente, aún queda la valoración *jurídica* de la culpabilidad como último momento del enjuiciamiento jurídico penal determinante de la consecuencia jurídico-penal específica. En este plano difícilmente podría ponerse en cuestión la frecuente concurrencia en autores no poderosos, de circunstancias excluyentes o reductoras de la culpabilidad que, por el contrario, no se darán en los autores poderosos.

a) No es ningún secreto que la gran mayoría de los contenidos de las leyes económicas resultan de la presión y de la influencia de los poderes económicos sobre los políticos institucionales, lo que hace ya difícilmente imaginable que los individuos que ostentan aquel poder y sus colaboradores desconozcan

426 Véase *Martínez-Buján*, PE[5a], 242 ss. Sólo para dejar constancia de otro ejemplo, lo mismo se puede decir respecto de algunas de las circunstancias agravantes de la estafa del art. 250, y muy particularmente de la de "aprovechamiento de la credibilidad empresarial o profesional" del número 6° de dicho artículo.

427 Véase la detallada y muy reveladora exposición de *Martínez-Buján*, PG[4a], pp. 449 ss., donde pone de manifiesto cómo el estado de necesidad resulta de muy difícil aplicación precisamente en delitos que, como la defraudación tributaria o los ambientales, solamente pueden cometerlos en general personas de alto nivel económico o que actúan para grandes empresas; mientras que en unos delitos "divalentes" como son las insolvencias punibles, no habría obstáculo para aplicar el estado de necesidad justificante, sobre todo a los casos en que el deudor enajena sus bienes para procurarse *alimentos* o *medicinas*, es decir, que lo hace en una situación de auténtica necesidad económica en la que, simplemente, es inimaginable que pueda encontrarse un sujeto económicamente poderoso.

la antijuridicidad de sus comportamientos contrarios a legislaciones cuyos contenidos propician generalmente ellos mismos. Por otro lado, no puede ignorarse el dato real de que los poderosos se proveen de equipos de asesoramiento técnico jurídico permanente. Por todo esto, es realmente difícil de imaginar que, al margen de casos límite, los poderosos puedan desconocer la antijuridicidad de sus actos, mientras que no será infrecuente que los no poderosos incurran en errores de prohibición a causa de la extraordinaria complejidad que muestra la maraña de la legislación económica a la que también ellos están sujetos. Un buen ejemplo de esto lo proporciona el razonamiento expuesto en el Fundamento Jurídico Séptimo de la Sentencia 1981/2011 de la AP de Las Palmas de Gran Canaria[428], en relación con un delito urbanístico, en el cual se considera que si bien un ciudadano medio, por ejemplo un agricultor, es decir un sujeto no poderoso, puede caer fácilmente en un error de prohibición, por el contrario ello es considerablemente más difícil que ocurra en un sujeto poderoso como un empresario de la construcción de alto nivel. Así, según dicha Sentencia: "cabría plantearse el nivel de conocimiento que resulta exigible al agricultor, ganadero y/o ciudadano medio que se limitan a efectuar una modificación puntual de su finca, construyendo algún tipo de edificación auxiliar de su actividad, y que en atención a su escasísima importancia pudiere hacer pensar que actuaran en el convencimiento de que no lesionan los intereses tutelados por la norma penal", mientras que "tal nivel de exigencia no puede medirse bajo los mismos parámetros respecto de quien, *por ostentar una cualidad empresarial habitual gestionando una empresa de cierta importancia,* actúa de ordinario en contacto con fuentes directas de conocimiento jurídico".

b) Por otra parte, de acuerdo con las exigencias del Estado social de Derecho, ninguna duda puede haber sobre que en una gran masa de supuestos de criminalidad económica de no poderosos, no deberá ser posible fundamentar una culpabilidad plena de sus autores, en última instancia por razones de *inexigibilidad,* mientras que en los autores poderosos difícilmente podrá negarse una culpabilidad máxima por la realización de sus acciones muy gravemente injustas y antijurídicas. En todo caso, esto último debe resultar así desde el concepto de culpabilidad que sostengo, el cual remite en última instancia al esfuerzo individual que cada uno tiene que hacer, primero para poder formarse en el proceso de su aprendizaje de la cultura de la comunidad a la que pertenece, y en la que desarrollará su vida y su existencia, normas ético-individuales coincidentes con las jurídicas de su cultura, y luego para cumplir efectivamente unas y otras en cada momento y situación de su vida[429]. Conforme a esta concepción, entiendo que la magnitud de la culpabilidad es inversamente proporcional a la de aquel esfuerzo, y por lo tanto, a un mayor esfuerzo para formarse normas ético-individuales conformes con las exigencias del orden social y jurídico, corresponde una menor culpabilidad, y al contrario, a un menor esfuerzo corresponderá una mayor culpabilidad. En términos generales esta teoría de la culpabilidad remite a una especie

428 Cendoj 35016370012011100439.

429 Véase *Gracia Martín,* Fundamentos, pp. 119-160 *passim.*

de corresponsabilidad social por el delito. Una sociedad con tan profundas desigualdades económicas y de oportunidades, porque no ha cumplido con las obligaciones dimanantes de su contrato fundacional, de proveer las condiciones de posibilidad de aquella igualdad entre todos los asociados, tiene que asumir su cuota de responsabilidad por su incumplimiento, y no debe poder exigir una responsabilidad plena a ningún individuo que no haya tenido plenas oportunidades de aprendizaje cultural a causa de las condiciones creadas por la propia organización social y por su mismo funcionamiento[430].

c) No me parece que sea precisa ninguna explicación detallada del hecho de que también en el caso de autores no poderosos de delitos económicos se ha de partir de los condicionamientos de sus vidas existenciales por la desigualdad social y económica que impiden o dificultan su aprendizaje cultural relativo a la vida económica o de cumplir las normas que regulan la economía en todas y en cada una de las situaciones en que se vean envueltos a lo largo de toda su existencia. Y que por esto, el mayor esfuerzo que tendrían que realizar a partir de los condicionamientos socioeconómicos de su existencia vital para poder formarse normas ético-individuales correspondientes con las del orden social, y para cumplirlas luego de un modo permanente, tiene que determinar una menor exigibilidad que deberá traducirse en una disminución de la intensidad y del grado de la culpabilidad en cuanto reproche *social* y *jurídico*. Porque una sociedad que no haya cumplido con su deber fundado en su contrato fundacional, de crear y de proveer las condiciones de posibilidad de cursar los procesos de aprendizaje de sus valores y de sus pautas culturales de un modo igual para todos sus miembros asociados, no debe poder exigir un cumplimiento incondicionado de sus normas a aquéllos que no hayan tenido las mismas e iguales oportunidades que otros a causa del incumplimiento por la sociedad de sus propias obligaciones por medio de la actividad de su Estado. Pues como afirma *Muñoz Conde* —y lo suscribo sin reservas— "la culpabilidad tiene también un fundamento material, basado en la propia idea democrática"[431], y por esto mismo, "la tarea del Estado social y democrático de Derecho no consiste en castigar a los que no están en condiciones de poder participar en condiciones de igualdad en la configuración de la vida social" sino —como dice el art. 9.2 CE— en promover dichas condiciones de igualdad y en eliminar las que las impiden[432]. Y si como lo muestra y

---

430 Véase *Gracia Martín*, Fundamentos, pp. 129 ss. Substancialmente similares o muy próximos a mi concepto de culpabilidad son el concepto de la culpabilidad por el esfuerzo para situarse en una posición concreta de vulnerabilidad ante el poder punitivo, de *Zaffaroni*, PG[2ª], pp. 653 ss.; *el mismo*, Culpabilidad, pp. 229 ss.; y también la teoría del sujeto responsable de *Bustos/Hormazábal*, PG, pp. 438 ss., que es substancialmente una teoría de la exigibilidad medida en función de las circunstancias individuales del sujeto y de sus posibilidades de relación con su entorno social.

431 Véase *Muñoz Conde*, PG[9ª], p. 380.

432 Véase *Muñoz Conde*, PG[9ª], p. 382. Aunque *Muñoz Conde* ya no se refiera expresamente a las posibilidades de participación en los bienes jurídicos como presupuesto de la culpabilidad, como sostuvo en sus primeras tesis sobre el concepto material de culpabilidad (véase *Muñoz Conde*, Funktion, pp. 325 ss.; *el mismo*, Principio, p. 231; y *el mismo*, GA 1978, p. 69), entiendo que dicha condición permanece implícita en su concepción actual reproducida

demuestra la cruda realidad empírica que no puede ni debe ser ignorada, es cierto, como lo ha denunciado *Schünemann*, que los procesos económicos siguen el curso impuesto por los acuerdos de los poderosos con efectos de exclusión o de limitación de las posibilidades de acceso de terceros a los mercados dominados por ellos, de tal modo que el fuerte aniquila al débil y así tiene lugar un darwinismo social y económico completamente alejado de la justicia[433], de todo esto tiene que resultar que, por las razones explicadas, en un Estado social y democrático de Derecho, mientras que las condiciones del delincuente económico poderoso tienen que ser valoradas en general como unas de mayor exigibilidad, las del infractor de normas económicas que está excluido del poder económico real tienen que serlo también en general en sentido contrario como condiciones de menor exigibilidad e incluso de su exclusión y, por consiguiente, de disminución e incluso de exclusión de la culpabilidad[434].

X. Conclusiones

1. Aunque salvo en supuestos muy excepcionales, ningún producto del pensamiento puede aspirar a mostrarse incondicionalmente válido, sino a lo sumo como razonable y plausible en unas determinadas coordenadas espacio-temporales, las explicaciones que acabo de exponer aquí sobre el concepto de Derecho penal moderno, que sin duda aún podría ampliar y enriquecer con otros argumentos adicionales, en mi opinión están cargadas de una fuerza mucho más que suficiente para mostrar que la descalificación de mi discurso y de mi concepto por *Paredes* como faltos de "rigor" y como "figura retórica" no aguanta el peso de la Ciencia y del método jurídicos. Por el contrario, de lo

---

en el texto, y en todo caso yo la considero y la entiendo válida y vigente para una sociedad con profundas desigualdades que *es* y funciona como *no debe ser*, es decir, de un modo altamente alejado de la "idea" del Derecho, pues como advirtió el propio *Muñoz Conde* en relación a si el requisito de la participación en los bienes jurídicos sería válido una vez superada la legislación franquista —que fue la que le motivó a formular dicha tesis—, si lo que importa es la situación social y económica real, y si ésta es una con profundas e inadmisibles desigualdades, entonces su teoría continúa siendo válida también para una sociedad democrática y pluralista; véase *Muñoz Conde*, Error, p. 71.

433 Véase *Schünemann*, GA (5) 2003, pp. 301 y 302.

434 En sentido similar en general, *Muñoz Conde*, GA 1978, p. 76 ss., entiende que el rol social del individuo es un elemento del concepto material de culpabilidad que debe ser tenido en cuenta para determinar el alcance de la exigibilidad. Es cierto, sin duda, que como advierte *Inés Olaizola*, Error, p. 148, una característica personal del autor no puede servir para probar con carácter general un elemento del delito, y la autora tiene toda la razón, pero aquí no se trata de esto, sino de la cuestión de que *en general*, es decir, en la gran mayoría de los casos, la condición de poderoso —que no se puede desvincular de las condiciones materiales del medio en que se desenvuelve, las cuales le proporcionan un potencial de acción considerablemente superior al de los no poderosos— dará lugar a que no puedan encontrarse para él circunstancias determinantes de un menor reproche, sino más bien de uno mayor de acuerdo con las valoraciones del Derecho penal y, en definitiva, de las que dimanan de la "idea" del Derecho en el sentido en que aquí ya se ha expuesto con insistencia.

expuesto tendría que deducirse que es precisamente su crítica la que carece de todo rigor *jurídico*. Pues como ya he mostrado en el curso de mi argumentación, el plano jurídico dogmático está fuera del horizonte de proyección de la crítica de *Paredes*, y por esto no percibe que el sistema de la teoría *jurídica* del delito, que él está dispuesto a alterar y a sustituir por la Política criminal "cuando sea menester"[435], ofrece sin la mínima necesidad de ser reinterpretado, alterado ni adaptado, todas las respuestas adecuadas y justas, conforme a la idea del Derecho, a las *diferencias* que nos muestra la variada y plural fenomenología empírica de la criminalidad económica de poderosos y de no poderosos[436]. Es más, si fuera cierto —que no lo es ni remotamente— que la Dogmática jurídico penal no pudiera asimilar los fenómenos del presente como "materia" punible a tratar de modo *idéntico* a como lo hace con la materia criminal —por así decirlo— tradicional, como por ejemplo el homicidio, las detenciones y secuestros, o los delitos contra el patrimonio, es decir, con sus principios y garantías en su estado de concreción actual desarrollado a partir de la invención ilustrada de la "idea" de las mismas, entonces la solución, en contra de lo que opinan y proponen *Paredes* y otros[437], bajo ningún concepto ni circunstancia debiera ser la de modificar la teoría del delito —ni en lo más mínimo— para poder atraer y capturar a dichos fenómenos en la órbita del poder punitivo[438], pues esta sí que es una solución antigarantista *par excellence*. La solución en tal caso debería ser tan simple como reconocer que los nuevos fenómenos del presente —igual que sucede con tantos otros de la vida en todo tiempo— *no pueden* valorarse *ni deben ser* configurados como *materia criminal* y que, por esto mismo, deben quedar excluidos del ámbito de lo punible y ser tratados en el sector jurídico que corresponda a su naturaleza. Pero como hemos visto la Dogmática *sí* dispone de los instrumentos adecuados para dispensar a los nuevos fenómenos el tratamiento jurídico penal que les corresponde *en Derecho*. Lo que debe hacerse es desarrollar las categorías dogmáticas existentes mediante los esfuerzos argumentativos que sean precisos con el más riguroso respeto del *método jurídico*, y no destruirlas para reemplazarlas por ningún discurso político criminal ni por otros extrajurídicos de cualquier otra índole[439]. Como advierte con razón *Silva Sánchez* —y yo lo suscribo sin reserva— "el moderno giro hacia los estudios sobre la racionalización de la legislación penal", no puede conducir "más que a un cierto maquillaje —por parte (del) legislador— de sus 'productos'", y para el tratamiento de los nuevos problemas no puede haber otro camino correcto distinto al trazado por la "dogmática académica"[440].

---

435 *Cfr. supra* IV.3.*c)*.

436 *Cfr.* de nuevo las opiniones en tal sentido de los autores citados *supra* nota 139.

437 *Cfr. supra* III.3.*a)* y nota 141.

438 Véase de nuevo la clara y firme opinión de *Gimbernat* en ese mismo sentido *supra* en nota 139.

439 Véase en este sentido también *Zaffaroni*, Política, p. 75, donde observa respecto de lo que él llama la "enajenación política del teórico" que "cuando se pretende eliminar el método jurídico para caer en el puro discurso político, el producto (resultante es) un discurso clientelista de oportunidad sin contenido racional (o con racionalidad propia, que es la del Estado de policía, o sea la funcionalidad para quien manda").

440 Véase *Silva Sánchez*, Expansión$^{3^a}$, p. 208.

2. Como he tratado de fundamentar, quien respete las exigencias mínimas del método de la Ciencia jurídica como saber intencional para la construcción categorial y teleológica de la materia del Derecho, y con funciones de ordenación (*tipológica*) y clasificación (*diferenciadora*) de ella en un "sistema", tal y como resulta del insuperable legado de *Radbruch* que yo sigo, y al que aquí he apelado en reiteradas ocasiones, no podrá dejar de ver en el Derecho penal moderno del presente nada distinto que no sea el Derecho penal económico y empresarial de la clase alta o de los poderosos. Por consiguiente, frente a la crítica de *Paredes*, reafirmo aquí mi concepto inicial de Derecho penal moderno en sus mismos términos originales sin la mínima rectificación ni corrección, es decir, como sistema de criminalización con el más estricto y rígido respeto de las garantías del Estado de Derecho, de los comportamientos económicos socialmente lesivos que, como nos muestra el saber criminológico, son típicos de los poderosos. Sobre la cuestión de si son o no son correctos los argumentos extrajurídicos de *Paredes* en contra de los análisis históricos que me han llevado a formular el retrodiagnóstico de que el Derecho penal liberal, de hecho fue utilizado —y aún lo es— como instrumento de represión de la clase baja por la alta, mi opinión es que más allá de su exorbitancia, también en cuanto al fondo de sus estimaciones carecen de toda validez. Pero como esto desborda los límites de la cuestión específica que aquí he querido tratar específicamente, espero poder ocuparme de ello en algún otro lugar y en otro momento[441].

---

441 No obstante, sólo a título de un ejemplo más de entre los ya tratados aquí anteriormente, según interpreta *Paredes*, RDPC nº 17 2006, p. 468, una vez más atribuyéndome lo que ni digo ni se puede derivar de mis enunciados, de mi desvaloración del "empleo clasista" de los principios y de las garantías penales liberales, yo *deduciría* y establecería a continuación una especie de relación de causalidad —supongo que no real material, sino "lógica"— entre la desvaloración misma y un rechazo de los principios y de las garantías, oponiendo *Paredes* a esto —que una vez más sólo él supone que yo digo, pero que evidentemente *no* digo en ninguna parte—, que "el argumento del *origen* o del empleo clasista de dichos principios (un hecho histórico indudable) no permite extraer ninguna conclusión práctica", porque aquello (*sic*. el *origen* y uso clasistas) "nada dice del valor que dicho principio merece" (sic. el de legalidad). Pero como queda dicho, *Paredes* atribuye una vez más a mi discurso enunciados que éste no formula en absoluto, por lo que su crítica a lo que evidentemente *no* dice mi discurso, se queda asimismo una vez más en la nada a causa de la inexistencia de objeto de crítica. Sobre que yo no sólo no rechazo las garantías, sino que las reivindico sin la mínima flexibilización, ya lo he dicho todo *supra* en IV.2.*b)*, y no hay nada más que añadir al respecto, con lo cual se desvirtúa por sí misma la afirmación de *Paredes*, de que yo establezco una "relación de causalidad" entre el origen y uso clasistas y el *rechazo* de las garantías que me atribuye sin ninguna base. Y en lo que se refiere a la visión de *Paredes* acerca de mis juicios desvalorativos sobre las garantías, resulta una clara arbitrariedad que los proyecte tanto al *origen* como al uso clasistas de aquéllas, pues en mi discurso crítico está mucho más que suficientemente claro y es inequívoco que el objeto de mis desvaloraciones es exclusivamente el concreto "uso" histórico, y absolutamente para nada el "origen" clasista del principio de legalidad y del resto de las garantías (véase *Gracia Martín*, Prolegómenos, pp. 181 ss.), pues como afirma *Bustos*, Control social, p. 190 —con cuyo discurso se identifica el mío totalmente—, en relación particularmente con el principio del bien jurídico "no se trata de abandonarlo, *porque surgió dentro de una concepción burguesa de la sociedad*, sino de sobrepasar sus límites formales para llegar a una concepción material de él" (cursivas mías). Por consiguiente, también esta errónea proyección de mis juicios desvalorativos al "origen" clasista de los

principios y garantías invalida completamente la crítica de *Paredes*, pues es evidente que aquellos juicios para nada tienen por objeto ni afectan a los principios *en sí mismos*, es decir, en cuanto enunciados formales, ni a su *origen*, o para decirlo más precisamente de acuerdo con la distinción metódica de *Radbruch*, mis juicios desvalorativos no tienen otro objeto que la unilateral concreción histórica burguesa de los contenidos *materiales* de las garantías (*der Rechtsstoff*), y en absoluto para nada las garantías mismas en cuanto "ideas" jurídicas (*die Rechtsidee*); en el mismo sentido, véanse los juicios similares de *Bustos*, Control social, pp. 16 ss., 188 ss.; y en relación con el principio del bien jurídico, véase también *Gonzalo Fernández*, Bien jurídico, pp. 140 s. En general, sobre el dualismo metódico conforme a la distinción y a la relación entre sí de la "idea" y de la "materia" del Derecho, véase *Radbruch*, Rechtsphilosophie[2a], pp. 14 s., 38; *el mismo*, Natur der Sache, pp. 16 s.; véase también *Roxin*, GS Radbruch, pp. 261 ss. *passim*.

Capítulo III

Derecho penal de la globalización y de la Unión Europea*

I. Introducción

La globalización es un complejo proceso de homogeneización de amplias dimensiones de la vida de los hombres y de los pueblos que, como el mismo término sugiere, se desarrolla a escala mundial, o sea total o global. Al mismo tiempo, sin embargo, en el mundo actual se llevan a cabo también procesos de integración supranacional de una pluralidad de Estados que, en cierto modo, pueden ser caracterizados como globalizaciones parciales o regionales, y que de todos modos guardan ciertas similitudes con el proceso mundial o total de globalización. El proceso de integración supranacional más avanzado es el de la Unión Europea, hasta el punto de que tal vez éste puede servir de modelo para la creación de las instituciones de la globalización. Tanto en el proceso de la globalización mundial como en el de las integraciones supranacionales de ámbito regional se realizan actividades criminales que precisan de una respuesta jurídica mediante un Derecho penal global o supranacional respectivamente. Aun cuando podría realizarse un estudio integrado del Derecho penal global y del Derecho penal supranacional regional, en esta ocasión hago una exposición puramente descriptiva y por separado del Derecho penal de la globalización y del Derecho penal de la Unión Europea.

II. Globalización y derecho penal

1. Un hecho que resulta perceptible en la actualidad, es el que podríamos describir como omnipresencia de la palabra "globalización" en los discursos jurídicos del presente en general. Se podría decir que ya el mero planteamiento de algún nuevo problema jurídico, activa de inmediato la irresistible "fuerza

---

* En esta publicación reúno los textos correspondientes a dos conferencias que he mantenido en diversos lugares y momentos sobre "Criminalidad de la globalización y Derecho penal", y "Aspectos generales del Derecho penal sustantivo de la Unión Europea", los cuales, a su vez, he elaborado en el marco del Proyecto de Investigación SEJ2005-07811, de la Dirección General de Investigación, del Ministerio de Educación y Ciencia, sobre "Derecho penal de la Unión Europea", y del Proyecto Globalización y Derecho penal (DER2009-13111, subprograma JURI, del VI Programa Nacional de Proyectos I+D+i 2008-2011 del Ministerio de Ciencia e Innovación.

centrípeta" de la idea de globalización, con el resultado de que ésta, después de haberlo absorbido, procesado e inscrito en su registro, nos lo devuelve como un hecho o acontecimiento que ya sólo puede ser comprendido y explicado como "global", o como "típico" de la globalización, y por consiguiente, como uno que ya no puede ser tratado más que con instrumentos que, independientemente de su índole (política, social, económica, jurídica), en todo caso tienen que ser asimismo "globales".

2. El Derecho se entiende como un instrumento de *ordenación —vinculante para todos—* de realidades ya previamente configuradas o construidas de una determinada manera, y la pretensión de toda ordenación jurídica —según sea el caso y en virtud de complejas ponderaciones— es o bien el mantenimiento o conservación de aquellas realidades previas tal como son, o bien, por el contrario, la corrección o modificación de las mismas en un determinado sentido. Puesto que la realidad a la que ahora enfrentamos al sector penal del ordenamiento jurídico es una caracterizada como "globalización", la cuestión que hay que tratar aquí es, entonces, una relativa a si el Derecho penal debe de contribuir a un mantenimiento o conservación de tal realidad; más aún, si debe de contribuir a su impulso y desarrollo; o bien, y por el contrario, si a lo que debe de contribuir es más bien a su corrección y modificación, e incluso, más allá, a su eliminación. Aquí se trata, pues, de ver si es o no es necesario el establecimiento de un Derecho penal *global*, y si lo es, precisar la dirección en que deberá de orientarse y de qué modo y con qué medios podrá cumplir su necesaria tarea. En todo caso, no se puede perder de vista en ningún momento que la *protección de bienes jurídicos* es la única tarea que puede serle encomendada al Derecho penal, con lo cual un Derecho penal *global* sólo podrá verse como *necesario* en relación con la protección de bienes jurídicos. Por otra parte, un Derecho penal global sólo podría aceptarse como *legítimo* si se orienta a la protección de bienes jurídicos.

3. Pero, ¿cuál es esa realidad que denominamos globalización y en relación con la cual nos planteamos la cuestión de si el Derecho penal está llamado a intervenir en ella y de cómo puede intervenir en caso afirmativo?

a) Aproximación a la noción de globalización económica

1. Aun cuando la palabra "globalización" sea una de las más invocadas y pronunciadas desde hace aproximadamente dos décadas y —sin cesar— hasta el presente[1], parece que aún no disponemos de una definición exacta y precisa del concepto que quiere designarse con ella[2]. Como ha dicho *Ulrich*

1 Como advierte *Schünemann* [GA (5) 2003, p. 299, y El Derecho en la globalización económica, p. 115], tal vez no haya ninguna otra palabra que, como sucede con el término "globalización", haya cursado una carrera tan rápida y avasalladora en la Historia de la Humanidad.

2 La terminología tampoco es uniforme, pues aunque se haya impuesto el término globalización, también se habla de "mundialización", de "internacionalización", etc., para

Beck, "globalización es a buen seguro la palabra (a la vez eslogan y consigna) peor empleada, menos definida, probablemente la menos comprendida, la más nebulosa y políticamente la más eficaz de los últimos —y sin duda también de los próximos— años"[3]. Esta indefinición, sin embargo, no importa, en todo caso para el Derecho, pues como ha advertido con razón *Schünemann*, aunque fuera posible una definición del concepto de globalización, lo cierto es que la misma sería innecesaria, ya que con ella no se trata de llevar a cabo una subsunción exacta en un supuesto de hecho legal como condición de una determinada consecuencia jurídica, sino sólo de comprender un "proceso evolutivo dinámico y todavía no concluido"[4]. Para el Derecho penal, entonces, lo que importa es describir, por así decirlo, las condiciones de posibilidad (causas) de este proceso e identificar las incidencias (consecuencias) que produce su desarrollo en el plano de la protección de bienes jurídicos, o sea en el cumplimiento de la tarea del Derecho penal.

2. El proceso de globalización es multidimensional, pues afecta a casi todos los aspectos y órdenes de la vida, incluso a los más simples y cotidianos. Descriptivamente, el proceso se caracteriza ante todo por la "desnacionalización", la cual comporta una considerable limitación —que en algunos ámbitos llega hasta la imposibilidad práctica— del control, por los Estados nacionales, de algunos de los fenómenos de la vida y de la organización de los seres humanos y de los pueblos que se ven afectados por el proceso. Lo característico de la globalización sería, en palabras de *Ulrich Beck*, que con ella "se ha venido abajo una premisa esencial de la primera modernidad, a saber, la idea de *vivir y actuar en los espacios cerrados y recíprocamente delimitados de los Estados nacionales y de sus respectivas sociedades nacionales*. Globalización" —continúa el autor— "significa la perceptible pérdida de fronteras del quehacer cotidiano en las distintas dimensiones de la economía, la información, la ecología, la técnica, los conflictos transculturales y la sociedad civil, ... una cosa que es al mismo tiempo familiar *e* inasible —difícilmente captable—, que modifica a todas luces con perceptible violencia la vida cotidiana y que fuerza a todos a adaptarse y a responder", y por todo ello —concluye—, "la globalización significa la muerte del apartamiento, el vernos inmersos en formas de vida transnacionales a menudo no queridas e incomprendidas, o —tomando prestada la definición de Anthony Giddens— *actuar y (con)vivir superando todo tipo de separaciones (en los mundos aparentemente separados de los Estados nacionales, las religiones, las regiones y los continentes*)"[5].

3. Aunque los aspectos sociales, culturales y políticos de la globalización son muy importantes, la dimensión más pronunciada y relevante de este proceso

hacer referencia a lo mismo.

3 Véase *Ulrich Beck*, ¿Qué es la globalización?, p. 40.

4 Véase *Schünemann*, GA (5) 2003, p. 300; *el mismo*, El Derecho en la globalización económica, p. 115; *el mismo*, Globalisierung, p. 135; también *Carrillo Salcedo* (Globalización, p. 34) caracteriza a la globalización como "un proceso, o un conjunto de procesos" .

5 Véase *Ulrich Beck*, ¿Qué es la globalización?, pp. 41 s. (cursivas del autor).

es, sin duda, la económica. Los Estados nacionales han claudicado ante los poderes económicos internacionales con la adopción de políticas ultraliberales y con la dotación de cobertura jurídica a los intereses de dichos poderes[6]. Aquéllos han flexibilizado las exigencias y reducido considerablemente los límites que habían impuesto tradicionalmente a las operaciones económicas con el exterior, lo cual —desde luego, en unión con otros factores— ha dado lugar a que en el presente hayan desparecido prácticamente los mercados nacionales cerrados, controlados y protegidos por el Estado, y a que las transacciones económicas internacionales se lleven a cabo ahora en un único mercado global, esto es, de alcance planetario[7]. Estos fenómenos, empero, no se han quedado estancados, sino que han progresado en dirección a una *globalización* de la economía, y esto ha dado lugar a la formación a escala mundial —y del mismo modo también a escala regional en determinados ámbitos geográficos, como es el caso, por ejemplo, de la UE—, de mercados relativamente homogéneos, en los cuales las transacciones económicas, y la actividad económica de producción y consumo de bienes y de servicios que están en la base de dichas transacciones, se realizan conforme a ciertas pautas y reglas uniformes que, de hecho, se imponen a los mismos Estados por los agentes económicos internacionales, entre otras razones, porque aquéllos han perdido en gran medida su capacidad de control político y de ordenación jurídica de la economía[8]. Como explica *Mir Puigpelat*[9], siguiendo en lo fundamental a *Faria*, como *causas* del proceso de la globalización pueden verse la crisis del patrón monetario mundial (patrón oro), las crisis del petróleo de los años 70, la supresión o limitación de las barreras jurídicas de los Estados-nación para las operaciones con el exterior, en la considerable reducción de los costes de transporte, el desarrollo de la información y de las comunicaciones, en especial la internet[10], y, desde luego, los efectos de la caída del muro de Berlín. Pero lo que nos importa ahora realmente son los *efectos* de la globalización —sin perjuicio de que los mismos puedan ser vistos, a la vez, también como su causa o, por lo menos ahora, como motor de su desarrollo[11]—, pues ellos son los que configuran la realidad a la que tiene que dar respuesta el Derecho en general, y el Derecho penal, en particular.

---

6 Véase *Mir Puigpelat*, Globalización, pp. 34, 38 ss.

7 Véase *Albrecht*, en Modernas tendencias, pp. 273 s., 274 ss.; *Silva Sánchez*, La expansión, p. 85.

8 Véase, en este sentido, *Albrecht*, en Modernas tendencias, p. 263: "en relación con el Estado nacional, la empresa económica adquiere una posición cada vez más fuerte en el proceso de globalización, y por esto, el control por el Derecho nacional es evidentemente más difícil, por lo que la persecución y el castigo de hechos punibles cometidos en y por las empresas da lugar a un déficit crónico"; véase, en el mismo sentido, *Schünemann*, Vom Unterschichts- zum Oberschichtsstrafrecht, p. 32.

9 Véase *Mir Puigpelat*, Globalización, pp. 30 ss.

10 Para *Schünemann*, [GA (5) 2003, p. 304, y El Derecho en la globalización económica, p. 119], la internet es la quintaesencia de la globalización.

11 Así *Mir Puigpelat*, Globalización, p. 48: "esta globalización político-institucional es a la vez causa y consecuencia de la globalización económica".

4. En el plano de los procesos de configuración de la realidad, la apertura de los mercados nacionales, que es una condición de posibilidad de la globalización económica[12], ha dado lugar a una situación de hecho a escala planetaria que podemos caracterizar como de *dominio de la economía mundial* por las *corporaciones (empresas) transnacionales*. Las empresas transnacionales no sólo pueden decidir sobre el establecimiento geográfico de sus centros de producción y de distribución de bienes y de servicios en un lugar u otro del globo, y con ello, entre otras cosas, la elusión de las leyes nacionales, por ejemplo en materia fiscal, laboral y ambiental[13]. Es que, además, *acuerdan entre ellas* la *lex mercatoria*, o sea las normas que regirán de hecho sus relaciones comerciales entre sí, las cuales no tienen mayor alcance que el de contratos o cuasicontratos susceptibles de modificación por nuevos acuerdos entre ellas mismas. De este modo, las empresas transnacionales operan con una relativamente gran autonomía al margen de los ordenamientos nacionales[14]. Esto es posible gracias a que los países económicamente desfavorecidos tienen una alta dependencia (económica) de las inversiones exteriores que se realicen en ellos, y sólo aquellas corporaciones transnacionales están en condiciones y tienen el poder de realizar *a su voluntad* tales inversiones[15]. Esta circunstancia fuerza a los Estados de los países desfavorecidos no sólo a una flexibilización cada vez mayor, cuando no a la supresión, de las barreras jurídicas protectoras de sus mercados nacionales, sino sobre todo —y esto es lo más importante— a claudicar luego ante los poderes económicos internacionales en el modo de una atemperación de sus legislaciones nacionales a los intereses y a las demandas de las corporaciones transnacionales inversoras[16], al ser dicha atemperación la condición —impuesta por éstas— de la realización de sus inversiones[17].

---

12 Véase, en este sentido, *Carrillo Salcedo*, Globalización, pp. 17 y 63: "¿Cómo ignorar! —se pregunta el autor— "que han sido las decisiones políticas y jurídicas adoptadas por los Estados en orden a reducir las barreras nacionales a las transacciones económicas internacionales las que han facilitado las condiciones propicias para la globalización?" (p. 63).

13 Así *Schünemann*, GA (5) 2003, p. 300; *el mismo*, El Derecho en la globalización económica, p. 116.

14 Sobre todo esto véase, por ejemplo, *Schünemann*, GA (5) 2003, p. 301; *el mismo*, El Derecho en la globalización económica, p. 117; *el mismo*, Globalisierung, p. 145; *Mir Puigpelat*, Globalización, pp. 39 ss.; *Carrillo Salcedo*, Globalización, pp. 32 y 62. Véase también, *Truyol y Serra*, La sociedad internacional, p. 164

15 La facturación de las grandes corporaciones transnacionales es mayor que el producto interior bruto de muchos países; véanse los datos, y las fuentes de dichos datos, citados por *Mir Puigpelat*, Globalización, nota 33 de pp. 39-40.

16 Por ejemplo, para la legislación penal, véase *Navarro Dolmetsch*, "Reconfiguración", p. 158: "las concretas decisiones de política criminal, aunque se adoptan dentro de las fronteras estatales, éstas se deciden fuera del Estado, en las transnacionales, los Estados dominantes o las organizaciones internacionales".

17 Véase *Estévez Araujo*, Ciudadanía cosmopolita, p. 293: "hay numerosos casos en que las compañías transnacionales exigen que se les exceptúe de la aplicación de la normativa laboral o medioambiental como condición para instalar una planta en un determinado país".

b) La globalización neoliberal

1. Prescindiendo ahora de los aspectos positivos —que, sin duda, los hay, ya sean actuales o potenciales— del proceso de globalización económica, lo cierto es que los negativos, a parte su gravedad intrínseca, se cuentan por docenas. Salvando las diferencias existentes por mor de la evolución y de las distintas coordenadas espacio-temporales, me parece un acierto el parangón que sugiere *Mir Puigpelat* entre la situación (internacional) actual y la de los países industrializados europeos durante el siglo XIX[18], o sea la similitud de la situación actual —pero ahora a escala mundial— con la que llevó en 1929 a *Hermann Heller* a idear y postular al Estado *social* para salvar al Estado de Derecho de los peligros que lo amenazaban, y que eran, por un lado, la sombra de la dictadura fascista, y por otro la degeneración real que el mismo ya había experimentado por obra tanto del positivismo jurídico como de la irracionalidad y del salvajismo de un capitalismo que se había convertido de hecho en un nuevo feudalismo económico encubierto por el Estado *liberal* de Derecho; para *Herman Heller*, la solución a estos peligros no pasaba por desmantelar al Estado de Derecho, sino sólo por dotarlo de contenido económico y social, transformándolo así en un Estado *social* de Derecho[19]. En efecto, la realización de la utopía liberal burguesa había evolucionado bajo la cobertura del Estado *liberal* de Derecho hacia una situación de hecho económica y socialmente irracional. Esta era una consecuencia de la tajante separación de la sociedad y del Estado, postulada por la concepción *liberal*, en sistemas distintos e independientes. Según dicha concepción, la sociedad era entendida como una ordenación espontánea y natural a la que dotaban de racionalidad sus propias leyes naturales, es decir, inmanentes a su propia ordenación, como por ejemplo las económicas de la oferta y la demanda y leyes de otra índole, cuyos presupuestos serían la libertad individual y el ejercicio de los derechos subjetivos individuales. Por ello, el Estado era entendido por la concepción liberal como otra organización racional distinta e independiente, separada de la sociedad, que no podría interferir, sino que, por el contrario, debía de abstenerse de intervenir en el juego de la ordenación natural de aquélla, y cuyo fin, por consiguiente, debía de limitarse estrictamente a garantizar y asegurar la libertad y el ejercicio de los derechos naturales individuales en cuanto presupuestos y condiciones de la existencia y del funcionamiento del orden social natural[20]. La experiencia histórica de esta concepción, empero, había puesto de relieve cómo el dejar entregado el funcionamiento del orden social a la acción de sus mecanismos supuestamente naturales de autorregulación había degenerado a una situación completamente irracional, caracterizada de un modo general por la producción de profundos desequilibrios económicos, sociales y políticos suficientemente reveladores de una vigencia meramente formal y en modo alguno real de los derechos y de la libertad individuales

18 Véase *Mir Puigpelat*, Globalización, p. 228.

19 Cfr. *Herrman Heller*, Rechtsstaat oder Diktatur?, pp. 443 ss.; véase sobre ello el resumen de *García Pelayo*, Las transformaciones sociales, pp. 16 s.

20 Cfr. *García Pelayo*, Las transformaciones sociales, pp. 21 ss., 52 s.

para la gran mayoría de los individuos[21]. Esta situación se hacía sentir especialmente en el ámbito de las condiciones económicas y laborales de la clase obrera (jornadas laborales ilimitadas y sin descanso semanal ni anual, salarios ínfimos, explotación del trabajo infantil, falta de coberturas sociales por enfermedad, accidente o desempleo, etc.), y desde luego en el ambiental. El concepto del Estado *social* surgió así como la invención histórica de una fórmula para corregir aquellos desequilibrios profundos a que daba lugar el libre juego de las fuerzas sociales postulado —y realmente puesto en práctica— por la concepción liberal de la sociedad como un sistema completamente separado del Estado[22]. Es cierto que el Estado *social* no ha logrado terminar con la injusticia y con la desigualdad que origina el liberalismo real, pero hay que reconocer que aquél ha dulcificado la situación en los países occidentales desarrollados en que se ha constituido.

2. Desde luego, en relación con los actuales procesos de globalización no puede hablarse de aquella tajante separación entre sociedad y Estado postulada por la ideología liberal, simplemente porque aún no existen ni una sociedad ni un Estado mundiales entre los que pudiera establecerse algún tipo de relación. Ahora bien, en el ámbito global que contemplamos, bien podríamos ver en los "mercados globales" el reemplazo de las sociedades nacionales del liberalismo, y, de igual modo, ver en la *ausencia* de un Estado o de una Autoridad mundiales el equivalente funcional —porque en el resultado viene a ser lo mismo— de la abstención de intervención del Estado liberal en la dinámica de los procesos sociales. Pues el resultado de las relaciones entre ambas circunstancias es el mismo, pero ahora a escala mundial o global, es decir, que el mercado global funciona de un modo autónomo conforme a la *lex mercatoria* o los acuerdos (*soft law*) de los agentes económicos globales (*global players*), y que de este modo, la economía globalizada se sustrae a la regulación y al control *del Derecho*[23]. Por ello, no le falta razón a *Schünemann* cuando advierte que la situación actual del proceso, caracterizada por que la economía *globalizada* ya no puede ser controlada por el Derecho estatal, suponga una recaída en el estado de naturaleza, en una guerra de todos contra todos en que el fuerte aniquila al débil, y, con ello, un regreso de la Humanidad al nivel moral de la edad de piedra[24]. En todo caso, el proceso

21 Cfr. *García Pelayo,* Las transformaciones sociales, pp. 22 s., 56 s.

22 *Cfr.* en este sentido, *Elías Díaz,* Estado de Derecho, p. 83: "fórmula que, a través de una revisión y reajuste del sistema, evite los defectos del Estado abstencionista liberal, y sobre todo del individualismo que le servía de base".

23 Así lo confirma la definición de globalización económica que propone *José Luis Sampedro,* El mercado y la globalización, Ed. Destino, Madrid, 2001, pp. 65 s., como "constelación de centros de intereses paralelos, cuyas decisiones dominan los mercados mundiales, especialmente los financieros, usando para ello la más avanzada tecnología y aprovechando la ausencia o debilidad de medidas reguladoras y de controles públicos". Véase, además, *Schünemann,* GA (5) 2003, p. pp. 301 s.; *el mismo,* El Derecho de la globalización, pp. 116 s.

24 Véase *Schünemann,* GA (5) 2003, p. 301; *el mismo,* El Derecho en la globalización económica, p. 116.

de globalización está dando lugar a un menoscabo del Estado social y a una eclosión renovada de la fuerza bruta del capitalismo salvaje[25].

3. Los *efectos* de este modo de funcionamiento "autorregulado" del mercado global, y, por ello, no controlado por el Derecho, son equiparables, sin duda, a los del liberalismo real decimonónico. Lo único que varían son los espacios geográficos y las poblaciones a que se extienden dichos efectos, que son devastadores. De entrada hay que decir ya que los fuertes efectos *económicos* que despliegan los acuerdos de los *global players* para terceros, excluyen o limitan su acceso al mercado, y esto sólo puede verse como la manifestación de un darwinismo a menudo alejado de la justicia[26]. Además, el proceso de la globalización lo impulsan las fuerzas de la explotación del hombre por el hombre y del expolio y despilfarro de los recursos naturales, con grave menosprecio de las condiciones de existencia y de subsistencia de las generaciones futuras, y con el efecto de un incremento de las desigualdades, ciertamente escandalosas e indecentes, entre los hombres y los pueblos[27]. Esto es así porque el proceso de globalización se desarrolla de un modo *sesgado*[28], o sea que afecta de muy diferente manera a unas personas y pueblos y a otros, y de este modo hay que distinguir entre globalizadores y globalizados. La realidad del proceso de globalización es una que, con *Pureza*, podemos calificar como de *apartheid global*. Según el autor portugués, este *apartheid* se manifiesta en la existencia de mil trescientos millones de seres humanos por debajo del umbral de la pobreza absoluta (el *Soweto global*), en la huida desde la miseria, la guerra y la falta de horizontes hacia los países de la abundancia (el *Estrecho global*), y en el desastre ecológico (el *Sahara global*) como resultado de un desarrollo dirigido por la competitividad y la obtención desmedida de beneficios sin consideración alguna hacia los derechos de las generaciones futuras[29]. La contrapartida de esta vergüenza humana no es menos escandalosa e indecente: un incremento de la concentración de la riqueza no sólo a escala mundial, sino también dentro de cada país, en unas pocas manos, de tal modo que —como dice *Estévez Araujo*— los países ricos, y los ricos de estos países, son cada vez más ricos, mientras que los países pobres, y los pobres de estos países, son cada vez más pobres, y todo esto hasta el punto de contemplar una situación ética y políticamente tan indecente como insostenible en que "el patrimonio neto de las diez fortunas más grandes del mundo equivale a una vez y media la renta nacional total del conjunto de los países menos

---

25 De modo parecido, no tan tajante como aquí, *Mir Puigpelat*, Globalización, pp. 215 ss.

26 Así, expresamente, *Schünemann*, GA (5) 2003, p. 302; *el mismo*, El Derecho en la globalización económica, p. 117.

27 Véanse datos realmente escandalosos por ejemplo en *Stiglitz*, El malestar de la globalización, nota 2 de pp. 29 s.; *Beck*, ¿Qué es la globalización?, p. 209; o en *Carrillo Salcedo*, Globalización, pp. 21 ss.

28 Véase *Dubois*, Una globalización sesgada, pp. 74 ss.

29 Véase *Pureza*, El patrimonio común de la humanidad, capitulos I y II, *passim*.

desarrollados"[30], o en que 358 multimillonarios posean en la actualidad una fortuna superior a la mitad de lo que gana la mitad de toda la humanidad[31].

4. Circunstancias como las descritas fuerzan a revisar las descripciones generales, más atrás expuestas, de las características del proceso de globalización, y en particular el tópico de la apertura de fronteras por los Estados nacionales, pues esto no es completamente exacto. De la globalización forman parte los procesos de integración de algunos Estados en comunidades u organizaciones supranacionales *regionales*, que en realidad dan lugar a globalizaciones parciales o a escala regional. Este es el caso, por ejemplo, de la UE, del Tratado de Libre Comercio de América del Norte (NAFTA), del Mercado Común del Sur (MERCOSUR), o de la Cooperación Económica Asia Pacífico (APEC), etc. Una apertura de fronteras en mayor o en menor medida, e incluso una total supresión de las mismas, se da sin duda entre los Estados integrados en la misma comunidad supranacional, pero ello no es así entre éstos y terceros Estados. El ejemplo más destacado lo proporciona la UE, cuyo Derecho no sólo regula y controla el mercado interior de su territorio sino que, sobre todo, también protege a dicho mercado frente a la competencia exterior. Por esto, ni es tan libre la entrada y circulación de productos *no europeos* en el mercado de la UE, y no digamos la de personas, ni los mercados europeos constituyen en principio un espacio adecuado a los designios de las corporaciones transnacionales, o sea para el establecimiento de sus centros de producción y el desarrollo de su actividad económica sin sujeción, o con una sujeción muy flexible, a normas fiscales, laborales y ambientales de alcances relativamente exigentes[32]. Lo mismo se puede decir con respecto a otros mercados, como el norteamericano o el japonés. Pero entonces, ¿qué hay de verdad en todos esos caracteres que se predican de la globalización, como la apertura de fronteras, la libre circulación de capitales y de mercancías, el dominio económico y la autonomía de las corporaciones transnacionales, la desregulación del mercado global, etc.?

5. A mi juicio, la pregunta planteada tiene una respuesta clara, y esta es que "la globalización no es global ni tiene el alcance que le atribuyen los ideólogos neoliberales"[33], pues como ha dicho *Estévez Araujo*, "lo que está aconteciendo en estos últimos años no es *la* globalización sino un *tipo* de globalización con unas características específicas y unos efectos extraordinariamente perversos"[34]. Este tipo de globalización se denomina "globalización neoliberal", y es preciso oponerle otras alternativas de globalización que contrarresten sus efectos

30 Así *Carrillo Salcedo*, Globalización, p. 22.

31 Así *Beck*, ¿Qué es la globalización?, p. 209.

32 Cfr. en sentido parecido, aunque en un contexto más general, *Schünemann*, Globalisierung, p. 145, donde advierte que en todo caso los componentes de las corporaciones transnacionales ubicados en el correspondiente Estado nacional, quedan sometidos a la intervención jurídica de dicho Estado.

33 Como ha dicho expresamente *Carrillo Salcedo*, Globalización, pp. 19 s.

34 Véase *Estévez Araujo*, Ciudadanía cosmopolita, p. 285 (cursivas del autor).

devastadores[35]. La globalización neoliberal no es global porque la realidad del proceso vivido no supone otra cosa que la expansión e imposición a escala planetaria de los poderes económicos del mundo llamado desarrollado, y en especial la política hegemónica de los USA[36]. Por eso, como antes se dijo, hay que hablar de "globalizadores" y de "globalizados", teniendo en cuenta que esta globalización neoliberal se desarrolla en un espacio planetario en que los Estados existentes no son iguales en poder, de modo que las poblaciones de unos se ven sometidas a la voluntad de los gobiernos de otros. La realidad es que las corporaciones transnacionales que dominan la economía mundial tienen su origen en el mundo desarrollado y que desde éste se expanden a los países no industrializados en el modo de una nueva colonización económica[37]. Dada la dependencia económica de estos países, sus Estados se ven forzados a hacer amplias concesiones a las corporaciones transnacionales que deciden instalarse en sus territorios, especialmente mediante una flexibilización de sus exigencias fiscales, y de su legislación laboral y ambiental a la medida de las exigencias de aquéllas, sin olvidar que en la mayor parte de los casos, los gobiernos de dichos países son los "cómplices necesarios" de las corporaciones transnacionales mediante la supresión de toda traba al saqueo de sus recursos naturales por aquéllas[38]. De este modo, los Estados "globalizados" abandonan de hecho la tarea de protección de los bienes jurídicos involucrados en la actividad de producción de las corporaciones transnacionales, que son bienes jurídicos ligados a los derechos económicos y sociales y al equilibrio ambiental. En paralelo a esto, los ingentes beneficios obtenidos por los globalizadores no revierten en el desarrollo de las zonas y poblaciones explotadas, sino de nuevo en el mundo desarrollado globalizador. No existe un reparto equitativo de la riqueza mundial generada con la globalización neoliberal. Todo ello da lugar a consecuencias tan funestas como las que enumera *Faria*: "el aumento de los niveles de desigualdad; la mayor vulnerabilidad de mujeres, jóvenes, viejos y minorías por el desempleo; la segregación y la disolución de los mecanismos de integración y cohesión sociales; la degradación ambiental, los problemas crónicos de espacio urbano y la multiplicación de bolsas de miseria en las regiones metropolitanas de los países desarrollados o en vías de desarrollo; la consiguiente fragmentación física, económica y cultural de esas regiones en comunidades locales; los asfixiantes y opresivos sistemas de autoaislamiento (mecanismos de vigilancia, estrategias privadas de protección, edificios cerrados al ambiente externo, con sus lógicas y valores propios multiplicados por el uso de tecnologías domésticas y de autoservicio, etc.) cada vez más presentes en ciudades grandes y medias; las condiciones hobbesianas en los guetos, en las favelas y en las chabolas; la violación sistematica de los derechos humanos; la aparición de zonas controladas por el crimen organizado; la

35 Véase *Estévez Araujo*, loc. cit.

36 Véase *Schünemann*, Globalisierung, pp. 151 ss.

37 Véase *Carrillo Salcedo*, Globalización, p. 31; en sentido parecido *Schünemann*, Globalisierung, pp. 151 s.

38 En este sentido, para el caso del continente africano, véase *Schünemann*, Globalisierung, p. 152.

explosión de las tasas de violencia, la elevación de los niveles de marginalidad y los crecientes índices de desobediencia generalizada"[39].

c) Algunas manifestaciones de criminalidad de la globalización

1. No precisa de explicación el hecho manifiesto de que el proceso de la globalización neoliberal, conlleva la aparición de condiciones específicas para la práctica de una nueva criminalidad o delincuencia asociada a la globalización[40]. Dado que la dimensión más relevante de la globalización es la económica, no puede sorprender que la criminalidad de la globalización sea una de carácter, por un lado, fundamentalmente económico en razón de su contenido[41], y marcadamente empresarial, por otro, en razón no sólo de que un importante volumen de los hechos delictivos que tienen lugar en este contexto están relacionados con actividades típicamente económico-empresariales, sino también porque las posibilidades de realización incluso de hechos delictivos relativos a actividades *ab initio* ilícitas están fuertemente condicionadas por la necesidad de utilizar sólidas redes logísticas y eficientes estructuras organizativas, y esto motiva la adopción y puesta en práctica de formas típicamente empresariales de actuación como las más adecuadas para la realización de los hechos delictivos en cuestión[42].

2. Además de las masivas lesiones de los bienes jurídicos medioambientales y de los ligados a las relaciones laborales, que son sin duda las más graves, una manifestación de la criminalidad de la globalización es la realización de comportamientos que, como es el caso, sobre todo, de las diversas modalidades de fraude[43], se encuadran ya en las formas de criminalidad tradicional[44] y, por ello, o bien son subsumibles sin más en los tipos penales tradicionales, o bien requieren simplemente de la extensión o de la formulación de meras variantes de éstos para que puedan ser alcanzadas por la punibilidad[45]. Aquélla criminalidad, empero, también se manifiesta, por supuesto, en la aparición de hechos delictivos que, por diversas causas, son de nuevo cuño[46]. En un primer apartado cabría incluir a los hechos delictivos relativos a la práctica

---

39 Véase *Faria,* El Derecho en la economía globalizada, pp. 202 ss.

40 Véase, en este sentido, *Silva Sánchez,* La expansión, pp. 83 ss., 85 ss., donde habla de delincuencia y de criminalidad de la globalización.

41 Véase *Silva Sánchez,* La expansión, pp. 83 ss.

42 Véase *Albrecht,* en Modernas tendencias, pp. 269, 275.

43 Véase al respecto *Albrecht,* en Modernas tendencias, p. 269: "en el centro de la criminalidad económica se encuentran desde luego acciones fraudulentas en un sentido amplio".

44 Así, por ejemplo, *Silva Sánchez,* La expansión, p. 86.

45 Así, por ejemplo, el tipo moderno de la estafa informática del art. 248.2 CP. Sobre los tipos modernos de estafa de crédito, de inversión de capitales y de abuso de seguro como modalidades de delitos patrimoniales, véase *Schünemann,* Vom Unterschichts- zum Oberschichtsstrafrecht, pp. 26, 28.

46 Nuevos objetos de comercio ilícito, nuevas formas de agresión, etc. Como observa *Albrecht,* en Modernas tendencias, p. 269, "la creciente multiplicidad de las formas de

de actividades económicas inicialmente lícitas, como por ejemplo abusos de poder en el comercio internacional[47], infracciones a las normas de tráfico económico nacional con el exterior[48], ilícitos en materia de transferencia de tecnología[49], criminalidad informática o mediante computadoras[50], etc. En un segundo apartado, cabe incluir a los hechos delictivos relativos a todo un conjunto de transacciones a nivel internacional que son ya ilícitas *ab initio* por razón de sus objetos inequívocamente ilícitos[51], como es el caso, por ejemplo, del tráfico internacional de drogas, moneda falsa, armas, órganos humanos, personas para la prostitución, niños para la adopción internacional, así como de inmigrantes y de trabajadores, o el blanqueo de capitales, etc[52]. Aunque materialmente puedan ser reconducidas a los apartados anteriores, también debe mencionarse como una modalidad específica de criminalidad de la globalización, como ha destacado *Albrecht*, la que se lleva a cabo en el marco de las llamadas economías sumergidas y de los denominados mercados negros, por ejemplo de inmigración, blanqueo de capitales, inversiones, piratería de productos, etc[53]. Por otro lado ha de mencionarse, a la corrupción política y de funcionarios como un tipo de delincuencia específica de la globalización que cobra especial relevancia en la medida en que la realización con éxito de toda esta macrocriminalidad internacional es difícilmente imaginable al margen de las burocracias administrativas estatales y, por ello, sin la cooperación de funcionarios y de agentes estatales[54].

---

aparición delictiva de la criminalidad económica", tiene lugar "también a consecuencia de las actividades legislativas"; véase también *Silva Sánchez*, La expansión, p. 86.

47 Véase *Tiedemann*, Poder económico, pp. 52 ss.

48 Véase *Tiedemann*, Lecciones, pp. 39 s.

49 Véase *Tiedemann*, Poder económico, pp. 111 ss.

50 Véase *Tiedemann*, Poder económico, pp. 121 ss.

51 El importante concepto dogmático de "objeto inequívocamente ilícito" lo debe la doctrina jurídico penal a la genialidad de *Gimbernat* de formular —por primera vez en 1991, y con motivo de su investigación sobre los delitos contra la propiedad intelectual— la asimismo importante y dogmáticamente fructífera categoría de los —por él denominados— "delitos con objeto plural inequívocamente ilícito"; véase *Gimbernat*, en JD, nº 13, 2/1991, pp. 35 ss., publicado también en EPyC, XV, 1992, pp. 99 ss. y recogido en sus Ensayos penales, Ed. Tecnos, Madrid, 1999, pp. 429 ss. Hasta donde alcanzo, en la doctrina española sólo el autor de este artículo se ha hecho eco de la categoría de delitos formulada por *Gimbernat*, asumiéndola sin reservas en la interpretación del moderno tipo delictivo del art. 160 CP —uno con objeto plural inequívocamente ilícito— de utilización de la ingeniería genética para la producción de armas biológicas o exterminadoras de la especie humana; véase *Gracia Martín*, en Diez/Gracia, Comentarios al Código penal. Parte Especial I, Ed. Tirant lo Blanch, Valencia, 1997, pp. 675 s. nm. 9-11.

52 Así *Albrecht*, Modernas tendencias, pp. 259 s., 273 s.; *Silva Sánchez*, La expansión, p. 99.

53 Véase *Albrecht*, en Modernas tendencias, pp. 275 s.

54 Véase al respecto, por ejemplo, *Dölling*, Empfehlen sich Änderungen des Straf- und Strafprozessrecht, um der Gefahr von Korruption in Staat, Wirtschaft und Gesellschaft wirksam zu begegnen?, Gutachten C zum 61. Deutschen Juristentag, München, 1996; *Pieth*, ZStW 109 (1997), pp. 758 ss.; *Pieth/Eigen* (eds.), Korruption im internationalen Geschäftsverkehr, Luchterhand, Neuwied, Basel, 1999, *passim*; *Albrecht*, en Modernas tendencias, pp. 272 ss. Como consecuencia de la ratificación por España del Convenio de la

3. Más allá e independientemente del volumen y de la multiplicidad de los singulares modos de conducta delictiva que, por una o por otra razón, pueden ser vistos como característicos de la internacionalización y de la globalización de la economía, o al menos como conexos a las mismas, conviene destacar aquí el aspecto de la criminalidad de la globalización relativo a los modos o formas generales en que ésta se canaliza y desarrolla[55]. En la criminalidad tradicional, se trata de autores individuales o incluso de grupos o de bandas de delincuentes que actúan espontáneamente y de modo marginal, esto es, que no realizan sus hechos delictivos en el marco de ninguna actividad institucionalizada, sino en el devenir de su mera situación existencial vinculada a las estructuras sociales[56]. La delincuencia económica en general, y, dentro de ella, su macroscópica y más compleja dimensión ligada a la internacionalización y a la globalización de la economía, no se muestra ya como un fenómeno social de tipo marginal sino, por el contrario, como uno que se lleva a cabo, como destaca *Silva Sánchez*, a partir de "elementos de organización, transnacionalidad y poder económico"[57], o, como indica *Albrecht*, a partir de "una organización permanente y estable"[58]. Hasta ahora, la criminalidad económica y empresarial no internacionalizada se podía distinguir nítidamente de la llamada *criminalidad organizada*[59]. La primera ha sido —y, en parte aún continúa siéndolo— una criminalidad que se desarrolla en el contexto *institucionalizado* de la actividad empresarial *ab initio* lícita, es decir, en relación con mercados en principio legales, mientras que la segunda se ha caracterizado como criminalidad de organizaciones dedicadas a actividades *ab initio* ilícitas y que operan totalmente en mercados criminales ilegales[60] y al margen del Derecho[61]. La criminalidad económica

---

OCDE, de lucha contra la corrupción de agentes públicos extranjeros en las transacciones comerciales internacionales, firmado el 17 de diciembre de 1997, mediante LO 3/2000, de 11 de enero, *BOE* nº 10, de 12 de enero, el legislador español introdujo en el Código penal un nuevo Título XIX bis, relativo a los delitos de corrupción en las transacciones comerciales internacionales, con un único art. 445 bis. Este artículo ha sido derogado (tácitamente) por la LO 15/2003, de 25 de noviembre, *BOE* nº 28 de 26 de noviembre, la cual dio una nueva redacción al artículo 445 relativo a la figura delictiva a que hacemos referencia.

55 En general, véase *Müller* et. alter, Wirtschaftskriminalität, pp. 1 ss.

56 Así *Albrecht*, en Modernas tendencias, p. 274: "en los casos de criminalidad individual se reconoce el grado de sujeción del individuo o su posicionamiento en las estructuras sociales"; véase también *Silva Sánchez*, La expansión, p. 86, donde habla de la "idea [tradicional] de delincuencia como fenómeno marginal".

57 Véase *Silva Sánchez*, La expansión, pp. 86 s.; *Albrecht*, en Modernas tendencias, pp. 274 ss.

58 Véase *Albrecht*, en Modernas tendencias, p. 274.

59 Véase *Panhuber/Harder*, en Wabnitz/Janovsky, pp. 343 nm. 4, 344 nm. 7, para quienes la diferencia esencial entre la criminalidad organizada y la criminalidad económica organizada radica en que mientras la primera opera por medio de *violencia e intimidación*, la segunda lo hace mediante modos y formas de *influencia*.

60 Véase sobre la distinción entre mercados criminales de bienes en principio legales y mecados de bienes ilegales, *Albrecht*, en Modernas tendencias, p. 274.

61 Véase al respecto, por ejemplo, *Di Amato*, Tratatto I, p. 9 n. 19, así como *Pedrazzi*, RtDPE, 1988, pp. 125 s., quienes advierten que la criminalidad de la empresa puede caracterizarse

de la globalización, sin embargo, es una *criminalidad empresarial organizada* que apenas se distingue ya de la criminalidad organizada tradicional. Hoy, expone *Albrecht*, "los mercados de la clase mencionada, es decir, de drogas, inmigración, prostitución, fraude de inversiones o blanqueo de capitales, precisan de una gran logística y de un *management*, y para ello se ofrecen las formas de la economía legal", y "en esta medida tiene sentido hablar de una disolución de las fronteras entre criminalidad económica o empresarial organizada y la criminalidad organizada clásica"[62].

d) Hacia un Derecho penal internacional de la economía global

1. En este último apartado de esta parte voy a dejar únicamente planteados algunos interrogantes y reflexiones —aquí, por fuerza y necesariamente, de un modo muy selectivo y general, así como también provisional— acerca de si el Derecho penal se ve —y, en su caso, cómo se ve— realmente afectado por los procesos de la globalización y de si el mismo tiene que intervenir y de qué modo en el desarrollo de tales procesos.

2. Desde luego, si el proceso de globalización económica es uno que se desarrolla con un carácter irreversible[63], y si el proceso en cuanto tal, o sea despojado de sus efectos perversos, puede ser visto como uno plausible en virtud de los beneficios a que podría dar lugar un desarrollo ordenado del mismo, entonces resulta obvio que un efecto inmediato que tiene que producir la globalización para el Derecho penal es la despenalización de aquellos hechos cuya prohibición bajo la amenaza de pena supondría una traba para aquel proceso y estaría además en contradicción con el mismo. En este sentido, *Silva Sánchez* pone el ejemplo de la declaración de inaplicable de la normativa penal española en materia de transacciones económicas con el exterior, por el Tribunal de Justicia de las Comunidades Europeas en 1995[64].

---

como incidental con respecto a una legitimidad de fondo de la actividad ejercitada, diferenciándose así de otros modos de hechos de criminalidad organizada. Por su parte, *Paterniti*, RtDPE, núm. 12, 1991, p. 955, destaca que en el ámbito de la criminalidad de empresa se produce una compleja confusión entre lo lícito y lo ilícito, y *Eisenberg*, Kriminologie, 5ª ed., p. 709 nm. 6, observa que la criminalidad económica se caracteriza porque las formas de la acción se muestran aparentemente legales, lo que dificulta muchas veces la aprehensión de su relevancia jurídico penal.

62 Véase *Albrecht*, en Modernas tendencias, p. 275; sobre la fluidez entre ambos campos y la dificultad de trazar fronteras entre ellos, *Panhuber/Harder*, en Wabnitz/Janovsky, p. 344 nm. 6-7; *Nack*, en Müller-Gugenberger/Bieneck, pp. 142 s. nm. 6, distingue la criminalidad organizada de los "bajos fondos" de la del "mundo superior"; en sentido similar, *Silva Sánchez*, La expansión, p. 99: "el paradigma del Derecho penal de la globalización es el delito económico organizado tanto en su modalidad empresarial convencional, como en las modalidades de la llamada macrocriminalidad: terrorismo, narcotráfico o criminalidad organizada (tráfico de armas, mujeres o niños)".

63 Así *Carrillo Salcedo*, Globalización, p. 35.

64 Véase *Silva Sánchez*, La expansión, p. 86.

3. Sin embargo, la cuestión central es la opuesta, o sea, la relativa a la criminalización de conductas y a la persecución penal. A este respecto, en los estudios e investigaciones sobre la relación del Derecho penal con la globalización se tratan o meramente se mencionan materias criminales o cuestiones jurídico penales y procesales penales muy dispares en sus aspectos específicos. Así, por ejemplo, se relacionan con la globalización la criminalidad organizada referida a cualquier objeto y actividad criminales (terrorismo, drogas, armas, personas, objetos de propiedad intelectual e industrial, inmigración clandestina, blanqueo de capitales, etc.)[65], la Corte penal internacional[66] y, con ella, los delitos internacionales que caen bajo su jurisdicción, la corrupción de funcionarios extranjeros en las transacciones comerciales internacionales[67], la criminalidad ambiental[68], la criminalidad de internet[69], la seguridad nacional[70], etc., y además, también, aspectos relativos a la teoría general del delito, como la responsabilidad penal de las personas jurídicas[71], los delitos de peligro abstracto[72], etc[73]. En mi opinión, sin embargo, la doctrina sobredimensiona tanto el número de problemas jurídico-penales que quieren verse como "propios" de la globalización, como también los juicios político criminales y, sobre todo, los enfoques dogmáticos sobre los problemas que quiere ver —algunos de ellos, equivocadamente— como típicos de la globalización. Por eso, me parece acertada la advertencia de *Silva Sánchez* en el sentido de que "el Derecho penal de la globalización no es *todo* el Derecho penal", sino que aquél se limita más bien a la delincuencia económica u organizada y a las actividades delictivas conexas[74].

4. En efecto, un buen número de conductas delictivas o de formas de realización del delito que se quieren ver como propias del proceso de

---

65 Cfr. *supra* IV, y las referencias bibliográficas del apartado.

66 Véase, por ejemplo, *Schünemann*, GA (5) 2003, pp. 305 s., 310 ss.; *el mismo*, El Derecho en la globalización económica, pp. 120 s., 125 s.; *el mismo*, Gobalisierung, pp. 143 y 153.

67 Véase, por ejemplo, *Schünemann*, GA (5) 2003, pp. 308 ss.; *el mismo*, El Derecho en la globalización económica, pp. 122 ss.; *Abanto Vázquez*, La lucha contra la corrupción, pp. 273 ss., y especialmente pp. 313 ss.

68 Véase, por ejemplo, *Reichart*, Umweltschutz, *passim*; *Schünemann*, GA (5) 2003, pp. 304 s.; *el mismo*, El Derecho en la globalización económica, pp. 119 s.; *el mismo*, Gobalisierung, pp. 146 y 149 ss.; *Bermúdez Soto*, Globalización y protección ambiental, pp. 356 ss.

69 Véase, por ejemplo, *Teubner*, Globalización y constitucionalismo social, pp. 19 ss., *Schünemann*, GA (5) 2003, pp. 303 s.; *el mismo*, El Derecho en la globalización económica, pp. 118 s.

70 Véase, por ejemplo, *Zaffaroni*, Derecho penal, pp. 45 ss.

71 Véase, por ejemplo, *Bustos Ramírez*, La responsabilidad penal de las personas jurídicas, p. 333: "la globalización le ha permitido (a la persona jurídica) un desarrollo transnacional e inernacional inimaginable"; y *Laura Zúñiga*, La cuestión, p. 268: "hablamos de la moderna empresa ... en el mercado globalizado".

72 Véase, por ejemplo, *Mendoza Buergo*, El Derecho penal, pp. 319 ss., y especialmente pp. 337 ss.

73 Véase una enumeración amplia de la incidencia de la globalización en el Derecho penal en *Moreno Hernández*, Implicaciones dogmáticas, pp. 375 ss.

74 Véase *Silva Sánchez*, La expansión, pp. 90 y 99.

globalización, no tienen su causa en ésta realmente, sino que se trata de una criminalidad tradicional o que ya estaba definida antes de la puesta en marcha de aquel proceso. Lo único que ocurre es que ahora esa criminalidad tiene un espacio de mayores dimensiones para su desarrollo y unos medios más amplios para su realización. Pero este no es un fenómeno nuevo cualitativamente, sino sólo cuantitativamente y en intensidad. Se trata de la que tradicionalmente se ha denominado como delincuencia *transnacional y transfronteriza*, o sea de comportamientos en cuya represión penal están interesadas todas las naciones y que constituyen delito en todos los Derechos nacionales, pero respecto de los cuales resulta difícil una represión efectiva por los Estados respectivos actuando de modo aislado porque tales comportamientos traspasan las fronteras de aquéllos y sus efectos lesivos se extienden también a todos o a varios Estados[75]. Así, comportamientos delictivos relativos al tráfico ilícito de drogas, a la trata de blancas, al blanqueo de capitales, a la falsificación de moneda, al terrorismo, etc., no son evidentemente comportamientos originados por la globalización; más bien son comportamientos delictivos que ahora tienen lugar en un espacio geográfico total, es decir que ven ampliado tanto el escenario como los medios y condiciones de realización. Estas nuevas circunstancias, sin embargo, no son determinantes de la sustantividad de esta delincuencia, sino únicamente, pero esto desde luego, de un incremento de las dificultades para su descubrimiento, persecución, enjuiciamiento y efectiva punición por los Estados nacionales. La solución de estos problemas debe acometerse con los instrumentos de entreayuda y cooperación judicial internacionales, para lo cual la llamada orden europea de detención, establecida en el ámbito de la UE, podría constituir un modelo a seguir en el espacio jurídico internacional global. La correspondiente regulación de los instrumentos de cooperación judicial internacional, sin embargo, tiene que ir acompañada de una necesaria armonización de las legislaciones penales nacionales[76].

5. Un verdadero y auténtico Derecho global —y, como parte de éste, un Derecho penal global— únicamente puede serlo aquél que regule, y, con ello, permita controlar el mercado mundial actualmente dominado a su voluntad por los *global players*. Puesto que el mercado mundial no puede controlarlo ningún Estado, y es además un asunto de la incumbencia de *todos* los Estados y, con ello, también de toda la Humanidad, el Derecho global únicamente puede emanar de la comunidad internacional y tiene que ser, por ello, un Derecho internacional. El Derecho penal protector del correcto funcionamiento del mercado global habrá de ser, por ello, también un Derecho penal internacional. El Derecho penal internacional, lo mismo que el nacional, sólo se justifica y legitima por su finalidad de protección de bienes jurídicos[77], de modo que también el Derecho penal global tiene que dedicarse

75 Véase sobre ello *Alicia Gil*, Derecho penal internacional, p. 44.

76 Véase *Schünemann*, GA (5) 2003, p. 311; *el mismo*, El Derecho de la globalización, p. 125; también, con referencias a las considerables dificultades de la armonización, *Silva Sánchez*, La expansión, pp.88 ss.

77 Véase sobre ello, ampliamente, *Alicia Gil*, Derecho penal internacional, pp. 27 ss.

exclusivamente a la tarea de protección de bienes jurídicos[78]. A mi juicio, aquí no se trata de que el Derecho penal global haya de proteger los bienes jurídicos nacionales a los cuales no pueden dispensar una protección efectiva los Estados nacionales aisladamente, sino de ir más lejos. Se trata más bien, primero, de acotar aquellos sustratos valiosos del mundo global a los que los *global players* tienen actualmente un acceso y un dominio prácticamente ilimitados y cuya indemnidad depende de los concretos usos que aquellos hagan de los mismos, así como también dependen de tales usos las perversas consecuencias, ya descritas más atrás, que se derivan del proceso de la globalización "neoliberal". Tales sustratos tienen que ser elevados a la categoría de bienes jurídicos *internacionales*, y su protección ha de encomendarse a un Derecho penal *internacional* de la economía global que ha de ser reconocido como Derecho *necesario*, esto es, como un Derecho penal derivado de normas con carácter de *ius cogens*[79]. Un bien jurídico de carácter internacional que me parece indiscutible es el *ambiente*[80], pero también deberían adquirir ese rango —y ser, por ello, protegidos por el Derecho penal internacional de la globalización— todos aquéllos sustratos que constituyen el objeto de los derechos económicos, sociales y culturales de los que son titulares la totalidad de los seres humanos y pueblos integrantes de la Humanidad. Cómo, y de qué modo, hay que llegar a este nuevo Derecho internacional, son preguntas sobre las que sólo tratar de decir algo en un espacio limitado como éste, podría ser un ejercicio escandalosamente frívolo y aventurado. Sí he de reconocer, no obstante, que la propuesta que acabo de realizar de un modo tan escueto —que tiene un vasto apoyo histórico y iusfilosófico— es, hoy por hoy, una que nos proyecta a un horizonte de utopía.

III. ASPECTOS GENERALES DEL DERECHO PENAL EUROPEO

En el momento actual, se desarrollan en diversas zonas geográficas del mundo distintos procesos de integración de una pluralidad de pueblos, y de sus Estados nacionales, en formaciones o entidades supranacionales. Entre ellos, el de la Unión Europea es el que se encuentra en situación más avanzada[81]. La Unión Europea, según la opinión dominante, dispone de un ordenamiento jurídico propio y autónomo[82] que, además, goza de primacía

78 Véase, en este sentido, *Schünemann*, GA (5) 2003, p. 303; *el mismo*, El Derecho de la globalización, p. 118.

79 En sentido parecido, véase *Schünemann*, GA (5) 2003, pp. 310 ss.; *el mismo*, El Derecho de la globalización, pp. 124 ss.

80 Así también *Schünemann*, Globalisierung, pp. 145 s.

81 Sobre el proceso de integración europea en general, véase por ejemplo, *Guy Isaac*, Manual de Derecho comunitario general, pp. 15 ss.; *Alonso García*, Derecho comunitario, pp. 2 ss.; *Molina del Pozo*, Manual de Derecho de la Comunidad Europea, pp. 17 ss.; *Linde Paniagua* et. alt., Principios de Derecho de la Unión Europea, pp. 34 ss.

82 Véase en este sentido, *Molina del Pozo*, Manual, pp. 451 s.; *Linde Paniagua*, en Principios, pp. 306 ss. Para la normativa europea fundamental, véase la recopilación de *Díez-Hochleitner/ Martínez Capdevilla*, Derecho de la Unión Europea. Textos y comentarios, MacGrawHill, Madrid, 2001.

sobre los ordenamientos singulares de los Estados miembros[83]. Al margen de los importantes aspectos culturales y geopolíticos de la integración, por ahora la Unión Europea se identifica fundamentalmente, y ante todo, con un espacio geográfico de aproximadamente 3,2 millones de Km2 en el que viven 370 millones de habitantes, y en que opera de modo institucionalizado un "mercado común europeo"[84]. Por ello, puede estimarse que la dimensión y los aspectos más destacados de la Unión Europea son actualmente los económicos en la medida en que son también los más visibles y experimentados así como los más consolidados. Como no podía ser menos, los procesos de integración supranacional conllevan también importantes implicaciones de criminalidad, y éstas motivan diversas respuestas político criminales y jurídico-penales que van formando —y finalmente configuran— un Derecho penal específico de la integración que, sin duda, debe ser valorado como Derecho penal moderno[85].

a) Bienes jurídicos europeos

1. En lo que se refiere a la Unión Europea, hay que indicar, en primer lugar, que la misma delimita ya por su mera existencia un singular "espacio geográfico criminal"[86] en que se realizan también, y en su totalidad, los fenómenos de criminalidad que hemos descrito en los apartados anteriores[87], con la única particularidad de que tienen lugar en el espacio geográfico e institucional del mercado común europeo, lo cual no deja de tener su importancia, pues ello supone que dicha criminalidad, por un lado se lleva a cabo por medio de la utilización de instrumentos e instituciones europeos específicos y, por otro lado, los daños que produce afectan asimismo a intereses europeos específicos[88]. En un plano más concreto, ha de tenerse en cuenta que la integración europea da lugar a la aparición de todo un conjunto de "bienes jurídicos europeos"[89] claramente diferenciados de los reconocidos particularmente en los ámbitos nacionales de cada uno de los Estados miembros[90].

---

83 Véase *Guy Isaac*, Manual, pp. 174 ss.; *Molina del Pozo*, Manual, pp. 506 s.; *Linde Paniagua*, en Principios, pp. 395 ss.

84 Referencias en *Dannecker*, en Wabnitz/Janovsky, pp. 428 s. nm. 12.

85 Véase, por ejemplo, *Silva Sánchez*, La expansión, pp. 81 s.

86 Así *Dannecker*, en Wabnitz/Janovsky, p. 428 nm. 12, haciendo suya la calificación de Europa, por el Ministerio del Interior de Baden-Württenberg, como "nuevo espacio geográfico criminal".

87 Véase, *Müller-Gugenberger*, Wirtschaftsstrafrecht, pp. 68 ss. nm. 1 ss.

88 Véase, por ejemplo, *Albrecht*, en Modernas tendencias, pp. 259 s., 269 ss.; *Dannecker*, Wabnitz/Janovsky, pp. 428 s. nm. 12-13.

89 Véase, en este sentido, *Tiedemann*, NJW, 1993, pp. 23 s.; también *Oehler*, en FS- Baumann, pp. 562, 565 ss.; *Sieber*, Das strafrechtliche Sanktionensystem p. 74; *Satzger*, Die Europäisierung, p. 348: "bienes jurídicos supranacionales europeos".

90 Sobre los bienes jurídicos europeos, véase, sobre todo, *Grasso*, Comunidades europeas, pp. 45 ss. y passim; como describe *Grasso* (lug. cit., pp. 45 s.): "las exigencias que informan sobre la eventual necesidad de tutela penal de determinados intereses, y del correspondiente 'merecimiento de pena' de las conductas lesivas de los mismos, ya no

2. En términos generales se puede convenir con *Grasso*[91] en que los posibles bienes jurídicos europeos se podrían clasificar en dos grupos[92]. En el primero se trataría de aquéllos que podemos denominar como bienes jurídicos europeos *institucionales* por estar vinculados a la existencia y al ejercicio de los poderes y competencias propios de la Unión Europea, como por ejemplo los relativos a las condiciones de existencia de la propia Unión Europea, a la *actividad funcional* de la misma por medio de sus funcionarios, y a los recursos financieros propios de la Unión[93]. El segundo grupo estaría integrado por los bienes jurídicos europeos que surgen a consecuencia del ejercicio de la actividad normativa concreta de la Unión respecto a sectores de actividad, generalmente económicos, que se encuentran sometidos a su competencia normativa, como por ejemplo la libre competencia, las condiciones de consumo garantizadas al consumidor, las condiciones del mercado laboral garantizadas a los trabajadores, los objetos de propiedad industrial, las condiciones de funcionamiento del mercado agrario, el medio ambiente, la moneda única, etc[94].

b) La protección penal de los bienes jurídicos europeos

1. Los bienes jurídicos europeos, evidentemente, tienen que ser protegidos mediante los correspondientes sistemas de sanciones penales y administrativas. La protección penal de los bienes jurídicos europeos, empero, tiene que ser también, como en los ordenamientos nacionales, una de carácter fragmentario y subsidiario, es decir, que ha de tener lugar sólo frente a las formas de agresión más graves y cuando no basten al efecto las sanciones de carácter administrativo[95]. La Unión Europea tiene un poder sancionador propio de naturaleza *administrativa* fundado en las atribuciones de Derecho primario que le otorgan los arts. 83 TCE (antes 87), 64 TCECA y 83 TCEEA[96],

---

son tan sólo las relativas a las condiciones de existencia de una comunidad organizada en Estado, sino que se orientan a una comunidad supranacional, en la que se planifican ciertos sectores económicos esenciales de una pluralidad de Estados"; véase además, y por ejemplo, *Dieblich*, Der strafrechtliche Schutz der Rechtsgüter der Europäische Gemeinschaften, *passim.*; *Satzger*, Die Europäisierung, pp. 348 ss.

91 Véase *Grasso*, Comunidades europeas, pp. 49 s.

92 Véase también *Satzger*, Die Europäisierung, pp. 349 ss., quien, de otro modo, los clasifica en individuales y relativos a la soberanía.

93 Véase *Grasso*, Comunidades europeas, pp. 50 ss.; *Satzger*, Die Europäisierung, p. 350, denomina a estos bienes jurídicos de los que es portadora-titular la Unión Europea —del mismo modo que puede serlo cualquier otra entidad supranacional— "bienes jurídicos relativos a la soberanía" (*hoheitlichen Rechtsgüter*).

94 Véase *Grasso*, Comunidades europeas, pp. 50, 53 ss.

95 Véase en este sentido, expresamente en relación con la protección europea de los bienes jurídicos relativos a la inmigración ilegal y al tráfico de personas, *Arroyo*, Illegale Einwanderung und Menschenhandel, pp. 201 ss.

96 Véase, al respecto, *Dannecker*, Evolución, pp. 87 ss.; *el mismo*, en Wabnitz/Janovsky, pp. 441 nm 43; *Müller-Gugenberger*, Wirtschaftsstrafrecht, pp. 103 nm. 64-65; *Satzger*, Die

y con esta base dispone de un ordenamiento sancionador propio integrado por tipos europeos de infracción administrativa y por las correspondientes sanciones de la misma naturaleza en relación con diversos ámbitos y sectores, entre los cuales cabe destacar el relativo a la competencia como uno de los más relevantes e importantes[97]. Por el contrario, la Unión Europea carece de poder penal, pues los Estados miembros todavía no se han decidido a ceder a aquélla ninguna parte de este componente de su soberanía[98]. La inexistencia de un *ius puniendi* europeo propio, empero, no significa que los nuevos bienes jurídicos europeos estén desprovistos de protección jurídico-penal. Esta protección existe como una a la que, además, y en cuanto a lo que aquí interesa, hay que ver como Derecho penal moderno[99]. La falta de competencia penal de la Unión Europea no es absoluta, pues lo único que sucede es que ésta, por ahora, no puede establecer por sí misma un Derecho penal europeo uniforme, esto es, con validez para todos los Estados miembros[100]. Sin embargo, como ha indicado *Tiedemann*, hay que reconocer que, al menos en un sentido *mediato*, la Unión Europea sí es fuente del Derecho penal[101], y, en este sentido, puede afirmarse que es titular de un *ius puniendi* que si bien, evidentemente, no comprende aún la facultad de aplicación del Derecho penal europeo por órganos jurisdiccionales europeos, sí se extiende claramente al ámbito del *establecimiento* de un *ius poenale* europeo[102].

2. En el sector del moderno Derecho penal que ahora nos ocupa, cuya característica es que el mismo tiene su fuente en el *ius puniendi* de la Unión Europea, habría que distinguir por ahora *de lege lata et ferenda*, y tal como ha explicado recientemente *Satzger*, entre la "europeización del Derecho penal"

Europäisierung, pp. 92 ss., 99 ss.; *Cuerda Riezu*, en Schünemann/Suárez, pp. 368 s. (= en Hacia un Derecho penal económico europeo, pp. 623 s.)

97 Véase al respecto, sobre todo, *Dannecker/Fischer-Fritsch*, Das EG-Kartellrecht, *passim*; *Dannecker*, Evolución, pp. 102 ss.; *el mismo*, en Wabnitz/Janovsky, pp. 442 s. nm. 44-46.

98 Véase, *Weigend*, ZStW 105 (1993), p. 775. Sobre la problemática, véase el reciente y detallado estudio de *Satzger*, Die Europäisierung, pp. 57 ss., 99 ss. Observan, por ejemplo, *Dannecker*, Evolución, p. 87 y *Müller-Gugenberger*, Wirtschaftsstrafrecht, p. 104 nm. 65, que en consideración a la soberanía de los Estados miembros, en los reglamentos se expresa siempre que las sanciones "no tienen naturaleza penal".

99 Véase *Bacigalupo*, FS-Roxin, p. 1373, donde utiliza la denominación de "moderno Derecho penal europeo".

100 Véase *Tiedemann*, NJW, 1990, p. 2232; *el mismo*, NJW, 1993, p. 23; *Cuerda Riezu*, en Schünemann/Suárez, pp. 370 s. (= en Hacia un Derecho penal económico europeo, p. 625); *Böse*, Strafen und Sanktionen, pp. 55 ss.; *Dannecker*, Evolución, p. 49 s.; *el mismo*, en Wabnitz/Janovsky, p. 439 nm. 40.

101 Véase *Tiedemann*, FS-Roxin, p. 1403; véase, en cambio, *Satzger*, Die Europäisierung, pp. 155 s.

102 Véase, recientemente, *Tiedemann*, FS-Roxin, pp. 1403 ss., 1406 ss., 1412 s.; así como también *Satzger* Die Europäisierung, pp. 90 s.; y, ya antes, *Tiedemann*, en AGON, nº 17, 1998, pp. 12 s. y AGON, nº 23, 1999, pp. 7 s.; asimismo, véase *Cuerda Riezu*, en Schünemann/Suárez, pp. 370 s. (= en Hacia un Derecho penal económico europeo, pp. 625 s.); *Dannecker*, FS-Hirsch, p. 144; *Kühne*, JZ, 1998, pp. 1070 s.; *Bacigalupo*, AP, 1998, nº 42 p. 832; *Palazzo*, RP, nº 3, 1999, p. 40.

y el "Derecho penal europeo"[103]. En el campo de la *europeización* se trata de los múltiples y diferentes modos y formas de influencia del Derecho europeo en la producción, contenido, interpretación y aplicación del Derecho penal nacional de los Estados miembros; objeto de la europeización son siempre las normas del Derecho estatal interno. En el Derecho penal europeo (supranacional), en cambio, se trata de tipos penales que pertenecen al Derecho de la Unión Europea y deben tener aplicación inmediata en los Estados miembros.

3. Son diversos los motivos, técnicas y procedimientos de *europeización* del Derecho penal de los Estados miembros, cada uno con su propia problemática específica, pero con un fundamento común que radica en tres principios básicos que informan las relaciones entre el Derecho supranacional y el nacional de cada Estado: primacía del Derecho europeo sobre el interno, directa aplicabilidad del primero en los Estados miembros, y un mandato de interpretación (y aplicación) del Derecho nacional conforme al europeo[104]. Se trata del denominado "deber de lealtad" de los Estados miembros hacia el Derecho europeo, que obliga negativamente a no producir legislación nacional incompatible con él[105], y, positivamente, a extender los tipos penales nacionales a la protección de bienes jurídicos europeos, sea en el momento de su creación por el legislador, sea en el de su interpretación y aplicación judicial[106].

4. El Derecho europeo opera ya sobre los nacionales en un sentido *negativo*, al fundamentar aquél para los Estados miembros *deberes de no penar*, en sus respectivas legislaciones internas, comportamientos que sean conformes con aquél. Tales deberes pueden concretarse en prohibiciones de incriminación, en mandatos de despenalización, o en mandatos de no aplicación de tipos penales vigentes a consecuencia de una interpretación de los mismos conforme al Derecho europeo[107]. En un sentido *positivo*, la europeización del Derecho penal (nacional) tiene lugar a partir de la formulación, por la Unión Europea, de *deberes de penar* determinados comportamientos en los Derechos nacionales, y se lleva a cabo por medio de dos técnicas generales y en varios modos en cada una. En virtud de la técnica general denominada como *asimilación*, el ámbito de protección —y, por tanto, el de aplicación— de

103 Véase *Satzger*, Die Europäisierung, pp. 8 s.; *Müller-Gugenberger*, Wirtschaftsstrafrecht, pp. 119 s. nm. 91-94; *Tiedemann*, Die Europäisierung des Strafrechts, pp. 134s., 136 s.

104 Véase, en este sentido, por ejemplo, *Cuerda Riezu*, en Schünemann/Suárez, p. 371 (= en Hacia un Derecho penal económico europeo, p. 626); *Grasso*, Comunidades europeas, pp. 275 ss.; *Dannecker*, Evolución, pp 64 ss.; *Satzger*, Die Europäisierung, pp. 38 ss., 43 ss., 518 ss.

105 Véase sobre este deber de lealtad, *Satzger*, Die Europäisierung, pp. 295 ss.

106 Véase *Tiedemann*, FS-Roxin, p. 1405: cuando no se haya producido una asimilación del Derecho europeo, el juez nacional deberá interpretar el precepto penal en sentido "favorable a la comunidad" (*gemeinschaftsfreundlich*).

107 Véase, *Cuerda Riezu*, en Schünemann/Suárez, pp. 371 s. (= en Hacia un Derecho penal económico europeo, pp. 626 ss.); *Grasso*, Comunidades europeas, pp. 62 ss., 290 ss.; *Müller-Gugenberger*, Wirtschaftsstrafrecht, pp. 111 ss. nm. 78-80, 113 ss. nm. 81-83; *Tiedemann*, FS-Roxin, pp. 1402 s.

los tipos penales nacionales resulta ampliado a los bienes jurídicos europeos paralelos a los nacionales en virtud de una expresa remisión o reenvío de la norma europea al Derecho interno de los Estados miembros, en el sentido de que las agresiones a los bienes jurídicos europeos se castiguen en él de la misma manera que las relativas a los nacionales[108]. Generalmente cuando no es posible la protección de los bienes jurídicos europeos mediante remisión a los Derechos nacionales vigentes, la europeización se lleva a cabo mediante la técnica general denominada como *armonización*. Esta consiste básicamente en que una norma europea —directiva o reglamento— establece para los Estados miembros un *deber de penar* determinados comportamientos mediante el mandato de crear e introducir en sus ordenamientos internos, tipos penales orientados específicamente a la protección de bienes jurídicos europeos[109].

5. Como modos concretos de europeización del Derecho penal mediante asimilación o armonización, según los casos, se han de mencionar, la creación de tipos nacionales para la protección específica de bienes jurídicos europeos[110], como es el caso, por ejemplo, de los tipos de los arts. 306, 309 y 628 CP, relativos a la defraudación de los presupuestos de la Unión Europea[111]; la equiparación de la protección penal de los bienes jurídicos europeos a la de los nacionales en los tipos nacionales[112], como es el caso por ejemplo de la de la Hacienda pública europea con la española en los tipos de defraudación tributaria de los arts. 305.3 y 627 CP[113]; las remisiones que hagan los tipos penales *en blanco* (nacionales) a la normativa europea[114]/[115]; y, finalmente, la interpretación (y

108 Véase *Cuerda Riezu*, en Schünemann/Suárez, pp. 373 ss. (= en Hacia un Derecho penal económico europeo, pp. 628 ss.), pp. 373 ss.; *Grasso*, Comunidades europeas, pp. 160 ss.; *Tiedemann*, NJW, 1993, pp. 25 s.; *el mismo*, Die Europäisierung des Strafrechts, pp. 143 s.; *el mismo*, FS-Roxin, p. 1405; *Dannecker*, Evolución, pp. 50 ss.; *el mismo*, en Wabnitz/Janovsky, pp. 455 ss. nm. 70-73; *Müller-Gugenberger*, Wirtschaftsstrafrecht, pp. 102 s. nm. 60-63; *Satzger*, Die Europäisierung, pp. 188 ss.

109 Así, *Cuerda Riezu*, en Schünemann/Suárez, pp. 374 ss. (= en Hacia un Derecho penal económico europeo, pp. 630 ss.); *Grasso*, Comunidades europeas, pp. 215 ss.; *Tiedemann*, NJW, 1993, pp. 26; *el mismo*, Die Europäisierung des Strafrechts, pp. 144 s.; *el mismo*, FS-Roxin, p. 1405; *Dannecker*, Evolución, pp. 58 ss.; *el mismo*, en Wabnitz/Janovsky, pp. 446 ss. nm. 54 ss.; *Satzger*, Die Europäisierung, pp. 393 ss., 418 ss.

110 Véase *Dannecker*, en Wabnitz/Janovsky, pp. 446 ss. nm. 54 ss.; *el mismo*, Jura, 1998, pp. 82 ss.; *Müller-Gugenberger*, Wirtschaftsstrafrecht, pp. 70 ss. nm. 70 ss.; *Satzger*, Die Europäisierung, pp. 295 ss., 328 ss., 385 ss., 393 ss.

111 Véase, por todos, *Martínez-Buján*, Dp.ec.-PE, pp. 433 ss.

112 Véase, *Dannecker*, en Wabnitz/Janovsky, pp. 455 ss. nm. 70-73.

113 Véase, por todos, *Martínez-Buján*, Dp.ec.-PE, pp. 358 s.

114 Véase *Moll*, Europäisches Strafrecht, pp. 49 ss.; *Tiedemann*, FS-Roxin, p. 1404; *Dannecker*, en Wabnitz/Janovsky, pp. 468 ss. nm. 96 ss.; *Müller-Gugenberger*, Wirtschaftsstrafrecht, pp. 109 ss. nm. 76 ss.; *Satzger*, Die Europäisierung, pp. 210 ss.

115 Hasta donde alcanzo, en la legislación penal española no encuentro ningún ejemplo concreto de tipo penal en blanco con remisión expresa a normas de Derecho europeo; para ejemplos de legislación alemana, véanse nota anterior. No obstante, es evidente que la normativa a la que reenvían los tipos en blanco españoles —por ejemplo los tipos contra el

aplicación) conforme al Derecho europeo, de los tipos nacionales vigentes, en el sentido de dar entrada en los mismos a la dimensión europea de los hechos y de los conceptos de que se trate[116], como debe suceder, por ejemplo, con la interpretación del concepto de documento público en los tipos de falsedad de los arts. 390 ss. CP para que también queden comprendidos los documentos públicos europeos en sus ámbitos de protección y no sólo los españoles[117].

6. En la situación presente, todavía no existe un *Derecho penal europeo* como realidad vigente *de lege lata*. La Unión Europea no dispone aún de un ordenamiento punitivo propio y unitario directamente aplicable en todos los Estados miembros sin necesidad de que éstos lleven a cabo una transposición del Derecho (penal) europeo al nacional por medio de los correspondientes actos legislativos estatales y de acuerdo con el sistema de fuentes de cada uno[118]. Ahora bien, el que esto haya sido así hasta ahora no significa, de ningún modo, que así tenga que continuar siéndolo en el presente, pero sobre todo hay que abogar por que ello deje de ser así en el futuro más inmediato posible. Si se quiere garantizar la construcción, primero, y asegurar la subsistencia, después, de una Unión Europea en condiciones de poder *realizar* los valores de la democracia y de la libertad, de la misma manera en que los mismos constituyen ya formalmente sus pilares básicos[119] y tendrán que operar a la vez como motor del progreso social en Europa, entonces creo que la vigencia

---

medio ambiente, arts. 325 ss. CP— también estará integrada por disposiciones de Derecho europeo.

116 Véase *Dannecker*, en Wabnitz/Janovsky, pp. 456 s. nm. 73, 460 ss. nm. 81 ss.; *Satzger*, Die Europäisierung, pp. 518 ss., 565 ss.

117 Véase, para el Derecho alemán, similar en esto al Derecho español, *Tiedemann*, FS-Roxin, p. 1405; *Dannecker*, en Wabnitz/Janovsky, p. 456 nm. 73; para más ejemplos, véase *Satzger*, Die Europäisierung, pp. 571 ss.

118 Véase *Satzger*, Die Europäisierung, p. 73: "el Derecho penal de la comunidad, al menos por el momento, no podría incluir ninguna norma de Derecho penal criminal". Este autor (*lug. cit.*, pp. 73 ss.), siguiendo a *Heitzer* (Punitive Sanktionen im Europäischen Gemeinschaftsrecht, C. F. Müller, Heidelberg, 1997, pp. 8, 164 s., 171), distingue, no obstante, entre un Derecho penal *en sentido estricto* —criminal— y otro *en sentido amplio*, y, con base en la atribución de carácter *punitivo* a ciertas sanciones no criminales, sugiere que pueda haber una zona de intersección en que se disolverían las diferencias entre algunos tipos de sanciones de uno y otro ordenamientos, como por ejemplo las multas, y así llega a la conclusión de que sí existe un Derecho penal (*en sentido amplio*) europeo; más detalladamente, *Satzger*, lug. cit., pp. 92 ss., 98 ss. *Debería ser* evidente, sin embargo, que con especulaciones de este tipo —en cuyo trasfondo está siempre la desafortunada impresión superficial de un casi nunca existente "fraude de etiquetas"— no sólo no se gana nada sino que se introduce confusión en lo que debería estar claramente diferenciado. Frente a ello hay que decir que el Derecho penal es, simplemente, Derecho penal, y que si a algo que no lo es se lo quiere denominar "Derecho penal *en sentido amplio*", no por ello se lo va a convertir en "Derecho penal" porque seguirá siendo sólo y nada más que Derecho sancionador administrativo.

119 Sobre la democracia —y, con ella, obviamente, la totalidad de los valores democráticos— como principio *constitutivo* de la Unión Europea, véase, por ejemplo, *Linde Paniagua*, Principios, pp. 106 ss.

real de un auténtico Derecho penal europeo es una necesidad institucional inaplazable[120].

7. Ciertamente, hay que reconocer con realismo que hasta ahora no se han visto otras condiciones de posibilidad de protección de los bienes jurídicos europeos que no sean las de una europeización del Derecho penal de los Estados miembros en los modos descritos. Al fin y al cabo, la construcción de Europa es todavía un proceso inacabado, sin perfiles completamente definidos y cuyo desarrollo no está exento de importantes dificultades de muy diversa índole. La construcción de Europa parece querer seguir una dirección encaminada a la superación histórica de la forma política del Estado-nación, pero también se constata, a la vez, la existencia y actividad de la fuerza de una paradójica inercia de la soberanía de los Estados-nación que opera como rémora para el proceso de construcción de Europa[121]. Por todo esto, y dado que el Derecho penal constituye una de las expresiones más fuertes de la soberanía del Estado-nación, no debe sorprender que hasta ahora no se hayan dado las condiciones de posibilidad de un Derecho penal (supranacional) europeo, a diferencia de lo que, por el contrario, ha ocurrido con otros ámbitos jurídicos en que las manifestaciones de soberanía son, sin duda, más débiles que en el Derecho penal[122].

8. La protección de bienes jurídicos europeos por medio de una mera europeización de los Derechos penales nacionales, y a través de la asimilación y de la armonización, es, sin duda, insuficiente e insatisfactoria[123]. Esto, a mi juicio, no se debe precisamente a los posibles problemas de legitimidad que, al parecer, plantean en parte dichas técnicas desde el punto de vista de los sistemas de fuentes del Derecho penal de los Estados miembros[124], sino que

120 La idea de la necesidad de un Derecho penal europeo, y por razones semejantes a las indicadas anima, sin duda, el discurso de *Bottke* favorable a legitimar un Derecho penal económico, véase *Bottke*, en Schünemann/Suarez, pp. 113 ss.; *el mismo* en Hacia un Derecho Penal económico europeo, pp. 643 ss.

121 Véase *Linde Paniagua*, en Principios, pp. 112 ss.

122 Véase, en este sentido, *Tiedemann*, Die Europäisierung des Strafrechts, p. 134. Véase también, en detalle, *Satzger*, Die Europäisierung, pp. 135 s., y pp. 157 ss., donde explica cómo los argumentos de soberanía constituyen un motivo de resistencia a la integración jurídico penal.

123 En el mismo sentido, *Grasso*, Comunidades europeas, p. 212.

124 Estos problemas, si realmente se dan, los veo fácilmente superables en el marco de construcciones teóricas orientadas a los aspectos materiales, las cuales deberían imponerse y expulsar para siempre de la Ciencia jurídica a un pensamiento formalista que todavía la domina como uno que razona —y, por cierto, en el ámbito penal en un grado exponencial— de modo completamente circular en torno a objetos y enunciados carentes de toda base real o material porque la existencia de los mismos sólo se debe a las formas jurídicas previas a partir de las que han sido asimismo previamente creados y para darles a continuación cualquier contenido, pero entonces sólo ya, y de un modo inflexible, *el* que se haya querido introducir en las formas de las que proceden y ningún otro distinto en su lugar. Que la carga de una Ciencia jurídica formalista en general, y la de una penal en particular, es de signo completamente reaccionario y que, por ello mismo,

es atribuible más bien a los comprobados resultados deficitarios a que parece estar abocada la mera europeización del Derecho penal. Como es sabido, la técnica de la asimilación arrastra consigo un déficit de desigualdad en la protección penal de los bienes jurídicos europeos que es congénito en virtud de que los tipos penales que deben asimilar el Derecho europeo tienen diferente alcance o extensión en cada Estado miembro, así como en virtud, además, de que también existen diferencias en la clase y/o cuantía de pena previstas para dichos tipos en cada Estado[125]. La técnica de la armonización, desde luego, no supera estos inconvenientes, sino que los agrava. Por una parte, porque las directivas que obligan a los Estados miembros a sancionar determinados comportamientos tienen que confiar siempre a la decisión última de cada uno determinados aspectos de la regulación estatal que transponga el Derecho europeo al nacional, lo cual motiva inevitables desigualdades, como las que pueden tener lugar cuando la directiva confía a los Estados la decisión alternativa de sancionar penal o administrativamente[126], y todo ello, además, sin perjuicio del riesgo de incumplimiento por los Estados miembros de su deber de sancionar[127].

9. Sin duda, la Ciencia penal ha aportado ya en las tres últimas décadas conocimientos y propuestas muy importantes para la construcción del necesario Derecho penal europeo. Esto lo prueba ya la abundante bibliografía publicada sobre la materia[128], en la cual, pese a haber sin duda una gran cantidad desechable a causa de la entropía que aqueja a la Ciencia

---

constituye un serio obstáculo para todo progreso es algo que no está necesitado ya de ninguna demostración especial.

125 Véase al respecto, con ejemplos, *Grasso*, Comunidades europeas, pp. 195 s.; también *Cuerda Riezu*, en Schünemann/Suárez, pp. 373 s. (= en Hacia un Derecho penal económico europeo, pp. 629 s.).

126 Véase *Grasso*, Comunidades europeas, pp. 212 ss.; *Cuerda Riezu*, en Schünemann/Suárez, p. 375 (= en Hacia un Derecho penal económico europeo, pp. 631 s.).

127 *Klaus Tiedemann* ha realizado recientemente un esfuerzo tendente a remediar situaciones de protección deficitaria, en los ordenamientos nacionales, de los intereses financieros de la Unión Europea frente a defraudaciones; esfuerzo que en principio me parece digno no sólo de atención, sino también de profundización a la vista de la razón de que está cargado. Según *Tiedemann*, cuando se den tales situaciones deficitarias, y para elevar la protección penal en el Estado de que se trate al nivel exigido por el Derecho europeo, la Unión Europea podría dictar —con base en el art. 280.4 TCE (redacción de Amsterdam)— no sólo directivas necesitadas de posterior transposición al Derecho nacional, sino también *Reglamentos* con vigencia inmediata en los Estados miembros, los cuales tendrían un carácter complementario y subsidiario respecto al Derecho nacional; véase, con una sólida argumentación, *Tiedemann*, FS-Roxin, pp. 1406 ss.; sobre las competencias en materia penal de la Unión Europea, con base en el art. 280.4 TCE, véase también *Dannecker*, en Wabnitz/Janovsky, p. 441 nm. 42; *Satzger*, Die Europäisierung, pp. 138 ss., 434 ss.; *E. Bacigalupo*, en Curso, pp. 433 ss. Esta solución, como he dicho, me parece digna de recibo, pero evidentemente no puede generalizarse a todo el ámbito del Derecho penal europeo y no resuelve, pues, totalmente las insuficiencias de la europeización que se describen en el texto.

128 Véase las relaciones bibliográficas de *Satzger*, Die Europäisierung, pp. 719 ss. y de *Dannecker*, en Wabnitz/Janovsky, pp. 415 ss.

penal, encontramos también, no obstante, aportaciones de gran calidad y profundidad científicas, como es el caso, particularmente destacado, y así es justo reconocerlo, de las impresionantes obras europeistas y progresistas de *Klaus Tiedemann*[129] y de *Bernd Schünemann*. Precisamente a *Tiedemann* se debe la iniciativa y culminación de una ambiciosa propuesta, avalada por estudios y fundamentaciones científicos de varios penalistas europeos, de un extenso Derecho penal europeo articulado ya en forma de texto normativo modélico y con la denominación general de "Eurodelitos" (*Europa-Delikte*)[130], y a *Schünemann* una propuesta total sobre la configuración de una Administración de Justicia europea[131].

10. En el plano institucional, la creación de un Derecho penal (supranacional) europeo es todavía un hecho de futuro sobre el que se cierne, sin duda, una gran incertidumbre. Con realismo, se puede pensar en la creación de un Derecho penal europeo en que aparezcan unificados únicamente determinados ámbitos o sectores del Derecho penal[132]. Un tímido paso adelante lo constituye el denominado *Corpus Iuris de regulaciones jurídico penales para la protección de los intereses financieros de la Unión Europea*, un proyecto de uniformización del Derecho penal europeo en esa materia que ha sido elaborado por una Comisión de expertos por encargo del Parlamento y de la Comisión europeos. El texto inicial del *Corpus Iuris*, terminado en noviembre de 1995[133], ha sido objeto posteriormente de una nueva redacción publicada en el año 2000[134]. Se ha calificado al *Corpus Iuris* como un Código penal modelo para el ámbito específico de la protección de los intereses financieros de la Unión

---

129 Es evidente que no es preciso aportar ninguna prueba al respecto, pero sí me viene a la memoria, como buen exponente de ello, que "La grandeza del Derecho penal: Europa y el Profesor Tiedemann", fue el título del Discurso de clausura de las Jornadas en honor del mismo con motivo de su investidura como doctor honoris causa por la Universidad Autónoma de Madrid, en octubre de 1992, pronunciado por Ruiz Vadillo, hoy ya fallecido y a la sazón Presidente de la Sala Segunda del Tribunal Supremo; véase dicho discurso en la publicación española: Hacia un Derecho penal económico europeo. Jornadas en honor del Profesor Klaus Tiedemann, Bolitín Oficial del Estado, Madrid, 1995, pp. 729 ss.

130 Véase Klaus Tiedemann, (ed.), Wirtschaftsstrafrecht in der Europäischen Union. Rechtsdogmatik. Rechtsvergleich.Rechtspolitik. *Freiburg-Symposium*, Carl Heymanns Verlag, Köln/Berlin/Bonn/München, 2002, donde se reunen las ponencias científicas de los diversos penalistas europeos participantes, y en pp. 449 ss. la propuesta normativa de "Eurodelitos".

131 Véase *Schünemann* (ed.), Ein Gesamtkonzept für die europäische Strafrechtspflege, Carl Heymanns Verlag, 2006.

132 Véase, *Tiedemann*, Die Europäisierung des Strafrechts, p. 137; véanse referencias a las posibilidades de un Código penal europeo al modo del Código penal modelo para los E.E.U.U. o del Código penal tipo para Latinoamérica, que considera poco realistas, en *lug. cit.*, pp. 136 s.

133 Véase *Sieber*, en Delmas-Marty (ed.), Corpus Iuris der strafrechtlichen Regelungen zum Schutz der finanziellen Interessen der Europäischen Union, Carl Heymanns Verlag, Köln/Berlin/Bonn/München, 1998, p. 6.

134 Véase *Delmas-Marty/Vervaele*, The implementation of the Corpus Iuris in the Member States, 1, 2000.

Europea[135] que podría ser la base de un futuro Derecho penal europeo[136]. A la espera está, sin embargo, su definitiva aprobación y publicación oficial mediante el correspondiente Reglamento del Consejo, en cuyo caso sería de aplicación inmediata, o bien mediante la correspondiente directiva, en cuyo caso precisaría de transposición a los Derechos estatales por los legisladores nacionales[137].

11. Como puede comprobarse fácilmente, la mayor parte del Derecho penal de la Unión Europea, ya sea que el mismo se introduzca por la vía actualmente vigente de la europeización de los Derechos nacionales, ya sea el Derecho penal (supranacional) europeo del futuro, tiene como contenido tipos penales del Derecho penal económico[138] y, eventualmente —por ejemplo en el *Corpus Iuris*— normas de la Parte General que suponen la adaptación de las reglas de la imputación tradicionales a la criminalidad económica y, sobre todo, económico-empresarial. El Derecho penal de la Unión Europea está orientado a la protección de bienes jurídicos europeos, los cuales tienen un contenido esencialmente económico, y por ello se puede decir que el Derecho penal europeo es fundamentalmente Derecho penal económico y de la empresa[139].

135 Véase *Tiedemann*, FS-Roxin, p. 1406.

136 Véase *Delmas-Marty*, Besoins et moyens de création d'un Droit pénal européen, en Huber (ed.), Das Corpus Juris als Grundlage eines Europäischen Strafrechts, Freiburg im Breisgau, 2000, p. 33.

137 Véase *Tiedemann*, FS-Roxin, p. 1406; también *Satzger*, Die Europäisierung, p. 89.

138 Véase una relación de tipos penales formulados a partir del Derecho europeo, fundamentalmente económicos, en *Dannecker*, en Wabnitz/Janovsky, *passim*.

139 Véase, *Dannecker*, en Wabnitz/Janovsky, pp. 438 s. nm. 39; *Müller-Gugenberger*, Wirtschaftsstrafrecht, pp. 68 s. nm. 1; y sobre todo, los trabajos y el texto de "Eurodelitos" publicados en el volumen relativo al *Freiburg-Symposium* publicado por Tiedemann y citado más arriba en nota 130.

Bibliografía citada

Abanto Vásquez, La lucha contra la corrupción en un mundo globalizado, en Losano/Muñoz Conde (eds.), El Derecho ante la globalización y el terrorismo, Actas del Coloquio Internacional Humboldt, Montevideo abril 2003, Alexander von Humboldt Stiftung/Tirant lo Blanch, Valencia, 2004, pp. 273 ss.

—Acerca de la teoría de bienes jurídicos, RP nº 18 2006, pp. 3 ss.

Aguado Correa, El principio de proporcionalidad en Derecho penal, Edersa, Madrid, 1999.

Alastuey Dobón, El delito de contaminación ambiental (Artículo 325.1 del Código penal), Ed. Comares, Granada, 2004.

Albrecht, Hans-Jörg, Investigaciones sobre criminalidad económica en Europa: conceptos y comprobaciones empíricas, en Modernas tendencias en la Ciencia del Derecho penal y en la Criminología, UNED, Madrid, 2001, pp. 259 ss.

Albrecht, Peter-Alexis, Das Strafrecht auf dem Weg vom liberalen Rechtsstaat zum sozialen Interventionstaat. Entwicklungstendenzen des materiellen Strafrechts, en KritV 1988, pp. 182 ss.

—Erosionen des rechtsstaatlichen Strafrechts, en KritV 1993, pp. 163 ss.

—Kriminologie. Eine Grundlegung zum Strafrecht, 4ª ed., Verlag C. H. Beck, München, 2010.

—Die vergessene Freiheit, 3ª ed., BWV Berliner Wissenschafts-Verlag, Berlin, 2011.

Alcacer Guirao, Los fines del Derecho penal. Una aproximación desde la filosofía política, ADPCP 1998, pp. 365 ss.

—¿Lesión de bien jurídico o lesión de deber? Ed. Atelier, Barcelona, 2003.

Amelung, Rechtsgüterschutz und Schutz der Gesellschaft, Athenäum Verlag, Frankfurt a. M., 1972.

—Strafrechtswissenschaft und Strafgesetzgebung, ZStW 1980, pp. 19 ss.

Anastasopoulou, Deliktstypen zum Schutz kollektiver Rechtsgüter, Verlag C.H. Beck, München, 2005.

Aller, Criminalidad del poder económico, IBdF, Buenos Aires/Montevideo, 2011.

Appel, Verfassung und Strafe, Duncker & Humblot, Berlin, 1998.

Arana, Materia, Universo, Vida, Ed. Tecnos, Madrid, 2001.

Araujo Granda, Paulina, Derecho penal económico. Los delitos socioeconómicos en la legislación ecuatoriana, Universidad Internacional SEK/Corporación de Estudios y Publicaciones, Quito, 2010.

– Reflexiones acerca de la peligrosa expansión del poder punitivo: Derecho penal del riesgo, en http://www.juridico.gpjasociados.com/index.php?option=com_content&view=article&id=4:derecho-penal-de-riesgo&catid=2:derecho-penal-economico&Itemid=3

Aristóteles, Moral, a Nicómaco, Edición de Espasa, con Introducción de L. Castro Nogueira, 11ª ed., Madrid, 1999.

Arroyo Zapatero, El Derecho penal económico en la República Federal alemana, en Barbero Santos (ed.), La reforma penal: delitos socioeconómicos, Universidad de Madrid, 1985, pp. 99 ss.

– Derecho penal económico y Constitución, en RP nº 1 1998, pp. 1 ss.

Ayala Gómez, El delito de defraudación tributaria. Artículo 349 del Código penal, Ed. Civitas, Madrid, 1988.

Arzt, Wissenschaftsbedarf nach dem 6. StrRG, en ZStW 1999, pp 757 ss.

Bacigalupo, E., Die Europäisierung der Strafrechtswissenschaft, en FS-Roxin Walter de Gruyter, Berlin/New York, 2001, pp. 1361 ss.

– Curso de Derecho penal económico, Marcial Pons, Madrid, 1998; 2ª ed., 2005.

Bajo Fernández, Derecho penal económico aplicado a la actividad empresarial, Ed. Civitas, Madrid, 1978 (cit. DPE).

Bajo/Suárez, en Bajo/Pérez Manzano/Suárez, Manual de Derecho penal. Parte Especial, 2ª ed., Centro de Estudios Ramón Areces, Madrid, 1993 (cit. PE).

Bajo/S. Bacigalupo, Derecho penal económico, 2ª ed., Centro de Estudios Ramón Areces, Madrid, 2010 (cit. DPE2ª 2010).

Basar, Modernes Strafrecht – Vergessene Freiheit?. Das Strafrecht vor neuen Herausforderungen, Logos Verlag, Berlin, 2014.

Beccaria, De los delitos y de las penas, Alianza Editorial, Madrid, reimpresión de 1988.

Beck, Risikogesellschaft, Suhrkamp, Frankfurt am Main, 1986 [existe traducción española a cargo de J. Navarro, D. Dominguez y Mª R. Borrás, La sociedad del riesgo, Barcelona, 1998].

– Politik in der Risikogesellschaft, Suhrkamp, Frankfurt am Main, 1991.

– De la sociedad industrial a la sociedad del riesgo, en Revista de Occidente, nº 150, 1993.

– en J. Beriain (compilador), Las consecuencias perversas de la modernidad, Barcelona, 1996.

– ¿Qué es la globalización? Falacias del globalismo, respuestas a la globalización, trad. de Bernardo Moreno y Mª Rosa Borrás, Paidos, Barcelona, 1998.

BENDA, El Estado social del Derecho, en Benda/Maihofer/Vogel/Hesse/Heyde, Manual de Derecho constitucional, 2ª ed., Marcial Pons, Madrid/Barcelona, 2001, pp. 487 ss.

BERMÚDEZ SOTO, Globalización y protección ambiental. Amenazas, tendencias y desafíos del Derecho Internacional del Medio Ambiente, en Losano/Muñoz Conde (eds.), El Derecho ante la globalización y el terrorismo, Actas del Coloquio Internacional Humboldt, Montevideo abril 2003, Alexander von Humboldt Stiftung/Tirant lo Blanch, Valencia, 2004, pp. 349 ss.

BINDING, Die Normen und ihre Übertretung, I, reimpresión de la 4ª ed. de Leipzig (1922) de Scientia Verlag, Aalen, 1965.

BIRNBAUM, Über das Erfordernis einer Rechtsverletzung zum Begriff des Verbrechens mit besonderer Rücksicht auf den Begriff der Ehrenkränkung, AdC-Neue Folge, t. 15, 1834, pp. 149 ss.

—Bemerkungen über den Begriff des natürlichen Verbrechens, AdC-Neue Folge, t. 17, 1836, pp. 560 s.

BÖCKENFÖRDE, Entstehung und Wandel des Rechtsstaatsbegriff, en Festschrift für Arndt, Frankfurt a. M., 1969 (cit. FS Arndt).

BODERO, Edmundo, Teoría económica de la delincuencia (El neoliberalismo como factor criminógenos), Ateneo Jurídico "Atejuris", Guayaquil, 2010.

BÖSE, Strafen und Sanktionen im Europäischen Gemeinschaftsrecht, Carl Heymanns, Köln/Berlin/Bonn/München, 1996.

BOTTKE, Das Wirtschaftsstrafrecht in der Bundesrepublik Deutschland – Lösungen und Defizite, wistra 1991, pp. 1 ss.

– Zur Legitimität des Wirtschaftsstrafrechts im engen Sinne und seiner spezifischen Deliktsbeschreibungen, en Schünemann/Suarez, Bausteine des europäischen Wirtschaftsstrafrecht. Madrid-Symposium für Klaus Tiedemann, Carl Heymanns Verlag KG, Köln/Berlin/Bonn/München, 1994, pp. 109 ss. (= en Hacia un Derecho Penal económico europeo. Jornadas en honor del Profesor Klaus Tiedemann, Boletín Oficial del Estado, Madrid, 1995).

BRENDER, Die Neuregelung der Verbandstäterschaft im Ordnungswidrigkeitenrecht, Schäuble Verlag, Freiburg/Berlin, 1989.

BRENTANO, Franz, El origen del conocimiento moral, trad. De Manuel García Morente y Estudio preliminar de Juan Miguel Palacios, Ed. Tecnos, Madrid, 2002.

BRICOLA, en *Di Amato* (dir.), Tratatto di Diritto penale dell'impresa, I, Cedam, Padova, 1990.

BUSTOS RAMÍREZ, Culpa y finalidad, Ed. Jurídica de Chile, Santiago de Chile, 1965.

—Los bienes jurídicos colectivos (repercusiones de la labor legislativa de Jiménez de Asúa en el Código penal de 1932), en Estudios de Derecho penal en homenaje al Profesor Luis Jiménez de Asúa, RFDUCM, monográfico nº 11, 1986, pp. 147 ss.

—Control social y sistema penal, PPU, Barcelona, 1987.

—Manual de Derecho penal. Parte General, 3ª ed., Ed. Ariel, Barcelona, 1989 (cit., PG3ª 1989).

—Necesidad de la pena, función simbólica y bien jurídico medio ambiente, en Pena y Estado, nº 1 1991, pp. 101 ss.

—La responsabilidad penal de las personas jurídicas, en Moisés Moreno (coordinador), Globalización e internacionalización del Derecho penal. Implicaciones político-criminales y Dogmáticas, Ed. Ius Poenale, Cepolcrim, México, 2003, pp. 333 ss.

Bustos/Hormazábal, Lecciones de Derecho penal. Parte General, Ed. Trotta, Madrid, 2006 (cit. PG 2006)

Calliess, Strafzwecke und Strafrecht, NJW 1989, pp. 1338 ss.

Capella, Fruta prohibida. Una aproximación histórico-teorética al estudio del derecho y del estado, 2ª ed., Ed. Trotta, Madrid, 1999.

Cancio Meliá, Dogmática y política criminal en una teoría funcional del delito, en Jakobs/Cancio, Conferencias sobre temas penales, Rubinzal-Culzoni Editores, Buenos Aires, 2000, pp. 121 ss.

—"Derecho penal" del enemigo y delitos de terrorismo, en JpD nº 44 Julio/2002, pp. 19 ss.

Carrillo Salcedo, Globalización y orden internacional, 2ª ed., Universidad de Sevilla, 2005.

Cerezo Mir, Curso de Derecho penal español. Parte General, I, Introducción, 6ª ed., Ed. Tecnos, Madrid, 2004, (cit. PG I6ª).

– Curso de Derecho penal español. Parte General, II, Teoría jurídica del delito, 6ª ed., Ed. Tecnos, Madrid, 1998, (cit. PG II6ª).

—Prólogo a Fundamentos de la Dogmatica penal y de la Política criminal (Ontologismo y Normativismo), Cepolcrim, Editorial Jus Poenale, México DF., 2002.

—Los delitos de peligro abstracto en el ámbito del Derecho penal del riesgo, RDPC nº 10 2002, pp. 47 ss.

Chiaraviglio, La responsabilità penali nelle aziende, Milano, 1983.

Copleston, Historia de la Filosofía 1: Grecia y Roma, 6ª ed., Ed. Ariel, Barcelona, 2001.

Corcoy Bidasolo, Delitos de peligro y protección de bienes jurídico-penales supraindividuales, Ed. Tirant lo Blanch, Valencia, 1999.

– Límites objetivos y subjetivos a la intervención penal en el control de riesgos, en Mir/Corcoy (dir.)/Gómez Martín (coord.), La Política criminal en Europa, Ed. Atelier, Barcelona, 2004, pp. 25 ss.

Cuerda Riezu, Besitz die Europäische Gemeinschaft ein ius puniendi?, en Schünemann/Suarez, Bausteine des europäischen Wirtschaftsstrafrecht. Madrid-Symposium für Klaus Tiedemann, Carl Heymanns Verlag KG, Köln/Berlin/Bonn/München, 1994, pp. 367 ss. = en Hacia un Derecho Penal económico europeo. Jornadas en honor del Profesor Klaus Tiedemann, Boletín Oficial del Estado, Madrid, 1995.

Dannecker, Strafrecht in der Europäischen Gemeinchaft, en JZ 1996.

—Der Allgemeine Teil eines europäischen Strafrechts als Herausforderung für die Strafrechtswissenschaft, en FS-Hirsch, Walter de Gruyter, Berlin/New York, 1999, pp. 141 ss.

—en Wabnitz/Janovski, Handbuch des Wirtschafts- und Steuerstrafrechts, Verlag C.H. Beck, München, 2000.

—Evolución del Derecho penal y sancionador comunitario europeo, trad. de Carmen Bascón Granados, Marcial Pons, Madrid/Barcelona, 2001.

Dannecker/Fischer-Fritsch, Das EG-Kartellrecht in der Bussgeldpraxis, Carl Heymanns Verlag, Köln/Berlin/Bonn/München, 1989.

Delgado Echeverría, El vigor de las leyes: el campo semántico *validez* en el *Diccionario de autoridades*, Prensas Universitarias de Zaragoza, 2013.

Delmas-Marty, Besoins et moyens de création d'un Droit pénal européen, en Huber (ed.), Das Corpus Juris als Grundlage eines Europäischen Strafrechts, Freiburg im Breisgau, 2000.

Delmas-Marty/Vervaele, The implementation of the Corpus Iuris in the Member States, 1, 2000.

Demetrio Crespo, Del "Derecho penal liberal" al "Derecho penal del enemigo", en RDPC nº 14 2004, pp. 87 ss.

Di Amato, Tratatto di Diritto penale dell'impresa, I, Cedam, Padova, 1990.

Díaz, *Elías* Estado de Derecho y sociedad democrática, 8ª ed., 1981, Ed. Taurus, Madrid (reimpresión de 1986)

—Estado de Derecho, en Filosofía política II, Teoría del Estado, edición de Elías Díaz y Alfonso Ruiz Miguel, Ed. Trotta, Madrid, 1996.

Dieblich, Der strafrechtliche Schutz der Rechtsgüter der Europäische Gemeinschaften, Diss. Köln, 1985.

Díez Ripollés, El bien jurídico protegido en el Derecho penal garantista, en JD, nº 30 1997, pp. 10 s.

—El Derecho penal simbólico y los efectos de la pena, en Modernas tendencias en la Ciencia del Derecho penal y en la Criminología, UNED, Madrid, 2001, pp. 107 ss.

—El nuevo modelo penal de la seguridad ciudadana, en RECPC 06-03 2004, _http://criminet.ugr.es/recpc

—De la sociedad del riesgo a la seguridad ciudadana: un debate desenfocado, en RECPC 07-01 2005, _http://criminet.ugr.es/recpc

—La racionalidad de las leyes penales. Práctica y teoría, 2ª ed., Ed. Trotta, Madrid, 2013.

Dölling, Empfehlen sich Änderungen des Straf- und Strafprozessrecht, um der Gefahr von Korruption in Staat, Wirtschaft und Gesellschaft wirksam zu begegnen?, Gutachten C zum 61. Deutschen Juristentag, München, 1996.

Dorado Montero, Bases para un nuevo Derecho penal, nueva edición con Prólogo, bibliografía y notas por Manuel de Rivacoba y Rivacoba, Depalma, Buenos Aires, 1973.

DUBBER, Strafrechtsdogmatik als Botanik, en Hefendehl (ed.), Empirische und dogmatische Fundamente, kriminalpolitische Impetus. Symposium für Bernd Schünemann zum 60. Geburtstag, Carl Haymanns Verlag, Köln/ Berlin/München, 2005, pp. 245 ss.

DUBOIS, A., Una globalización sesgada, en Mientras tanto, núm. 70, 1997.

EHRHARDT, Unternehmensdelinquenz und Unternehmensstrafe, Duncker & Humblot, Berlin, 1994.

EIDAM, Unternehmen und Strafe, 2ª ed., Carl Heymanns Verlag, Köln/Berlin/ Bonn/München, 2001.

EISENBERG, Kriminologie, 5ª ed., C. H. Beck, München, 2000; 6ª ed., C.H. Beck, München, 2005.

ENGISCH, Die Idee der Konkretisierung in Recht und Rechtswissenschaft unserer Zeit, Carl Winter Universitätsverlag, Heidelberg, 1953.

— Einführung in das juristische Denken, 7ª ed., Verlag Kohlhammer, Stuttgart/Berlin/Köln/Mainz, 1977 (desde 1996, Thomas Würtenberger y Dirk Otto, han editado y actualizado la jurisprudencia y la bibliografía en las ediciones 9ª a la 11ª de la misma editorial, siendo la 11ª de 2010 la última editada, y la que aquí se citará junto a la 7ª del propio Engisch).

ESCRIVÁ GRÉGORI, La puesta en peligro de bienes jurídicos en Derecho penal, Ed. Bosch, Barclona, 1976.

ESSER, JOSEPH, Principio y norma en la elaboración jurisprudencial del Derecho privado, trad. de Eduardo Valentí Fiol, Ed. Bosch, Barcelona, 1961.

ESTÉVEZ ARAUJO, Ciudadanía cosmopolita *versus* globalización neoliberal, en Silveira Gorski (ed.), Identidades comunitarias y democracia, Ed. Trotta, Madrid, 2000, pp. 285 ss.

FARIA, El Derecho en la economía globalizada, trad. de Lema Añón, Ed. Trotta, Madrid, 2001.

FERNÁNDEZ, Gonzalo D., Bien jurídico y sistema del delito, IbDF, Montevideo-Buenos Aires, 2004.

FERNÁNDEZ CASTRO, La construcción de los cielos. Historias del Universo, Espasa Minor, Madrid, 2000.

FERNÁNDEZ TERUELO, Instituciones de Derecho penal económico y de la empresa, Lex Nova/Thomson Reuters, 2013.

FERRAJOLI, Derecho y razón, 5ª ed., Ed. Trotta, Madrid, 2001.

— Derechos y garantías, Ed. Trotta, Madrid, 2ª ed., 2001.

FEUERBACH, Lehrbuch, 13. ed., Giessen, 1.840.

FIORELLA, Il transferimento di funzioni nel diritto penale dell'impresa, Firenze, 1985.

FOUCAULT, Les mots et les choses. Une archéologie des sciences humaines, Éditions Gallimard, Paris, 1966.

— L'archeologie du savoir, Editions Gallimard, 1969.

—Histoire de la folie a l'âge clasique, Editions Gallimard, 1972.

—Surveiller et punir. Naissance de la prison, Ed. Gallimard, 1975 (= Vigilar y castigar. Nacimiento de la prisión, trad. de Aurelio Garzón del Camino, Siglo veintiuno, 3ª ed., 1978).

—El orden del discurso, 2ª ed., Tusquets Editores, Barcelona, 1980.

—La verdad y las formas jurídicas, Ed. Gedisa, Barcelona, 1980.

Franco Loor, *E.*, Fundamentos de Derecho penal moderno I y II, Corporación de Estudios y Publicaciones, Quito, 2011.

Frehsee, Die Strafe auf dem Prüfstand Verunsicherungen des Strafrechts angesichts gesellschaftlicher Modernisierungsprozesse, StV 1996, pp. 222 ss.

—Der Rechtsstaat verschwindet. Strafrechtliche Kontrolle im gesellschaftlichen Wandel von der Moderne zur Postmoderne – Gesammelte Aufsätze—, Schild (ed.), Duncker & Humblot, Berlin, 2003 (cit. Gesammelte Aufsätze).

Frisch, Straftat und Straftatsystem, en Wolter/Freund (ed.), Straftat, Strafzumessung und Strafprozess im gesamten Strafrechtssystem, C. F. Müller, Heidelberg, 1996.

García Amado, Sobre los modos de conocer el Derecho o de cómo construir el objeto jurídico, Doxa. Cuadernos de Filosofía del Derecho, nº 11 1992, pp. 193 ss.

—La Filosofía del Derecho en España hoy. Un balance pesimista, ACFS 44 (2010), pp. 523 ss.

García Pablos, Tendencias del actual Derecho penal, en Modernas tendencias en la Ciencia del Derecho penal y en la Criminología, UNED, Madrid, 2001, pp. 39 ss.

—Introducción al Derecho penal, 4ª ed., Ed. Ramón Areces, Madrid, 2006.

García Pelayo, Del mito y de la razón en la historia del pensamiento político, Revista de Occidente, Madrid, 1968.

—Las transformaciones sociales del Estado contemporáneo, 2ª ed., Alianza Editorial, Madrid, 1985.

Gil Gil, *Alicia*, Derecho penal internacional, Ed. Tecnos, Madrid, 1999.

—Prevención general positiva y función ético-social del Derecho penal, en LH-Cerezo, Ed. Tecnos, Madrid, 2002, pp. 9 ss..

Gimbernat, ¿Tiene un futuro la Dogmática jurídicopenal?, en Problemas actuales de Derecho penal y procesal, Salamanca, 1971, pp. 87 ss., incluido en su compilación Estudios de Derecho penal, 3ª ed., Ed. Tecnos, Madrid, 1990, pp. 140 ss. (aquí se cita por Estudios)

—Otra vez: los delitos contra la propiedad intelectual, en JpD, nº 13 1991, pp. 35 ss., publicado también en EPC XV 1992, pp. 99 ss. e incluido en sus Ensayos penales, Ed. Tecnos, Madrid, 1999 (aquí se cita por Ensayos).

—en H.J. Hirsch (Hrsg.), Deutsch- Spanisches Strafrechtskolloquium 1986. Dogmatischer Teil der Strafrechtsreform, Sanktionensystem,

Bekämpfung der Wirtschaftskriminalität, Nomos Verlagsgesellschaft, Baden-Baden, 1986.

—¿Las exigencias dogmáticas fundamentales hasta ahora vigentes de una Parte General son idóneas para satisfacer la actual situación de la criminalidad, de la medición de la pena y del sistema de sanciones?, en Modernas tendencias en la Ciencia del Derecho penal y en la Criminolgía, UNED, Madrid, 2001, pp. 355 ss.

—Presentación a la traducción española de Hefendehl (ed.), La teoría del bien jurídico. ¿Fundamento de legitimación del Derecho penal o juego de abalorios dogmatico?, Ed. Marcial Pons, Madrid, 2007, pp. 11 ss.

Globig/Huster, Abhandlungen von der Criminalgesetzgebung, reimpresión de la edición de Zurich de 1783, de Verlag Sauer/Auvermann KG, Frankfurt/Main, 1969.

Goldschmidt, Das Verwaltungsstrafrecht, reimpr. de la ed. de Berlin (1902), de Scientia Verlag, Aalen, 1969.

Gómez Martín, Libertad, seguridad y "sociedad del riesgo", en Mir/Corcoy (dir.)/Gómez Martín (coord.), La Política criminal en Europa, Ed. Atelier, Barcelona, 2004, pp. 59 ss.

Gómez Tomillo, Derecho administrativo sancionador. Parte General, Thomson-Aranzadi, 2008.

González Rus, Los intereses económicos de los consumidores. Protección penal, Instituto Nacional del Consumo, Ministerio de Sanidad y Consumo, Madrid, 1986.

Göppinger, Kriminologie, 6ª ed., Verlag C. H. Beck, München, 2008.

Górriz Núñez, Posibilidades y límites del Dercho penal de dos velocidades, en Terradillos/Acale (coords.), Temas de Derecho penal económico. III Encuentro hispano-italiano de Derecho penal económico, Ed. Trotta, Madrid, 2004, pp. 339 ss.

Gracia Martín, El actuar en lugar de otro en Derecho penal I, Teoría general, Prensas Universitarias de Zaragoza, 1985 (cit. Actuar I).

—La infracción de deberes contables y registrales tributarios en Derecho penal, Ed. Trivium, Madrid, 1990.

—en Diez Ripollés/Gracia, Delitos contra bienes jurídicos fundamentales, Tirant lo Blanch, Valencia, 1993.

—La comisión por omisión en el Derecho penal español, en Gimbernat Ordeig (dir.), La comisión por omisión, Cuadernos de Derecho judicial, Madrid, 1994.

—Nuevas perspectivas del Derecho penal tributario (Las funciones del tributo como bien jurídico), en AP nº 10 1994, pp. 183 ss.

—Política criminal y Dogmática jurídico penal del proceso de reforma penal en España (II), en AP nº 18 1994, pp. 345 ss.

—La cuestión de la responsabilidad penal de las propias personas jurídicas, en Mir/Luzón (coordinadores), Responsabilidad penal de las empresas y sus órganos y responsabilidad por el producto, J.M. Bosch, Barcelona, 1996, pp. 35 ss.

—en Diez/Gracia, Comentarios al Código penal. Parte Especial I, Ed. Tirant lo Blanch, Valencia, 1997.

—¿Qué es modernización del Derecho penal?, en Díez/Romeo/Gracia/Higuera, La Ciencia del Derecho penal ante el nuevo siglo. Libro homenaje al Profesor doctor D. José Cerezo Mir, Ed. Tecnos, Madrid, 2002, pp. 349 ss. (cit. LH Cerezo, 2002)

—Prolegómenos para la lucha por la modernización y expansión del Derecho penal y para la crítica del discurso de resistencia, Ed. Tirant lo Blanch, Valencia, 2003.

— El finalismo como método sintético real-normativo para la construcción de la teoría del delito, RECPC 06-07 (2004), _http://criminet.ugr.es/recpc

— El horizonte del finalismo y el Derecho penal del enemigo, Ed. Tirant lo Blanch, Valencia, 2005.

—Fundamentos de Dogmática penal, Ed. Atelier, Barcelona, 2006.

—Modernización del Derecho penal y Derecho penal del enemigo, Ed. Idemsa, Lima, 2007.

– Criminalidad de la globalización y Derecho penal, en Romeo Casabona (ed.), Biotecnología, desarrollo y justicia, Granada, 2008, pp. 23 ss.

—Zur Struktur von "sozialadäquaten Handlungen" und ihre sachlogische Eingliederung im Verbrechensaufbau, FS-Tiedemann, Carl Heymanns Verlag, Köln/München, 2008, pp. 205 ss.

—Algunas reflexiones sobre la pretendida contrariedad del Derecho penal moderno a los principios y garantías penales del Estado de Derecho, en Carbonell/González/Orts (dir.)/Cuerda (coord.) Constitución, Derechos fundamentales y sistema penal. Semblanzas y estudios con motivo del setenta aniversario del Profesor Tomás Salvador Vives Antón, t. I, Ed. Tirant lo Blanch, Valencia, 2009, pp. 879 ss. (cit LH Vives Antón I 2009)

—Über die notwendige Modernisierung des Strafrechts in der deutschen und spanischen Doktrin, GA 6/2010, pp. 323 ss.

—La modernización del Derecho penal como exigencia de la realización del postulado del Estado de Derecho (social y democrático), RDPC, 3ª época, nº 3 2010, pp. 27 ss.

—El moderno Derecho penal económico empresarial y de la globalización económica, Cevallos Librería Jurídica, Quito, 2011; publicado también en Fondo Editorial Asociación de la Universidad Primada San Juan Bautista, Lima, 2012.

—La polémica en torno a la legitimidad del Derecho penal moderno, Félix Cárdenas S. C., Ubijus, México, 2011.

—Prólogo al libro de Mª Ángeles Rueda, ¿Participación por omisión?, Atelier, Barcelona, 2013.

—La doctrina de la responsabilidad penal de las personas jurídicas: clímax y paroxismo del constructivismo jurídico arbitrario, de la hostilidad entre las palabras y las cosas y del desprecio del saber jurídico que convierte bibliotecas enteras en basura, en Foro FICP - Tribuna y Boletín de la FICP (www.ficp.es) N° 2014-2 (septiembre), pp. 16 ss.

—La inexistente responsabilidad "penal" de las personas jurídicas, en Foro FICP - Tribuna y Boletín de la FICP (www.ficp.es) N° 2015-2 (septiembre), pp. 149 ss.

Graf zu Dohna, Der Aufbau der Verbrechenslehre, 4ª ed., 1950, pp. 22, 40 (1ª ed. de 1935).

Grasso, Comunidades europeas y Derecho penal, trad. de N. García Rivas, Universidad de Castilla-La Mancha, 1992.

Graul, Abstrakte Gefährdungsdelikte und Präsumtionen im Strafrecht, Duncker & Humblot, Berlin, 1991.

Greco, "Princípio da ofensividade" e crimes de perigo abstrato— Uma introduçâo ao debate sobre o bem jurídico a as estructuras do delito, RBCCrim n° 49 2004, pp. 89 ss.

—Lebendiges und totes in Feuerbachs Straftheorie. Ein Beitrag zur gegenwärtigen strafrechtlichen Grundlagendiskussion, Duncker & Humblot, Berlin, 2009.

—Strafbarer Drogenbesitz, Privatsphare, Autonomie: Überlegungen anlässlich der Entscheidung des argentinischen Verfassungsgericht zur Verfassungswidrigkeit des Straftatbestandes des Besitzes von Betäubungsmittel zum Zwecke des Eigenkomsums en Hefendehl (ed.), Grenzlose Vorverlagerung des Strafrechts?, BWV - Berliner Wissenshafts-Verlag, Berlin, 2010, pp. 73 ss.

—Modernização do Direito Penal, Bens Jurídicos Coletivos e Crimes de Perigo Abstrato (Com um adendo: Princípio da ofensividade e crimes de perigo abstrato), Editora Lumen Iuris, Rio de Janeiro, 2010.

—Gibt es Kriterien zur Postulierung eines kollektiven Rechtsguts?, en Festschrift für Claus Roxin zum 80. Geburtstag am 15. Mai 2011 I, de Gruyter, Berlin, 2011, pp. 119 ss. (cit. FS Roxin 80 I)

—Existem critérios para a postulaçâo de bems jurídicos colectivos?, en RCR n° 7/8 2012, pp. 349 ss.

Guthrie, Historia de la Filosofía griega V. Platón. Segunda época y la Academia, versión española de Alberto Medina, Ed. Gredos, Madrid, 1992.

Habermas, Nachwort von Jürgen Habermas, en M. Horkheimer y Th. Adorno, Dialektik der Aufklärung. Philosophische Fragmente, Fischer, Frankfurt a. M., 1985.

Hartmann, Ethik, 4ª ed., 1962.

Harris, Introducción a la Antropología general, 7ª ed., trad. de Francisco Muñoz de Bustillo, Alianza Editorial, Madrid, 2009.

Hartwich, Sozialstaatspostulat und gesellschafttliche *status quo*, Westdeutsche Verlag, Opladen, Köln, 1970.

Hassemer, Il bene giuridico nel rapporto di tensione tra Constituzione e diritto naturale, en Dei delitti e delle pene, 1984, pp. 104 ss.

—Grundlinien einer personalen Rechtsgutslehre, en Phiplipps/Scholler, Jenseits des Funktionalismus. Arthur Kaufmann zum 65. Geburtstag, Decker&Müller, Heidelberg, 1989, pp. 85 ss.

—Comentario previo al § 1AKStGB I 1990.

—Symbolisches Strafrecht und Rechtsgüterschutz, en NStZ 1989, pp. 553 ss. (= Pena y Estado, nº 1, 1991, pp. 23 ss.).

—Kennzeichen und Krisen des modernen Strafrechts, ZRP 1992, pp. 379 ss. (= ADPCP 1992, pp. 235 ss.)

—Perspektiven einer neuen Kriminalpolitik, en StV 1995, pp. 483 ss. (= en su colectánea Strafen im Rechtstaat, Nomos Verlagsgesellschaft, Baden-Baden, 2000).

—Perspectivas del Derecho penal futuro, RP nº 1 1998, pp. 37 ss.

—Person, Welt und Verantwortlichkeit, en Festschrift für Günther Bemman, Nomos Verlagsgesellschaft, Baden-Baden, 1997 (= en su colectánea Strafen im Rechtstaat, Nomos Verlagsgesellschaft, Baden-Baden, 2000), cit. FS Bemman.

—Das Symbolische am symbolischen Strafrecht, en SCHÜNEMANN ET. ALT. (ed.), Festschrift für Claus Roxin zum 70. Geburtstag am 15. Mai 2001, Walter de Gruyter, Berlin/New York, 2001, pp. 1001 ss. (cit. FS Roxin 2001)

—Los rostros del Derecho penal, en Cahiers de Defense Sociale, Homenaje a Marc Ancel, 2004, pp. 105 ss. (cit. H Marc Ancel)

—Sicherheit durch Strafrecht, en HRRS 4/2006, pp. 130 ss.

—Strafrecht, Prävention, Vergeltung, en ZIS 7/2006, pp. 266 ss. (www.zis-online.com)

—Darf es Straftaten geben, die ein strafrechtliches Rechtsgut nicht in Mitleidenschaft ziehen?, en Hefendehl/von Hirsch/Wholers, Die Rechtsgutstheorie, Nomos, Baden-Baden, 2003, pp. 57 ss. (= ¿Puede haber delitos que no afecten a un bien jurídico penal?, en Hefendehl (ed.), La teoría del bien jurídico, Ed. Marcial Pons, Madrid, 2007, pp. 95 ss.)

—Der Grundsatz der Verhältnismässigkeit als Grenze strafrechtliche Eingriffe, en VON HIRSCH/SEELMANN/WOHLERS (eds.), Mediating Principles, Nomos, Baden-Baden, 2006, pp. 121 ss.

HASSEMER/MUÑOZ CONDE, La responsabilidad por el producto en Derecho penal, Tirant lo Blanch, Valencia, 1995.

HEFENDEHL, Zur Vorverlagerung des Rechtsgutschutzes am Beispiel der Geldfälschungstatbestände, JR 1996, pp. 353 ss.

—Kann und soll der Allgemeine Teil bzw. das Verfassungsrecht missglückte Regelungen des Besonderen Teils retten? —Die "Geldwäsche" durch den Strafverteidiger, en SCHÜNEMANN ET. ALT., Festschrift für Claus Roxin zum 70. Geburtstag am 15. Mai 2001, de Gruyter, Berlin/New York, 2001, pp. 145 ss.

—Kollektive Rechtsgüter im Strafrecht, Carl Heymanns Verlag KG, Köln/Berlin/Bonn/München, 2002.

– Die Materialisierung von Rechtsgut und Deliktsstruktur, GA 2002, pp. 21 ss.

– Äpfel und Birnen oder Steine satatt Steine. Die technische Prävention und das Strafrecht, en von Hirsch/Seelmann/Wohlers (eds.), Mediating Principles, Nomos, Baden-Baden, 2006, pp. 48 ss..

– Das Rechtsgut als materialer Angelpunkt einer Strafnorm, en Hefendehl/von Hirsch/Wholers, Die Rechtsgutstheorie, Nomos, Baden-Baden, 2003, pp. 119 ss (= El bien jurídico como eje material de la norma penal, en Hefendehl (ed.), La teoría del bien jurídico, Ed. Marcial Pons, Madrid, 2007, pp. 179 ss.).

– De largo aliento: El concepto de bien jurídico. O qué ha sucedido desde la aparición del volumen colectivo sobre la teoría del bien jurídico, en Hefendehl (ed.), La teoría del bien jurídico, Ed. Marcial Pons, Madrid, 2007, pp. 459 ss.

– Über die Pönalisierung des Neutralen - zur Sicherheit, en Hefendehl (ed.), Grenzlose Vorverlagerung des Strafrechts?, BWV - Berliner Wissenshafts-Verlag, Berlin, 2010, pp. 89 ss.

Hefendehl (ed.), Grenzlose Vorverlagerung des Strafrechts?, BWV - Berliner Wissenshafts-Verlag, Berlin, 2010.

Hefendehl/von Hirsch/Wholers, Die Rechtsgutstheorie, Nomos, Baden-Baden, 2003 (= Hefendehl [ed.], La teoría del bien jurídico, Ed. Marcial Pons, Madrid, 2007).

Hegenbarth, Symbolische und instrumentelle Funktionen moderner Gesetze, en ZRP 1981, pp. 201 ss.

Heine, Die strafrechtliche Verantwortlichkeit von Unternehmen, Nomos Verlagsgesselschaft, Baden-Baden, 1995.

Heinz, en Gropp (ed.), Wirtschaftskriminalität und Wirtschaftsstrafrecht in einem Europa auf den Weg zu Demokratie und Privatisierung, Leipziger Universitätsverlag, Leipzig, 1998.

Heitzer, Punitive Sanktionen im Europäischen Gemeinschaftsrecht, C. F. Müller, Heidelberg, 1997.

Heller, *Herrman,* Sozialismus und Nation, Rowohlt, Berlín (1925); recogido en sus Gesammelte Schriften, t.I, Sijthoff, Leiden, 1971, pp. 437 ss.

– Rechtsstaat oder Diktatur?, J.C.B.Mohr, Tübingen, 1930, recogido en sus Gesammelte Schriften, t. II, Sijthoff, Leiden, 1971, pp. 443 ss.

Hempel/Oppenheim, Der Typusbegriff im Lichte der neuen Logik. Wissenschaftstheoretische Untersuchungen zur Konstitutionsforschung und Psychologie, Leiden, 1936.

Henkel, Introducción a la Filosofía del Derecho, trad. de Enrique Gimbernat Ordeig, Ed. Taurus, Madrid, 1968.

Herzog, Gesellschaftliche Unsicherheit und strafrechtliche Daseinsvorsorge, R. v. Decker, Heidelberg, 1991.

– Über die Grenzen der Wirksamkeit des Strafrechts, en KritV 1993, pp. 247 ss.

– Límites al control general de los riesgos sociales: (una perspectiva crítica ante el Derecho Penal en peligro), en ADPCP 1993, pp. 317 ss.

Hesel, Untersuchungen zur Dogmatik und den Erscheinungsformen "modernen" Strafrechts, Elwert, Marburgo, 2004.

Hess, Die Zukunft des Verbrechens, en KritJ 1998, pp. 145 ss.

Hesse, Der Rechtsstaat im Verfassungssystem des Grundgesetzes, en Forsthoff (ed.), Rechtsstaatlichkeit und Sozialstaatlichkeit, Wissenschaftliche Buchgesellschaft, Darmstadt, 1968, pp. 557 ss.

Hilgendorf, Strafrechtliche Produzentenhaftung in der ‚Risikogesellschaft', Duncker & Humblot, Berlin, 1993.

– Gibt es ein "Strafrecht der Risikogesellschaft"?, en NStZ 1993, pp. 10 ss.

– «Rezension zu: Bettina Weisser, Kausalitäts-und Täterschaftsprobleme bei der strafrechtlichen Würdigung pflichtwidrigen Kollegialentscheidungen, Dissertation, Duncker & Humblot, Berlin, 1996 (253 Seiten)», GA 1997, pp. 491 ss.

v. Hippel, Deutsches Strafrecht II, reimpr. de la ed. de Berlin (1930) de Scientia Verlag, Aalen, 1971.

Hirsch, Strafrecht als Mittel zur Bekämpfung neuer Kriminalitätsformen? en Kühne/Miyazawa (eds.), Neue Strafrechtsentwicklungen im deutsch-japanischen Vergleich, Carl Heymanns Verlag, Köln/Bonn/München, 1995, pp. 11 ss.

– Die Entwicklung der Strafrechtsdogmatik nach Welzel, citado por sus Strafrechtliche Probleme. Schriften aus drei Jahrzehnten, Duncker & Humblot, Berlin, 1999, pp. 60 ss. (= El desarrollo de la Dogmática penal después de Welzel, en sus Obras Completas, t. I, Rubinzal-Culzoni Editores, Buenos Aires, s.f., pp. 13 ss.).

– Acerca del estado actual de la discusión sobre el concepto de bien jurídico, en Modernas tendencias en la Ciencia del Derecho penal y en la Criminolgía, UNED, Madrid, 2001, pp. 371 ss.

Hobbes, El ciudadano, edición bilingüe de Joaquín Rodríguez Feo, Ed. Debate-CSIC, Madrid, 1993.

– Leviatán o la materia, forma y poder de un Estado eclesiástico y civil, versión, prólogo y notas de Carlos Mellizo, Alianza Editorial, Madrid, 1999.

Hohmann, Das Rechtsgut der Umweltdelikte, Peter Lang, Frankfurt a. M./ Bern/New York/Paris, 1991.

Hommel, Philosophische Gedanke über das Criminalrecht, Beslau, 1784.

– Des Herrn Marquis von Beccaria unsterbliches Werk von Verbrechen und Strafen, ed. de Lekschas y Griebe, Akademie Verlag, Berlin, 1966.

Hong, Flexibilisierungstendez des modernen Strafrechts und das Computerstrafrecht, Dissertation der Universität Konstanz, 2002 (http://kops.uni-konstanz.de/bitstream/handle/123456789/3365/ Hong.pdf?sequence=1).

HORMAZÁBAL, Bien jurídico y Estado social y democrático de Derecho (el objeto protegido por la norma penal), PPU, Barcelona, 1991; 2ª ed., en Editorial Conosur, Santiago de Chile, 1992.

HORN, Rechtssprache und Kommunikation. Grundlegung einer semantischen Kommunikationstheorie, Duncker & Humblot, Berlin, 1966.

IMAZ, *Maria Jesús* Sobre el estoicismo. Rasgos generales y figuras centrales, en García Gual (ed.), Historia de la Filosofía Antigua, Ed. Trotta, Madrid, 1997.

INSTITUTO DE CIENCIAS CRIMINALES DE FRANKFURT (ed.)/AREA DE DERECH PENAL DE LA UNIVERSIDAD POMPEU FABRA (ed. española), La insostenible situación del Derecho penal, Ed. Comares, Granada, 2000.

IORI, Organizzazione dell'impresa e responsabilità penale nella giurisprudenza, Firenze, 1981.

ISAAC, *Guy* Manual de Derecho comunitario general, 2ª ed., trad. de Germán-Luis Ramos Ruano, Ed. Ariel, Barcelona, 1991 (reimpr. 1993).

JAKOBS, Strafrecht. Allgemeiner Teil, de Gruyter, Berlin, 1991 (AT, 2ª ed., 1991)

—Kriminalisierung im Vorfeld einer Rechtsgutsverletzung, ZStW 1985, pp. 751 ss.

—Das Strafrecht zwischen Funktionalismus und "alteuropäischen" Prinzipiendenken, ZStW 1995, pp. 843 ss.

—Derecho penal del ciudadano y Derecho penal del enemigo, en Jakobs/Cancio, Derecho penal del enemigo, Cuadernos Civitas, Madrid, 2003.

JESCHECK, Die Konkurrenz, ZStW 1955, pp. 529 ss.

—Das deutsche Wirtschaftsstrafrecht, en JZ 1959.

JESCHECK/WEIGEND, Lehrbuch des Strafrechts. Allgemeiner Teil, 5ª ed., Duncker & Humblot, Berlin, 1996, (cit. AT5ª 1996).

JIMÉNEZ DÍAZ, Sociedad del riesgo e intervención penal, en RECPC 16-08 (2014), _http://criminet.ugr.es/recpc

KAISER, La criminalidad económica y la forma de combatirla, en BARBERO SANTOS (ed.), La reforma penal: delitos socio-económicos, Universidad de Madrid, 1985, pp. 169 ss.

—Introducción a la Criminología, 7ª ed., dirección y traducción de J. Mª Rodríguez Devesa, Ed. Dykinson, Madrid, 1988.

—Kriminologie, 3ª ed., C.F. Müller Verlag, Heidelberg, 1996.

KAUFMANN, *Armin*, Die Aufgabe des Strafrechts, Rheinisch-Westfällische Akademie der Wissenschaften, Westdeutscher Verlag, 1983.

KAUFMANN, *Arthur*, Analogie und "Natur der Sache", 2ª ed., R. v. Decker&C.F. Müller, Heidelberg, 1982.

—Vorüberlegungen zu einer juristischen Logik und Ontologie der Relationen, en Rechtstheorie, 1986.

—Filosofía del Derecho, trad. de la 2ª edición alemana de 1997, por Luis Villar Borda y Ana Maria Montoya, Universidad Externado de Colombia, Bogotá, 1999.

KELSEN, Reine Rechtslehre. Studienausgabe der 1. Auflage 1934, editada por Matthias Jestaedt, Mohr Siebeck, Tübingen, 2008 (cit. Reine Rechtslehre1ª).

—Teoría pura del Derecho, trad. de la 2ª ed. de Viena (1960), de Roberto J. Vernego, Universidad Autónoma de México, 1979.

KINDHÄUSER, Gefährdung als Straftat, Vittorio Klostermann, Frankfurt a M., 1989.

—Strafe, Strafrechtsgut und Rechtsgüterschutz, en Lüderssen/Nestler-Tremel/E. Weigend (eds.), Modernes Strafrecht und ultima-ratio-Prinzip, Peter Lang, Frankfurt am Main/Bern/New York/Paris, 1990, pp. 29 ss.

—Sicherheitsstrafrecht. Gefahren des Strafrechts in der Risikogesellschaft, en Universitas 1992, pp. 227 ss.

—Zur Legitimität der abstrakten Gefährdungsdelikten im Wirtschftsstrafrecht, en Schünemann/Suárez (eds.), Madrid-Symposium f. Klaus Tiedemann, Carl Heymanns Verlag KG, Köln/Berlin/Bonn/München, 1994, pp. 125 ss. (= Acerca de la legitimidad de los delitos de peligro abstracto en el ámbito del Derecho penal económico, en Jornadas en honor del Prof. Klaus Tiedemann, Boletín Oficial del Estado, Madrid, 1995, pp. 441 ss.).

KLOEPFER/VIERHAUS, Umweltstrafrecht, 2ª ed., Verlag C.H. Beck, München, 2002.

KRÜGER, Die Entmaterialisierungstendenz beim Rechtsgutsbegriff, Duncker & Humblot, Berlin, 2000.

KUHLEN, Der Handlungserfolg der strafbaren Gewässerverunreiningun (§ 324 StGB), en GA 1986, pp. 389 ss.

—Umweltstrafrecht, auf der Suche nach einer neuen Dogmatik, en ZStW 105 (1993), pp. 697 ss.

—Zum Strafrecht der Risikogesellschaft, en GA 1994, pp. 347 ss.

—Cuestiones fundamentales de la responsabilidad penal por el producto, en Mir/Luzón (coordinadores), Responsabilidad penal de las empresas y sus órganos y responsabilidad por el producto, J.M. Bosch, Barcelona, 1996, pp. 231 ss.

— Rechtsgüter und neuartige Deliktstypen, en VON HIRSCH/SEELMANN/WOHLERS (eds.), Mediating Principles, Nomos, Baden-Baden, 2006, pp. 148 ss.

KUHN, La estructura de las revoluciones científicas, 6ª reimpresión de la 1ª edición en español, Ed. Fondo de Cultura Económica, México-Madrid-Buenos Aires, 1981.

KÜHNE, Strafrechtliche Produkthaftung in Deutschland, NJW 1997, p. 1954.

—Alte Strafrechtsstrukturen und neue gesellschaftliche Herausforderungen. Eine Einführung, en KÜHNE/MIYAZAWA, Alte

Strafrechtsstrukturen und neue gesellschaftliche Herausforderungen, Duncker & Humblot, Berlin, 2000, pp. 9 ss.

Lagodny, Strafrecht vor den Schranken der Grundrechte, J.C.B. Mohr (Paul Siebeck), Tübingen, 1996.

Lampe/Lenckner/Stree/Tiedemann/Weber, Alternativ-Entwurf eines Strafgesetzbuches. Besonderer Teil. Straftaten gegen die Wirtschaft, J. C.B. Mohr (Paul Siebeck), Tübingen, 1977.

Lascano, La insostenible „modernización del Derecho penal" basada en la „tolerancia cero" desde la perspectiva de los países emergentes, http://www.defensesociale.org/revista2003/10.pdf

Laurenzo Copello, Recensión a La expansión del Derecho penal, 2ª ed., de Silva Sánchez, RDPC nº 12 (2003).

Legaz, Filosofía del Derecho, 4ª ed., Bosch Casa Editorial, Barcelona, 1975.

Linde Paniagua et. alt., Principios de Derecho de la Unión Europea, 1ª ed., Ed. Colex, Madrid, 2000.

Locke, Segundo Tratado sobre el Gobierno civil. Un ensayo acerca del verdadero origen, alcance y fin del Gobierno civil; traducción, prólogo y notas de Carlos Mellizo, Alianza Editorial (1990), Madrid, 1998 (reimpresión).

López-Muñoz, Criminalidad organizada. Aspectos jurídicos y criminológicos, Ed. Dykinson, Madrid, 2015.

López Rey y Arrojo, La criminalidad económico-social en la política criminal de las Naciones Unidas, en Barbero Santos (coord.), La reforma penal: delitos socio-económicos, Madrid, 1985, pp. 31 ss.

Lucas Verdu, Estado liberal de Derecho y Estado social de Derecho, Acta Salmanticensia, Salamanca, 1955.

Lüderssen, Zurück zum guten alten, liberalen, anständigen Kernstrafrecht?, en Böllinger/Lutmann (eds.), Vom Guten, das noch stets das Böse schafft. Kriminalwissenschaftliche Essays zu Ehren von Herbert Jäger, Suhrkamp, Frankfurt a. M., 1993, pp. 268 ss.

—Das Strafrecht zwischen Funktionalismus und "alteuropäischen" Prinzipiendenken. Oder: Verabschiedung des "alteuropäischen" Strafrechts?, en ZStW 107 (1995), pp. 877 ss.

– Abschaffen des Strafens?, Suhrkamp, Frankfurt a. M., 1995.

Lüderssen/Nestler-Tremel/E. Weigend (eds.), Modernes Strafrecht und ultima-ratio-Prinzip, Peter Lang, Frankfurt am Main/Bern/New York/Paris, 1990.

Luzón Peña, Curso de Derecho penal. Parte General I, 1996 (PG I).

Martínez-Buján, Algunas reflexiones sobre la moderna teoría del *Big Crunch* en la selección de bienes jurídico-penales (especial referencia al ámbito económico), en Díez/Romeo/Gracia/Higuera, La Ciencia del Derecho penal ante el nuevo siglo. Libro homenaje al Profesor doctor D. José Cerezo Mir, Ed. Tecnos, Madrid, 2002, pp. 395 ss. (cit. LH Cerezo, 2002)

— Reflexiones sobre la expansión del Derecho penal en Europa con especial referencia al ámbito económico: la teoría del "Big Crunch" y la selección de bienes jurídico-penales", en Mir/Corcoy (dir.)/Gómez Martín (coord.), La Política criminal en Europa, Ed. Atelier, Barcelona, 2004, pp. 91 ss.

— Bien jurídico y Derecho penal económico, en Demetrio (dir.)/Maroto (coord..), Crisis financiera y Derecho penal económico, Edisofer/IBdF, Madrid/Buenos Aires/Montevideo, 2014, pp. 293 ss.

— Derecho penal económico y de la empresa. Parte General, 4ª ed., Ed. Tirant lo Blanch, Valencia, 2014 (cit. DPE.PG4ª 2014).

— Derecho penal económico y de la empresa. Parte Especial, 5ª ed., Ed. Tirant lo Blanch, Valencia, 2013 (cit. DPE.PE5ª 2015).

Martínez García, La imaginación jurídica, Ed. Debate, Madrid, 1992.

Martos Núñez, Derecho penal económico, Ed. Montecorvo, Madrid, 1987.

Marx, M., Zur Definition des Begriffs „Rechtsgut". Prolegomena einer materialen Verbrechenslehre, Karl Heymanns Verlag KG, Köln/Berlin/Bonn/München, 1972.

Mata y Martín, Bienes jurídicos intermedios y delitos de peligro, Ed. Comares, Granada, 1997.

Mattes, Untersuchungen zur Lehre von den Ordnugswidrigkeiten I, Duncker&Humblot, Berlin, 1977.

— Untersuchungen zur Lehre von den Ordnugswidrigkeiten II, Duncker&Humblot, Berlin, 1982.

Mayer, H., Strafrecht. Allgemeiner Teil, 1967 (AT)

Mayo Calderón, La tutela de un bien jurídico colectivo por el delito societario de administración fraudulenta, Ed. Comares, Granada, 2005.

Meier, Kriminologie, 3ª ed., Verlag C.H. Beck, München, 2007.

Méndez Rodríguez, Los delitos de peligro abstracto y sus técnicas de tipificación, Centro de Estudios Judiciales, Madrid, 1993.

Mendoza Buergo, *Blanca,* El Derecho penal en la sociedad del riesgo, Ed. Civitas, Madrid, 2001.

— Límites dogmáticos y político criminales de los delitos de peligro abstracto, Ed. Comares, Granada, 2001.

— El Derecho penal ante la globalización: el papel del principio de precaución, en Silvina Bacigalupo/M. Cancio Meliá, Ed. Atelier, Barcelona, 2005, pp. 319 ss.

Merkl, Idee und Gestalt des Rechtsstaats, en Fest. f. Kelsen, Deutike, Wien, 1971 (cit. FS-Kelsen).

Mir Puig, Derecho penal. Parte General, 8ª ed., Ed. Repertor, Barcelona, 2008, (PG, 8ª ed.).

MIR PUIGPELAT, *Oriol*, Globalización, Estado y Derecho. Las transformaciones recientes del Derecho administrativo, Thomson-Civitas, Madrid, 2004.

MOCCIA, De la tutela de bienes a la tutela de funciones: entre ilusiones postmodernas y reflujos iliberales, en Silva Sánchez (ed.), Política criminal y nuevo Derecho penal. Libro Homenaje a Claus Roxin, J. M. Bosch Editor, Barcelona, 1997, pp. 113 ss. (LH-Roxin)

MOLINA DEL POZO, Manual de Derecho de la Comunidad Europea, 3ª ed., Ed. Trivium, Madrid, 1997.

MOLL, Europäisches Strafrecht durch nationale Blankettstrafgesetzgebung?, Cuvillier, Göttingen, 1998.

MORENO HERNÁNDEZ, M., Implicaciones dogmáticas del proceso de globalización e internacionalización de la política criminal y del derecho penal, en Moisés Moreno (coordinador), Globalización e internacionalización del Derecho penal. Implicaciones político-criminales y Dogmáticas, Ed. Ius Poenale, Cepolcrim, México, 2003, pp. 369 ss.

MÜLLER et. alt., Wirtschaftskriminalität, 4ª ed., Verlag C.H. Beck, München, 1997.

MÜLLER-DIETZ, Aspekte und Konzepte der Strafrechtsbegrenzung, en Fest. f. R. Schmidt, Tübingen, 1992, pp. 95 ss. (cit. FS Schmitt 1992).

MÜLLER-GUGENBERGER/BIENECK (eds.) Wirtschaftsstrafrecht, 3ª ed., Verlag Dr. Otto Schmidt, Köln, 2000.

MUÑOZ CONDE, Funktion der Strafnorm und Strafrechtsreform, en Strafrecht und Strafrechtsreform, Köln, 1974.

— El principio de culpabilidad, en III Jornadas de Profesores de Derecho penal, Santiago de Compostela, 1976.

— Über den materiellen Schuldbegriff, GA 1978.

— El error en Derecho penal, Ed. Tirant lo Blanch, Valencia, 1989.

— Begriff und Reform des Wirtschaftsstrafrecht in Spanien, en Schünemann/Suarez, Bausteine des europäischen Wirtschaftsstrafrecht. Madrid-Symposium für Klaus Tiedemann, Carl Heymanns Verlag KG, Köln/Berlin/Bonn/München, 1994, pp. 61 ss. (= en Hacia un Derecho Penal económico europeo. Jornadas en honor del Profesor Klaus Tiedemann, Boletín Oficial del Estado, Madrid, 1995).

MUÑOZ CONDE/GARCÍA ARÁN, Derecho penal. Parte General, 9ª ed., Tirant lo Blanch, Valencia, 2015 (cit. PG9ª).

MÜSSIG, Schutz abstrakter Rechtsgüter und abstrakter Rechtsgüterschutz, Peter Lang, Frankfurt am Main, 1994.

MUÑOZ LLORENTE, Obligaciones constitucionales de incriminación y Derecho penal simbólico, RdPP nº 6, 2001, pp. 103 ss.

MÜSSIG, Schutz abstrakter Rechtsgüter und abstrakter Rechtsgüterschutz, Peter Lang, Frankfurt am Main, 1994.

NACK, en Müller-Gugenberger/Bieneck (eds.) Wirtschaftsstrafrecht, 3ª ed., Verlag Dr. Otto Schmidt, Köln, 2000.

Naucke, Die Wechselwirkung zwischen Strafziel und Verbrechensbegriff, Steiner Verlag, Stuttgart, 1985.

– Schwerpunktverlagerungen im Strafrecht, KritV 1993.

Navarro Cardoso, Los delitos contra los derechos de los trabajadores, Ed. Tirant lo Blanch, Valencia, 1998.

Navarro Dolmetsch, "Reconfiguración" del sistema de fuentes del Derecho penal y "amenaza de crisis" del prinicipio de legalidad: la incorporación del Derecho internacional convencional y el fenómeno de la globalización, en Faraldo Cabana (dir.), Brandariz/Puente Aba (coords.), Nuevos retos del Derecho penal en la era de la globalización, Ed. Tirant lo Blanch, Valencia, 2004, pp. 123 ss.

Neumann/Schroth, Neuere Theorien von Kriminalität und Strafe, Wissenschaftliche Buchgesellschaft, Darmstadt, 1980.

Nieztsche, Die fröhliche Wissenschaft, edición Insel Taschenbuch, Nomos Verlagsgesellschaft, Baden-Baden, 1982.

Noll, Gesetzgebungslehre, Verlag für Sozialwissenschften, 1973.

– ZSchR 1981.

Oehler, Wurzel, Wandel und Wert der strafrechtlichen Legalordnung, Walter de Gruyter, Berlin, 1950.

– Der europaische Binnenmarkt und sein wirtschaftsstrafrechtlicher Schutz, en FS-Baumann, Verlag Ernst und Werner Gieseking, 1992, pp. 561 ss.

Olaizola Nogales, El error de prohibición, La Ley, Madrid, 2007.

Oppenheim, Die natürliche Ordnung der Wissenschaften. Grundgesetze der vergleichenden Wissenschaftslehre, Verlag von Gustav Fischer, Jena, 1926.

– véase Hempel/Oppenheim

Pagliaro, Problemi generali del diritto penale dell'impresa, Indice Penale 1985, pp. 17 ss.

Palazzo, La legalidad penal en la Europa de Amsterdam, RP nº 3 1999.

Palombi, en Di Amato, Tratatto di Diritto penale dell'impresa, I, Cedam, Padova, 1990.

Panhuber/Harder, en Wabnitz/Janovsky, Handbuch des Wirtschafts- und Steuerstrafrechts, Verlag C.H. Beck, München, 2000.

Paredes Castañón, El riesgo permitido, Madrid, 1995,

– El límite entre imprudencia y riesgo permitido en Derecho penal: ¿es posible determinarlo con criterios utilitarios?, en ADPCP 1996, pp. 909 ss.

– Los delitos de peligro como técnicas de incriminación en el Derecho penal económico, RDPC nº 11 2003, pp. 95 ss.

– Ambigüedades e insuficiencias del concepto de *Derecho penal del riesgo*. A propósito de Mendoza Buergo, Blanca, El Derecho penal en la sociedad del riesgo, Civitas, Madrid, 2001, RDPC 11 2003, pp. 383 ss.

– ¿Al otro lado del discurso jurídico penal? Sobre las bases político-criminales de la "modernización" del Derecho penal. Reseña crítica de Luis Gracia Martín: Prolegómenos para la lucha por la modernización y expansión del Derecho penal y para la crítica del discurso de resistencia, RDPC nº 17 2006, pp. 437 ss.; también publicada en *Polit. Crim.* Nº 2 2006 (http://www.politicacriminal.cl/n_02/r_7_2.pdf); y como apéndice, en mi libro Modernización del Derecho penal y Derecho penal del enemigo, Ed. Idemsa, Lima, 2007.

– La justificación de las leyes penales, Ed. Tirant lo Blanch, Valencia, 2013.

Park, Vermögensstrafe und „modernes" Strafrecht, Duncker & Humblot, Berlin, 1997.

Paterniti, RtDPE, núm. 12, 1991.

Pedrazzi, El bien jurídico en los delitos económicos, en Barbero Santos (coord.), La reforma penal: delitos socio-económicos, Madrid, 1985, pp. 279 ss.

Pérez del Valle, Sobre los orígenes del "Derecho penal de enemigo", CPC nº 75 (2001), pp. 597 ss.

– En torno a la modernización del Derecho penal, CPC nº 84 2004, pp. 149 ss.

– en E. Bacigalupo (dir.) Curso de Derecho penal económico, Marcial Pons, Madrid, 1998; 2ª ed., 2005.

Perron, Hat die deutsche Straftatsystematik eine europäische Zukunft?, en FS-Lenckner, C.H. Beck, München, 1998, pp. 277 ss.

Philipps, Endliche Rechtsbegriffe mit unendlichen Grenzen, en Schweighofer et alt. (eds.), Effizienz von e-Losungen in Staat und Gesellschaft. Aktuelle Fragen der Rechtsinformatik Tagungsband des 8. Internationalen Rrechtsinformatik Symposions IRIS 2005, Richard Boorberg Verlag, Stuttgart/München/Hannover/Berlin/ Weimar/Dresden, 2005, pp. 87 ss.

Pieth, Internationale Harmonisierung von Strafrecht als Antwort auf transnationale Wirtschaftskriminalität, ZStW 1997, pp. 756 ss.

Pieth/Eigen (eds.), Korruption im internationalen Geschäftsverkehr, Luchterhand, Neuwied, Basel, 1999.

Platón, Diálogos II, Gorgias, Menéxeno, Eutidemo, Menón, Crátilo, traducción, introducciones y notas por J. Calonge Ruiz, E. Acosta Méndez, F. J. Olivieri y J. L. Calvo, Ed. Gredos, Madrid, 1999 (conforme a la norma, se cita el nombre del diálogo y los números marginales correspondientes al fragmento).

Portilla Contreras, Principio de intervención mínima y bienes jurídicos colectivos, CPC nº 39 1989, pp. 723 ss.

– La supuesta crisis de la teoría del bien jurídico: la tensión entre iuspositivismo y positivismo, entre la necesidad de referencias externas y la inmanencia del Derecho. Especial atención a la legitimidad de ciertos bienes colectivos", en Estudios penales en homenaje a Ruiz Antón, Tirant lo Blanch, Valencia, 2004, pp. 895 y ss. (cit. LH Ruiz Antón).

POZUELO PÉREZ, Notas sobre la denominada "expansión del Derecho penal": una análisis al hilo de los delitos contra la ordenación del territorio, en RDPP nº 9 2003, pp. 13 ss.

—De nuevo sobre la denominada "expansión" del derecho penal: una relectura de los planteamientos críticos, en El funcionalismo en Derecho penal. Libro Homenaje al Profesor Günther Jakobs, II, Universidad Externado de Colombia, 2003, pp. 107 ss. (cit. LH Jakobs II)

PRITTWITZ, Strafrecht und Risiko. Vittorio Klostermann, Frankfurt a. M., 1993.

—Funktionalisierung des Strafrechts, en StV 1991, pp. 435 ss.

– Risiken des Risikostrafrecht, en Frehsee/Löschper/Smaus (eds.), Konstruktion der Wirklichkeit durch Kriminalität und Strafe, Interdisziplinären Studien zu Recht und Staat, t. 5, Nomos Verlag, Baden-Baden, 1997, pp. 47 ss.

– El Derecho penal alemán: ¿Fragmentario? ¿Subsidiario? ¿Ultima ratio? Reflexiones sobre la razón y los límites de los principios limitadores del Derecho penal, en La insostenible situación del Derecho penal, Ed. Comares, Granada, 2000, pp. 428 ss.

—Sonderstrafrecht Wirtschaftsstrafrecht?, en ZIS 5/2012, pp. 217 ss. (www.zis-online.com).

PROUDHON, ¿Qué es la propiedad?, 2ª ed., Tusquets Editor, Barcelona, 1977.

PUREZA, J.M., El patrimonio común de la humanidad. ¿Hacia un Derecho internacional de solidaridad?, Ed. Trotta, Madrid, 2002.

PUSCHKE, Grund und Grenzen des Gefährdungsstrafrechts am Beispiel der Vorbereitungsdelikte, en HEFENDEHL (ed.), Grenzlose Vorverlagerung des Strafrechts?, BWV - Berliner Wissenshafts-Verlag, Berlin, 2010, pp. 9 ss.

QUINTANO RIPOLLÉS, La evolución del Derecho penal moderno (contra corriente), ADPCP 1957, pp. 283 ss.

RADBRUCH, Klassenbegriffe und Ordnungsbegriffe im Rechtsdenken, originalmente publicado en Revue internationale de la théorie du Droit, nº 12 1938, e incluido como apéndice en RADBRUCH, Der Handlungsbegriff in seiner Bedeutung für das Strafrechtssystem, editado con una introducción por Arthur Kaufmann, Wissenschaftliche Buchgesellschaft, Darmstadt, 1967, pp. 167 ss. (aquí se cita por esta última obra).

—Die Natur der Sache als juristische Denkform, Wissenschaftliche Buchgesellschaft, Darmstadt, Sorderausgabe 1960.

—Rechtsphilosophie, 3ª ed., de Verlag von Quelle & Meyer in Leipzig, 1932, editada por Ralf Dreier y Stanley L. Paulson, en 2ª ed. en C.F. Müller Verlag, Heidelberg, 2003.

Ramos Vázquez, Del otro lado del espejo: Reflexiones desordenadas acerca del Derecho penal en la sociedad actual, en Faraldo (dir.)/Brandariz/Puente (coord.), Nuevos retos del Derecho penal en la era de la globalización, Ed. Tirant lo Blanch, Valencia, 2004, pp. 65 ss.

Ransiek, Unternehmensstrafrecht, C.F. Müller Verlag, Heidelberg, 1996.

Rawls, Teoría de la Justicia, Ed. Fondo de Cultura Económica, México, reimpresión de 1997

Reale/Antiseri, Historia del pensamiento filosífico y científico, I, Antigüedad y Edad Media, Herder, Barcelona, 1995.

Recasens Siches, Tratado General de Filosofía del Derecho, 19ª ed., Ed. Porrúa, México, 2008.

Reichart, Umweltschutz durch Völkerrechliches Strafrecht, Göttingen,1999.

Richter, en Müller-Gugenberger/Bieneck (eds.) Wirtschaftsstrafrecht, 3ª ed., Verlag Dr. Otto Schmidt, Köln, 2000.

Rodríguez Mesa, Las razones del Derecho penal. Modelos de fundamentación y legitimación, en RECPC 09-10 2007_http://criminet.ugr.es/recpc

Rodríguez Montañés, Expansión del Derecho penal y límites constitucionales, en Carbonell/González/Orts (dir.)/Cuerda (coord.) Constitución, Derechos fundamentales y sistema penal. Semblanzas y estudios con motivo del setenta aniversario del Profesor Tomás Salvador Vives Antón, t. II, Ed. Tirant lo Blanch, Valencia, 2009, pp. 1655 ss. (cit LH Vives Antón II 2009).

Romeo Casabona, en Modernas tendencias en la Ciencia del Derecho penal y en la Criminología, UNED, Madrid, 2001.

Rotsch, Der ökonomische Täterbegriff. Zugleich ein Beitrag zu Differenzierung, Diversifizierung und Divisionalisierung der Strafrechtsdogmatik, en ZIS 7/2007, pp. 260 ss. (www.zis-online.com).

Rousseau, Discurso sobre la Economía política, trad. y estudio preliminar de José E. Candela, Ed. Tecnos, Madrid, 1985.

—El contrato social o principios de derecho político, 4ª ed. (1999), Ed. Tecnos, Madrid, 2000 (reimpresión).

—Discurso sobre el origen y los fundamentos de la desigualdad entre los hombres y otros escritos; estudio preliminar, traducción y notas de Antonio Pintor Ramos, 4ª ed. [1998], Ed. Tecnos, Madrid, 2001 (reimpresión).

Roxin, Einige Bemerkungen zum Verhältnis von Rechtsidee und Rechtsstoff in der Systematik unseres Strafrechts, en Gedächtnisschrift für Gustav Radbruch, Vandenhoeck & Ruprecht in Göttingen 1968, pp. 260 ss. (cit. GS Radbruch).

—Strafrecht. Allgemeiner Teil, Band I. Grundlagen. Der Aufbau der Verbrechenslehre, 4ª ed., C.H. Beck, München, 2006 (cit. AT I4ª 2006; y en su caso, AT I3ª 1977; AT I2ª 1994 [= PG2ª I = Derecho penal. Parte General I. Fundamentos. La estructura de la teoría del delito, traducción y notas de Luzón/Díaz/de Vicente, Thomson/Civitas, Madrid, 1997; AT I1ª 1992).

—¿Es la protección de bienes jurídicos una finalidad del Derecho penal?, en Hefendehl (ed.), La teoría del bien jurídico, Ed. Marcial Pons, Madrid, 2007, pp. 443 ss.

—El concepto de bien jurídico como instrumento de crítica legislativa sometido a examen, en RECPC 15-01 (2013), _http://criminet.ugr.es/recpc

RUDOLPHI, Die verschiedenen Aspekte des Rechtsgutsbegriffs, FS-Honig, Otto Schwartz, Göttingen, 1970, pp. 151 ss.

RUEDA MARTÍN, La teoría de la imputación objetiva del resultado en el delito doloso de acción, J.M. Bosch Editor, Barcelona, 2001.

—El bien jurídico protegido en los delitos relativos a productos de consumo masivo, en EPC XXX 2010, pp. 395 ss.

SABINE, Historia de la teoría política, 3ª ed. en español (1994), revisada por Thomas Landon Torzón, Ed. Fondo de Cultura Económica, Madrid, 5ª reimpresión (2000).

SAMPEDRO, José Luis, El mercado y la globalización, Ed. Destino, Madrid, 2001.

SÁNCHEZ GARCÍA DE PAZ, *Mª Isabel*, El moderno Derecho penal y la anticipación de la tutela penal, Universidad de Valladolid, 1999.

—La criminalidad organizada. Aspectos penales, procesales, administrativos y policiales, Ed. Dykinson, Madrid, 2005.

SANTANA VEGA, La protección penal de los bienes jurídicos colectivos, Ed. Dykinson, Madrid, 2000.

SANZ MORÁN, Recensión al libro de Silva Sánchez, La expansión del Derecho penal, 1ª ed., Ed. Civitas, Madrid, 1999, en RDP, Lex Nova, nº 2 2001, pp. 293 ss.

SATZGER, Die Europäisierung des Strafrechts, Carl Heymanns Verlag, Köln/Berlin/Bonn/München, 2001.

SCHAFFSTEIN, Die allgemeine Lehren vom Verbrechen, 2ª reimpr. de la ed. de 1930-1932, Scientia Verlag, Aalen.

—Das Verbrechen als Pflichtverletzung, en Grundfragen der neuen Rechtswissenschaft, Berlin, 1935.

SCHMIDHÄUSER, Strafrecht. Allgemeiner Teil, 2ª ed., J.C. B. Mohr, Tübingen, 1975 (AT, 2ª ed).

SCHMIDT, Eb., Einführung in die Geschichte der deutshen Strafrechtspflege, segunda reimpresión de la 3ª ed. de 1964, Vandenhoeck & Rupprecht, Göttingen, 1995.

SCHUBERT, Korruption, en WABNITZ/JANOVSKY, Handbuch des Wirtschafts- und Steuerstrafrecht, Verlag C. H. Beck, München, 2000, pp. 794 ss.

SCHULENBURG, en Hefendehl/von Hirsch/Wholers, Die Rechtsguttheorie, Nomos, Baden-Baden, 2003 = en Hefendehl (ed.) La teoría del bien jurídico, Ed. Marcial Pons, Madrid, 2007.

SCHÜNEMANN, Grund und Grenzen der unechten Unterlassungsdelikte, Verlag Otto Schwartz & CO, Göttingen, 1971.

– Moderne Tendenzen in der Dogmatik der Fahrlässigkeit- und Gefährdungsdelikte, en JA 1975, pp. 435 ss., 511 ss., 575 ss., 647 ss., 715 ss., 787 ss.

– Der strafrechtliche Schutz von Privatgeheimnissen, en ZStW 1978, pp. 11 ss.

– Methodologische Prolegomena zur Rechtsfindung im Besonderen Teil des Strafrechts, en Festschrift für Paul Bockelmann, München 1979, pp 117 ss. (cit. FS Bockelmann)

– Unternehmenskriminalität und Strafrecht, Carl Heymanns Verlag, Köln/Berlin/Bonn/München, 1979.

– Einige vorläufige Bemerkungen zur Bedeutung des viktimologischen Ansatzes in der Strafrechtsdogmatik, en Schneider (ed.), Das Verbrechensopfer in der Strafrechtspflege, Berlin-New York 1982, pp. 407 ss.

– Die Zukunft der Viktimo-Dogmatik: Die viktimologische Maxime als regulatives Prinzip zur Tatbestandseinschränkung im Strafrecht, en Festschrift für Hans Faller, München 1984, pp. 357 ss. (cit. FS Faller).

– Einführung in das strafrechtliche Systemdenken, en Schünemann (ed.) Grundfragen des modernen Strafrechtsystems, Walter de Gruyter, Berlin/New York, 1984, pp. 1 ss. (= Introducción al razonamiento sistemático en Derecho penal, en El sistema moderno del Derecho penal: cuestiones fundamentales, introducción, traducción y notas de J. Silva, Tecnos, Madrid, 1991, pp. 31 ss.)

– Cuestiones básicas de dogmatica jurídico penal y de política criminal acerca de la criminalidad de empresa, ADPCP 1988, pp. 529 ss.

– ¿Ofrece la reforma del Derecho penal económico alemán un modelo o un escarmiento?, en CuCGPJ nº 8 1991, pp. 49 ss.

– Kritische Anmerkungen zur geistigen Situation der deutschen Strafrechtswissenschaft, GA 1995, pp. 201 ss. (= ADPCP 1996).

– Zur Dogmatik und Kriminalpolitik des Umweltstrafrecht, en Festschrift für Otto Triffterer zum 65. Geburtstag, Springer Verlag, Wien, 1996, pp. 437 ss. (cit. FS Triffterer 1996)

– La relación entre ontologismo y normativismo en la dogmática jurídico-penal, en Modernas tendencias en la Ciencia del Derecho penal y en la Criminologia, UNED, Madrid, 2000, pp. 643 ss.

– Vom Unterschichts- zum Oberschichtsstrafrecht. Ein Paradigmawechsel im moralischen Anspruch?, en Kühne/Miyazawa Alte Strafrechtsstrukturen und neue gesellschaftliche Herausforderungen in Japan und Deutschland, Duncker & Humblot, Berlin, 2000, pp. 15 ss. (= Del Derecho penal de la clase baja al Derecho penal de la clase alta. ¿Un cambio de paradigma como exigencia moral?, en Schünemann, Temas actuales y permanentes del Derecho penal después del milenio, Ed. Tecnos, Madrid, 2002, pp. 49 ss.)

– Das System des strafrechtlichen Unrechts: Rechtsgutsbegriff und Viktimodogmatik als Brücke zwischen dem System des Allgemeinen

Teils und dem Besonderen Teil, en Schünemann (ed.), Strafrechtssystem und Betrug, 2002, pp. 51 ss.

—El Derecho en la globalización económica: imperialismo del líder y colonización de los órdenes jurídicos ¿Instrumentalización del Derecho penal?, en Moisés Moreno (coordinador), Globalización e internacionalización del Derecho penal. Implicaciones político-criminales y Dogmáticas, Ed. Ius Poenale, Cepolcrim, México, 2003.

—Das Strafrecht im Zeichen der Globalisierung, GA 2003, pp. 299 ss.

—Globalisierung als Metamorphose oder Apokalypse des Rechts?, en Jan C. Joerden/Roland Wittmann (eds.), Recht und Politik, Franz Steiner Verlag, Stuttgart, 2004.

—El dominio sobre el fundamento del resultado: base lógico-objetiva común para todas las formas de autoría incluyendo el actuar en lugar de otro, en Homenaje al Profesor Dr. Gonzalo Rodríguez Mourullo, Thomson/Civitas, Madrid, 2005, pp. 981 ss. (cit. LH Rodríguez Mourullo).

—Das Rechtsgüterschutzprinzip als Fluchtpunkt der verfassungsrechtlichen Grenzen der Straftatbestände und ihrer Interpretation, en Hefendehl/von Hirsch/Wholers, Die Rechtsguttheorie, Nomos, Baden-Baden, 2003, pp. 133 ss. (= El principio de protección de bienes jurídicos como punto de fuga de los límites constitucionales de los tipos penales y de su interpretación, en Hefendehl (ed.), La teoría del bien jurídico, Ed. Marcial Pons, Madrid, 2007, pp. 197 ss.)

—Rechtsgüterschutz, ultima ratio und Viktimodogmatik —von den unverückbaren Grenzen des Strafrechts in einem liberalen Rechtsstaat, en von Hirsch/Seelmann/Wohlers (eds.), Mediating Principles, Nomos, Baden-Baden, 2006, pp. 18 ss.

—Aufgabe und Grenzen der Strafrechtswissenschaft im 21. Jahrhundert, in: Strafrecht zwischen System und Telos -Festschrift für Rolf Dietrich Herzberg, Tübingen 2008, pp. 39 ss. (cit. FS Herzberg 2008).

—El propio sistema de la teoría del delito, InDret 1/2008.

—Der deutsch-spanische Strfrechtsdialog im Zeitalter der autoritär-dilettantischen Gesertzgebung, GA 6/2010, pp. 353 ss.

—Die großen wirtschaftsstrafrechtlichen Fragen der Zeit, GA 2013, pp. 193 ss.

—Ein neues Bild des Strafrechtssystems? Zugleich Rezension von *Günther Jakobs,* System der strafrechtlichen Zurechnung, 2012, en ZStW 2014, pp. 1 ss.

— Die aktuelle Forderung einer Verbandsstrafe -ein kriminalpolitischer Zombie, ZIS 1/2014, pp. 1 ss.

Seelmann, Atypische Zurechnungsstrukturen im Umweltstrafrecht, en NJW 1990, pp. 1257 ss.

—Risikostrafrecht. Die "Risikogesellschaft" und ihre symbolische Gesetzgebung" im Umwelt- und Betäubungsmittelstrafrecht, en KritV 1992, pp. 452 ss.

Seiler, Strafrechtliche Massnahmen als Unrechtsfolgen gegen Personenverbände, Universitätsverlag Freiburg Schweiz, 1967.

Sieber, en Delmas-Marty (ed.), Corpus Iuris der strafrechtlichen Regelungen zum Schutz der finanziellen Interessen der Europäischen Union, Carl Heymanns Verlag, Köln/Berlin/Bonn/München, 1998.

Silva Sánchez, Eficiencia y Derecho penal, en ADPCP 1996, pp. 93 ss.

—Nuevas tendencias político criminales y actividad jurisprudencial del Tribunal Supremo, en AP, nº 15 1996, pp. 309 ss.

—¿Protección penal del medio ambiente?, La Ley, 1997, tomo 3, pp. 1714 ss.

—Consideraciones teóricas generales sobre la reforma de los delitos contra el medio ambiente, en Gómez Colomer/González Cussac (coordinardores), La reforma de la Justicia penal. Estudios en homenaje al Prof. Klaus Tiedemann, Castellón de la Plana, 1997, pp. 151 ss.

—Prólogo a la edición española de Instituto de Ciencias criminales de Frankfurt (ed.)/Area de Derech penal de la Universidad Pompeu Fabra (ed. española), La insostenible situación del Derecho penal, Ed. Comares, Granada, 2000.

—La expansión del Derecho penal. Aspectos de la política criminal en las sociedades postindustriales, 1ª ed., Cuadernos Civitas, Madrid, 1999; 2ª ed., Ed. Civitas, Madrid, 2001; reimpresión de la 2ª ed., en Edisofer/IBdF, Madrid/Montevideo-Buenos Aires, 2006; 3ª ed. en Edisofer/IBdF, Madrid/Montevideo-Buenos Aires, 2011 (mientras no se indique expresamente, las citas se refieren regularmente a la 2ª edición de Civitas).

—Herausforderung eines expandierenden Strafrechts, GA 2010, pp. 307 ss.

Singer, Una izquierda darwiniana. Política, evolución y cooperación; traducción de A.J. Desmonts, Crítica, Barcelona, 2000.

Sinna, Die Dogmengeschichte des strafrechtlichen Begriffs „Rechtsgut", Basel, 1962.

Soler Costa, El poder de las palabras. Un análisis del lenguaje pedagógico, Mira Editores, Zaragoza, 2014.

Sotelo, Ignacio, Estado moderno, en Elías Díaz/Ruiz Miguel (eds.), Filosofía Política II. Teoría del Estado, Ed. Trotta, Madrid, 1996, pp. 25 ss.

Soto Navarro, La protección penal de los bienes colectivos en la sociedad moderna, Ed. Comares, Granada, 2003.

Stächelin, Strafgesetzgebung im Verfassungsstaat, Duncker & Humblot, Berlin, 1998.

Stern, Das Staatsrecht der Bundesrepublik Deutschland, t. 1, 2ª ed., 1984 (cit. Staatsrecht 1 2ª 1984).

Stenberg-Lieben, en Hefendehl/von Hirsch/Wholers, Die Rechtsguttheorie, Nomos, Baden-Baden, 2003 = en Hefendehl (ed.) La teoría del bien jurídico, Ed. Marcial Pons, Madrid, 2007.

Stiglitz, J. E., El malestar en la globalización, trad. de C. Rodríguez Baun, Ed. Taurus, Madrid, 2002.

STRATENWERTH, Zukunftssicherung mit den Mitteln des Strafrechts?, ZStW 1993, pp. 679 ss.

—Zum Begriff des "Rechtsgutes", en Fest. f. Lenckner, C. H. Beck'sche Verlagsbuchhandlung, München, 1998, pp. 377 ss. (cit. FS Lenckner 1998)

STRATENWERTH/KUHLEN, Strafrecht. Allgemeiner Teil. Die Straftat, 6ª ed., Franz Vahlen, München, 2011 (cit. AT6ª 2011).

SUTHERLAND, El delito de cuello blanco. Versión completa, trad. de Laura Belloqui, IBdF, Montevideo/Buenos Aires, 2009.

TRENDELENBURG, Ultima ratio? Subsidiaritätswissenschaftliche Antworten am Beispiel der Strafbarkeit von Insiderhandel und Firmenbestattungen, Peter Lang Verlag, Frankfurt a. M., 2011.

TERRADILLOS, *Juan*, La satisfacción de necesidades como criterio de determinación del objeto de tutela jurídico-penal, en RFDUCM, nº 63 1981, pp. 123 ss.

– Derecho penal de la empresa, Ed. Trotta, Madrid, 1995.

—Globalización, administrativización y expansión del Derecho penal económico, en TERRADILLOS/ACALE (coords.), Temas de Derecho penal económico. III Encuentro hispano-italiano de Derecho penal económico, Ed. Trotta, Madrid, 2004, pp. 219 ss.

TEUBNER, (ed.), Global law without any state, Aldershot, 1997.

– Globalización y constitucionalismo social: alternativas a la teoría constitucional centrada en el Estado, Derecho penal y política transnacional, en Silvina Bacigalupo/M. Cancio Meliá, Ed. Atelier, Barcelona, 2005, pp. 19 ss.

TIEDEMANN, Tatbestandsfunktionen im Nebenstrafrecht, J.C.B. Mohr (Paul Siebeck), Tübingen, 1969.

—Entwicklung und Begriff des Wirtschaftsstrafrecht, GA 1969, pp. 71 ss.

– Wirtschaftsstrafrecht und Wirtschaftskriminalität 1, Allgemeiner Teil, Rowohlt, Reinbeck bei Hamburg, 1976 (cit. WStrR-AT).

—Poder económico y delito, trad. de Amelia Mantilla Villegas, Ed. Ariel, Barcelona, 1985.

– Wirtschaftsstrafrecht: Einführung und Übersicht, JuS 1989, pp. 689 ss.

—Der Strafschutz der Finanzinteressen der Europäische Gemeinschaft, NJW 1990, pp. 2226 ss.

—Zum Verhältnis des Allgemeinen zum Besonderen Teil des Strafrechts, en Fest. f. Jürgen Baumann, Bielefeld, 1992, pp. 7 ss. (cit. FS Baumann 1992)

—Europäisches Gemeinschaftsrecht und Strafrecht, NJW 1993, pp. 23 s.

—Lecciones de Derecho penal económico, PPU, Barcelona, 1993.

—Die Europäisierung des Strafrechts, en Kreuzer/Scheuing/Sieber, Die Europäisierung der mitgliedstaatlichen Rechtsordnungen in der

Europäischen Union, Nomos Verlagsgesellschaft, Baden-Baden, 1997, pp. 134s., 136 s.

—EG und EU als Rechtsquellen des Strafrechts, en Fest. f. Claus Roxin, Walter de Gruyter, Berlin/New York, 2001, p. 1403 (cit. FS-Roxin).

—Manual de Derecho penal económico. Parte General y Especial, Ed. Tirant lo Blanch, Valencia, 2010.

—Wirtschaftsstrafrecht. Einführung und Allgeneiner Teil, 4ª ed., Verlag Franz Vahlen, München, 2014 (cit. EuAT4ª).

TIEDEMANN (ed.), Wirtschaftsstrafrecht in der Europäischen Union. Rechtsdogmatik. Rechtsvergleich.Rechtspolitik. *Freiburg-Symposium*, Carl Heymanns Verlag, Köln/Berlin/Bonn/München, 2002 (cit. Freiburg-Symposium 2002).

TÖNNIES, Symbolische Gesetzgebung: zum Beispiel § 175 StGB, ZRP 1992, pp. 411 ss.

TORIO LÓPEZ, Los delitos de peligro hipotético (Contribución al estudio diferencial de los delitos de peligro abstracto), ADPCP 1981, pp. 825 ss.

—Reflexión sobre la protección penal de los consumidores, en Estudios sobre el derecho de consumo, Iberdrola, Bilbao, 1991, pp. 100 ss.

TOUCHARD, Historia de las ideas políticas, trad. de J. Pradera, 3ª ed., Ed. Tecnos, Madrid, 1975.

TRAVERSI, Responsabilità penali d'impresa, Padova, 1983.

TRUYOL Y SERRA, La sociedad internacional, 2ª ed., 1993 (2ª reimpr. 1998), Alianza Editorial, Madrid.

VERDÚ, Estado liberal de Derecho y Estado social de Derecho, Acta Salmanticensia, Salamanca, 1955.

VILLAVERDE, Estudio preliminar a Rousseau, El contrato social o principios de derecho político, 4ª ed. (1999), Ed. Tecnos, Madrid, 2000 (reimpresión).

VOGEL, Wege zu europäisch-einheitlichen Regelungen im Allgemeinen Teil des Strafrechts: Kompetenzrechtliche, methodische und inhaltliche Grundfragen, JZ 1995, pp. 331-341.

VOSS, Symbolische Gesetzgebung, Ebelbach, 1989.

WEIGEND, Strafrecht durch internationale Vereinbarungen — Verlust an nationaler Strafrechtskultur, ZStW 1993, pp. 774 ss.

—Bewältigung von Beweisschwierigkeiten durch Ausdehnung des mate-riellen Strafrechts?, FS-Triffterer, Springer Verlag, Wien/New York, 1996, pp. 695 ss.

WELZEL, Die Verbotsirrtum im Nebenstrafrecht, JZ 1956.

—Die Naturrechtslehre Samuel Pufendorfs, de Gruyter, Berlin/New York, 1958.

—El nuevo sistema del Derecho penal, trad. y notas de J. Cerezo Mir, Ed. Ariel, Barcelona, 1964.

—Das deutsche Strafrecht, 11 ª ed., Walter de Gruyter, Berlin/New York, 1969 (cit. Lb[11ª]).

—Introducción a la Filosofía del Derecho. Derecho natural y Justicia material, traducción de Felipe González Vicén, 2ª ed., Ed. Aguilar, Madrid, 1971.

—Kausalität und Handlung, en sus Abhandlungen zum Strafrecht und zur Rechtsphilosophie, Walter de Gruyter, Berlin/New York, 1975, pp. 7 ss.

—Studien zum System des Strafrechts, en sus Abhandlungen zum Strafrecht und zur Rechtsphilosophie, Walter de Gruyter, Berlin/New York, 1975, pp. 120 ss.

—Naturrecht und Rechtspositivismus, en sus Abhandlungen zum Strafrecht und zur Rechtsphilosophie, Walter de Gruyter, Berlin/New York, 1975, pp. 274 ss.

Wohlers, Deliktstypen des Präventionstrafrechts —zur Dogmatik "moderner" Gefährdungsdelikte, Duncker & Humblot, Berlin, 2000.

—Rechtsgutstheorie und Deliktsstruktur, GA 2002, pp. 16 ss.

Würtenberger, Die geistige Situation der deutschen Strafrechtswissenschaft, 2ª ed., Verlag C.F. Müller, Karlsruhe, 1959.

—Das System der Rechtsgüterordnung in der deutschen Strafgesetzgebung seit 1532, reimpresión de la edición de Breslau (1933) de Scientia Verlag, Aalen, 1973.

Zaffaroni, (con Alagia y Slokar), Derecho penal. Parte General, 2ª ed., Ed. Ediar, Buenos Aires, 2002 (cit. PG[2ª] 2002).

—Derecho penal, globalización y seguridad nacional, en Moisés Moreno (coordinador), Globalización e internacionalización del Derecho penal. Implicaciones político-criminales y Dogmáticas, Ed. Ius Poenale, Cepolcrim, México, 2003.

—Política y Dogmática jurídico penal, en su colectánea En torno a la cuestión criminal, IBdF, Montevideo-Buenos Aires, 2005, pp. 71 ss.

— Ofensividad, autoría y Estado de Derecho, en Foro FICP - Tribuna y Boletín de la FICP (www.ficp.es) Nº 2015-2 (septiembre), pp. 8 ss.

Zambrano Pasquel, Política criminal, Jurista Editores, Lima, 2009.

– Lavado de activos, Universidad Católica de Santiago de Guayaquil/ Corporación de Estudios y Publicaciones, Quito, 2010.

– Delincuencia organizada transnacional. Doctrina penal constitucional y práctica penal, Edilex S.A. editores, Guayaquil, 2011.

Zieschang, Die Gefährdungsdelikte, Duncker & Humblot, Berlin, 1998.

Zúñiga, Laura, La cuestión de la responsabilidad penal de las personas jurídicas, un punto y seguido, en Faraldo Cabana (dir.), Brandariz/ Puente Aba (coords.), Nuevos retos del Derecho penal en la era de la globalización, Ed. Tirant lo Blanch, Valencia, 2004, pp. 259 ss.

—Criminalidad organizada y sistema de Derecho penal. Contribución a la determinación del injusto penal de organización criminal, Ed. Comares, Granada, 2009.

El moderno derecho penal económico empresarial y de la globalización económica
de Luis Gracia Martín se imprimió en la República Argentina en
noviembre de 2019.

www.ingramcontent.com/pod-product-compliance
Ingram Content Group UK Ltd.
Pitfield, Milton Keynes, MK11 3LW, UK
UKHW042110021026
15589UKWH00001B/308

9 789563 927283